Silvia Bovenschen, die Autorin von »Älter werden« und »Verschwunden«, ist auch eine Meisterin der kleinen Form. Sie mischt sich ein und verleitet zum Selbstdenken. Sie schreibt über Liebe und Freundschaft, Pornographie und Phantasie, über Männer von gestern und wie sie sich die Frauen von morgen vorstellen, über das Reich der wilden Tiere, die Abschaffung der Scham in den Medien und schließlich über die Frage, ob man Büchern ihre Gier, gelesen zu werden, übel nehmen kann.

Silvia Bovenschen, geboren 1946, lebt als Literaturwissenschaftlerin und Essayistin in Berlin. 2000 wurde sie mit dem Roswitha-Preis der Stadt Bad Gandersheim und dem Johann-Heinrich-Merck-Preis der Deutschen Akademie für Sprache und Dichtung ausgezeichnet, 2007 erhielt sie den Ernst-Robert-Curtius Preis für Essayistik. Zuletzt erschienen »Verschwunden« (2007), »Älter werden« (2006), »Schlimmer machen, schlimmer lachen« (1990) und »Über-Empfindlichkeit. Spielformen der Idiosynkrasie« (2000).

Unsere Adresse im Internet: www.fischerverlage.de

Silvia Bovenschen

SCHLIMMER MACHEN, SCHLIMMER LACHEN

Aufsätze und Streitschriften

Herausgegeben und eingeleitet
von Alexander García Düttmann

Fischer Taschenbuch Verlag

Veröffentlicht im Fischer Taschenbuch Verlag,
einem Unternehmen der S. Fischer Verlag GmbH,
Frankfurt am Main, Januar 2009

Lizenzausgabe mit freundlicher Genehmigung
des Verlags der Autoren, Frankfurt am Main
© Verlag der Autoren, Frankfurt am Main 1998
Satz: ottomedien, Darmstadt
Druck und Bindung: CPI – Clausen & Bosse, Leck
Printed in Germany
ISBN 978-3-596-17654-0

Inhalt

Alexander García Düttmann
Scham und Experiment

Der zeitgemäße Autor geht von Diskussionen und Debatten aus, die mit Schlagwörtern identifiziert werden können, und trachtet danach, einen wiedererkennbaren Ort in einem bereits vorgegebenen Rahmen zu finden, um dadurch seine Position zu markieren. Er mischt sich nicht ein, er mischt mit. Die Markierung tritt an die Stelle von Erfahrung und Gedanken. Der unzeitgemäße Autor mischt sich in Diskussionen und Debatten ein, weil er den Rahmen sprengt, den sie vorgeben. Nichts kümmert ihn weniger als seine Position. Unzeitgemäß ist er nicht, weil er das Vergangene romantisch verklärt oder prophetisch vom Kommenden raunt, sondern weil er die Gleichzeitigkeit des Zeitgemäßen durchkreuzt, die innerhalb des Rahmens herrscht. Seine Haltung ist eine experimentelle.

Das Gedankenexperiment findet dort statt, wo sich ein vorgegebener Rahmen nicht schließt, am Ort der Einmischung, die stets die Mitte trifft und trotzdem nicht im Inneren, im Umkreis der etablierten Positionen, sich bewegt. Da es dem unzeitgemäßen Autor jedoch nicht um das Experiment als leere Geste geht, da das Gedankenexperiment die Form ist, die der Gedanke annimmt, den die Abtrennung von der Erfahrung nicht schon zur Position verdinglicht hat, der Gedanke, der noch nicht als ideologisches Schlagwort zirkuliert, muß die experimentelle Haltung als Haltung dessen verstanden werden, der nicht seinem Selbstverständnis nach experimentiert und das Experimentieren wiederum zum Programm erhebt; als Haltung dessen, der zur Sache in kein anderes Verhältnis treten kann als in das entfernte einer in der Erfahrung der Sache sich aufdrängenden, nie bloß übernommenen Frage. Die Frage aber stellt sich in der Zeit. Daher ist der unzeitgemäße Autor näher an der Zeit als der zeitgemäße.

Silvia Bovenschen beruft sich nicht programmatisch auf das Experimentieren, mag sie auch gelegentlich die erzwungene Verminderung »gedanklicher Experimentierfreude« anprangern. Fragen in ihren Texten sind entwaffnend. Die Sache erfährt sie als Frage, die sich unvermittelt stellt, ohne Umwege, ungeheuerlich, so, als würde es zum ersten Mal geschehen, ein Aufstoßen gleichsam. Was bedeutet es, über die eine Hälfte der Menschheit zu schreiben, fragt sie am Anfang ihres Nachworts zu dem Buch über das zweite Geschlecht; was bedeutet es, einen anderen nicht leiden zu können, fragt sie am Anfang ihrer Glosse über den Multikulturalismus; was bedeutet es, sich selber zu rechtfertigen, fragt sie am Anfang ihrer Analyse der symbolischen Funktion, die das Datum der Studentenrevolte erhalten hat. Solche Unmittelbarkeit, Ausdruck der Scham und der Schamlosigkeit ineins, ist dem Gedankenexperiment unerläßlich.

Die Frage steht ebenfalls am Ende, als ein Offenlassen, das sich dem resultathaften Abschluß verweigert, aber auch als Ratlosigkeit, Zweifel und »traurige Skepsis«, gezeitigt von dem ideologischen Zug der Argumentationen, die an der Sache verdecken, was von dem Argument ausgeschlossen wird. Daß die Anmerkungen zu einer gegen die Pornographie geführten Kampagne mit jener »traurigen Skepsis« enden, hinter der sich keine Gegenthese verschanzt, kein Programm, scheint in einem so tiefen Verhältnis zum Fraglichen der Sache selbst zu stehen, zur Chiffre, in die der Trieb den Körper verwandelt wie nur der Schmerz, daß der Leser davor zunächst ebenso verstummt wie vor den gelungensten Texten. Zu diesen Texten zählen wohl das Bild, das den Geist von Adornos Denken einfängt, ohne es auf die erklärende Formel zu bringen, die Rezension der Erzählungen Fleur Jaeggys, in der die sprachliche Genauigkeit und die aussparende Treue diese Literatur noch einmal erfinden, der Essay über das Buch, der es als Gestalt erstehen läßt, deren Eigenleben aus verschiedenen Blickwinkeln beobachtet, untersucht, beschrieben wird. Das Verstummen vor dem gelungenen Text, das sich noch nicht als Bewunderung äußert, rechtfertigt vielleicht die Vermutung, es gäbe ein doppeltes Offenlassen, ein ermöglichendes und ein erschöpfendes. Das eine Offenlassen muß als Möglichkeit weiterer Gedankenexperimente begriffen werden, das andere darf man indes nicht mit Resignation verwechseln, ist es doch die Verwandlung, durch die der Fragende selber zur Chiffre wird, zum reinen Ausdruck des Ineinsseins von Scham und Schamlosigkeit. Das erschöpfende Offenlassen ist ein Rühren an eine Grenze, das nicht abschließt, eine Erlösung ohne Rettung. Gelungen ist der Text, der unmittelbar nach der Lektüre den Leser verstummen läßt, um ihn dann vor die Wahl zu stellen, mit einem neuen Gedanken zu experimentieren oder sich einem anderen Gegenstand zuzuwenden.

Noch die das Argument ins Gemeine herunterholende Pointe, mit der Silvia Bovenschen ihre Texte häufig zu einem jähen Ende bringt, versetzt mit einem kurzen Lachen der Argumentation einen Hieb, die als solche stets auf eine bündige, reproduzierbare Antwort drängt. Gedankenexperimente suchen nicht das endlich sich einstellende Ergebnis, sondern erzeugen das doppelte Offenlassen. Die Scham der experimentellen Haltung hat ihren Grund in der Erfahrung der Sache als Frage, in einer Aussetzung, ohne die es keine Erfahrung gibt. Von der Zurückhaltung unterscheidet sie sich, weil sie nicht, wie diese, eine bewußt eingenommene Haltung ist, ein Wille; von der Achtung, weil sie nicht, wie diese, in ein positives Verhältnis zu dem zurückweichenden Gegenstand sich setzt, den sie zum Unantastbaren oder Erhabenen erhöht. Ihre Selbstverborgenheit zeugt von der schamlosen, uneingeschränkten Berührung mit dem Gegenstand. Daß ihr der Gegenstand gleichfalls verborgen zu bleiben scheint und ihre Berührung mit ihm sich in keinen faßbaren, faßlichen Inhalt übersetzen läßt, zeugt von der experimentellen Offenheit, in der kein Gegenstand als solcher je gegeben ist.

Bovenschens Aufsätze haben nicht Mode, Freundschaft, Tiere zum Gegenstand. Sie kreisen nämlich um die Art und Weise, wie über Mode, Freundschaft, Tiere geredet und nachgedacht wird, sie machen keine Aussage über einen Gegenstand, vor allem dort nicht, wo sie am deutlichsten Partei ergreifen. So gerade drängen sie auf Präzision und Entschiedenheit, so gerade wehren sie stereotype Ansichten ab. Gegen das ruhige Gewissen dessen, der sich im moralischen Recht weiß – das »versoffene Hirn« dessen, der verloren ist zwischen den Positionen. Gegen das »prinzipielle Rechthaben« – das »Recht auf eine Frage«.

Die Präzision ist eine der Sicherheit, mit der das Argument in der Polemik entfaltet wird, unbeeindruckt von allen Ablenkungsversuchen und Forderungen nach Rücksichtnahme, resistent und renitent, wo dogmatischer Druck ausgeübt wird: die polemische Absage an das Gesamtkunstwerk der Judy Chicago und an dessen feministische Verwertungen ist dafür so beispielhaft wie die Einmischung in den Streit um Gustaf Gründgens. Die Präzision ist eine des sprachlichen Ausdrucks, wie man an der Kampfschrift gegen die Idee einer »progressiven Offenbarung« erkennen kann, in der an einer Stelle ein Wort wiederholt wird, nicht um manieristisch der Wiederholung einen Stil abzugewinnen, sondern um dem Wort Gerechtigkeit widerfahren zu lassen: um es also von der Abgenutztheit des Klischierten zu befreien und ihm etwas von seiner Prägnanz wiederzugeben; vom Fernsehen heißt es: »Das Medium der Klischeeserien, mit all den vielen schönen seriellen Klischees, das sich selbst durch Klischees allein erhält und nährt, ist süchtig und macht süchtig nach dem letzten Klischee. Das ist das Klischee der Wahrheit.« Die Präzision ist eine des bestimmten Zugriffs, wie etwa die Sätze zeigen, die den Essay über die Bewegungen der Freundschaft einleiten: Sie führen sogleich zu einem Brennpunkt des Gedankens. Auch aus mangelnder Zimperlichkeit dem Abstrakten und dem Anschaulichen gegenüber erwächst den Texten Präzision: Silvia Bovenschen scheut nicht den Kalauer, die schiefe Wendung, den gewagten Neologismus.

Liest man ihre Texte, wird man ständig auf Warnungen vor dem Vergessen stoßen, auf decouvrierende Invektiven gegen das schlechte Gedächtnis, deren Absicht nicht Restitution einer verlorenen oder verdeckten geschichtlichen Integrität ist. Sie zielen allein darauf, Offenheit zu schaffen, wo eine zurechtlegende und bereits aus der Zurechtlegung entstandene Eindeutigkeit herrscht. Geschichte ist ihre Waffe, nicht ihr Fetisch.

Silvia Bovenschen bedient sich der Mittel der feministischen Kritik, ohne Feministin im Sinne der Zugehörigkeit zu einer Ideologie zu sein. Erst die »schamlose Bedenkenlosigkeit« eines Zögerns, das ein Bedürfnis nach ideologischer Festlegung oder eine Feinsinnigkeit im Geistigen verrät, erst die Schamlosigkeit eines Zögerns, das einen Verrat an der Sache begeht, erfordert und macht es unumgänglich, daß man eine Position einnimmt und sich unmißverständlich zu etwas bekennt. Dieses Bekenntnis setzt dem schamlosen Zögern des anderen ein schamloses Ende, nicht dem eigenen. Seine Schamlosigkeit rettet die Scham, die der andere preisgegeben hat. Je weniger die experimentelle Haltung zu einer ideologischen Festlegung führen kann, desto überzeugter nimmt sie Partei. Jeder abwägend vorsichtige Relativismus ist ihr fremd. Das heißt nicht, daß sie kein Zögern kennt, kein Innehalten, keine Unsicherheit, keine Verunsicherung. Vielmehr bewährt sich das Experimentelle gerade darin, daß immer wieder neu entschieden werden muß, mit welchem Zögern und mit welcher Schamlosigkeit man es zu tun hat. Das Experimentelle bewährt sich in der Offenheit einer solchen Entscheidung, in der Ungewißheit, der sie ausgesetzt bleibt. Wann wird zum Beispiel die legitime Weigerung, von einem Autor zu sprechen, zum legitimierten Usus, die Kunstform »Autor/in« zu gebrauchen? Wann wird die seismographische Idiosynkrasie zur konformistischen Gewohnheit, zum ideologischen Vorwand, zum Erkennungszeichen, das ein Einverständnis bestätigt, mit dem man rechnen kann? Gegen das Einverständnis der Gruppen – die Freunde als Komplizen, die »möglichen Freunde«, von denen Feuerbach in einem Passus redet, den Bovenschen in einem ihrer Texte über Freundschaft zitiert. Am Ende des Aufsatzes über das bewachte Ereignis, nachdem sie gezeigt hat, wie fragwürdig alle Versuche der bewahrenden Bewachung sind, die das Datum 1968 als Datum eines einheitlichen und bestimmbaren Ereignisses betrachten, behauptet sie apodiktisch, mit kompromißloser Unvermitteltheit: »Aber selbstverständlich gehöre ich zu den 68ern und werde scharf aufpassen, daß da nichts Falsches aufkommt.« Wie in einem bekannten Stück das ältere Ehepaar, das sich in Gegenwart junger Eheleute mit ungehemmter Schamlosigkeit zur Schau gestellt hat, in dem Augenblick solidarisch zusammenhält, in dem die anderen glauben, einen Nutzen aus dem schamlosen Schauspiel der Demontage ziehen zu können, bekennt sich Silvia Bovenschen zu dem, was sie der Kritik unterworfen hat. In diesem von allem Zögern freien Bekenntnis muß man eine Scham erkennen, in jener un-eingeschüchterten Kritik aber das Experimentelle, eine gegen ideologische Verfälschungen gekehrte Offenheit.

Die Scham ist eines der Motive, welche die Texte durchziehen, die Silvia Bovenschen schreibt. Wie alle bedeutenden Autoren, die mit Begriffen operieren, versucht sie sich an der Rettung eines Begriffs, an der Rettung des Begriffs der Scham. In ihrem Artikel über die Photographien Helmut Newtons grenzt sie sich implizit von einem eingeengten Verständnis ab, das die Scham »nur noch im Zusammenhang mit dem Zustand sexueller Verklemmung« kennt und beispielsweise nichts von jenen »alternativen Schamformeln« weiß, die sich im retrospektiven Umgang einer Generation mit der Studentenrevolte ausmachen lassen. Die von den Medien betriebene gewaltsame Abschaffung der Scham, mit der die Schamlosigkeit ebenfalls abgeschafft wird, führt schließlich zur Allherrschaft einer »Schamlosigkeit zweiter Ordnung«. Bovenschen verwendet diesen Ausdruck in der bereits erwähnten Kampfschrift »Progressive Offenbarung«. Gegen die Zurichtung der Scham, gegen ihre Abschaffung klagt sie das Recht auf ein »letztes Moment der Unverfügbarkeit« ein, das sie eben in der Scham erblickt.

12

Die treffendste Charakterisierung der Bewegungen ihres Denkens und Schreibens hat Silvia Bovenschen selber gegeben. Dort nämlich, wo sie über die Freundschaft sagt, sie hätte »kein Zentrum in sich« und stelle sich jeweils her »mit dem und durch das, was sie in sich aufnimmt«. In ihrem eigenen Denken und Schreiben folgt Bovenschen also den Bewegungen der Freundschaft. Ihre Unzeitgemäßheit besteht letztlich darin, daß sie nicht eigentlich für den Leser und den öffentlichen Raum der Debatten und Diskussionen schreibt und denkt, sondern für »mögliche Freunde«. Das Geheimnis ihrer Schriften, ihr Mysterium, ihre Unverfügbarkeit oder ihre Scham, liegt wohl in dieser Frage beschlossen: Was – wer sind »*mögliche* Freunde« – und Feinde?

Zur Freundschaft

Vom Tanz der Gedanken und Gefühle

Die Freundschaft gleicht einer unausgesprochenen, aber festen und sich ständig modifizierenden Verabredung. Im Moment der Beschwörung droht sie sich zu verflüchtigen, im Moment der Verallgemeinerung droht der Verrat an ihrer jeweiligen Erscheinung. Schopenhauer vergleicht sie mit den »kolossalen Seeschlangen«, von denen man nicht weiß, »ob sie fabelhaft sind oder irgendwo existieren«.

Alle Versuche einer begrifflichen Festlegung sind für die Freundschaft ungünstig. Aber die Freundschaft ist kein Modell und daher auch nicht so ohne weiteres herzustellen, ja nicht einmal zu erkennen: Ist der Charakter einer Freundschaft einmalig, so ist ihre Gestalt doch wechselhaft. So wie man eine vertraute Person in der Menge auch von hinten sofort erkennt, ohne sagen zu können, welcher Bewegung, welchem Detail, welcher Haltung man die Sicherheit des Erkennens verdankt, so ist die Freundschaft als solche zwar eindeutig, aber vielfältig in ihren einzelnen Erscheinungen und vieldeutig in ihren Möglichkeiten. Die Freundschaft wurde von der Antike bis in unsere Tage (in den letzten Jahrzehnten höchst selten) immer einmal wieder thematisiert. Wenn man die Texte studiert, wird – wie sehr man auch den historischen Zusammenhang berücksichtigt – deutlich, daß alle wirklich von derselben Sache sprechen. Das Wort Freundschaft, schreibt Kracauer, gehört zu jenen »Wortgefäßen«, in denen die »Erfahrungen der Generationen, unerschöpfliches Leben, unzählige Geschehnisse« sich verbergen und die wir als Einheiten hinnehmen, »trotz der unbestimmten Mannigfaltigkeit, die in ihnen zittert«.

Der russische Soziologe Igor S. Kon, der die Freundschaftsvorstellungen quer durch die Jahrhunderte untersuchte, äußert sein Erstaunen darüber, daß sich in den ernst zu nehmenden Ausführungen über große Zeiträume hinweg kaum fundamentale Ausgrenzungen, wohl aber unendlich viele Abgrenzungen, milde Gegensätzlichkeiten und unterschiedliche Akzentuierungen ausmachen lassen. Das Thema Freundschaft kennt also viele Varianten, aber vergleichsweise wenig Unverträglichkeiten. So sprechen zwar die Epikureer aller Zeiten von dem Glück, das die Freundschaft gewähre, schließen aber die Möglichkeit eines Nutzens nicht immer ganz aus; so zielen die Moralisten aller Zeiten auf Vernünftigkeit, allgemeine Nützlichkeiten und Tugendhaftigkeit, leugnen aber den Anteil von Sympathie und Sinnlichkeit doch nicht ganz; so sehen die Skeptiker und Zyniker aller Zeiten vor allem das Wirken des Egoismus in der Freundschaft, konzedieren aber doch unwillig, was als idealer Überschuß erscheinen kann. Seit sich ein menschliches Wesen in einem ihm bewußten Unterschied zu den es umgebenden Phänomenen und zu anderen Wesen sieht – also seit es so etwas wie Subjekte gibt –, gibt es offensichtlich auch etwas, das dem gleicht, was man bis heute Freundschaft nennt.

Wie alt und traditionsreich das Denken über Freundschaft auch sein mag – möglicherweise so alt wie das über die Liebe –, so unangezweifelt die Existenz dieses Phänomens für die jeweiligen Zeitgenossen der schriftlichen Freundschaftsmanifestationen auch immer war, es gibt gleichwohl keine Sprache der Freundschaft – so wie es etwa eine Sprache der Liebe gibt. Die einzelne Freundschaft ist zwar alles andere als sprachlos – Nietzsche spricht sogar von dem Begriffs-Raffinement, das wir unseren Freunden schuldig sind –, aber die allgemeine Vorstellung von der Freundschaft regiert keine »Spezialsprache«, sie weist keine semantischen Kodierungen auf – allenfalls bilden besondere Freundschaften auf der Grundlage des permanenten Miteinandersprechens besondere Geheimsprachen aus. Das Fehlen einer Freundschaftssemantik bewirkte, daß man sich beim Schreiben über dieses Thema gerne an Beispiele exemplarischer Freundschaften anlehnte (bei Lukian suchen sich der Grieche Mnesippos und der Skythe Toxaris mit solchen Beispielen zu überbieten) und daß man, auch wenn der Titel anderes verheißt (häufige Titel sind: »Über die Freundschaft« oder »Von der Freundschaft«), lieber von den Freundschaften sprach als von der Freundschaft.

Allgemeine Aussagen über das Wesen der Freundschaft fallen schnell in eine abstrakt idealisierende und moralisierende Gangart, die den jeweilig einzelnen Schrittformen und Rhythmen einer Freundschaft gegenüber etwas Gewaltsames hat. Anders als bei der Liebe gibt es kaum den Ausweg in Lyrismen: Man spricht kaum von einer »Freundschaftslyrik«. Die Freundschaft wird angesiedelt in einer sozial und kulturell nicht leicht auszumachenden Zwischensphäre – zwischen Verwandtschaft, Liebe und Bekanntschaft. Zuweilen ist von Grenzüberschreitungen die Rede, von der Wahlverwandtschaft oder der platonischen Liebe, zumeist aber geht es um Abgrenzungen, man nähert sich der Freundschaft von den Rändern, man sucht sie in der Unterscheidung von dem, was sie jeweils nicht ist oder nicht sein soll, zu beleuchten.

So wird gegenüber der Verwandtschaft die Freiwilligkeit, gegenüber der Liebe die Dauerhaftigkeit und Bewußtheit, gegenüber der Bekanntschaft die Intensität gerühmt. Es ist ungefährlicher, darüber zu sprechen, was ihr entgegengesetzt wird, als über das, was sie im Kern ausmachen könnte – man entgeht so der Gefahr der Definition und der Wesensbestimmung. Nur die Moralisten der Antike und der Neuzeit, die sie in ein allgemeines System politischer und gesellschaftlicher Tugenden einbinden, haben die Definition nicht gescheut; allerdings verliert das Phänomen durch solche Einbindungen an Kontur und Farbe. Es wird ohne pragmatische Korrektive (wie wir sie bei Aristoteles finden) zum Schemen.

Die Freundschaft ist eine hochempfindliche Angelegenheit – das betrifft sowohl die theoretischen Zugriffe als auch das praktische Verhalten. Ihr theoretischer Ort ist ebensowenig gesichert wie ihr sozialer, denn sie verträgt weder sachliche noch räumliche Festlegungen. Freundschaft ist kein Ereignis, eher schon eine regelhafte Ausnahme, ein bewegliches Fest; sie hat einen permanenten Balanceakt von Distanz und Nähe zur Bedingung. »Kein Ort«, schreibt Cicero, »verschließt sich ihr«, und wenn sie sich auch häufig im Privaten konstituiert, so ist sie doch im Öffentlichen ebenso zuständig. Sie nimmt wichtige Impulse aus beiden Bereichen auf, aber sie hat keinen »eigentlichen« Raum.

Anders als bei den Verliebten, denen eine gewisse Verhaltensänderung, wenn sie ihre Wohnungen verlassen und sich an allgemeinzugängliche Orte begeben, anzuraten ist – schon um sich und anderen Peinlichkeiten zu ersparen –, käme ein abrupter Wechsel im Verhalten eines Freundes – eine Veränderung des Tonfalls, der Gestik, der Umgangsformen – einer Leugnung der Freundschaft, ja einem Verrat gleich. (Das Verhältnis von Distanz und Nähe darf eben nicht von äußeren Gegebenheiten diktiert werden.) In der Freundschaft aber ist der Verrat vernichtend – wiederum anders als in der Liebe, die in ihren exaltierten Formen durch die Möglichkeit und gelegentlich auch den Vollzug des Verrats belebt werden kann. Verrat und Erstarrung sind die Todesboten der Freundschaft. Bei der Erstarrung kann die Wiederbelebung versucht werden, bei Verrat ist sie unmöglich. Umgekehrt gilt für die Liebe, daß die erstarrte Liebe nicht wiederbelebt werden kann.

Die universale Zuständigkeit, die an der Freundschaft beobachtet wird, betrifft in besonderer Weise die freundschaftliche Kommunikation. Selbst Montaigne, dessen Schrift als ein Ausdruck der höchsten Individualisierung der Freundschaft gelesen werden kann, betont das kommunikative Moment, indem er in ihr zugleich einen Ausdruck vollendeter Geselligkeit sieht. Siegfried Kracauer erkennt im Gespräch den »Hauptreiz« der Freundschaft. In ihm, dem Gespräch der Freunde, werde das schnelle Gleiten von den »leichtesten Scherzworten« zu den »innerlichsten Angelegenheiten« möglich, die unaufhörliche Berührung von »Tiefe und Oberfläche, Alltag und Ewigkeit«, »das gemeinsame Durchmessen weiter Räume« in einem »Tanz der Gedanken und Gefühle«. Im Gespräch mit Freunden finden Aneignung und Reflexion von Welt statt, möglicherweise vergnüglich oder auch im Streit, aber immer ohne Prätention, im wachen Zustand und – die Metapher des Tanzes legt es nahe – mit beweglicher Leichtigkeit. Die Freundschaft, wußte Epikur, »tanzt um die Welt und fordert uns alle auf, aufzuwachen zum Preis der Glückseligkeit«.

Das Bild des Tanzes, das sicher nicht zufällig mehrfach auftaucht, macht die hohe Flexibilität der Freundschaft, die gleichzeitig auch eine soziale Flexibilität ist, deutlich. Die Freundschaft kennt keine dem Ehevertrag vergleichbaren Rituale der Schließung (außer bei sogenannten Primitiven, Kindern oder Politikern), keine Dauer und Gültigkeit beschwörende Objektivationsriten oder Symbole. Es gibt keine gesellschaftlich angeordneten Jubiläumsfeiern, keine juristischen Einklagbarkeiten. Die universal zuständige Freundschaft ist ohne gesellschaftlichen Schutz. Das ist gut so. Denn nur so kann sie das hohe Ethos höchster Freiwilligkeit behalten. Solange es noch keine Freundschaftsversicherungspolicen gibt, so lange ist die Verwaltung der Welt noch nicht so weit fortgeschritten wie gelegentlich befürchtet. Es gibt überhaupt kein gesellschaftliches Gebot der Freundschaft: Niemand muß befreundet sein, und kein Regime hat je versucht, die Freundschaft zu verbieten, obwohl sie, das hat schon Aristoteles betont, ein antityrannisches Moment enthält. Eine Erkenntnis, die bei Schiller balladesk strapaziert wurde.

Freundschaft ist auch eine Form. Sie ist alles andere als regellos. Davon haben die Alten viel verstanden. Aristoteles spricht im Zusammenhang mit der Freundschaft von etwas Schöpferischem, Kunstvollem. Kierkegaard suchte allerdings das ästhetische Moment zugunsten einer ethischen Verpflichtung in seine Schranken zu verweisen. Gleichwohl müssen Temperierungen, Beschleunigungen und Distanzierungen absichtslos und intuitiv genau balanciert werden. Ritualisierungen sind ebenso wie Kultisches zu vermeiden

– es sei denn als ernsthaft ironisierte Spielmuster. Das Verhältnis von Spiel und Form korrespondiert in der Freundschaft dem von Distanz und Nähe. So wie das lustvolle Spiel ohne Regel/Form nicht möglich ist, so ist die Nähe ohne Distanz, ohne Respekt vor dem prinzipiell Anderen, Fremden, nicht möglich. Die Bewegung der Verständigung, sagt Blanchot, ist in der Freundschaft zugleich eine der Zurückhaltung.

Wenn heute ernsthafte Menschen von der Freundschaft sprechen, scheint die Freundschaft auf der Basis ungebremster Sympathie einen Katalog höchst altmodischer Tugenden vorauszusetzen: Loyalität, Großmut, Wahrhaftigkeit, Treue, Ehrbarkeit, Toleranz – aber auch Diskretion, Respekt, Distanz, Unabhängigkeit, Takt, Geschmack (der Katalog ist erweiterungsfähig). Aus kulturgeschichtlicher Sicht hat es ebenso viele angestrengte Versuche gegeben, die Freundschaft einseitig zu idealisieren, ja zu sakralisieren, wie sie ganz zu pragmatisieren, ja zu profanieren. Beides ist nie ganz gelungen.

Wenn Montaigne davon träumt, »daß es in der Freundschaft kein Geschäft noch Anliegen gibt als sie selbst«, wenn uns dagegen der skeptische Gracián die Kunst lehrt, seine »Freunde zu nutzen«, und wenn Schopenhauer sogar von der Freundschaft zu Tieren als der einzigen, die frei von Verstellungen ist, spricht, so sind dies keine bloßen Gegensätze, es sind Drehungen des großen Tanzes. Möglichkeiten, die ineinandergreifen, die nicht in ihrer jeweiligen Verabsolutierung, sondern in ihrer wechselseitigen Bedingtheit die Signatur der Freundschaft ausmachen. Denn schließlich spricht auch Montaigne nüchtern von den Ermahnungen und Verweisungen, die wir unseren Freunden in praktischer Absicht geben. Gracián schwärmt plötzlich vom »Freiatmen der Seele« in der Freundschaft, und Schopenhauer bekennt emphatisch, daß wir in den Freunden ein »zweites Daseyn« haben.

Von einer Freundschaft kann erst die Rede sein, wenn man etliche Scheffel Salz miteinander gegessen hat; diese Behauptung des Aristoteles ist immer wieder zitiert worden. Sie charakterisiert nämlich den retrospektiven Charakter der Freundschaft. Häufig, sehr häufig ist der Tod eines Freundes Anlaß für das Schreiben über die Freundschaft. Sie hat immer eine Geschichte. Diese Geschichte ist immer eine der Bewährungen. Freundschaft kennt kein an ihr Ende projiziertes Erfüllungsmoment, kein allgemeines Ziel, keine orgiastischen Höhepunkte, keine ekstatischen Sensationen, die wie in der Liebe die Zeit vorübergehend stillzulegen scheinen. Im Älterwerden der Freunde und Freundinnen reflektiert sich die eigene, die biographische Zeit. Zwar weist Cicero darauf hin, daß die Freunde »schöne Hoffnungen« auf die Zukunft erlauben, aber diese Zukunftshoffnungen sind nicht definiert. Die Freundschaft kann ohne diesen Glauben an ihre Zukunft nicht leben, aber diese Zukunft ist offen, und der Glaube an sie ist gespeist aus vergangener Erfahrung. Irgendwann – niemals am Anfang –, irgendwann im Laufe einer Freundschaft gewinnen wir den diffusen Eindruck, mit jemandem recht gut befreundet zu sein – wir sind es dann immer schon längere Zeit. Am Ende dieser Bewegung, infolge ihrer Erstarrung, eines Verrats oder des Todes eines Freundes oder einer Freundin, beginnen die Verzerrungen: sei es des langsamen Vergessens, der Verdammung oder der Verklärung; Verzerrungen, die nun mit der tatsächlichen Freundschaft nichts mehr zu tun haben, weil sie einseitig vorgenommen werden und keinen kommunikativen Korrekturen mehr unterworfen sind. Die Freundschaft verträgt keine Unterbrechungen ihrer Bewegung, ihrer Zeit. Das heißt nicht, daß die freundschaftlichen Kontakte nicht über längere Zeiträume unterbrochen werden dürften – da gäbe es viele Gegenbeispiele –, das heißt nur, daß die Zeit der Freundschaft nicht stillgelegt werden darf.

Die Nobilität der Freundschaft ist nicht gegründet auf Herkunft, Titel oder Vermögen, sondern nur auf dieses in jedem Freundschaftsverhältnis besondere Zeitmoment; sonst ist sie eher demokratisch, egalitär disponiert. Man hat das aristokratische Moment an der Freundschaft oft wahrgenommen, es aber nicht mit seiner

Ursache in der Zeitlichkeit zusammengebracht; daher hat man dazu tendiert, die Freundschaft selbst zu einer Art Pretiose zu stilisieren, von der alles Profane ferngehalten werden müsse. Der hohe Ton vieler Abhandlungen rührt aus dieser Verwechslung. Aber die Freundschaft ist gar nicht empfindlich gegen die Einbrüche des Banalen und Alltäglichen, im Gegenteil, sie zehrt von ihnen. Man kann sich an dem Edelmut der Freunde ergötzen, man kann ihre Weisheit bewundern, man kann sich Geld von ihnen pumpen, und man kann auch blöde Witze machen, daran nimmt sie keinen Schaden, all dies lagert sich ab und macht ihre Geschichte aus.

Es gibt auch keine Freundschaft auf den ersten Blick – jedenfalls nicht seit der Zeit, da sich Liebe und Freundschaft auseinanderentwickelt haben. Die Reflexion über die Freundschaft ist immer ein Nachdenken über diese Trennung. Schon an den Äußerungen von Xenophon, Aristoteles und Platon läßt sich ablesen, daß ihnen dieser Zusammenhang in ihrer Zeit höchst problematisch war. Es hat in späteren Zeitaltern immer wieder Anstrengungen gegeben, diese Trennung aufzuheben oder doch wenigstens als aufgehobene zu denken. Zwei Beispiele seien nur erwähnt: Im Mittelalter suchte man im Zuge einer Vergeistigung beider Phänomene im Spektrum christlicher Heilsvorstellungen Liebe und Freundschaft im Begriff der »Gottesfreundschaft« (Alfred von Rievaulx) zu synthetisieren, und auch die Romantik kennt solche Verschmelzungsphantasien in säkularisierter Form, die aber dann doch zumeist wieder dem Primat der Liebe geopfert werden. Diese Halbherzigkeit mag auch damit zu tun haben, daß, wie Luhmann schreibt, auf den »Freundschaftskonzepten des 18. Jahrhunderts immer die Homosexualität als eine heimliche Hypothek« lastete, die natürlich nach Kräften geleugnet wurde. Ob es wohl je eine unproblematische Einheit von Liebe und Freundschaft gab – es sei denn als individueller Glücksfall?

Michel Foucault, der den Homosexuellen die Rückeroberung einer Kultur der Freundschaft empfiehlt, bezweifelt, daß die Griechen an die Einheit von Freundschaft und Sexualität je geglaubt haben, da die Freundschaft bei ihnen im Gegensatz zur Sexualität als ein Verhältnis unter Gleichen heroisiert wurde: »Die griechische Ethik der Lust ist an die männliche Gesellschaft gebunden, an die Asymmetrie und die Ausschließung des anderen.«

Es bedarf nun keines großen Aufwandes, um zu erklären, warum für die Griechen die Vorstellung, mit einem Sklaven oder einer Frau befreundet zu sein, völlig abwegig war, wenn nicht einmal, wie Foucault behauptet, das männliche Liebesobjekt zur egalitären Freundschaft taugte. Aber diese Einschätzung der Bedeutung des Weiblichen für die Freundschaft hat sich auch in den folgenden Zeiten nicht wesentlich geändert. Montaigne glaubte, »daß die geistigen Gaben der Frauen gemeinhin nicht zu dem Gedankenaustausch und Umgang hinreichen«, der die Freundschaft ausmache, und auch ihre seelischen Vermögen könnten da nicht recht mithalten. Für Nietzsche liegt die Kulturleistung der Freundschaft – »Sie begehrt nichts für sich« – gerade darin, daß sie sich nicht mit der »scheußlich gierigen Geschlechtsliebe« und damit mit dem Weiblichen gemein macht.

Die heroischen Freundespaare (Patroklos und Achilles, Glaukos und Sarpedon, Old Shatterhand und Winnetou), wie sie in Mythologie und Literatur imaginiert und schließlich unserem Bildervorrat einverleibt wurden, diese Freundespaare waren immer Männer. Auch ihre unheroischen komischen Zerrbilder (Dick und Doof, Pat und Patachon) haben kein weibliches Pendant. Die Vorstellungen von Freundschaft, die wesentlich bilderärmer sind als die von der Liebe, waren dort, wo sie bildhaft wurden – etwa in der schmuddeligen Variante einer männerbündischen Kriegs- und Wildwest-Romantik –, allein aufs Männliche gerichtet. Die Frauen spielten aufgrund ihrer gesellschaftlichen Unterordnung, ihrer Abwesenheit in den Überlieferungen und ihrer historisch bedingten Stummheit dabei eine so geringe Rolle, daß sich Walter Benjamin noch erstaunt fragen konnte: »Wie sprachen Sappho und ihre Freundinnen?« An keinem anderen Phänomen läßt sich die fragwürdige Kulturhoheit des Patriarchalismus so gut studieren wie an dem der Freundschaft. Wenn es schon kein kulturelles Paradigma für eine Freundschaft zwischen Mann und Frau gibt (aus den genannten Gründen: weil die Freundschaft keine Machtgefälle duldet und zwischen den Geschlechtern historisch nun einmal eines bestand), so will es doch auf den ersten Blick nicht einleuchten, warum die Kulturgeschichte kein Muster für eine Freundschaft zwischen Frauen bereitstellt.

Die feministische Forschung hat darauf hingewiesen, daß der Prozeß der Individuation in den Kulturphilosophien der Neuzeit für die Frau gar nicht als vollzogen galt, daß in der Frau vielmehr weiterhin primär das Gattungswesen und nicht ein Subjekt gesehen wurde. Damit ist sie auch nicht freundschaftsfähig. Denn selbst in bezug auf die »Männerfreundschaft« wird von den schreibenden Männern immer wieder betont, daß nur die Starken, Selbstbewußten, die, die eigentlich gar keine Freunde brauchen, brauchbare Freunde seien.

Historisch gesehen mag die Tatsache, daß die Frauen über weite geschichtliche Zeiträume am öffentlichen Leben nicht teilgenommen haben, daß sie die »Welt nicht umtanzen« konnten, daß sie zurückgedrängt waren ins Haus, in die privaten Räume, ein Grund für diese Armut an Zeugnissen sein. Die an das Weibliche gerichteten Erwartungen von permanenter Nähe, Unmittelbarkeit und Natürlichkeit stehen einem souveränen, spielerischen Übergleiten von der einen in die andere Sphäre, etwa in freundschaftlichem Gespräch, im Wege. Daß Frauen dergleichen konnten, beweisen die Briefe der Romantikerinnen.

Gleichwohl besteht bis heute der Eindruck, daß die »Frauenfreundschaft« von den Gesängen der Sappho und ihrer Freundinnen übergangslos zur Einrichtung des Kaffeeklatsches abgesunken ist, wobei auch gegen den Kaffeeklatsch nur dann etwas einzuwenden ist, wenn sich freundschaftlicher Umgang darin erschöpft, wenn dem Gespräch keine anderen Bereiche zugänglich sind und die Freundschaft damit in ihrer Möglichkeit beschnitten wird. Will man den Darstellungen des Kaffeeklatsches, wie er in Lustspielen oder

Lustspielfilmen abgebildet ist, glauben, so besteht das Gespräch der »Freundinnen« untereinander im wesentlichen darin, über die jeweils gerade abwesenden Freundinnen die ungünstigsten Aussagen zu machen.

Das ist Karikatur, aber wir müssen doch das Moment des weiblichen Konkurrenzverhaltens, das sich darin spiegeln soll, ernst nehmen. Auch Männer konkurrieren, etwa im Berufsleben; auch diese Konkurrenz kann ihrer Freundschaft übel mitspielen. Aber Frauen konkurrieren anders, gnadenloser, weil ihre Konkurrenz bis heute die ganze Person betrifft, die ganze Erscheinung: die Beschaffenheit der Nase, der Beine, des Hinterns. Mit anderen Worten: Die auf Leistung basierende Konkurrenz der Männer ist in sich rationaler als die auf relativ unabänderliche Naturqualitäten bezogene der Frauen (ganz abgesehen davon, daß mit zunehmender Berufstätigkeit der Frauen die »Leistungskonkurrenz« bei ihnen noch hinzukommt).

Es spricht allerdings sehr vieles dafür, daß es immer Freundinnen gegeben hat, die die weiblichen Konkurrenzkämpfe überwanden, Freundschaften von Frauen, die sich nicht in die Enge des Kaffeeklatsches abdrängen ließen, die sich gleichsam vorbildlos gegen eine Umwelt, in der dieses Phänomen nicht vorgesehen war, behaupteten und aus dieser Behauptung eine besondere Art des Heroismus gewannen. Und so wird es eine Frage der Zeit sein, bis neben Orest und Pylades auch Hedwig und Anna auf das Piedestal der Freundschaft gehoben werden. Klingt das komisch? Frauen auf Fahrrädern galten auch einmal als komisch.

Die Bewegungen der Freundschaft

Versuch einer Annäherung

> Durch Sterben tötet jedes liebende Geschöpf;
> und wem der Freunde viele gestorben sind, der
> stirbt zuletzt den Tod von ihrer Hand.
>
> *Friedrich Schleiermacher*

Es ist die Beweglichkeit des Gegenstandes selbst, die diejenigen, die über die Freundschaft schreiben, immer hinter den Möglichkeiten ihres Themas zurückbleiben läßt. Wer über die Freundschaft schreibt, will sie preisen. Es wäre müßig, eine Abhandlung, einen Essay oder einen poetischen Text zum Zwecke ihrer allgemeinen Verunglimpfung zu verfassen, da die, die sie nicht mögen, eine Begegnung mit ihr nicht fürchten müssen: Es gibt keine Freundschaft wider Willen. Aber auch die enthusiastischen Annäherungen ähneln, sofern sie sich nicht auf bestimmte Freundschaftserfahrungen beziehen, der Jagd nach einem Phantom. Diese Beweglichkeit der Freundschaft und die damit einhergehende Schwierigkeit, sie aufzuspüren, ist von denen, die über sie nachdachten, wohl bemerkt worden: »Von der spricht nun einer: sie sei überall; der andre: sie sei nirgends; und es steht dahin, wer von beiden am ärgsten gelogen hat«[1], argwöhnt Matthias Claudius. Wer lobt, ist bis zu einem gewissen Grade gezwungen, das Lobenswerte zu fixieren, im Moment der Beschreibung oder Benennung zu bannen. Handelt es sich indes um ein so wandlungsfähiges, facettenreiches Phänomen, daß es im Laufe der Zeiten von seinen Apologeten versuchsweise zum Exempel sowohl ethischer wie auch sozialer und gelegentlich sogar politischer Orientierungen gemacht wurde (ohne daß es dazu jeweils so recht taugte), handelt es sich also um eine Erscheinung, die keinen genauen, durch Verabredungen bestätigten diskursiven Stellenwert und keinen ausgemachten lebensweltlichen Ort hat, dann droht das Lob seinen Gegenstand zu verfehlen oder aber es erhält in der Absicht, das bewegliche Ziel möglichst zu treffen, eine so breite Streuung, daß es diffus und blaß wird. Das Dilemma scheint in der widersprüchlichen, ja paradoxalen Struktur der Freundschaft selbst zu liegen, die sich möglicherweise nur mehr, wie Marcel Jouhandeau das tat, in der aphoristischen Pointierung ausdrücken läßt:

> Die Freundschaft ist ein Trugbild, ist der Zauberschein des Absoluten im Relativen und des Relativen im Absoluten. Die Freundschaft ist die Hochzeit zwischen Schein und Wirklichkeit. O Freundschaft, Krone der Welt![2]

Offensichtlich vermag sie das gemeinhin Unverträgliche in sich aufzunehmen: Sie kann dem Egoismus entspringen und gleichwohl altruistische Züge tragen (und umgekehrt und beides zugleich), sie kann im gleichen Moment alltäglich und exklusiv sein, sie ist im gleichen Maße intim und nicht-intim, öffentlich und nicht-öffentlich; sie lebt im Vorgriff auf Kontinuität, für die sie aber keinerlei Garantie gibt (Freundschaft ist immer erst, wenn sie schon war), und im Rückgriff auf gemeinsame Erfahrungen, von denen aber nicht sicher ist, daß sie wirklich von den Befreundeten gleich erfahren wurden; es ist ebenso möglich, daß Freundschaft nur auf einem glückhaften Mißverständnis beruht. Freundschaft ist eine ungewisse Gewißheit, eine subjektive Wahrheit, die aber in jedem Moment von dem oder der Befreundeten widerlegt werden kann, denn diese mischen sich auch ohne unser Wollen in unser Denken und in unsere Phantasien ein. Freunde, schreibt Ludwig Feuerbach, sind jene, »die in uns sich ausgesprochen und vertreten finden (…) Und wie man nur *lebt* für seine Freunde, so *schreibt* man auch nur für seine wirklichen oder möglichen Freunde.«[3]

Wenn es sich so verhielte, wie Feuerbach behauptet, daß sich alles Geschriebene, gleichgültig welchem Gegenstand es gilt, an die Adresse unserer wirklichen und möglichen Freunde richtet, dann könnte es scheinen, als sei das Schreiben über die Freundschaft eine naheliegende und zudem einfache, direkte Sache. Ein Schreiben ohne Umwege. Gegenstand und Adresse sind identisch. Auf vermeintliche vornehmere Adressierungen – die Nachwelt bietet sich hier immer an – kann in diesem Fall verzichtet werden, ebenso wie auf den Versuch, den Einfluß, den unsere Neigungen auf das Schreiben nehmen, zu verheimlichen, denn das Geschriebene ist ja, laut Feuerbach, den Freunden, denen unsere Neigungen vor allem gelten, immer schon zugeeignet. So einfach könnte es scheinen. Daß es sich zwar so verhält, wie Feuerbach behauptet, aber doch keine einfache Sache ist, sondern eine höchst komplizierte, nötigt uns die Mühen großer Umwege und ungebahnter Schleichpfade auf. Die Komplikation hat vordergründig gesehen ihre Ursache darin, daß wir zumeist mehrere Freunde/Freundinnen haben, daß wir selbst als Freund oder Freundin im Schnittpunkt mehrerer freundschaftlicher Korrelationen stehen und daß das Wort Freundschaft dann zwangsläufig für viele und vieles stehen muß, für höchst Unterschiedliches und zudem Konstellatives. Das Schreiben über die Freundschaft als allgemeinen Begriff ist ein massiver Angriff auf die strenge Ausschließlichkeit einer jeweiligen Freundschaft, die zum Erhalt ihrer Möglichkeiten immer die einzige unter mehreren einzigen bleiben muß. Das weiß jeder: Man darf seine Freunde nicht hierarchisieren, aber man darf – und das geht über die allgemeine Problematik der Begriffsabstraktion hinaus – seine Freundschaften auch nicht parallelisieren. Jede hat ihre eigene Zeit, ihre eigene Bewegung, ihre eigenen Illusionen, Maßstäbe und Gesetze. Die Vermeidung der Begriffsdogmatik darf nicht zu einem nivellierenden Relativismus führen. Das mögen die auffällig vielen Autoren gewußt oder geahnt haben, die, wenn sie von der Freundschaft schrieben, eine bestimmte Freundschaft zum Vorbild erhoben. Aber auch dieser Ausweg führt nicht wirklich aus der Verlegenheit. Der direkte Weg ist vor allem deshalb verstellt, weil auch für die einzelne Freundschaft die Möglichkeit synchroner Gegensätze offengehalten werden muß: Es sind immer mindestens zwei Stimmen, die zumeist Unterschiedliches über sie sagen. Diese Freundschaft, die aus zweierlei Sicht zugleich erhaben und banal, heilig und profan, luxurierend und notwendig sein kann, ist daher auch mit sich selbst unvergleichbar. Es gilt, die Heterogenität der in uns »aufgehobenen« Freunde/Freundinnen zu bewahren. Eine Freundschaft zu definieren gleicht dem buchhalterischen Bemühen, den Freund/die Freundin an einem bestimmten Platz, den wir ihnen in uns anweisen, abzulegen. Roland Barthes zieht den gewaltsamen begrifflichen Subsumptionen eine topische Demonstration der freundschaftlichen Konstellationen vor: »Man muß sich bemühen, von der Freundschaft wie von einer reinen Topik zu sprechen.« Die Freundschaft ist für ihn ein Raum »der kultivierten Affekte«:

> Die Freunde bilden ein Netz untereinander und jeder muß sich darin als *Äußeres/Inneres* erfassen, bei jeder Konversation der Frage der Heterotopie unterworfen: Wo bin ich unter den Begehren? Wo stehe ich in dem Verlangen? Die Frage wird durch die Entwicklung der tausend Wechselfälle der Freundschaft gestellt.[4]

Die Schwierigkeiten beim Schreiben über eine lebendige Freundschaft mögen bewirkt haben, daß die Autoren – und es sind wiederum auffällig viele –, die eine bestimmte Freundschaft zum Vorbild machen wollten, dies erst nach dem Tod des Betroffenen taten. Sie mögen empfunden haben, daß sie die Bewegungen dieser Freundschaft jetzt nicht mehr irritieren konnten, da diese durch den gewaltsamen äußeren Eingriff des Todes bereits für immer zum Stillstand gekommen waren. Erst dieser furchtbare Eingriff ebnet den direkten, den geraden Weg. Aber damit setzen schon die Verklärungen und das Vergessen ein. Jetzt kann, wie es Georg Lukács in einem Essay über Richard Beer-Hofmann beschreibt, nur mehr mit einer Stimme gesprochen werden:

31

Aber es gab kein ›Später‹ mehr. Es gab kein Beisammensein mehr, denn in der Nacht war der eine gestorben und die unerwartete, brutale Katastrophe zeigt auf einmal in scharfer Beleuchtung, was dieser Freund ihm war, ihm sein konnte, den er geliebt, dem er sich immer nah gefühlt, den er zu verstehen gemeint hat und von dem er dachte, immer verstanden zu werden.

Die Besonderheit der Freundschaft tritt im Moment der Katastrophe noch einmal, jetzt schon in ihrer Negativform, als Mangel, als Verlust deutlich in Erscheinung, um dann zu erstarren, blasser zu werden; es fehlt der Einspruch des Anderen:

> Jemand ist gestorben. Und als schmerzende ewig unfruchtbare Frage starrt den Alleingebliebenen die ewige Entfernung, die unüberbrückbare Leere zwischen Mensch und Menschen an (…) Zusammengehörigkeit wird nur durch Kontinuität lebendig gehalten, und wenn diese reißt, verschwindet selbst die Vergangenheit; denn alles, was man von einem anderen wissen kann, ist nur Erwartung, nur Möglichkeit, nur Wunsch oder Angst, nur ein Traum, der irgend eine Realität erst durch ein späteres Geschehen bekommen kann, und auch dies zerrinnt gleich wieder nur zu Möglichkeiten.[5]

Roland Barthes schreibt über einen, der sich bei allem, was er schreibt, einbildet, er werde damit einen seiner Freunde verletzen. Das muß nun nicht mehr verwundern. In milderer Version kennen das alle Schreibenden: die Antizipation dessen, was dieser Freund oder jene Freundin wohl zu dem Erdachten zu sagen hätte, denn sie sind ja in uns vertreten. Die Möglichkeit, einen oder eine unter ihnen ungewollt zu verletzen, erhöht sich, wenn die Freundschaft selbst thematisiert wird. Man schreibt gewissermaßen mit glühender Feder, in der ständigen Gefahr, im Geschriebenen Maßstäbe zu setzen, die auf diese oder jene Freundschaft gar nicht passen, die zu diesem Zeitpunkt auf gar keine Freundschaft passen und die zu erfüllen man selbst auch gar nicht in der Lage ist. Man mag sich das Befremden nicht ausmalen, das notwendig auftritt, wenn das Ausgeführte die grundlegend anderen Dispositionen in dieser Sache zum Vorschein brächte. Muß sich der Freund/die Freundin dann nicht fragen, mit welchem inneren Bild von ihm/ihr eigentlich die ganze Zeit operiert wird? Eine riskante Frage, die man da provoziert. Erklärungen, Festlegungen, Definitionen, die es gerade zu vermeiden gilt, sind auf beiden Seiten die Folge. Die Bewegung wird von beiden angehalten, die Kommunikation wird kanalisiert, die inneren Bilder erstarren zu Ikonen.

Das soll aber nicht heißen, daß es beim Schreiben – über was auch immer – im inneren und äußeren Dialog mit unseren Freunden zu keinem Dissens kommen dürfe. Im Gegenteil, diese Auseinandersetzungen halten lebendig. Die Dispute, die wir mit den Befreundeten über Politisches etwa, über Kulturelles, über Bücher, über Pauschalreisen haben, sind der Freundschaft zuträglich, ja sie sind der Humus des freundschaftlichen Umgangs. Indem wir die Freundschaft so durch die Themen hindurchtreiben, erhält sie fließende Konturen; indem wir ihr im freundschaftlichen Gespräch oder im Streit Partikel der Außenwelt einverleiben, erhält sie ein unbeständiges Volumen. Gerade wenn sie um ihrer selbst willen besteht und nicht an Zwecke gebunden ist – das haben ja die meisten Essayisten immer wieder gefordert –, bedarf sie der Stoffe, um selbst stofflich zu werden. Diese Stoffe aber, und darin ist das Wirken der Freundschaft deutlich spürbar, enthalten fortan für uns das Ferment jener Freundschaft, in die sie eingegangen sind. »Oft schon hat fehlender Austausch des Wortes die Freundschaft vernichtet«,[6] zitiert Aristoteles. In diesem Austausch bildet und erhebt sich Freundschaft immer auf das Neue. Im Gespräch mit unseren Freunden und Freundinnen sprechen wir unausgesprochen immer auch über die Freundschaft, wir können sie darin nicht verfehlen; es sei denn, wir sprechen ausdrücklich über die Freundschaft selbst, dann verliert sie zunehmend ihr Volumen, wird immer unstofflicher und ist schließlich nur mehr ein Schemen.

> Es gibt also Erlebnisse, die von keiner Gebärde
> ausgedrückt werden könnten und die sich den-
> noch nach einem Ausdruck sehnen.
>
> *Georg Lukács*

Das Gerade, Direkte ist für die Freundschaft auch deshalb so ris-
kant, weil ihr etwa im Vergleich mit der Liebe das selbstreferentielle Element ganz abgeht, jene Obsession der Liebenden, in einer
nach außen abgedichteten Sphäre der Intimität ununterbrochen
von ihrer Liebe zu sprechen und sich dabei immer wieder um neue
sprachliche Aufgipfelungen zu bemühen und sich immer wieder
der alten zu bedienen. Man kann es auch wie Niklas Luhmann ausdrücken:

> Unter der Bedingung hinreichender Isolierung dieses Sonder-
> phänomens kann man postulieren, daß Liebe nur durch Liebe zu
> motivieren sei: Liebe bezieht sich auf Liebe, sucht Liebe, wächst
> in dem Maße, als sie Liebe finden und sich selbst als Liebe erfül-
> len kann.[7]

Dieses Programm wäre in der Übertragung auf das Phänomen
Freundschaft schlicht abstrus. Emmanuel Bove hat in seinem Buch
Meine Freunde den Schrecken beschrieben, zu dem einer für sich
selbst und andere wird, der zur Freundschaft wild entschlossen
ist, der auszieht, die Freundschaft zu finden, nur durch den Willen
zur Freundschaft beseelt, und der bereit ist, jedem, dem er begegnet, ›seine Freundschaft zu erklären‹. Es gibt keine Sprache der
Freundschaft, die dem vergleichbar wäre, was man die Sprache der
Liebe nennt. Roland Barthes und Niklas Luhmann haben unlängst
in sehr unterschiedlicher Weise die synchronischen und diachronischen Modifikationen einer Sprache der Liebe untersucht. Die
Anstrengung, Vergleichbares für die sprachlichen Manifestationen
der Freundschaft leisten zu wollen, brächte vermutlich nichts ver-

gleichbar Interessantes hervor. Es ließe sich bei der Untersuchung entsprechender Schriften aus Gegenwart und Vergangenheit sicher eine Wiederholung bestimmter Aspekte und Fragen, also eine Art Problemgeschichte der Freundschaft herausschälen; auch im Zitieren berühmter Beispiele – die berühmten Freundespaare – ließe sich so etwas wie Kontinuität konstruieren, aber keinesfalls könnte die Rede sein von einer ausgebildeten Freundschaftssemantik, im Sinne eines tradierten sprachlichen Repertoires, das auf eindeutige Identifikationen angelegt ist. Es gibt keinen Freundschaftscode, kein Äquivalent zur Geständnisformel ›Ich liebe dich‹ und auch keine Äquivalente zu der großen Sprachszene, jenem Kaleidoskop der Liebe, das Roland Barthes entworfen hat.[8] Über Freundschaft wird gleichwohl oft geschrieben, einige Gedichte, viele Briefe, sehr viele Aphorismen und zahllose Essays legen davon Zeugnis ab. Aber *in* der Freundschaft wird aus den erwähnten Gründen relativ wenig *über* die Freundschaft gesprochen. Die Ausnahme bestätigt hier tatsächlich die Regel: denn dort, wo *in* der Freundschaft doch vornehmlich *über* die Freundschaft gesprochen wurde, in jener kurzen Zeitspanne, der die Literaturwissenschaft den Namen Empfindsamkeit gegeben hat, hat man dies in einer geliehenen Sprache getan, nämlich in der der Liebe:

Herr Jacobi an Herrn Gleim
Halle den 25. Nov. 1767
Meinen Gleim, ihn, den treuesten, den zärtlichsten unter den Freunden, soll ich wieder sehen, ihn umarmen, ihm selbst es sagen, mit Thränen der Liebe sagen, daß mir die Welt nur um seinetwillen schön ist? Bald in vier Wochen soll ich bey ihm seyn, und dann sollen die Anschläge gemacht werden, mit ihm ein ganzes Leben, ein Götterleben zuzubringen? Ich komme lieber Freund, auf welche Art es auch immer sey (…) Wenn die Liebe winkt, so ist keine Gegend mehr rauh, kein Himmel mehr stürmend. Der Winter, zum Frühling umgeschaffen, läßt unter den

Tritten der Zärtlichkeit selbst auf Felsen Blümchen hervorkei-
men. Lassen sie uns, bester Freund, in jedem Briefchen von dieser
süßen Hoffnung uns besprechen. Möchten die Tage nur schnell
vorbeyfliehen, und dann langsamer seyn, wenn die Küße meines
Gleims mir jeden Morgen ankündigen! ...[9]

Der Freundschaftskult im 18. Jahrhundert wurde im semantischen
Feld der Liebe zelebriert. Dem Einwand, daß es sich möglicherweise wirklich um Liebe gehandelt habe, ist entgegenzuhalten, daß
so oder ähnlich die empfindsamen Freundschaftsbriefe durchgängig
aussahen (wenn es auch der Kreis um Gleim sprachlich am heftig-
sten trieb). Zudem beherrschte dieser Ton auch die Briefe, die man
an Fremde, deren Freund man erst noch werden wollte, richtete. Er
wurde, um Mißverständnisse zu vermeiden, nur in den an Frauen gerichteten Schreiben etwas gedämpft, denn in dieser Sprache konnte
die Differenz zwischen Liebes- und Freundschaftsbrief allein durch
das Geschlecht des Adressaten verdeutlicht werden. Es war damit zu
rechnen, und das wurde bei der Abfassung schon mitgedacht, daß
die Briefe im geselligen Kreis vorgelesen werden würden. Es kam andererseits durchaus vor, daß ein Freundschaftsbrief, der einmal von
einem Mann an einen Mann gerichtet worden war, bei Bedarf als
Liebesbrief an eine Frau – man änderte dann natürlich die Anreden
– einfach noch einmal Verwendung fand. Das zeigt, daß in der Sprache dieser Freundschaftsbriefe keine kleinen, versteckten, durch den
historischen Abstand fast unsichtbar gewordenen Hinweise enthalten sind, die den Zeitgenossen eindeutig den Unterschied signalisiert
hätten. Die Differenz zwischen Liebe und Freundschaft war auch für
sie in diesen Briefen nur kontextuell – wer schreibt an wen? –, nicht
sprachlich zu erkennen. Bürger an Gleim:

Ich eilte nach dem letzten Kusse meinem Zimmer zu und kaum,
kaum bracht ich mein Auge trocken über die Straße. Mein Herz
war mir hoch herangeschwollen, und wären sie länger geblieben,

so hätt' ich mich nicht länger halten können (…) Gott im Himmel! rief ich aus, als ich allein war und so wollüstige Thränen weinte, als ich noch nie geweint habe, Gott im Himmel! was ist das für ein Mann.[10]

Die Anleihen aus dem Bilderreich der Liebespoesie sind unübersehbar. Es wimmelt in diesen Briefen von klassischen Liebesboten, Amor und Venus werden ständig bemüht. Dieses merkwürdige Verhältnis von Sprache und Gegenstand wird noch skurriler, wenn die freundschaftlichen Qualitäten des Angesprochenen mit dem Liebreiz eines Mädchens verglichen werden. Zeitgenössische Berichte erlauben die Annahme, daß die brieflichen Kuß- und Tränenorgien auch in die Tat umgesetzt wurden. Freundschaft wurde eine Art kultureller Gebärde, und auch hier, im Bereich des Sozialverhaltens, sind die Anleihen aus dem Repertoire der Liebe unübersehbar. Es muß ein starker Wunsch bestanden haben, Freundschaft gesellschaftlich zu objektivieren. Freundschaftsbünde wurden öffentlich verkündet und nur scheinbar geheim ritualisiert. Schleiermacher und Klinger schlossen ihre Freundschaftsbünde feierlich zeremoniell im Wald; der Hainbund wurde beim Umtanzen eines Baumes in einer Mondnacht im Eichengrund besiegelt. Anredeformen wie: ›mein Geliebter‹, ›mein Herz‹, ›mein Seelenbruder‹ etc. waren bei den Literaten der Zeit gang und gäbe. Die Annahme einer plötzlichen epidemischen Ausbreitung der Homosexualität in bürgerlichen Schichten muß wohl weniger aus Gründen der Prüderie als aus denen mangelnder Plausibilität zurückgewiesen werden (obwohl sich hinter diesem oder jenem Enthusiasmus durchaus auch homoerotisches Sehnen verborgen haben mag). Ihr steht die allgemeine Verbreitung, die dieser Kult, dieser denkwürdige Sprachgebrauch in bestimmten Kreisen der Intelligenz fand, die allgemeine Beteiligung an dieser gigantischen Inszenierung der Freundschaft im Wege. Man hat im 18. Jahrhundert in Deutschland ein Freundschaftsdrama in der Ausstattung einer Schäferromanze gegeben.

Was war falsch? Das Stück oder das Dekor? Die literaturwissenschaftliche und soziologische Forschung hat gelegentlich ihren Blick auf dieses Kuriosum gerichtet, und zuweilen hat man auch bemerkt, daß es mehr war als nur das. Wolfdietrich Rasch, dem das Verdienst zukommt, sich als einer der ersten um Erklärungen bemüht zu haben,[11] sieht in der kultischen Vereinnahmung der Freundschaft die Verschiebung eines sozialen Problems in einen kulturellen Raum. Im Freundschaftskult suchte man ein künstliches Fundament zu schaffen für den Affront einer neu entstandenen bürgerlichen Literaten- und Gelehrtenschicht gegen die brüchige ständische Ordnung. Selber ohne Macht und wirklichen Einfluß hatte diese Schicht das Bedürfnis, außerhalb des absolutistischen Staates ein Terrain abzustecken und ein Medium zu finden für die Ausbildung und Demonstration einer eigenständigen Kultur. Im Anschluß an Rasch konstatiert Friedrich H. Tenbruck,

> daß die Stabilisierung des individuellen Daseins in neuen gesellschaftlichen Beziehungen hier auf Grund der Eigenart der nationalen Entwicklung schwierig war, also die Freundschaft (…) einige Funktionen mitübernehmen mußte, die in anderen Ländern größere gesellschaftliche Gruppen, Vereine, Parteien, Klassen und ähnliche [sic] stärker besorgten. Der Mangel an zuverlässigen, gesamtgesellschaftlichen Identifikationsgruppen zwang die deutsche Entwicklung in jene eigenartige (…) Intensität der persönlichen Beziehungen.[12]

Der Versuch, die Freundschaft als feste Sozialform zu etablieren, entspricht dem damaligen Bemühen, den einzelnen aus der Isolation, in die er infolge sozialer Umbrüche gedrängt wurde, herauszuholen, in die intimen Zirkel Gleichgesinnter einzubinden und gleichzeitig dem, was die Soziologie als Intimisierung und Emotionalisierung der Lebensverhältnisse dieser Zeit bezeichnet, wiederum einen öffentlichen Ausdruck zu verschaffen. Die Freundschaft konnte dafür als geeignetes Medium erscheinen, weil sie sich als Phänomen weder eindeutig dem Privaten noch dem Öffentlichen zuordnen läßt. Sie scheint beiden Sphären anzugehören und für beide durchlässig zu sein. Sie kann – wie gesagt – privat geschlossen, aber öffentlich demonstriert werden, und sie ebnet zumindest der Idee nach alle Standesunterschiede ein. Aber die Konstruktion war nicht haltbar. Die Umwandlung der Freundschaft in eine soziale Institution mißlang. Die schrillen Töne, die geborgten Bilder, die übertriebenen Gesten, diese ganze Exaltation, mit der man die Diskrepanz zwischen der Sprache und dem, was sie bezeichnen sollte, künstlich zu übertünchen suchte, war schon den Zeitgenossen zuweilen nicht ganz geheuer. Bereits bei Erscheinen des Briefwechsels zwischen Gleim und Jacobi hatte sich Bodmer über die Vergleiche des Freundes mit einer Geliebten mokiert. Daß dieser drohende Verlust der Geschlechtsdifferenz in der Konsequenz einer Sprache steht, die die Differenz zwischen Liebe und Freundschaft verwischt, war ihm wohl nicht bewußt, denn gegen die Metaphorik der Liebe in Anwendung auf die Freundschaft allgemein hatte er keine Einwände. Wie wenig die Freundschaft sich eignete als Plattform für eine neue Sozialität, wie empfindlich sie war, sowohl gegen ihre programmatische Etablierung als öffentliches Medium als auch gegen ihre sprachliche Codierung im Zeichen der Liebe, das zeigen der Spott und die Verachtung, die der Schaustellung empfindsamer Freundschaft kurze Zeit später schon von den ehemals selber Empfindsamen entgegengebracht wurden.

Wenn in unseren Elegien und Oden der Amor mit seinen Pfeilen herumflattert, wenn man den Griechen und Römern eine ganze Nomenklatur von Liebesausdrücken abgeborget hat, und diese endlich sogar in Briefe zwischen Mannspersonen ausschüttet: so verliert sich das Spielwerk von der Würde, ich will nicht sagen einer Heldenseele, sondern nur des gesunden Verstandes völlig ab, und wird fader Unsinn.[13]

Herder, der sich hier um die Manneswürde sorgte, hatte ja den Freundschaftskulten seiner Zeit durchaus nicht ablehnend gegenübergestanden, im Gegenteil, er hatte heftig mitgewirkt an dem Netz von freundschaftlichen Beziehungen, das man über das ganze Land zu spannen suchte, von Göttingen bis Mainz und von Hamburg bis Darmstadt.

Wenn es darum geht, die Bewegungen der Freundschaft an den Spuren nachzuzeichnen, die sie in den schriftlichen Manifestationen hinterließ, dann ist der Freundschaftskult Mitte des 18. Jahrhunderts vor allem wegen des Differenzverlustes, der ihm eigentümlich war, interessant. Diese Spuren werden ausgerechnet hier, wo man der Freundschaft eine so eminente Bedeutung zugewiesen hatte, etwas undeutlich. Die Schwierigkeit, das, was Freundschaft ausmacht, zu fixieren, hat die meisten, die über sie schrieben, dazu bewogen, sich abgrenzender Verfahren zu bedienen, wohl in der Hoffnung, daß sich in der Abgrenzung von der Bekanntschaft, der Verwandtschaft oder der Liebe wenn nicht ein Begriff, so doch wenigstens ein Bild von ihr evozieren ließe. Was aber geschieht eigentlich, wenn, wie im empfindsamen Freundschaftskult, die Differenz, in diesem Fall zur Liebe, und damit die Möglichkeit der Differenzierung verlorengehen? Zweifellos spielen auch in der Freundschaft erotische Attraktionen eine Rolle, aber eben nicht nur und nicht notwendig – auch das ist eine negative Abgrenzung. Freundschaft partizipiert auch am Phänomen Liebe, aber sie selbst ist, wie es scheint, gegen Grenzübertritte von außen empfindlich. Niemand wird etwas dagegen sagen können, wenn zur Liebe so etwas wie Freundschaft hinzukommt (»die meisten Ehen«, sagt Bloch, scheitern nicht »aus mangelnder Liebe, sondern aus mangelnder Freundschaft«[14]), wenn aber zur Freundschaft die Liebe hinzukommt, ist sie keine Freundschaft mehr. Auch für die Griechen war wohl, im Gegensatz zur gängigen Auffassung, das Verhältnis zwischen Liebe und Freundschaft nicht unproblematisch, wie Michel Foucault jüngst herausstellte; keinesfalls waren beide für sie identisch. Die Freundschaft hat kein

Zentrum in sich; sie stellt sich jeweils her mit dem und durch das, was sie in sich aufnimmt. Wird sie selbst aber aufgenommen und bis zur Unkenntlichkeit vereinnahmt, dann geht sie verloren. Deshalb endete der Versuch, sie in der Sprache der Liebe aufzuheben, desaströs: entweder war der Eindruck unvermeidbar, daß tatsächlich Liebe und nicht Freundschaft gemeint war, oder es wurde spürbar, daß sich unter den metaphorischen Verkleidungen nichts mehr befand. Die Abgrenzung der Freundschaft ist ein Problem: Einerseits ist die Grenze undeutlich, weil die Freundschaft bis zu einem gewissen Grade an anderen Bereichen auch teilhat, andererseits droht sie bei totalem Differenzverlust sich zu verflüchtigen. Das macht das Phänomen so widerstandslos widerständig.

Sicher sind die Ausdrucksformen der Freundschaft nicht zeitunabhängig. Die Freundschaft hat zahllose historische Erscheinungsweisen. Aber dieses Moment der widerständigen Beweglichkeit ist wohl, soweit die Schriften von der Freundschaft Auskunft geben, durchgängig.

Niklas Luhmann, der die Frage diskutiert, warum der empfindsame Freundschaftskult als soziales Interaktionsprogramm so wenig taugte und als Medium einer allgemeinen Codierung so schnell wieder jegliche Bedeutung verlor, kommt zu dem Schluß:

> Aufs Ganze gesehen hat jedoch die Liebe und nicht die Freundschaft das Rennen gemacht und letztlich den Code für Intimität bestimmt. Warum? Die Gründe dafür sind nicht leicht aufzutreiben und zu belegen. Man kann jedoch vermuten, daß die Freundschaft trotz aller Privatisierung und aller Unterscheidung täglicher und absonderlicher Freundschaft (Thomasius) sich als nicht abgrenzbar, als nicht ausdifferenzierbar erwies.[15]

Es gehört zu den paradoxen Sonderlichkeiten der Freundschaft, daß sie sich als das Nicht-Abgrenzbare gegen äußere Ansprüche abgrenzt. Die Freundschaft zehrt von ihren permanenten Grenzübertritten, zeigt sich aber allergisch gegen massive Grenzverletzungen von außen. Im 18. Jahrhundert war der Grenzübertritt von außen verbunden mit der Hoffnung auf doppelte Beute: annektiert durch die Sprache der Liebe sollte Freundschaft das Glück der bürgerlichen Intimität aus dem Haus in die Gesellschaft tragen und zugleich als Repräsentantin einer allgemein zugänglichen klassenunabhängigen Geselligkeit einen öffentlichen Anspruch repräsentieren. Die Freundschaft konnte diese Klammerfunktion privater Konstitution und öffentlicher Reputation nicht erfüllen; eingezwängt in das Kleid der Liebe war sie entweder nur mehr intim oder sehr komisch, und ohne ihre Verkleidung befand sie sich in einem rhetorischen Vakuum. Auch die gegenläufigen Versuche, die es sporadisch gegeben hat, nämlich die Freundschaft ganz aus der Sphäre des Privaten herauszuheben und zum Politikum zu machen, hatten es stets mit dieser Sprachnot zu tun. Zwar hatte Aristoteles die Freundschaft, der er zwei Bücher seiner *Nikomachischen Ethik* widmete, eng an den Polis-Gedanken gebunden, aber doch eher in Form einer Analogie als in der einer Unterordnung. Sie behält in dem hohen ethischen Rang, den sie einnimmt, immer ihren Eigenwert. Selbst bei Cicero wird diese Eigenständigkeit der Freundschaft, der nach seinen Worten kein Ort verschlossen bleibt, nicht ganz dem politischen Tugendpathos geopfert. Gleichwohl hat es historisch nicht an Versuchen gefehlt, die Freundschaft zum Exerzierplatz politisch-moralischer Tugendhaftigkeit zu degradieren. Aber diese Tradition ist nicht sehr stark, sie hat kaum sprachliche Konventionen in ihrem Gefolge, es sei denn, man zieht die Parole der Brüderlichkeit in Betracht, ein leiser Ton im bürgerlich-revolutionären Dreiklang, laut überdeckt von der Freiheit und der Gleichheit; ein Ton, dem Bloch für den Sozialismus noch eine zwar »unzweifelhafte«, aber doch »besonders matte und undurchgehaltene« Akzeptanz zuschreibt. Geradezu parodistische Qualitäten können dem zackigen Gruß-Imperativ: Freundschaft! bescheinigt werden. Es bedarf wohl nicht der Erklärung, daß Freundschaft als Parteiverordnung nicht recht vorstellbar ist. Auch der Versuch einer Politisierung oder Ideologisierung der Freundschaft kommt nicht ohne sprachliche Anleihen aus, in diesem Fall bei der Sozialform der Verwandtschaft. Die Anrede ›Bruder‹ soll im Rekurs auf religiöse Gemeinschaften, in Sekten, Bünden, Kleinkollektiven unterschiedlichster Couleur der verordneten Freundschaft die Unauflöslichkeit verwandtschaftlicher Verhältnisse sichern. Der Satz, den ein Freundschaftsenthusiast des 18. Jahrhunderts an einen Freund schrieb: »Wir müssen alle Freunde in der Welt zu unseren Freunden zu machen suchen«, ist ebenso absurd inflationär wie die Vision einer sozialen Klostergemeinschaft der ganzen Menschheit. Freundschaft ist eben, wie Bloch in diesem Zusammenhang etwas ungern konzediert – er mag ihre sozialutopischen Dimensionierungen nicht ganz preisgeben –, ein »*Pendant* und keine *abstrakte Alternative* zur Einsamkeit«.[16] Eine außerordentlich witzige Attacke gegen das ›Seid-umschlungen-Millionen‹-Pathos der Brüderlichkeit, das zugleich so ungeheuerlich groß die Menschheit aufruft und so ungeheuer kleinlich die Hälfte davon ausnimmt, stammt von Oswald Wiener, der die Parole ausgab: »Alle Menschen sollen Freundinnen werden.«[17] Die Verheißungen der Freundschaft schwinden in dem Moment, in dem sie vereinnahmt und in ein Konzept gezwungen wird.

Auch die Kultformen der siebziger Jahre unseres Jahrhunderts waren der Freundschaft nicht eben günstig. Im Zuge ihrer Ausbildung und Ausbreitung wurde der Begriff der Freundschaft gern durch den der ›solidarischen Beziehung‹ ersetzt. Damit schienen zunächst alle Probleme gelöst. Der politische Anspruch war erhalten durch das Gebot der Solidarität, und die Klärung von Beziehungen ließ sich in die Zuständigkeit von Psychologen und Sozialarbeitern verlegen. Die solidarische Beziehung erwies sich jedoch in dem Maße, in dem man sich ihr definitionswütig zuwandte, allenfalls als eine etwas armselige Verwandte der Freundschaft, und die Enttäuschung, die über diese Armseligkeit, die sich jetzt allenthalben auf den weiland avantgardistischen Diskussionsforen in der Klage über die psychologische Schablonisierung weiter Lebensbereiche Ausdruck verschafft, mündet in die magere Erkenntnis, daß die Freundschaft weder Politik- noch Therapieersatz sein kann. Es bleibt abzuwarten, ob im Dunst des neuen Konservativismus mit neuen Übergriffen zu rechnen ist, etwa im Sinne neu-alter Kameradschaftsglorifizierungen oder einer Art Freundschaftsreligion. Das läge gut im Trend.

Es ist dem aber hinzuzufügen, daß alle diese Vereinnahmungen, Verschiebungen und Ideologisierungen sehr viel mit der Schwierigkeit, Freundschaft zu denken, über sie zu schreiben oder sie gar zu programmieren, zu tun haben, und nur mittelbar etwas mit den wirklichen Freundschaften. Mittelbar insofern, als sich in diesen Versuchen und vor allem in der Form ihres jeweiligen Scheiterns die Bewegungen der Freundschaft abzeichnen. Die wirklichen Freundschaften wird es auch gegen die Kulte und teilweise sogar in den Kulten gegeben haben. Jede Freundschaft muß sich ihr eigenes Universum schaffen, weil es gegen allen Anschein keinen präformierten öffentlichen und individuellen Raum für sie gibt. Das ist die große Anstrengung des Befreundetseins. Die Orientierung an den kulturellen Mustern kann daher das Zustandekommen sogar erschweren, und daran mag es auch liegen, daß Freundschaft unter Frauen, die sich kaum auf ernstzunehmende Vorbilder berufen kann und der in den großen Abhandlungen zur Freundschaft keine Chance gegeben wird, notwendig immer schon eine große Eigenständigkeit aufweist; sie steht quer zur öffentlichen Meinung und zur historischen Tradition der Männerfreundschaft. Das gilt auch für die Freundschaften zwischen Mann und Frau. Auch für sie stehen keine – nicht einmal dem Anschein nach – sozialen Räume oder kulturellen Programme bereit, auch sie müssen den Charakter der Unverwechselbarkeit, etwa in Abgrenzung zum Phänomen Liebe, aus sich selbst hervorbringen.

Jeder Essay ist die symbolische Etymologie
eines paradoxen Begriffs. *Friedrich Schlegel*

Die anakreontische Freundschaftsbegeisterung hat sich vornehmlich im bis dahin vorästhetischen Medium Brief Geltung verschafft,
gelegentlich auch in der Lyrik, wobei, und das ist für diese Zeit erstaunlich, auf den Reim verzichtet wurde. Rasch behauptet apodiktisch: »Alle freundschaftlichen Bekenntnisgedichte sind reimlos.«[18]
Läßt sich spekulieren, daß der Grund für diese Abstinenz in der
Sache liegt, daß sich die Beweglichkeit, die Ortlosigkeit, die Widersprüchlichkeit der Freundschaft, selbst dann noch, wenn sie in der
poetischen Metaphorik der Liebe zelebriert wird, der ästhetischen
Formstrenge verweigert? Hat darin seinen Grund, daß die Form,
die nicht ganz zu Recht so häufig als Unform, als Misch- oder Zwi-
schenform denunziert wurde, nämlich der Essay (in Konkurrenz
mit dem Aphorismus) am häufigsten gewählt wurde, wenn es um
die Thematisierung der Freundschaft ging?

Der Soziologe Tenbruck entschuldigt sich bei seiner Leserschaft
dafür, daß er seine Ausführungen zu diesem Thema in die Form
»des von der Soziologie wenig geschätzten Essays« kleidet, eine
Form, die sich, wie er ausführt, von der Sache her leider nicht habe
vermeiden lassen, da er sich im wesentlichen auf Daten stützen
müsse, die nur der Geisteswissenschaft zu entlocken seien. Es sei
bei diesem Thema in Kauf zu nehmen, daß man zunächst so recht
keinen festen wissenschaftlichen Boden unter den Füßen habe und
daher ständig in der Gefahr schwebe, »in den beklagenswerten Zustand einer historisierenden und spekulativen Sozialphilosophie«
zurückzufallen. Interessant ist, daß sich der Autor gegen so viele
innere und sachliche Widerstände zur Form des Essays gezwungen
sieht. Tenbruck, der seine Schrift als einen »Beitrag zur Soziologie
der persönlichen Beziehungen« bezeichnet, hätte sich vielleicht gar
nicht entschuldigen müssen, denn sein Beitrag entspricht nicht un-

bedingt den Merkmalsbeschreibungen, die man dem Essay, etwa im Unterschied zur Abhandlung, zugesprochen hat. Hält man zum Beispiel für gültig, was Adorno zur Formqualität des Essays rechnet, so war die Sorge ganz gewiß unnötig:

> Denn er (der Essay, S. B.) durchschaut, daß das Verlangen nach strikten Definitionen längst dazu herhält, durch festgesetzte Manipulationen der Begriffsbedeutungen das Irritierende und Gefährliche der Sachen wegzuschaffen, die in den Begriffen leben (…) Während er die Begriffe aufeinander abstimmt vermöge ihrer Funktion im Kräfteparallelogramm der Sachen, scheut er zurück vor dem Oberbegriff, dem sie gemeinsam unterzuordnen wären; was dieser zu leisten bloß vortäuscht, weiß seine Methode als unlösbar und sucht es gleichwohl zu leisten.[19]

Dieses Paradox der Vergeblichkeit, das Adorno dem Essay als Struktur unterstellt, macht ihn möglicherweise so geeignet für ein Phänomen, das sich gegen jede gesellschaftliche und historische Wahrscheinlichkeit immer aufs neue durchsetzen muß und von dem Ralph Waldo Emerson einmal sagte, daß es wie die Unsterblichkeit der Seele sei: zu schön, um wahr zu sein. Adorno schreibt über den Essay, der sich seiner Meinung nach jeglicher Begriffshierarchie verweigert, so, wie es Roland Barthes für die Freundschaft vorschlägt, in topologischen Kategorien:

> Alle seine Begriffe sind so darzustellen, daß sie einander tragen, daß ein jeglicher sich artikuliert je nach den Konfigurationen mit anderen (…) Als Konfiguration aber kristallisieren sich die Elemente durch ihre Bewegung. Jene ist ein Kraftfeld, so wie unterm Blick des Essays jedes geistige Gebilde in ein Kraftfeld sich verwandeln muß.[20]

Ein solches Schreiben in beweglichen Konstellationen – wer kann das schon einlösen? – wäre dem Konstellativen, Beweglichen, das die Freundschaft ausmacht, allein angemessen. Die Sätze Adornos über die Form des Essays könnten unverändert auch der Form der Freundschaft gelten. Die Frage, ob die, die über die Freundschaft schreiben wollten, diese innere Verwandtschaft ahnend, so häufig die Form des Essays wählten, oder ob die großen Essayisten in der Freundschaft ein adäquates Thema für ihre Form fanden, ist unentscheidbar.

Das Zwitterwesen Essay[21] ist in seiner theoretischen und ästhetischen Zuständigkeit ähnlich schwer zu bestimmen wie das Phänomen Freundschaft in seiner lebenspraktischen und sozialen Bedeutung. (Schon das Wort Phänomen ist Verlegenheit. Freundschaft ist immer zugleich ein Phänomen und ein Phantasma.) Die ursprüngliche Bedeutung von ›essai‹ zeigt, daß Montaigne seinen ›Versuchen‹, als er sie so benannte, vor allem den Gestus des Vorläufigen, Unabgeschlossenen, Rhapsodischen verleihen wollte. Die Wortwahl ist bestimmt von einem großen Mißtrauen gegen das Definitive, ein Mißtrauen, das auch beim Schreiben über die Freundschaft eine Rolle spielt und das ihm die gleichen Merkmale aufprägt: das Vorläufige im Sinne Ciceros, der einmal schrieb, daß die Freundschaft schöne Hoffnungen auf die Zukunft zulasse, das Unabgeschlossene, das garantieren muß, daß diese Hoffnungen nicht zu festen Erwartungen gerinnen, das Rhapsodische, das dem konstellativen Charakter der Freundschaft Rechnung trägt. Man hat Montaigne als den Vater des modernen Essays bezeichnet; man hat aber auch Francis Bacon, der diese Bezeichnung für seine so ganz anders gearteten Schriften reklamierte, eine Patenschaft zugestehen müssen. Beide haben Essays über die Freundschaft geschrieben, so daß sich sagen läßt, daß schon bei der Geburtsstunde der neuzeitlichen Essayistik die Freundschaft im Spiele war. Und so wie in der formalen Gegensätzlichkeit dieser Essays die Spannweite zwischen Kunst und Wissenschaft, metaphorischem Glanz und Begriffsstrenge ausgestellt ist, so in die Extreme getrieben scheinen auf den ersten Blick auch die darin entfalteten Freundschaftsentwürfe:

Montaigne:

In der Freundschaft, von der ich spreche, mischen und vereinigen sich beide [Freunde, S. B.] in dermaßen völliger Verschmelzung, daß sie ineinander aufgehen und die Naht, die sie verbindet, nicht mehr finden.[22]

Bacon:

Man kann wohl Sassaprille gegen die Verstopfung der Leber, Stahl gegen die Milz, Schwefelblüte für die Lungen, Bibergeil für das Gehirn einnehmen; aber keine Arznei erschließt das Herz so sehr wie ein treuer Freund, dem man seine Leiden und Freuden, Ängste und Hoffnungen, seine Sorgen und Geheimnisse und alles, was sonst noch das Herz bedrückt, gleichsam wie in einer Art von weltlicher Beichte bekennen kann.[23]

Im hohen Ton, in dem die Verschmelzungsphantasien Montaignes vorgetragen werden, scheint sich der Essay der poetischen Form, und im sachlichen Pragmatismus, in der Bacon die zweckdienlichen Annehmlichkeiten der Freundschaft preist, der Abhandlung anzunähern. Aber auch der Freundschaftsessay Montaignes weist pragmatische Korrektive auf, und der Bacons kennt die Emphase.

Die Essayisten, die in der Nachfolge über den Essay schrieben, haben angesichts des so unterschiedlichen Charakters der beiden Gründerväter gerne den einen gegen den anderen ausgespielt, um im Zuge dieser Konfrontation zu einer Art Gattungsprinzip des Essays zu gelangen. Sie haben jedoch in ihrem unessayistischen Ansinnen das dialogische Korrektiv übersehen, das in jedem Essay, aber auch im Verhältnis der Essays untereinander zum Wirken kommt. Der Essay korrigiert, wie Adorno sagt, das »Zufällige und Vereinzelte seiner Einsichten, indem er sie, sei es in seinem eigenen Fortgang, sei es im mosaikhaften Verhältnis zu anderen Essays«,[24] der Bestätigung oder der Einschränkung aussetzt. Erst aus dem großen Mosaik der Freundschaftsessays ergibt sich eine Annäherung an das Phänomen, und zwar durch Widersprüche, Gegensätze,

Abweichungen und Paradoxien hindurch, denn so subjektiv wahr empfunden die Freundschaft auch sein mag, sie ist nie mit nur einer Stimme zu beschreiben.

Wenn der Verdacht einer Strukturhomologie zwischen dem Freundschaftsessay und seinem Gegenstand berechtigt ist, dann wäre dieser selbstverständlich den gleichen Gefahren und Versuchungen ausgesetzt wie die ›offene Form‹ Essay an sich. Das Pathos der Freundschaft ist ebensowenig wie das des Essays davor geschützt, in jedem Moment abzukippen in Pseudotiefe; das Unabgeschlossene, Undefinierte kann jederzeit mit schlampiger Vagheit, das Bewegliche mit schöngeistiger Attitüde, das Rhapsodische schließlich mit bloßem Stückwerk verwechselt werden. Die scheinbare Formlosigkeit verführt zum willkürlichen Umgang, der sich aber hier wie dort fürchterlich rächt. Denn wenn Freundschaft und Essay auch in keiner durch Regelzwänge gefügten Formtradition stehen, keinem strengen Formprinzip untergeordnet werden können, so bedürfen sie doch der vielfältigen Formen. Nach Lukács wird in den Schriften der Essayisten »die Form zum Schicksal«.[25] Da die Form nicht vorgegeben ist, da sie sich allenfalls durch schwankende Grenzmarkierungen negativ bestimmen läßt: im einen Fall in Abgrenzung zur Wissenschaft oder zur Kunst, in dem anderen in Abgrenzung zur Liebe oder zur Verwandtschaft, muß sie sozusagen aus der Sache selbst heraus entstehen. In diesen Formen, die dem Stoff, dem Leben abgewonnen werden, wird der Gegenstand erst zur Erscheinung gebracht. »Die Formen aber umgrenzen einen Stoff, der sich sonst luftartig im All auflösen würde« (Lukács); darin liegt die ästhetische Dimension der Freundschaft.

Lukács schreibt einen Essay *Über Wesen und Form des Essays,* der den Untertitel »Ein Brief an Leo Popper« trägt, der aber kein Brief ist und der trotzdem mit den Worten »Mein Freund!« beginnt. Gottfried Keller hat einen Brief an einen Freund geschrieben, dem er rigoros die empfindsamen Freundschaftsfloskeln austreibt; in seinem Fortgang verwandelt er sich immer mehr in einen Essay über die Freundschaft. Der Essay fängt das Zugleich von Nähe und Distanz, das eine wesentliche Voraussetzung für den freundschaftlichen Verkehr ist, besser auf als der für die Veröffentlichung vorgesehene Brief. Beide, der Essay und die Freundschaft, sind auf ein balanciertes Verhältnis von Distanz und Nähe, von intimen und allgemeinen Ansprüchen angewiesen. Beide sind schon durch geringe Balanceverluste hochgradig gefährdet. Der Essayist, schreibt Lukács, spreche

> immer von den letzten Fragen des Lebens (…) aber doch immer in dem Ton als ob (…) nur von den wesenlosen und hübschen Ornamenten des Lebens die Rede wäre (…) So scheint es, als ob jeder Essay in der größtmöglichen Entfernung von dem Leben wäre, und die Trennung scheint um so größer zu sein, je brennender und schmerzlicher die tatsächliche Nähe der wirklichen Wesen beider fühlbar ist.[26]

Im Essay, so wurde häufig gesagt, soll sich die Kontur, die Bewegung dessen, wovon er handelt, abzeichnen; aber sosehr er den Gegenstand in sich aufnimmt, so sehr kommt es darauf an, daß er zugleich die notwendige Distanz zu den Dingen behält. Es handelt sich also nicht nur um einen einfachen Prozeß der Anverwandlung. Das Verhältnis der Essayisten zu ihren Gegenständen, die Balance von Nähe und Distanz, Emphase und Ironie ist dem von Vertrautheit und Fremdheit, Anteilnahme und Diskretion im freundschaftlichen Verkehr vergleichbar. Denn soll die Heterogenität des/der Anderen respektiert werden, ist Vertrautheit, wie Valéry schreibt, immer Notwendigkeit *und* Gefährdung:

> Aber die Vertrautheit macht die leisesten Veränderungen spürbar. Man darf nicht vergessen, daß sie in einer erlaubten *Indiskretion* besteht (sei sie anerboten oder erbeten), deren Grenzen schwanken und die einen Eindruck hervorruft, der nichts weniger als beständig ist; die eine seltene Aufmerksamkeit verlangt, soll sie sich ohne Schaden und geheime Folgen auswirken, die der Freundschaft sehr gefährlich wären.[27]

Es gibt aber noch ein weiteres, seltener beachtetes Balanceverhältnis, das für die Freundschaft von Bedeutung ist, das zwischen Ernst und Heiterkeit. Es soll nicht unterschlagen werden, daß Kierkegaard dieses Schweben zwischen den Gegensätzen verworfen hat; im Streit zwischen Ethiker und Ästhetiker über die Freundschaft ist es gerade das gemeinsame Lachen der Freunde über die Welt, das den Teufelspakt des Ästhetikers kennzeichnet. Zur Freundschaft gehört nach Kierkegaard die Pflicht, der Ernst, »eine positive Betrachtung des Lebens«[28]. Merkwürdigerweise nehmen sich die Ausführungen, die dem Ästhetiker in Sachen Freundschaft in den Mund gelegt werden, wesentlich attraktiver und lebendiger aus als das, was in deutlicher Parteilichkeit dem Ethiker unterstellt wird. Vielleicht ist die Freundschaft ja ein Teufelspakt, und vielleicht brauchen wir sie so sehr, weil wir eben sonst kein positives Verhältnis zum Leben und seinen Umständen haben. Vielleicht gehören die Verse Nietzsches deshalb zum Schönsten, was über die Freundschaft gesagt wurde:[29]

Unter Freunden
Ein Nachspiel

Schön ists, miteinander schweigen,
Schöner, miteinander lachen, –
Unter seidenem Himmels-Tuche
Hingelehnt zu Moos und Buche
Lieblich laut mit Freunden lachen
Und sich weiße Zähne zeigen.
Macht' ich's gut, so wolln wir schweigen
Macht' ich's schlimm –, so wolln wir lachen
Und es immer schlimmer machen,
Schlimmer machen, schlimmer lachen,
Bis wir in die Grube steigen.

Freunde! Ja! So solls geschehn?
Amen! Und auf Wiedersehn!
(…)

Anmerkungen

1 Matthias Claudius, *Von der Freundschaft*. In: Sämtliche Werke des Wandsbecker Boten, Bd. 1. Berlin 1941, S. 346

2 Marcel Jouhandeau, *Meine Freundschaften*. In: M. J., Gesammelte Werke V. Hrsg. v. Friedhelm Kemp. Reinbek 1977, S. 21

3 Ludwig Feuerbach, Aus den ›*Nachgelassenen Aphorismen*‹, in: L. F., Anthropologischer Materialismus. Hrsg. v. Alfred Schmidt. Frankfurt am Main 1967, S. 231

4 Roland Barthes, *Über mich selbst*. München 1978, S. 70 f.

5 Georg von Lukács, *Der Augenblick und die Formen: Richard Beer-Hofmann*. In: G. v. L., Die Seele und die Formen, Essays. Berlin 1911, S. 232 f.

6 Aristoteles, *Nikomachische Ethik*. Berlin 1983, S. 176. Aristoteles zitiert hier den Hexameter eines unbekannten Dichters.

7 Niklas Luhmann, *Liebe als Passion*. Frankfurt am Main 1982, S. 36

8 Vgl. Roland Barthes, *Fragmente einer Sprache der Liebe*. Frankfurt am Main 1986

9 *Briefe von den Herren Gleim und Jakobi,* gedruckt bey Johann Thomas Edlen v. Trattern, 1769, S. 115f.

10 *Briefe von und an Bürger,* Bd. 1, S. 25f. Hier zitiert nach: Georg Steinhausen, Geschichte des deutschen Briefes. Zürich 1968, S. 363

11 Wolfdietrich Rasch, *Freundschaftskult und Freundschaftsdichtung im deutschen Schrifttum des 18. Jahrhunderts*. Halle 1936

12 Friedrich H. Tenbruck, *Freundschaft*. Ein Beitrag zu einer Soziologie der persönlichen Beziehungen. In: Kölner Zeitschrift für Soziologie und Sozialpsychologie 16 (1964), S. 448

13 Johann Gottfried Herder, *Kritische Wälder*. In: Werke Bd. III. Hrsg. v. Bernhard Suphan. Berlin 1878, S. 35

14 Ernst Bloch, *Das Prinzip Hoffnung*, 3. Bd. Frankfurt am Main 1959, S. 1129

15 Niklas Luhmann, *Liebe als Passion,* a.a.O., S. 105

16 Ernst Bloch, *Das Prinzip Hoffnung,* a.a.O., S. 1131

17 Für den freundlichen Hinweis auf diesen Satz von Oswald Wiener (in: *Die Verbesserung von Mitteleuropa.* Reinbek 1985, S. 85) danke ich Claudia Schmölders.

18 Wolfdietrich Rasch, *Freundschaftskult,* a.a.O., S. 173

19 Theodor W. Adorno, *Der Essay als Form.* In: Noten zur Literatur I, Frankfurt am Main 1963, S. 28

20 Ebd., S. 30

21 Zur Ästhetik und Geschichte des Essays vgl.: Ludwig Rohner, *Der deutsche Essay.* Neuwied und Berlin 1966

22 Michel de Montaigne, *Von der Freundschaft.* In: Michel de Montaigne, Essais. Ausgewählt u. übersetzt v. Herbert Lüthy. Zürich 1953, S. 225

23 Francis Bacon, *Über die Freundschaft.* In: Francis Bacon, Essays. Hrsg. v. Levin L. Schücking. Hamburg-Bielefeld-Stuttgart o. J., S. 118

24 Theodor W. Adorno, *Der Essay als Form,* a.a.O., S. 36

25 Georg von Lukács, *Über Wesen und Form des Essays.* In: Die Seele und die Formen, a.a.O., S. 16

26 Ebd., S. 20f.

27 Paul Valéry, *Windstriche, Aufzeichnungen und Aphorismen.* Frankfurt am Main 1959, S. 135

28 Sören Kierkegaard, *Entweder-Oder.* München 1975, S. 900

29 Friedrich Nietzsche, *Menschliches, Allzumenschliches.* In: Friedrich Nietzsche, Werke I. Frankfurt am Main-Berlin-Wien: Ullstein-Verlag o.J., S. 732

Zum Unterschied der Geschlechter

Reise ins ungelobte Land

Was hat Simone de Beauvoir eigentlich getan, als sie ein Buch über das zweite (Originaltitel) oder das andere (deutsche Übersetzung) Geschlecht schrieb? Oder anders gefragt: Was heißt es eigentlich, ein Buch über eines der beiden Geschlechter zu schreiben – über dessen biologische, soziale und historische Erscheinungsformen, über dessen Bedeutung als Gegenstand mythologischer, soziologischer, anthropologischer und psychologischer Auslegungen? Es heißt: ein Buch zu schreiben über immerhin die Hälfte der Menschheit – über alles, was das Wissen der ganzen Menschheit über diese eine Hälfte freigibt, wenn denn die Probleme der einen Hälfte von denen der anderen zu trennen sind. Aber das Unternehmen war noch gewagter, als es so schon scheinen mag. Die Sache kompliziert sich nämlich, wie Simone de Beauvoir argwöhnt, infolge des unterschiedlichen Anteils, der den beiden Geschlechtern bei der Gewinnung und der Bewahrung dieses Wissens historisch zukam. Alles, was sich als Aussage zum Weiblichen in Mythos, Literatur und Wissenschaft aufspüren läßt, muß diesem Argwohn zufolge der Parteilichkeit verdächtigt werden, denn es wurde angesammelt und gehortet fast ausschließlich von den Vertretern des ersten Geschlechts, das sich gerne als das eigentliche absolut setzte, von dem sich das zweite, das andere relational ableiten sollte. Wenn es stimmt, was in diesem Buch behauptet wird, daß nämlich die männliche Optik auch den Blick der Frauen trübte, wenn diese Perspektive alle möglichen anderen dominierte, dann mußte die Autorin sich vor die Aufgabe gestellt sehen, jede ihrer Aussagen den Bildern, den Mythen, den Legenden abzuringen, dann mußte die Wahrheit nicht allein kraft der Wissenschaft, sondern zum Teil auch durch sie hindurch, ja zuweilen sogar gegen deren Dogmen neu gewonnen werden. Ein mühsames Geschäft! Ein enzyklopädisches Ansinnen! Ein hybrides Unternehmen? Vielleicht läßt sich sagen: ein ebenso phantastisches wie notwendiges Vorhaben. Phantastisch, weil es an Umfang, Komplexität und Schwierigkeit eine einzelne Person zwangsläufig an die Grenzen ihrer Möglichkeiten bringt; notwendig, weil das Wissen über das andere Geschlecht tatsächlich diesen perspektivischen Verzerrungen unterliegt und überdies zu dem Zeitpunkt der Veröffentlichung 1949, gelinde gesagt, defizitär war. Die älteren unter den Leserinnen und auch manche Leser werden sich vielleicht erinnern, welche verschrobenen Lehrmeinungen über den unveränderlichen Geschlechtscharakter der Frau, über ihr Wesen, ihre Natur, ihre Sexualität und ihre ewig gleiche Bestimmung noch bis weit in die sechziger Jahre kursierten; Lehren, die die Unterordnung des zweiten unter das erste Geschlecht zum Beispiel mit der Behauptung einer geistigen Minderwertigkeit der Frauen zu legitimieren suchten. Dies sind Vorstellungen, wie sie in unseren Tagen nicht einmal mehr der bornierteste Frauenverächter vortragen mag. Wir verweisen sie gern – zu schnell? – ins Reich der Kuriositäten, damals aber prägten sie die Einstellung der meisten Männer zu den Frauen und der meisten Frauen zu sich selbst. Hier müssen wir unsere historische Phantasie bemühen, denn nur vor diesem ideologischen Hintergrund ist die erste Aufnahme des Buches zu verstehen.

Noch vor seinem Erscheinen – ein Auszug war in der Zeitschrift *Les Temps Modernes* veröffentlicht worden – kam es zum Skandal. Die Empörung galt vor allem der Tatsache, daß eine Frau es gewagt hatte, offen über die physischen und sexuellen Sensationen der weiblichen Seele zu schreiben. Bekannt geworden ist der Satz Claude Mauriacs, den dieser einem Mitarbeiter der *Temps Modernes* schrieb: »Nun weiß ich alles über die Vagina Ihrer Chefin.« Selbst die Freunde reagierten irritiert, verärgert. Camus zum Beispiel sah den französischen Mann lächerlich gemacht. Man war allenthalben befremdet, auf der linken wie auf der rechten Seite der politischen Szenerie. Selbst bei den wenigen, bei denen das Buch auf Beifall stieß, galt die Bewunderung nicht etwa der Sensation, daß sich eine Frau auf eine Aufgabe von solchen Dimensionen eingelassen hatte, sondern vielmehr der Pikanterie, daß sie es als Frau gewagt hatte, die »gelebten Erfahrungen« im delikaten Bereich von »Sexus und Sitte« zu thematisieren. Wer über ein Geschlecht schreibt, schreibt auch über Geschlechtliches, also über Sexualität. Das bewirkte den Skandal. Die publizistische Öffentlichkeit hat die wahre Sprengkraft des Buches damals noch gar nicht erkannt; wahrscheinlich war sie nicht einmal der Autorin selbst ganz bewußt.

Sie hatte ja ursprünglich gar kein Buch über die Hälfte der Menschheit schreiben wollen. Wie alle wirklichen Pioniere hat Simone de Beauvoir nicht genau gewußt, was sie in dem kaum betretenen Neuland zu erwarten hatte. In ihren autobiographischen Aufzeichnungen *La Force des choses (Der Lauf der Dinge)* aus dem Jahre 1963 beschreibt sie den ersten Anstoß zu ihrer folgenreichen Untersuchung:

> Ich fragte mich: Was tun? Ich setzte mich in die ›Deux Magots‹ und starrte auf das leere Blatt Papier. Ich spürte in den Fingerspitzen das Bedürfnis zu schreiben und in der Kehle den Geschmack der Worte, aber ich wußte nicht, was ich machen sollte. ›Warum machen Sie denn ein so böses Gesicht?‹, fragte mich einmal Giacometti. ›Weil ich schreiben möchte und nicht weiß, was ich schreiben soll.‹ – ›Schreiben Sie doch irgend etwas.‹ Eigentlich hatte ich Lust, von mir selber zu erzählen.

In dieser Spannung, an deren einem Pol die Neigung zur Selbstbetrachtung steht und an deren anderem die vage Vorstellung, über irgend etwas zu schreiben, was zugleich alles sein kann, ist das Buch schließlich entstanden. So, wie sich die Autorin ihrem Projekt näherte, war dessen Ausuferung von einer privaten Lebensbeichte zu einer Art Phänomenologie des Weiblichen unvermeidlich: »Ich überlegte mir, daß die erste Frage lauten müßte: Was hat es für mich bedeutet, eine Frau zu sein? Anfänglich hatte ich geglaubt, schnell damit fertig zu werden.« Aber mit dieser Frage wird keine Frau schnell fertig. In ihr steckt, so unschuldig sie klingen mag, der feministische Sündenfall. Für Simone de Beauvoir, die so eng mit der Sartreschen Existenzphilosophie verbunden war – einer Philosophie, die der Möglichkeit der Selbstbestimmung und der Freiheit der Wahl große Bedeutung zuweist –, mußte diese Frage zur Provokation werden. Was wählt eine Frau eigentlich, wenn sie das Weibliche wählt? Was ist das überhaupt, eine Frau? Was ist Weiblichkeit? Ein bloßes biologisches Schicksal, eine gesellschaftliche Konvention, eine kulturelle Verabredung? An dieser Stelle ihrer noch vagen Überlegungen machte die Autorin, wie sie später erzählt, eine keineswegs vage »Entdeckung«: »Diese Welt ist eine Männerwelt, meine Jugend wurde mit Mythen gespeist, die von Männern erfunden worden waren, und ich hatte keineswegs so darauf reagiert, als ich reagiert hätte, wäre ich ein Junge gewesen.« Nach dieser Entdeckung war das Selbstverständliche nicht länger selbstverständlich, das Natürliche nicht länger natürlich. Jetzt mußten alle Erfahrungen, die so sicher und objektiv schienen, alles Wissen, die Wünsche, die Gefühle sogar, aber auch und vor allem das Bild, das die Autorin von sich selber hatte, mit dieser befremdenden Entdeckung konfrontiert werden.

Es handelte sich übrigens um eine Entdeckung, die später viele Frauen machen sollten, allerdings im Dunstkreis der Frauenbewegung und vielfach schon in Kenntnis des Buches der Beauvoir. Es waren auch später zumeist Frauen, die es scheinbar ›geschafft‹ hatten, die wohlgelitten und anerkannt im Kreise der Intellektuellen eine gewisse Bewegungsfreiheit hatten. Damals, im Jahre 1949, war die französische Öffentlichkeit allein schon schockiert durch die moderne Version des ›hohen Paares‹, die Simone de Beauvoir und Jean-Paul Sartre ihr präsentiert hatten. Das für sich genommen eher großbürgerlich-liberale Konzept einer Verbindung zwischen einer autonomen Frau und einem autonomen Mann außerhalb der

Institution Ehe auf der Basis von Freiwilligkeit und Gleichberechtigung lieferte Stoff für Intellektuellenklatsch. Aber die Realität dieser Gleichstellung erfüllte sich (wenn überhaupt) nur auf der Ebene einer privaten Vereinbarung. Es spricht für die Ehrlichkeit der Beauvoir im Umgang mit sich selbst, daß sie sich der Illusion einer schon erreichten Egalität, die dieser Entwurf nahelegt, nicht ausgeliefert hat, daß sie im Gegenteil zunehmend empfindlich wurde gegen die unterschiedlichen Voraussetzungen und Möglichkeiten der beiden Geschlechter, daß sie schließlich zu der Erkenntnis gelangte, die Angehörige eines Geschlechts zu sein, das allgemein als das zweite bzw. das andere firmierte. Sie schreibt: »Er ist das Subjekt, er ist das Absolute, sie ist das Andere.« Beide Titel, der französische *(Le Deuxième Sexe)* wie auch der der deutschen Übersetzung, sind dem Inhalt des Buches angemessen. Während die Rede vom zweiten Geschlecht polemisch eine über Jahrhunderte weitgehend unangetastete Rangordnung ins Bewußtsein ruft, hat die Kategorie des ›Anderen‹ ihr Fundament nicht nur in der Auseinandersetzung mit der Hegelschen Phänomenologie, die die Autorin für ihre Thematik fruchtbar macht, sondern auch in der französischen Existenzphilosophie. Sartre hatte in seiner 1943 erschienenen Schrift *L'Être et le Néant (Das Sein und das Nichts)* die ontologischen und psychologischen Probleme, die mit der Existenz des Anderen, unter dessen Blicken das Subjekt zum Objekt wird und durch die es die Grenzen seiner Freiheit erfährt, in einer für den philosophischen Kontext ungewöhnlichen Weise an den Phänomenen der körperlichen Liebe exemplifiziert. Gleichwohl wird dieses Verhältnis zur Existenz des Anderen dort in einem geschlechtsneutralen Zusammenhang mit der Frage nach den Bedingungen der Möglichkeit menschlicher Freiheit allgemein gesehen. Es war Simone de Beauvoir vorbehalten zu fragen, wie es kommen konnte, daß die Frauen diesen Objekt-Status, der ihnen unter den Blicken der Männer zugewiesen wurde, für sich selber anerkannten. Diese Frage ist Ausgangspunkt der Überlegungen, sie ist in der Einleitung des Buches so formuliert:

Warum fechten Frauen die männliche Souveränität nicht an? Kein Subjekt setzt sich spontan und ohne weiteres als das Unwesentliche; nicht das Andere ist es, das dadurch, daß es sich selbst als solches anerkennt, das Eine definiert: Es wird als das Andere von dem Einen gesetzt, das sich selbst als das Eine setzt. Damit sich aber die Umkehrung vom Einen zum Anderen nicht vollzieht, muß sich das Andere diesem fremden Gesichtspunkt unterwerfen. Woher kommt diese Unterwerfung in dem Fall der Frau?

Es handelt sich hier um die Geburt des Feminismus aus dem Geist des Existentialismus. Und obgleich diesem zweifellos eine Initialfunktion zukommt, ist das Buch keineswegs eine philosophische Arbeit (es hätte dann wohl auch schwerlich Bestseller-Qualitäten haben können). Simone de Beauvoir verläßt bald schon die Ebene der philosophischen Spekulation, um sich ihrem Untersuchungsgegenstand eher pragmatisch zuzuwenden. Sie tritt nun ihre große Reise durch die wissenschaftlichen Disziplinen und die Literaturen (1. Teil des Buches) und durch die wirklichen Welten der Frauen (2. Teil des Buches) an. Es ist eine Reise, die sich wohl im wesentlichen in der Bibliothèque Nationale abgespielt hat. Heute, da sich die Regale in den Buchhandlungen biegen unter der Last teils ehrenwerter, teils überflüssiger Titel zum Thema Frau, ist der bibliomane Aufwand, der hier betrieben wurde, vielleicht nicht mehr auf den ersten Blick erkennbar, wohl aber der kühne, fachübergreifende Zugriff der Autorin. Der Präsentation grundlegender Erkenntnisse aus dem Bereich der Biologie folgt die Auseinandersetzung mit marxistischen und psychoanalytischen Weiblichkeitsentwürfen; die Geschichtsschreibung, die Mythen, die Literaturen werden befragt nach den Spuren, die das Weibliche hinterließ, wie es gedacht, wie es projiziert wurde; in einem zweiten Schritt versucht die Autorin sich der Realität der Frauen zu nähern, ihrer besonderen gesellschaftlichen Situation, ihrem besonderen Empfinden, ihrem besonderen Leiden. Das Ganze verschmilzt zu einer großen Bestandsaufnahme, die in mehreren Wellen eine immer größere Leserschaft auf der ganzen Welt erreichte. Das Buch wurde in riesigen Auflagen publiziert. Es darf wohl vermutet werden, daß es in unserem Jahrhundert wenige Bücher von einer solchen wirkungsgeschichtlichen Bedeutung gibt.

Obgleich es kein Buch der lauten Fanfaren, der wortmächtigen Kampfansagen ist und die Autorin sich im Gegenteil großer Sachlichkeit befleißigt hat, obgleich der Ton des Buches eher moderat ist, die Ausblicke und Folgerungen eher zurückhaltend sind – zu zurückhaltend, wie Simone de Beauvoir später selber fand –, spielte es doch eine konstitutive Rolle bei der Entstehung der neuen Frauenbewegung zu Beginn der siebziger Jahre. Interessanterweise nimmt das Buch über zwanzig Jahre vor Entstehung dieser Bewegung in seinem Aufbau strukturell deren Verlaufsform vorweg: Einer kurzen Phase der Auseinandersetzung mit den avancierteren Theorien der Weiblichkeit – sie wurden immer noch im Marxismus und in der Psychoanalyse vermutet – folgte in einem zweiten Anlauf die Phase, in der die Frauen sich auf die geschlechtsspezifische Gemeinsamkeit ihrer gelebten Erfahrungen (Selbsterfahrung war das große Schlagwort) beriefen.

Nun war Simone de Beauvoir selbstverständlich nicht die erste Frau, die die Entdeckung machen mußte, daß sie in einer vom männlichen Geschlecht dominierten Welt lebt. In keinem problemgeschichtlichen Zusammenhang läßt sich eine so auffällige Pendelbewegung von Erkennen zu Vergessen und zurück zum Wiedererkennen verzeichnen. Das heißt, diese Erkenntnis mußte immer aufs Neue gewonnen werden, sie wurde nicht tradiert. Als Simone de Beauvoir 1949 ihr Buch veröffentlichte, waren zum Beispiel die Aktionen der Suffragetten des 19. und frühen 20. Jahrhunderts weitgehend vergessen. Sie waren allenfalls noch als Karikatur im öffentlichen Bewußtsein, das Wort Suffragette war zum Schimpfwort geworden. Auch von den theoretischen Vorkämpferinnen vergangener Zeiten war an Schulen und Hochschulen nicht die Rede.

In den letzten zehn Jahren hat das Interesse an solchen Vorkämpferinnen stark zugenommen. Der Anstoß für die emsige Ausgrabungstätigkeit, die in letzter Zeit sogar an unseren Universitäten zu verzeichnen ist, kam zweifellos von der politischen Frauenbewegung (vor dem Jahre 1970 gab es kaum Veröffentlichungen zu diesem Thema). Manches trat durch diese Bemühungen wieder ans Licht. Simone de Beauvoir hatte in ihrer Untersuchung schon erinnert an das weitgehend vergessene *Buch von der Stadt der Frauen* (1404–1405) aus der Feder der Frühhumanistin Christine de Pisan, an das Manifest zur *Verteidigung der Rechte der Frau* der Mary Wollstonecraft und an das Schicksal der Olympe de Gouges, die dafür, daß sie während der Französischen Revolution die Anwendung der Menschenrechte auch auf die Frauen *(Déclaration des Droits de la Femme,* 1789) vorschlug, auf das Schafott geschickt wurde. Auch für den deutschsprachigen Raum können solche Beispiele genannt werden, etwa die noch in lateinischer Sprache und in strenger scholastischer Argumentationsmanier abgefaßte Untersuchung der Anna Maria Schürmann: *Logische Dissertation über die Fähigkeit des weiblichen Geschlechts in Sachen Gelehrsamkeit und schönen Wissenschaften* aus dem Jahre 1641, oder die *Gründliche Untersuchung der Ursachen, die das weibliche Geschlecht vom Studiren abhalten* (1742) von Dorothea Christina Leporin-Erxleben, nicht zu vergessen die streitbaren Pamphlete der Hedwig Dohm aus dem 19. Jahrhundert. Diese Frauen hatten keine Kenntnis vom Wirken ihrer Vorgängerinnen; ihren Schriften zumindest kann man eine solche Kenntnis nicht entnehmen. Es gab offensichtlich auf diesem Feld keine diskursive Kontinuität, allenfalls ein untergründiges Ahnen, das sich in kämpferischen Zeiten, einem historischen Schluckauf gleich, wieder bemerkbar machte. Als Simone de Beauvoir Mitte unseres Jahrhunderts nach einem Krieg, der viele Traditionen unterbrochen, viele Erinnerungen verschüttet hatte, mit ihrer Untersuchung an die Öffentlichkeit trat, waren die Sanktionen nicht mehr so hart wie zu Zeiten der Olympe de Gouges. Aber auch sie mußte so schreiben, als wäre noch niemals etwas zu diesem Thema geschrieben worden, als wäre der Kontinent Feminismus noch nicht entdeckt worden. Sie war damals durch keine Bewegung getragen, geschützt, sie hatte keine Mitstreiterinnen, sie war eine Einzelne. Sie mußte davon ausgehen, daß ihr Publikum keine Voraussetzungen mitbrachte. Sie hat die Gefahr dieser Traditionslosigkeit, die Ambivalenz des Einzelkämpfertums, ja sogar dessen komische Seite klar gesehen: »Die Mehrzahl der weiblichen Heroinen sind etwas bizarrer Natur: Abenteurerinnen, Originale, die weniger durch die Bedeutung ihrer Taten als durch die Einzigartigkeit ihrer Schicksale hervorgetreten sind; so ist die Größe einer Jeanne d'Arc, einer Madame Roland oder Flora Tristan, wenn man sie mit der Richelieus, Dantons, Lenins vergleicht, vor allem subjektiver Natur: Sie sind weit mehr einzigartige Gestalten als historische Protagonisten.«

Daß Simone de Beauvoir heute nicht als bizarre Exotin (dieser Reaktion entsprach die erste Aufnahme des Buches), sondern durchaus als Protagonistin gilt, hat seinen Grund sicher auch in der Fruchtbarkeit, die ihre Ideen für die späteren feministischen Bewegungen hatten. Ihr Einfluß ist wohl unbestritten, wenn auch gerade aus diesem Lager gelegentlich kritische Stimmen laut wurden. Sie betrafen zunächst vornehmlich die Passagen des Buches, in denen die Autorin jenem marxistischen Vertröstungskonzept aufsitzt, demzufolge sich im Zuge revolutionärer Errungenschaften die Befriedung des Geschlechtergegensatzes durch die Aufhebung der Klassengegensätze von selbst ergäbe. Diesem Konzept hat die Autorin allerdings später – nun selbst in der Frauenbewegung aktiv – abgeschworen.

Es ist richtig, daß auch das Buch der Beauvoir in dem grundsätzlichen Dilemma der feministischen Diskussion befangen bleibt: Der Strategie einer radikalen Gleichheit, die in letzter Konsequenz dazu führt, daß die Frau zu dem wird, was der Mann schon ist, die also die einer Angleichung an das Kritisierte bewirkt, muß Strategie eines Festhaltens an der Differenz, an den Spezifica des Weiblichen unversöhnlich gegenüberstehen, eine Strategie, die in dem Moment, in dem das Weibliche positiv bestimmt werden soll, in Gefahr ist, in die alten biologistischen Mystifikationen von der besseren Natur der Frauen zurückzufallen. Angesichts der Tatsache, daß viele feministische Denkerinnen heute noch relativ blind und begrifflos in dieser Aporie umhertaumeln, scheint die Kritik, Simone de Beauvoir habe keinen Weg aus ihr gewiesen, etwas vorlaut. Ein Blick auf das Erscheinungsdatum des *Anderen Geschlechts* verbietet eigentlich ein weibliches Pharisäertum. Die Problematik, die mit den Forderungen nach Gleichstellung verbunden ist, ändert nichts an deren grundsätzlicher Berechtigung. Die ökonomische Unabhängigkeit ist für die Frauen immer noch eine Voraussetzung für jeden weiteren Schritt in Richtung Selbstbestimmung. Simone de Beauvoir hat dem möglicherweise zuviel Bedeutung beigemessen und die Probleme, die damit verbunden sind, nicht in aller Schärfe formuliert. In ihrem Falle hatte das die positive Folge, daß sie vollkommen immun gegen die okkulten Heilsbotschaften war, die, eine vermeintlich bessere Natur des zweiten Geschlechts beschwörend, in einigen feministischen Kreisen vertreten werden.

Wenn heute nicht mehr alles Bestand vor dem kritischen Auge hat, wenn die Auseinandersetzung mit der Psychoanalyse zum Beispiel etwas verkürzt erscheint und manche naturwissenschaftliche These in solcher Apodiktik nicht mehr vertreten werden kann, so ändert das nichts an der Grandiosität des Unternehmens, sich die Problematik eines ganzen Geschlechts auf die Schultern zu laden. Zwanzig Jahre später, 1970, hat sich Simone de Beauvoir der Problematik eines ganzen Lebensabschnitts in vergleichbarer Kühnheit zugewandt. Das Buch *La Vieillesse (Das Alter)* weist in Aufbau, Strukturierung und Umfang sehr viele Ähnlichkeiten mit dem über das *Andere Geschlecht* auf. Niemand, der über das Alter schreibt, wird es sich leisten können, dieses Buch zu übersehen; niemand, der in Zukunft über den Feminismus im 20. Jahrhundert schreibt, wird es sich leisten können, das *Andere Geschlecht* zu ignorieren. Das Buch war ein ›Vorläufer‹ im Wortsinn, es ist den Ereignissen weit vorausgelaufen. Und es war wiederum ein Satz, der vor dem Buch herlief, der berühmteste Satz dieses Buches, zu Recht berühmt, denn er enthält in nuce die These der Untersuchung, eine ebenso einfache wie umwälzende These. Der Satz lautet: »Man kommt nicht als Frau zur Welt, man wird es.«

Krieg und Schneiderkunst oder
Wie sich die Männer von gestern
die Frau von morgen vorstellten

Im Medienjargon unserer Tage gibt es die Unterscheidung zwischen ›harten‹ und ›weichen‹ Themen. Während man unter ›harten‹ Themen die Bearbeitung problematischer wirtschaftlicher, politischer oder wissenschaftlicher Sachverhalte versteht, handelt es sich bei einem ›weichen‹ Thema um die eher beiläufige Erörterung von allerlei Schöngeistigem, die Causerien über jene kleinen Entzündungen, Pikanterien, mehr oder weniger exotischen Auffälligkeiten, die sich im Zusammenleben der Menschen begegnen; Demonstrationsweisen und Redeformen also, die in früheren Jahrhunderten den Kamingesprächen Kontur gaben oder die, wenn der Gegenstand in den Bereich des Monströsen changierte, auf Jahrmärkten zelebriert wurden und die heute den Talk-Shows ihr besonderes Gepräge geben. Ein Thema ›erweicht‹ sich in dem Maße, in dem zumindest dem Anschein nach kein hochspezialisiertes Vorwissen für seine Bearbeitung vonnöten ist, in dem es für alle aktiv und passiv Beteiligten die Möglichkeit bietet, jederzeit eine lebenspraktische Zuständigkeit einzuklagen und die Einzelerfahrung unter der Regie des bloßen Gutdünkens zu schnellen Verallgemeinerungen hochzutreiben.

Die Häufigkeit, mit der in den letzten Jahren über ›die Frau‹ in den Redeveranstaltungen des Fernsehens geplaudert wurde, über ›die Frau‹ von gestern, heute und morgen, legt die Vermutung nahe, daß man dies für ein geradezu windeiweiches Thema hält; ein Thema, dessen diskursive Tradition zum frivolen Nebeneinander von Gedankenlosigkeit und Nachdenklichkeit förmlich einlädt, ein Thema, in dessen alten Installationen alle Stereotypen und Klischees leichten Anschluß finden, ein Thema, bei dessen Erörterung es vielen Beteiligten nicht ganz klar ist, ob sie sich im Zentrum einer Platitüde oder am Rande eines Gedankens befinden.

Wäre da nicht die Gemessenheit, die das Schriftliche nun einmal mit sich bringt – unter dem Gesichtspunkt der Diskursform einer zentralen Randständigkeit, dem abrupten gedanklichen Wechsel von Beiläufigkeit und Gewichtigkeit, dem intentionalen Schwanken zwischen Marginalisierungen und großem Thesenaufschwung und dem sprachlichen Changieren zwischen einem zuweilen jovialen, zuweilen fundamentalen Tonfall, könnte der Band aus dem Jahre 1929, um den es hier geht, als Vorform einer Talk-Show gesehen werden – in allerdings erlesener Runde.

Die scheinbare Harmlosigkeit dieses Themas war auch für die Zelebritäten der späten zwanziger Jahre nicht ohne Gefahr, sahen sie sich doch zu mancher gedanklichen Eskapade veranlaßt, die sie mit schwererem Gepäck womöglich nicht gewagt hätten. Dem damaligen Herausgeber Friedrich Markus Huebner mag dies geschwant haben, als er einleitend schrieb, daß die »sehr fortschrittlichen und freiheitsliebenden Dichter, die in diesem Buche sprechen, im Punkte des Liebeswunders durchgehend ›altväterische‹ Ansichten vertreten, obschon sie nicht der Umkehr, der Rückwendung in die Vergangenheit das Wort reden«. Es sollte diesem Band über die ›Frau von morgen‹ ein weiterer über den ›Mann von morgen‹ folgen, der nie zustande kam, was nicht wundern muß. Hätte in diesem Band doch von Härterem als dem Liebeswunder die Rede sein müssen, also von Wirtschaft, Politik und Wissenschaft, mithin von allem, was die Menschheit bewegt.

Kurzum, die ›Frau von morgen‹ ist und war dem Ansehen nach ein frivoles Thema, ein Thema, das den kurzen Griff zur großen These nahelegt und das Denken gerade unter dem Anspruch von Originalität und Aktualität stracks in den Sog präformierter Denkmuster von gestern und heute zu ziehen vermag.

Das muß aber in der Retrospektive kein Mangel sein. Denn gerade die Leichtfertigkeit auf einem Felde des vermeintlich Nebensächlichen läßt die Ambivalenzen und Paradoxien in den Redeweisen über ›die Frau‹, die ihre Zirkel bis in unsere Tage fortsetzen, deutlich zutage treten. Vielleicht – das ist aber blanke Spekulation – hat der Herausgeber erst nach der Lektüre der eingegangenen Manuskripte dem Titel *Die Frau von morgen* einsichtig den Untertitel »wie wir sie wünschen« beigefügt. Ohne diese Einsicht entstünde für uns, die Leserinnen dieser Zeit, möglicherweise der Anschein, wir erhielten mit diesen Zukunftsprognosen für das Weibliche aus der Feder einer männlichen Elite von vorgestern einen tiefen Einblick in vergangene Naherwartungen, die jetzt durch uns – als aus damaliger Sicht ›Zukünftige‹ – bestätigt oder widerlegt werden können. Wir begegnen oder verlieren uns in diesen Erwartungen, wir sehen uns durch sie getroffen oder verfehlt.

Erlägen wir diesem Schein und nähmen uns jetzt, im nachhinein, zum Maßstab für irgendeinen Realitätsgehalt der visionären Vorgriffe, so hätten wir notwendig den Eindruck, die Tür zum falschen Zimmer geöffnet zu haben. Wir sähen uns gezwungen, entweder jedwede Möglichkeit einer angemessenen Selbstwahrnehmung zu bezweifeln – wozu natürlich immer berechtigter Anlaß besteht – oder einzusehen, daß es bei diesen Entwürfen das Weibliche betreffend nicht um die Frauen selbst geht, sondern um die Platzanweisung für das Weibliche in einer symbolischen Ordnung, um Phantasmagorien, um den alten Bilderhandel und Bilderwandel, um einen schnellrotierenden Kreisel von Projektionen und Imaginationen, der von Wünschen, Ängsten und Sehnsüchten angetrieben und in Gang gehalten wird. Die Erfahrung sagt uns: Wie sehr sich diese Rotation auch immer beschleunigt, es wird sich kein Partikel aus der Zentrifugalkraft dieses Wünschens lösen. Diese Projektionen lassen sich nicht einfach in ein Koordinatensystem von Progression und Regression spannen. Sie befruchten, überlagern und verwerfen einander. Kaum ein Text, der nicht solche Verwerfungen, befremdlichen Dissonanzen und irritierenden Disproportionen aufwiese.

Der Essay Robert Musils über *Die Frau gestern und morgen,* der als Leseanleitung für die anderen Texte verstanden werden kann, vermittelt eine Ahnung von der affektiven Dynamik dieser Wunschgenerationen, unter deren wilden Gesetzen alle Vorstellungen von Weiblichkeit, alle fluoreszierenden Bildentwürfe und alle vergeblichen Versuche einer Festlegung stehen. In diesem Text betritt ein junger Mann die Szene, der Ende des neunzehnten Jahrhunderts sein »Knaben- und Jünglingsalter in einem Institut verbracht« hat. Musil beschreibt nun, wie dieser Mann und seine Genossen »sich ›die Frau‹ vorstellten. Eine alte Novellenbibliothek, irgendein Novellenschatz oder -schatzkästlein bildeten die Quelle, aus der sie tranken, und alle Frauen, die darin vorkamen, waren schön, hatten eine dünne Taille, winzig kleine Hände und Füße und sehr langes Haar«.

Natürlich gab es in diesem Bilderfundus auch glanzvolle männliche Erscheinungen, die sich zum Beispiel durch verschiedenartige, immer eindrucksvolle Bärte auszeichneten. Mit den Jahren aber machte der junge Mann die schmerzhafte, doch auch heilsame Erfahrung, daß er sich diesen heterogenen Übersteigerungen des Männlichen nicht ausliefern konnte, ohne die geheiligte Vorstellung von der Einheit des eigenen Ichs aufzugeben. Er kam zu der »glückliche(n) Erkenntnis«, »daß man sich einen solchen Bart«, der aus verschiedenen Bärten bestehen müßte, »überhaupt nicht mehr wünschen könne, und später schreckte ihn die Erinnerung daran, daß er in eine so merkwürdige Phantasieentartung unversehens hatte hineingeraten können«. Je pragmatischer oder ›realistischer‹ sein Verhältnis zur Männlichkeit wurde, desto phantastischer wurde das Bild der Frau, vor dem sich seine Selbstsicherungsbemühungen nun abhoben, das ihm aber zugleich »Furcht einflößte«. Er sah sich nun konfrontiert mit »Vorstellungen der Phantasie, in denen eine das Herz entleerende Tendenz zu unbegrenzter Verminderung lag.

Die Taille konnte bald nicht mehr schmal genug sein, der ideale Mund hatte die Größe und Rundung eines Stecknadelkopfes, und die Händchen wie Füßlein saßen mit der Ohnmacht kleiner Falter am üppigen Kelch des Leibes.« Musil charakterisiert diese Vision vom »leeren Wachstum« des Weiblichen, von dessen »Übersteigerung ohne Fülle« zwar als eine »Wahnvorstellung«, aber er legt doch Wert darauf, daß es sich nicht um ein Krankheitsbild handele. Und wirklich, kaum etwas könnte die Ambivalenzen in der Repräsentation des Weiblichen, die Korrespondenz von Wunsch und Mangel (der hier gegen null tendiert), das Zugleich von Opulenz im Feld des Symbolischen und Absenz im geschichtlichen Raum besser zum Ausdruck bringen als dieses Bild.

Die Perspektive, die Musil an die Erkenntnis der weiblichen Geschichtslosigkeit angrenzend für die »moderne Frau«, für die ›Frau von morgen‹ entwirft, ist gleichermaßen ambivalent. Zunächst ist auch deren Entwurf für ihn nur eine weitere Facette in jener endlosen Reihung von Weiblichkeitsimaginationen, die die mehr oder weniger wahnhafte Wunschproduktion hervorbringt, ohne daß sich an der Tektonik oder der Kompositionsweise dieses Bildspektrums irgend etwas grundsätzlich änderte: »Uns allen ist die Flut der Schriften, Reden, Parteibildungen und Einzelaktionen ungefähr bekannt, aus denen im Lauf eines Menschenlebens das hervorgegangen ist, was man die neue Frau oder die neue Stellung der Frau nennt.« Aber ungeachtet der vorgängigen Macht, die er solchen Zuschreibungen über die Phantasien einräumt, glaubt er doch daran, daß das Projektionskarussell zum Stillstand kommen werde. Es sind in seinen Augen zwei ganz unterschiedliche Einflüsse, die diese Ruhigstellung wenigstens vorübergehend bewirken: der Krieg und die Mode. »Der Krieg ist es gewesen, der den Massen der Frauen die Scheu vor den Mannesidealen und dabei auch vor dem Ideal der Frau genommen hat, und die entscheidende Schlacht ist nicht von den Vorkämpferinnen der Emanzipation, sondern am Ende von den Schneidern geschlagen worden.«

Man kann diesem Band entnehmen, wie tief der Schock saß, den die neue ästhetische Erscheinungsform der Frauen auslöste. Ihre Erörterung – die der ausrasierten Nacken, die der schmalen Silhouetten, die der sportiven Façon der Damenmode in den zwanziger Jahren – nimmt einen proportional auffällig breiten Raum ein. Aspekte mit einer Tendenz zur ›Verhärtung‹ wie die weibliche Erwerbsarbeit oder das Frauenwahlrecht treten weit dahinter zurück. Was aber machte diesen für uns heute kaum mehr nachvollziehbaren Schock aus? Es schien wohl – wenn auch nur für eine kurze Zeit und wahrscheinlich auch nur für die nicht ganz Jungen –, als könne sich an dieses neue Bild kein Verlangen mehr heften, als würde das erotische Sehnen an dessen »Nüchternheit« (Musil) zerschellen, als wäre die »Neue Sachlichkeit« (Brod) des Weiblichen aller Wünsche Ende. Musil hielt für diese nicht nur von ihm selbst, sondern von den meisten Autoren heraufbeschworene Gefahr – »Die Sublimierung ist dahin«, barmt Otto Flake – ein Trostpflaster bereit: »Ich stehe nicht auf seiten derer, die über die Nüchternheit der jungen Frauen klagen. Der menschliche Körper ist auf Dauer außerstande, sich nur als Empfänger von Sinnesreizungen zu fühlen, er geht immer dazu über, Darsteller, Schauspieler seiner selbst zu sein.«

Es mag ja stimmen, daß die Frauen noch bis in unsere Tage unter anderem Darstellerinnen dessen sind, was über sie gedacht wird und was sie, eingeschmolzen in diesen Diskurs, über sich selbst denken, aber gerade wenn sich dies so verhält, ist zu bezweifeln, daß es sich bei dem, was die Rotation des Wunschkarussells in Gang hält, die immer wieder einsetzende bewegte Rede über das Weibliche, um eine Antriebsform handelt, die von den Körpern, den Trägern der Repräsentation selbst, ausgeht – im Sinne einer Art affektiver Selbstaufladung.

Aber folgen wir ungeachtet solcher Irritationen im Gang durch die Anthologie weiter den Musilschen Wegweisern. Dieser Band steht zweifellos unter dem Eindruck von massiven Beunruhigungen. Da ist zunächst die Bedrohung, die von Bubikopf und Korsettfreiheit ausgeht. Das sind Synonyme dafür, daß in diesen Jahren die »Seele jeder Frau« plötzlich »eine deutliche Beimischung... von Chemikerin oder Prokuristin« (Heinz E. Jacob) zu haben schien, Synonyme für das Bild von der Frau als »Rekordmännin« und »Hochstaplerin«, »Erfinderin und Revolutionärin« (Georg von der Vring), Synonyme dafür, daß man in den Frauen nun »Konkurrentinnen, Kameradinnen, Kolleginnen« (Axel Eggebrecht) erkennen mußte, wenn man sich nicht gar von »kämpfenden« und »frondierenden« Frauen (Alfons Paquet) umstellt sah.

Der sinnfällige Wandel in der Erscheinung des Weiblichen sprengte in den Augen der meisten Autoren die Dimension einer bloßen Modelaune, stand er doch in einem dunklen Zusammenhang mit dem zweiten Element der Beunruhigung: mit der Erfahrung des Ersten Weltkrieges. Unter seinen »Kataklysmen« (Richard Huelsenbeck), in seinen Materialschlachten schien auch das traditionelle Verhältnis der Geschlechter zerborsten.

Dieser Krieg hatte dem »Zeitalter der Technik« (H. H. Jahnn) seine blutige Signatur gegeben. Die Maschinenmetapher taucht nicht zufällig immer wieder auf. Bronnen spricht vom Verlust der Balance, der die Geschlechter betroffen habe. Auch deren Beziehungen zueinander und zur Welt schienen von dem ergriffen, was Ernst Jünger drei Jahre später die ›totale Mobilmachung‹ nennen sollte. Huelsenbeck sieht das Ende des Patriarchalismus gekommen, fügt dem aber beschwichtigend hinzu, daß die »Maschine« nicht »die Kraft« haben werde, »die Gemeinschaft der Ehe wirklich zu zerstören«.

Dieser Zweifel, der den ›männlichen‹ Geist angesichts der Kriegskatastrophe an sich selbst befiel, trifft nun, wo er der Alternativen, des ›Anderen‹ bedarf, das traditionell so gerne ins Bild des Weiblichen verschoben wurde, auf ein Weibliches, das sich anschickt, dem Männlichen ähnlich zu werden. Das ist das Zentrum der Eruption in der symbolischen Ordnung, eine Erschütterung, die in den Texten nach allen Seiten ausstrahlt und für die nun nach allen möglichen Konzepten der Befriedung gesucht wird.

Hierbei ist eine merkwürdige Panik spürbar, die zwar Verwirrung in die Registraturen und Ablagen der Weiblichkeitsentwürfe bringt, aber genaugenommen kein neues Konzept zeitigt; das heißt, es finden sich in den hier versammelten Äußerungen über die Geschlechterspannung keine unbekannten Qualifizierungen, nichts, was nicht schon einmal zum Beispiel von einem Strategen der Egalität (etwa Hippel) oder der Hierarchisierung bzw. Ergänzung (etwa Rousseau) oder von einem Streiter für die ›Umwertung‹ des Weiblichen, wie sie um die Wende zum zwanzigsten Jahrhundert Georg Simmel und Max Scheler anregten, vorgetragen worden wäre.

Ungewöhnlich ist allerdings das kantige, turbulente und fragmentierte – kann man sagen montierte? – Verhältnis, in dem die einzelnen Entwurfs- und Bildsegmente zueinander stehen. Merkwürdig nachlässig, ohne den Versuch einer weltanschaulichen oder systematischen Einlagerung, werden die alten Bilder herangetragen, so als wüßten die Eigner längst, daß es sich nur um Kopien handelt. Der ›Sammelband‹ macht zu Teilen den Eindruck eines letzten Aufgebots, als habe sich eine Schar von prominenten Abenteurern um ein großes Roulette geschart und die alten Spielmarken des Weiblichen noch einmal neu verteilt.

Und so wird die neue Frau entworfen, verworfen, neu konzipiert, alt beschworen, segmentiert und komplettiert, bald hierhin, bald dorthin kommandiert, in den Himmel gezeichnet, in die Erde gestampft, fließend gedacht, zur Beständigkeit verdonnert, mit alten Wünschen beschwert, mit neuen Hoffnungen garniert, mit Sehnsucht gesucht; gefunden aber werden die alten Entwürfe, die bekannten Bilder, allenfalls ergänzt und variiert durch einige neue Spielarten. Hier, in der Welt der Projektionen, sind die Chips der Weiblichkeit von elementarer Bedeutung, während dessen raumzeitliche Dimension immer mehr verschwimmt.

Nietzsche hat einmal behauptet, daß das Weib, wenn es »männliche Tugenden« habe, »zum Davonlaufen« sei, daß es aber, wenn es diese nicht habe, selber davonlaufe. Man mag in dieser Behauptung vor allem einen misogynen Kalauer sehen, gleichwohl beschreibt er vorzüglich das Dilemma einer notorischen Verfehlung, einer gegenläufigen Bewegung. Solange ›die Frau‹ und ›das Weibliche‹ in eins gedacht werden, ist sie immer zugleich alles und nichts, überall und nirgends; versucht das Denken aber diese Momente zu trennen, so entsteht das Problem, das Hans Henny Jahnn beschreibt:

»Jahrhunderte-, jahrtausendelang hat er, ›der Mann‹, kraft seiner Vorurteile, geredet; die Frau hat geschwiegen. (…) Wird alle (männliche) Dogmatik ausgeschaltet, so bleibt nur ein knapper Rest von der Existenz des weiblichen Menschen, über den der Mann Zuverlässiges aussagen kann« – wobei sich die Annahme dieses Restes noch als zu optimistisch erweisen könnte.

Zwei Gespenster durchirren die Texte: das Gespenst der Gleichheit und das der Differenz. Das der Gleichheit wird nur von Georg von der Vring willkommen geheißen. Aller Segnungen, aller Chancen und aller Laster der männlichen Daseinsform soll die Frau von morgen teilhaftig werden – auch um den Preis einer »brutale(n) Handschrift«. Andere Autoren sind da schon etwas halbherziger. Für Heinrich Eduard Jacob hat der »Sturm in die männliche Sphäre« wenigstens einen »Teilsieg« erbracht. Das Modell »Kameradschaft« und »Partnerschaft« (Stefan Zweig) soll das alte Modell der Unterordnungen ablösen; auch Frank Thiess glaubt, daß an dem »endgültigen Sieg« der weiland von Olympe de Gouges eingeleiteten »Revolution gegen den Mann fürs erste (!) nicht mehr gerüttelt« werden könne. Bei genauerem Hinsehen zeigt sich allerdings, daß genau an diesem Modell unablässig und im selben Atemzuge gerüttelt wird.

Selbst bei den Autoren, die beteuern, daß sie dessen ›Fortschrittlichkeit‹ keinesfalls unterbieten wollen, folgt fast zwangsläufig das Einklagen der Verluste. Eine »verlorene Spannung«, eine »Vergröberung des Genießens« und eine »Verhastung des Erotischen« (Zweig) wird diagnostiziert, eine »Langweiligkeit der parallelen Erotik« (Lucka) wird prognostiziert, der Umschlag der neuen »Freiheit« in

»Fessellosigkeit« (Thiess) wird beargwöhnt, und schließlich wird die Frau von morgen mit der Aussicht erschreckt, sich als »Äffin der männlichen Intellektualität« endgültig zu blamieren. Auch Arnolt Bronnen sucht dem Spuk mit dem Hinweis auf die Aussichtslosigkeit der »Assimilations-Bestrebungen« ein Ende zu machen.

Ernster zu nehmen sind wohl die vernunftskeptischen Einwände Hans Henny Jahnns, der zu bedenken gibt, daß dieses als männlich qualifizierte Zivilisationsmodell, auf das das Weibliche nun egalitär verpflichtet werden soll, ein großes zerstörerisches Potential mit sich schleppt: »Die Gefahren der Technik, chemischer Kriege, des Rassenhasses, Spätkapitalismus sind herbeigewirbelt. Die Mannmenschheit hat nicht vorgebaut.« – »Ihre ethische und geistige Kraft steht keineswegs mehr in einem erträglichen Verhältnis zum technischen Potential.« – »Die Männer haben in Dingen der Menschlichkeit offenbar vollkommen Schiffbruch erlitten.«

Solche Einwände sind das Stichwort für den Auftritt des zweiten Gespenstes. Das Gespenst der Differenz ist eine Chimäre, ein Pfropfbastard, der sich ständig neu zusammensetzt aus unterschiedlichen Elementen. So wie er in diesen Texten auftritt, erinnert er in einigen Partien an die Mutterrechtskonstruktionen von Bachofen und an die Visionen vom ›kosmogonischen Eros‹ bei Klages. In seinem vieldeutigen Zeichen wird das Weibliche nach Belieben als das ›Andere‹, das Ausstehende, das Rettende gedacht. Thiess vermutet es in den »Tiefenzonen der Mutterschaft« und beschwört einen »neuen Typus« der Frau, ausgestattet mit einer »vitalen und instinkthaften Geistigkeit«. Für Flake ist es diese ideale Frau, die »allein die Lebensmächte verwaltet«, Paquet will in ihr »die stärkere Trägerin des Lebenswillens« sehen; nur durch sie kann sich »ein neues kosmisches Verhältnis des Menschen zum Leben« vorbereiten. Käme dieses zur Entfaltung, so ließe sich die »Weltkrise« im »weltmütterlichen Geist« lösen. Auch Jacob sieht in der idealen Frau die »Retterin«, die »noch immer« die »Kultur neu aussäen« kann. Thiess möchte dem Weiblichen »eigene Provinzen« einräumen,

Lucka sieht eine »neue polare Welle« heranrollen, und Matthias plädiert für »doppelte Wertigkeiten und Bewertungen«: »zerbrich die männlichen Tafeln«.

Erinnern nicht viele von diesen Äußerungen, die im Weiblichen Rettung und Weltbeglückung sehen wollen, an das Geraune von New-Age-Feministinnen unserer Tage? Haben wir die Vertracktheiten dieser Diskussion wirklich aus dem Wege geräumt? Zur Überheblichkeit besteht tatsächlich kein Anlaß, sind es doch noch immer die gleichen Gespenster, die verläßlich an bestimmten Biegungen der Gedankenbahnen ihren Auftritt haben. Gewiß, das Egalitätskonzept ist schnell an seine Grenzen getrieben. Problematisch wird es immer dort, wo die Differenz, die sich, wie Walther von Hollander richtig sagt, »der Wortbeschreibung entzieht« (was ihn leider nicht davon abhält, sie auf der Stelle wortreich zu beschreiben), aufrechterhalten werden soll, ohne daß die alten ontologisierenden Festlegungen auf ein gott- oder naturgewolltes Geschlechterprogramm erneut bemüht werden.

Es mag erstaunen, daß gerade Hans Henny Jahnn, dem man solche geschlechtsideologische Zuschreibungen am ehesten zutrauen möchte (seine Rede ist beherrscht von einer Metaphorik des Blutes: »Der vom Blut getrennte Geist ist zweischneidig, niemals kleiner im Zerstören als im Aufbau«), den essentialistischen Versuchungen über weite Strecken recht gut zu widerstehen vermag. Wo er ihnen doch erliegt, geschieht dies wenigstens in einer interessanten Variante. Im Versuch, das numinose Andere, das im Weiblichen repräsentiert ist, doch noch zu fassen, greift Jahnn weit zurück hinter die symbolischen Ordnungen, wie sie sich gattungs- und individualgeschichtlich etabliert haben. Er begibt sich hinter die »Erfindung des Vaters«, hinter die »Erfindung des Kindes« (er hätte auch sagen können: hinter die »Erfindung des Menschen«) und reklamiert eine vorgängige »Logik des Leibes«, die er zwar nicht eindeutig als weiblich qualifiziert, der aber, seiner Meinung nach, die schweigsamen Frauen näherstehen. Allein im Rekurs auf diese Logik des Leibes (sie hat – das ist nur undeutlich ausgeführt – etwas mit der Mutter-Kind-Dyade als »Kraftquelle« zu tun) ist an ein »Wettmachen« der durch die Logik der Macht, durch die »männliche Logik« erzeugten Verhängnisse, zu denken (z. B. durch »Umstellung der Wirtschaftsordnung«, »Rassenmischung«, eine veränderte Moral). Es ist Jahnn sehr ernst damit. Er ist der einzige Autor des Bandes, der wirklich seherische Fähigkeiten beweist und ein Gespenst wahrnimmt; aber das ist ein ganz anderes Gespenst: »Da ist das Gespenst des nächsten Krieges, des nächsten Machtkampfes (der auch wirtschaftlicher, raßlicher Natur sein kann); die Menschentoten werden nach Hundertmillionen gezählt werden. (Wenn sie noch jemand zählt.)« Mit etwas Phantasie kann man den Jahnnschen Ausführungen zur Geschlechterdifferenz Elemente entnehmen, wie sie auch in neueren feministischen Theorieansätzen im Zuge einer kritischen Auseinandersetzung mit der Psychoanalyse differenziert und weiterentwickelt wurden. Das letzte Wort in dieser Sache ist wohl immer noch nicht gesprochen, das Spiel geht weiter, im Nebenzimmer hören wir die Kugel rollen, die Talk-Show hat ein offenes Ende. In jedem Fall aber bietet dieser Band die Möglichkeit, eine aktuelle Diskussion nicht nur *in statu nascendi,* sondern gleichsam in einem Zerrspiegel wahrzunehmen. Und wie es Zerrspiegeln so eigen ist: sie mehren nie Ebenmaß und Bündigkeit, sondern übersteigern die Ausbuchtungen und Unebenheiten – mit einem Wort, sie machen ähnlich.

Die Gartenlaube der Wollust

»Am Anfang war Natur« – mit dieser großmäuligen Antwort auf eine alte Frage läutet die Italo-Amerikanerin Camille Paglia ihre achthundertseitige Streitschrift *Die Masken der Sexualität* ein; eine Diatribe mit einem überbordenden Anspruch. Soll sie doch, biologisch fundiert, so Unterschiedliches beherbergen wie eine Geschlechterontologie, eine Kultur- und Kunsttheorie, eine Psychopathologie der Sexualität, Beispielsammlungen aus der Geschichte der Kunst, der Literatur, des Films, der Popmusik. Die Unterschiedlichkeit der Disziplinen und die des Materials sind für die Autorin kein Problem, weil alles – von der Orestie bis zu David Bowie – nach der von ihr erzwungenen Lesart variantenarme Ausformungen einer universalen Wirkmacht sind und infolgedessen durch einen universalen Analyseschlüssel zugänglich gemacht werden können.

Paglia prätendiert nichts Geringeres als eine Art Welterklärungsformel: die Erschließung der Welt aus einem Grund – einem Natur-Grund. Das kategoriale Gerüst, das diese simple Formel tragen soll, ist roh gezimmert aus einer scheckigen Secondhand-Begrifflichkeit: ein wenig Darwinismus, ein pubertärer Schlagwort-Nietzscheanismus, probate einseitig verengte Aspekte der Freudschen Theorie und – wo es halt besser paßt – der Archetypenlehre C. G. Jungs, ein bißchen Spengler und die versammelte Misogynie. Paglia greift tief in die Mottenkiste der alten Geschlechterontologien: Die uranfängliche Natur, von der sie im ersten Satz spricht, ist der Nähr- und Giftschleim, aus dem alles kam und der immer wieder alles zu verschlingen droht. Und diese Natur ist essentiell weiblich.

Zur Beschreibung dieser natürlichen Weiblichkeit und weiblichen Naturhaftigkeit bedient sich Paglia einer eruptiven Rhetorik, die sie zuweilen in einen semantischen Ekeltaumel treibt. So sieht sie in der »Venus von Willendorf«, der sie die Merkmale »blind, sprachlos, hirnlos, fallsüchtig, schmutzig, schlampig, brünstig« zuschreibt, das »Paradigma des weiblichen Geschlechts«; in ihr sei früh schon veranschaulicht, daß »die Frau die Gefangene ihres wogenden, feuchten Körpers« sei, in »einem miasmischen Sumpf« stecke, daß »ein chthonischer Pesthauch« über ihr liege, daß sie einer »verseuchten Wolke«, einer »ozeanischen Dünung«, einem »fauligen Morast« gleiche, einzig brauchbar für »das rohe Fortpflanzungsgeschäft«, für die Hervorbringung eines »gutartigen Tumors«, eines Fötus.

Diese verbale Redundanz soll glauben machen, daß der Mann gar nicht anders kann, als danach zu trachten, aus dem dionysischen Chaos, diesem ganzen unappetitlichen Gewabbel in »das apollinische Reich der Reinheit, Klarheit und Sichtbarkeit« zu entkommen.

Gäbe es sie nicht, diese apollinische Abwehrschlacht, die Menschheit dümpelte noch immer und für immer im chthonischen Sumpf; »Philosophie, Wissenschaft, Kunst, Sport und Politik – all diese Disziplinen wurden von Männern erfunden« als »Bollwerk« gegen den Naturzwang: damit Kunst werde, was Schleim war. Der Anblick jedes Supermarktes, jeder Brückenkonstruktion, jedes Kranes nötigt Paglia, nach eigener Aussage, »Ehrfurcht und heilige Scheu« vor soviel männlicher Schöpferkraft ab. Natürlich muß dabei manches in Kauf genommen werden, denn das apollinische Prinzip ist hierarchisch und aristokratisch und grausam.

Nur weibische Männer können sich darüber wundern, daß »Nationalsozialisten Kunstkenner waren« – auch diese Kennerschaft ist offensichtlich Teil des apollinischen Rettungsversuches einer angeblich männlich generierten Kultur. (»Der dorische, herrschsüchtige Apollon, sagte ich, ist eisblond.«) Der große Verräter am Apollinischen ist Rousseau, der – von Paglia einmal mehr auf die platte ›Zurück-zur-Natur‹-Formel reduziert – frevelhafterweise »Freiheit zum

Schlagwort des Westens gemacht« habe, obwohl der Mensch »ein der Hierarchie verhaftetes Tier« sei. Sein Gegenspieler, der apollinische Held in diesem Monster-Dramolett, ist ein klischierter de Sade, dessen Aufklärungskritik auf die Aussage schrumpft, er habe die »ursprüngliche Wildheit von Mutter Natur« und »die Brutalität des Sexus« anerkannt.

»Der ewige Kriegszustand der Geschlechter« ist, nach Paglia, biologisch, d.h. anatomisch, hormonell und hirnphysiologisch bedingt. Der Kriegsschauplatz ist die Sexualität, der Ort dionysischer Anfälligkeit, der Ort, an dem die Frau den Mann immer wieder aus seinen höheren Sphären in ihren Morast zu zwingen sucht. Das ist ein altes Lied, dessen Refrain von den Kirchenvätern bis zu den Geschlechtsmetaphysikern der Neuzeit gern intoniert wurde. Paglias Thesen sind der Abklatsch eines Abklatsches einer alten Formel.

Camille Paglia mag das Weibliche nicht. Und nicht das, wofür es stehen mag. Sie mag auch Männer nicht, die Frauen mögen. Die liebsten Garanten des Schönen sind ihr daher die männlichen Homosexuellen; sie stehen in dem größtmöglichen Abstand zum Weiblichen. Solche Abneigung ist, wie Abneigungen überhaupt, ebenso pauschal wie global: Das Schreckensbild von »Mutter Natur«, das Paglia auf jeder ihrer achthundert Seiten kulturgeschichtlich abruft und ins Fürchterliche steigert, gilt ihr nicht als Resultat und Spielform kultureller Codierungen, sondern schlicht als *die* Wahrheit *der* Frauen. Ihre Rede von *der* Frau und *dem* weiblichen Geschlecht folgt einer schlichten Substanzlogik. Die sprachliche Konstruktion der Kategorie ›Frau‹ repräsentiert nach Paglia immer und unveränderlich eine biologische Wahrheit. Dem sprachphilosophischen Einwand, den die ernstzunehmende neuere feministische Diskussion nahelegt, daß es sich bei solchen Konstruktionen möglicherweise erst um die Erzeugung dessen, was als weiblich gilt, handeln könne, sucht Paglia mit der nicht weiter begründeten Behauptung entgegenzutreten, daß die Überbewertung der Sprache eine »typisch jüdisch-christliche Illusion« sei.

Das Buch der Professorin Paglia, in Amerika zum Kultobjekt erhoben, ist wohl weniger ein Ereignis der Wissenschaft als eines des Kulturbetriebs. Das Buch zur Talk-Show. Vielleicht wären die Obsessionen der Camille Paglia in Grenzen amüsant, wäre es ihr nicht bitterernst, wäre sie nicht der Versuchung erlegen, daraus einen wissenschaftlichen Text machen zu wollen, hätte sie z.B. ein böses, unflätiges Pamphlet geschrieben gegen die Gemütlichkeiten und Weinerlichkeiten eines New-Age-Feminismus, der in der Absage an die alten Geschlechtsontologien die Vorzeichen nur vertauscht und seine fundamentalistischen Beglaubigungen aus der Identifikation einer angeblich guten Natur mit einer angeblich friedfertigen Weiblichkeit zu ziehen sucht. Paglias Fundamentalismus macht diese Vertauschung rückgängig – ein verspäteter, unorigineller, weiblicher Weininger.

Das ist in der Spekulation aufs schlechte Gedächtnis schon ziemlich ärgerlich. Noch ärgerlicher sind der hochfahrende priesterliche Ton, die Verkündigungsrhetorik, die Einschüchterungsgestik: die »kunstwissenschaftlichen Bücher müssen neu geschrieben werden«.

Die in der Kulturphilosophie spätestens seit Simmel vollzogene und vor allem in der Theorieentwicklung seit Jahrzehnten praktizierte Hinwendung zu Phänomenen der sogenannten Trivialkultur wird von Paglia noch einmal als eigene originäre Kühnheit verkauft. Diese Verkaufstechnik verfolgt sie auch bei ihrer Beschäftigung mit den kulturellen Thematisierungen der Homosexualität, der Androgynie, des Inzests, des Sadomasochismus – so als wäre die »Schwarze Romantik« ihre Erfindung (es ist auffällig, wie selten und beiläufig sie Mario Praz erwähnt). Ihre Spießerschreck-Attitüden, dieser ganze Vagina-dentata-Kitsch, das Eindringen in vermeintlich tabuierte Räume soll wohl verdecken, daß es sich um eine methodisch überaus konventionelle Arbeit handelt, die mit den abgestandensten Formen des Biographismus, der Psychologisierung und einer platten Inhaltsästhetik operiert. Paglias Kalkül ist auch hierzulande teilweise aufgegangen. Zwar zeigte sich die Kritik mehrheitlich etwas irritiert durch die ideologischen Zumutungen, aber beeindruckt von der angeblich imposanten Leistung des Durchdringens eines umfänglichen und vielschichtigen Bildungsgutes. Dabei wird übersehen, welche Materialmengen man erledigen kann, wenn man sie auf einen Aspekt einengt. Der »Parforceritt« durch die Bildungsräume, von dem mehrfach die Rede ist, gleicht eher einem Schweinsgalopp durch den Zettelkasten. Gerade in der Zurichtung der Gegenstände liegt der eigentliche Skandal des Buches. Die idiosynkratischen Optionen der Camille Paglia kippen permanent um in moralische und ästhetische Wertungen. Das ist Programm: »Wir können nicht von ›guten‹ und ›schlechten‹ Gedichten, sondern nur von mehr oder weniger maskulinen und femininen sprechen.« Nach diesem Muster verteilt Paglia die Noten: Den höchsten Rang auf der apollinischen Hitliste teilen sich der mit einem »androgynen, aggressiven, heidnischen Blick« gesegnete Renaissance-Autor Edmund Spenser (»›The Faerie Queen‹ eignet eine apollinische Strahlkraft«) und »die autoerotische Sadistin« Emily Dickinson (»die Virtuosin eines sadomasochistischen Surrealismus«), dicht gefolgt vom »apollinischen Hierarchentum« Oscar Wildes (er hat »den Schneid, von Rassen- und Menschklassen zu sprechen«). Auch Blake (»der englische Sade«) darf auf den »de Sadeschen center court«, ebenso wie Gautier, Huysmans und Baudelaire (wegen ihrer »hierarchischen Absage an die Natur«). Relativ gut im Rennen liegt die »hermaphroditische Emily Brontë«, im Unterschied zu Jane Austen (»*Emma* ist ein reaktionärer Roman«). Der »Aristokratismus« seiner androgynen Frauengestalten, das Motiv der Geschlechtsinversion sichert Shakespeare einen guten Platz im Mittelfeld, während Goethe (»ein Schüler Rousseaus«, der »die scharfen, apollinischen Konturen der Aufklärung im dionysischen Dunst verschwimmen« läßt) nur gerettet ist, weil er in ›Mignon‹ einen Travestiestar schuf und mit der Mephistofigur allerlei sexuelle Ambiguität aufs Papier brachte. Kleist (»der perfekte Masochist«) erhält Lob, weil die Figur der Penthesilea als Warnung vor dem Dionysischen gedeutet wird. Am unteren

Ende der Skala, im dionysischen Minusbereich landet Wordsworth (er »gibt der Mutter Natur sein Jawort«). Mark Twain ist ein Verräter am Hierarchischen, Henry James krankt an einem »femininen Innenleben«. Auch Melville versinkt im weiblichen Sumpf und Cézanne ist »hausbacken« – es wird nicht deutlich warum. Diese Exerzitien währen 24 Kapitel.

Paglias Befunde sind, hat man das Schema begriffen, absolut vorhersehbar. Die Travestieshow, auf die sie Kunst- und Literaturgeschichte einschrumpft, bietet keine Überraschungen. »Als Italienerin«, schreibt Paglia, »fällt es mir nicht schwer, Gewalttätigkeit und Kultiviertheit miteinander in Einklang zu bringen.« Als Rezensentin ist es mir allerdings schwergefallen, diesen Zweiklang von Prätention und Schwulst auszuhalten. Das Folgende als Kostprobe: »Die Laube der Wollust ist der chthonische Morast, die Gebärmutter der fließenden Natur.« – »Das Gedicht sucht das unreine Gefäß der Hure von Babylon in einen heiligen Gral zu verwandeln.« – »Die chthonische Ausdünstung bereitete ihrem blinden Sohn einen neuen Sumpf zum Hineinfallen.« – »Die Menschheit schwankt unter der Last von Mutter Natur.« – Das ist – mag auch ein Teil auf das Konto der Übersetzerinnen gehen – zweifellos die Rache der Sprache an Camille Paglia!

Alice im Newton-Land

Die Klage, die der Verlag Schirmer/Mosel mit Billigung Helmut Newtons gegen den Emma-Verlag anstrengt, zielt auf den Nachweis einer »vorsätzlichen Urheberrechtsverletzung«. Die Emma-Herausgeberin Alice Schwarzer hat eine Schmähschrift gegen Helmut Newton reich mit Bildmaterial aus seinem Œuvre bestückt. Aus juristischer Sicht wird es also nicht so sehr um die Frage gehen, welche Bilder gemacht werden dürfen, sondern um die Frage, was mit gemachten Bildern gemacht werden darf. Gleichwohl lauert hinter dieser Copyright-Fehde der alte Streit um das ›richtige‹, um das statthafte Bild. Mag es dem Kläger auch um das Recht am teuren Bild zu tun sein, die Beklagte, Alice Schwarzer, hat grundsätzlich ein anderes Interesse. Sie bemüht sich um das Ziehen jener Grenze, die die korrekte von der unkorrekten Bildsprache trennen soll. Schon zum Zweck der Wiederbelebung ihrer Anti-Porno-Kampagne könnte sie das Risiko einer Klage ins politische Kalkül genommen haben. Hofft sie nicht auf dieses Urteil, so doch auf künftige höchstrichterliche Urteile, die den erwünschten Frontverlauf festschreiben, indem sie Grenzüberschreitung ächten.

Alice Schwarzer hat gegen die Photographien Newtons schweres Geschütz aufgefahren: Sie seien »nicht nur sexistisch und rassistisch«, sondern auch »faschistisch«. Dieser dreispännige Vorwurf ist moralpolitisch nicht zu überbieten. Steigerungsfähig ist der Streit nur noch auf dem Felde des schlechten Geschmacks. Mit seiner Bildproduktion, sagt Alice Schwarzer, sei der Emigrant Newton als »Mann und Jude« vom Lager der Opfer in das Lager der Täter übergetreten. Und was sagt Helmut Newton? Newton sagt in mieser misogyner Tradition, er kenne das »Fräulein Schwarzer« nicht, er wisse aber, daß sie nicht »sehr hübsch« aussehe; er behauptet, zugeben zu müssen, daß man im Ausdruck seiner »big nudes«, in ihrer Größe und Stärke, etwas Faschistisches sehen könne; er möchte diesen Begriff in diesem Zusammenhang aber nur ästhetisch verstehen.

Wäre das Problem mit dem Hinweis auf das Niveau der Einlassungen zulänglich beschrieben, so spräche dies alles für sich selbst. Es könnte damit sein trostloses Bewenden haben. Aber da ist noch der Kampf um die Grenze, den Schwarzer will, und da ist noch das Phänomen des großen Erfolgs der geschmähten Bilder. Was will Newton, oder besser: Was wollen seine Bilder?

Sie wollen den weiblichen Mode-Körper gestreckt, hochgewachsen, muskulös, stark, kraftvoll. Ein bißchen so, wie einmal der heroische männliche Körper bildnerisch konstruiert wurde, wie die Alten den kriegerischen Jüngling dachten und wie es heute der Körper-Mode fürs Weibliche entspricht. Mit Hilfe von handverlesenen Modellen, die ihrerseits vermutlich am Modell ihres Körpers effektiv gearbeitet haben, und mit allen Mitteln der Aufnahmetechnik entsteht in immer neuen Serien dieser Körpereffekt. Selbst in den Portraits prominenter Frauen wird deren individuelle Körperlichkeit von der Ökonomie dieser Körperästhetik absorbiert, erscheint das, was sie jeweils von anderen unterscheidet, nur mehr als ein Moment von Ausstattung und Inszenierung. Alice Schwarzers Vorwurf, Newton glorifiziere ein Herrenmenschentum, das die Frauen zu Untermenschen degradiere, kämpft mit dem Widerspruch, daß der »Herrenmensch«, wenn das überhaupt eine angemessene Vokabel ist, von Newton weiblich konstruiert wird. Der Gestus des Herrischen prägt überwiegend die Frauengestalten. Das nötigt Schwarzer zu einem wenig überzeugenden Interpretationsmanöver: Gerade die Unterwerfung und Demütigung der starken Frau sei für den herrschsüchtigen Mann ein ganz besonderer Triumph. Aber selbst liegend und mit Fesseln versehen eignet den Newton-Frauen etwas Martialisches, gleichen sie allermeist eher obsiegenden Kampfmaschinen als unterworfenen Sexobjekten.

Die Newtonschen Frauenkörper sind geklonte Körper. Diese verfügende Ästhetik der Austauschbarkeit macht seine modische Photographie für die Ausstellung austauschbarer Moden verfügbar, aber sie erzeugt auch den Eindruck der Sterilität, der Glätte. Dieser Eindruck wird nicht gemildert durch die unübersehbaren Anleihen, die Newton bei den großen Erotomanen der Bildgeschichte aufnimmt. Erinnerungen an erotische Motive in den Werken von Marcel Duchamp, Eduard Kienholz, Hans Bellmer, Richard Lindner oder Pierre Moliniers – um nur einige zu nennen – drängen sich ebenso auf wie stereotype Bildeindrücke des Kinos: Erotikszenen in Hotelzimmern und am Swimmingpool. Aber das, was einmal als Ausdruck sexueller Obsession galt, wie zum Beispiel die Verschiebung des sexuellen Begehrens auf die Objekte, die Fetischisierung des Details (Stiefel, Stöckelschuhe, Fesseln), ist in Newtons Genrephotographie eher Beiwerk, Zierat und Zitat.

Newtons erotische Träume kommen nicht aus der Hölle des Unbewußten, sie kommen, das sieht Schwarzer richtig, aus der Tiefkühltruhe der Routine; sie eröffnen nicht den Blick in tiefe Abgründe, sie sind rätselfrei das, was ihre Oberfläche zeigt: recycelte Erotik. Und gerade das macht sie interessant. Ging es den Vorläufern noch um die Metamorphosen des ›natürlichen‹ Körpers, um die Bebilderung seiner Deformation und Deformierbarkeit, so formulieren die Bilder Newtons eine Absage an den Mythos vom ›natürlichen‹ Körper, sie erzählen nicht länger von dem Körper, der wie immer bedrängt und verbogen und leidend und leidenerzeugend doch stets bleibt, was er ist, sondern sie markieren ein Körpermuster, nach Belieben konstruierbar, einen Musterkörper, unendlich multiplizierbar. Dergleichen liegt im Trend und dergleichen geschieht, wie ein Blick auf die homoerotische Modephotographie Bruce Webers zeigt, auch mit dem Bild des männlichen Körpers. Man mag darin erkennen, was der Kulturphilosoph Baudrillard meint, wenn er den Übergang vom metaphorisierten zum geklonten Körper diagnostiziert.

Der Körper ist für sich genommen leer, er bietet solchen Veranstaltungen keinen Widerstand; er kann beliebig mit beliebigen Bedeutungen aufgeladen werden. Es ist die nackte Wahrheit – was immer der altfeministische Fundamentalismus predigt –, daß die Berufung auf den wahren, puren Körper in diese Leere greift. Eine diffuse Ahnung von der Problematik könnte Alice Schwarzer dazu bewogen haben, sich mit dem beifälligen Hinweis auf das Abbild-Verbot des Alten Testaments einer ihr wohl eher fremden Tradition anzuvertrauen, derzufolge das Bild des wahren, nach göttlichem Vorbild geschaffenen Körpers das Körperbild Gottes wäre. Dieses absolute Bild aber entzieht sich jeder Darstellbarkeit. Die Anrufung des theologischen Motivs bleibt für den weiteren Gang der Argumentation ohne Konsequenz. Vor der Ausrufung des totalen Bildersturms schreckt Schwarzer doch noch zurück, wohl in der unbehaglichen Einsicht, daß auch *Emma* im medialen Bilderdienst steht, daß es gerade ihr ständig um die Herstellung und Verwertung, wenn nicht gar um die Dogmatisierung des ›richtigen‹ (weiblichen) Bildes geht.

Newtons Photographien hingegen zielen nicht auf die Festlegung einer wahren Bedeutung des Körpers, sie verdeutlichen vielmehr dessen Verfügbarkeit für alle möglichen Bedeutungen. Seine Körperbilder machen den Körper, das Medium der Mode, selber zur Mode. Aber nicht diese Beliebigkeit, die zu Nachdenklichkeit Anlaß gäbe, erzeugt die Beunruhigung bei seiner Kritikerin, sondern die Tatsache, daß Newton zunehmend das Aufgebot seiner seriellen, sexuell indifferenten Figurinen (ergänzt durch ›wirkliche‹ Puppen) klischeefreudig und medienwirksam mit dem altbekannten eindeutigen Verruchtheitsplunder bestückt; da sind notorisch die spitzen hohen Absätze, die Stiletti, die nach Schwarzers Befund den Zweck haben, die Frauen schwach zu machen und am Weglaufen zu hindern, die aber doch eher den Eindruck geben, als kämen auch sie direkt aus der Rüstungskammer einer Domina, zusammen mit den anderen SM-Requisiten: den vielen Ketten, Riemen und Peitschen, der schwarzen Spitze, den schenkelhohen Stiefeln, den Gittern, der Pickelhaube. Und da dieses ›Venus im Pelz-Revival‹ offensichtlich noch nicht ganz ausreichte, um das Austauschbare als das kreativ Einmalige zu verkaufen und um jemanden dazu zu bringen, Tabu zu rufen, setzte Newton in den letzten Jahren immer noch eins drauf: geifernde Hunde und szenische Arrangements, die die Verknüpfungen mit dem Nazi-Terror zumindest zulassen.

Er suche die Sünde, hat Newton einmal gesagt. Diese Spekulation auf die Effekte der Sündhaftigkeit ist, wo an Sünde und Scham längst nicht mehr geglaubt wird, schamlos. Newton profitiert davon, daß die Scham nur noch im Zusammenhang mit dem Zustand sexueller Verklemmung gedacht wird. Newtons Bilder sind aber nicht so sehr schamlos dort, wo sie Schamlosigkeit ausstellen, sondern vornehmlich dort, wo diese Ausstellung die Berechtigung von Scham, die Möglichkeit eines letzten Moments der Unverfügbarkeit, pauschal abschreibt. Bei Newton gibt es keine Scham, kein Mysterium, so sehr es auch beschworen wird, aber es gibt die Spekulation darauf, daß die Grenzwächter der correctness ebenso reflexhaft wie die Anhänger der Ideologie von der sexuellen Befreiung auf seine schamlosen Lockrufe der Schamlosigkeit reagieren werden, mit gegensätzlichen Bewertungen. Im Grunde können schon jetzt, unabhängig davon, wie der Prozeß verlaufen wird, alle zufrieden sein: die Anti-Porno-Kampagne hat ihre Öffentlichkeit und Newton die seine.

Für die Protagonisten der Kampagne ist der Tatbestand der Pornographie erfüllt, wenn sich eine bildnerische Verschränkung von Sexualität und Gewalt nachweisen läßt. Diese Verschränkung ist in Newtons Bildern zweifellos zu finden, allerdings nicht nur dort. Die Heimsuchungen des Sadomasochismus durchgeistern die erotischen Phantasien von altersher – nicht nur die der Männer. Wenn das, wofür der Name Newton steht, auf der verbotenen Seite der Korrektheitsgrenze landet, dann geht es in unseren Museen, Filmarchiven und Bibliotheken ans verschämte Verbergen.

Das Ewig-Weibliche zieht uns hinan

Die amerikanische Künstlerin Judy Chicago hat »Träume« und »Visionen«. Ihnen verleiht sie mit fremder Hilfe eine reale Gestalt. Auf diese Weise kann Kunst entstehen. Auf diese Weise entstand, in diesem Falle vor acht Jahren, mit der *Dinner Party* etwas, von dem nicht so ganz ausgemacht ist, ob es sich um Kunst handelt, um ein kulturpolitisches Ereignis oder einfach nur um eine leere Aufwendigkeit. Die *Dinner Party* war in der Schirn zu besichtigen, genauer: zu umschreiten, und damit ist der Streit um ihre politische und ästhetische Bedeutung nicht länger zu umgehen.

Vorläufig mag sich niemand so recht festlegen. Selbst der Leiter der Kunsthalle, Christoph Vitali, wollte so plan von einem Kunstwerk nicht sprechen, sondern sprach in seiner Begrüßungsrede mit sichtlichem Unbehagen abschwächend von dem »Phänomen des Kunstwerks«.

Bei Judy Chicagos *Dinner Party,* im folgenden das »Phänomen« genannt, handelt es sich um ein Objekt, das man bei gutem Willen fachterminologisch als »environment« bezeichnen könnte. Auf einem Fundament aus Porzellankacheln, die mit den Namen von 999 herausragenden Frauen aus der geschichtlichen Überlieferung beschriftet sind, steht ein Tischdreieck (ca. vierzehn Meter je Seite). Seine drei Bahnen sind bedeckt mit Textilem (Tischwäsche, Läufer, Altartücher), das auf mannigfache Weise (Einfassungen, Stickereien etc.) handgearbeitet wurde. Auf den drei Tischbahnen des Dreiecks befinden sich neununddreißig Gedecke (dreizehn auf jeder Seite): bemalte und skulptierte Teller und inwendig vergoldete Pokale.

Jedes Gedeck ist einer »historischen oder mythologischen« Frauengestalt zugeeignet, die »aufgrund ihrer tatsächlichen Leistungen und/oder ihrer spirituellen oder legendären Kraft« (Chicago) ausgewählt wurde. Es gibt eine Sitzordnung. Sie ist strukturiert durch eine bizarre chiliadische Chronologie. Jede Seite des Dreiecks repräsentiert nämlich ein Millennium (!). Die erste umfaßt, wie Chicago im Katalog ausführt, die Zeit von »der Vorgeschichte bis zum Römischen Reich«, die zweite die Zeit »von den Anfängen des Christentums bis zur Reformation«, die dritte die Zeit »von der amerikanischen Revolution bis zur Revolution der Frauen«. In dieser millenaristischen Aufstellung erhalten die unschuldig erwählten Frauen – von der »Urgöttin« Sappho über Theodora, Hadschepsut, Hrotsvitha von Gandersheim, Hildegard von Bingen und Anna Schürmann bis zu Mary Wollstonecraft, Emily Dickinson und Georgia O'Keeffe – Platz und Teller.

Man hat in Frankfurt keine Mühen und Kosten gescheut, Judy Chicagos Tafeldreieck ins rechte Halbdunkel zu rücken. Eindrücke des »Schmerzes und der Feierlichkeit« (Chicago) soll das evozieren. Die Assoziation des Sakralen und Biblischen ist gewollt. Ein Abendmahl der Frauen. Blasphemie? Durchaus nicht. Es ist Judy Chicago bitterernst damit, sie läßt darüber in ihren Ausführungen zum Thema »*Dinner Party* als Sakrament« keine Zweifel aufkommen.

Man hat diesem Phänomen seitens der Kunstkritik häufig vorgeworfen, es tauche ab ins Okkulte, Unzugängliche, Dunkle. Diese Kritik ist falsch. Okkult, im Sinne von fremd, geheim, mysteriös ist da gar nichts, und ebensowenig ist die Botschaft von der heilsamen und alles umgreifenden Macht des weiblichen Schoßes neu, sie ist kulturgeschichtlich unendlich strapaziert und vielfach aufgewärmt worden. Und dunkel? Kunst kann dunkel sein. Wenn sie es ist, dann sagt das, jeder Interpretationsanstrengung vorgängig, überhaupt nichts aus. Chicagos Phänomen aber ist gar nicht dunkel – es möchte es allerdings sein. Das Halbdunkel seiner Inszenierung ist nicht nötig, oder besser: Das Halbdunkel ist nötig, weil sonst sichtbar würde, daß es nicht nötig ist. Lieber scheinhaft dunkel als augenscheinlich banal. Alles ist sagbar, und alles wird gesagt. Jedes läppische Detail wird erklärt, und das Ganze ist noch weniger als die Summe seiner Teile. Da ist kein ästhetischer Überschuß. Diejenigen, die die überdeutlichen optischen Wegweiser oder dieses oder jenes aufgemotzte Privatsymbol nicht auf Anhieb verstehen, können ihre Lücken mit Hilfe des Katalogs Stickerei für Stickerei, Deckchen für Deckchen, Teller für Teller im Schnellkurs auffüllen: Die Altartücher sind nach dem Willen der Künstlerin eine »Abendmahl-Metapher«, das schwergewichtig präsente »Leitmotiv« des Schmetterlings im dritten Flügel des Dreiecks ist ein »Symbol der Befreiung«, die Zahl 13 bezieht sich auf die »Anzahl der beim Abendmahl anwesenden Gäste«; sie darf aber auch bezogen werden auf die »Zahl der Angehörigen eines Hexenzirkels« (woher hat sie diese Information?).

Alles hat eine eindimensionale Bestimmung, nichts changiert, nichts ist im Fluß. Obgleich uns die vielen Wellenformen und schlängelnden Linien – erstarrt in Stickerei und Porzellan – den Eindruck des Fließenden nachhaltig nahelegen, will er sich partout nicht einstellen. Überladen mit einschlägiger Symbolik aus mancherlei Zeit und allerlei Kultur schreit uns dieses Phänomen entgegen: Ich bin auratisch! Es kann gar nicht anders sein, in meinem Rezept sind alle notwendigen Ingredienzen aufgeboten. Bei soviel Versandhausauratik ist Ergriffenheit Gebot. Das kann die kleingeschriebene frau ohne Katalog erkennen. Und mag ihr auch das eine oder andere Detail entgehen und der eine oder andere Name unbekannt bleiben, die Botschaft ist allseits präsent. Sie muß, um zu ihr zu gelangen, nur auf die Teller schauen, und sie wird die immer wiederkehrende Form identifizieren: die Vulva. Das weibliche Geschlechtsorgan. Auch in den unterschiedlichen Stilisierungen ist mehr als auffällig, was gemeint ist: Frausein! Nein, es ist noch mehr gemeint, wie Chicago mit pädagogischem Langmut kundtut – vielleicht aber auch nur, um ein anderes, neueres Phänomen, das *Birth Project,* zu lancieren –, gemeint ist die weibliche Fruchtbarkeit, das Gebären, denn »das ist es, was die Frau definiert«.

Und das ist es, was auch das Phänomen verheißt: eine gynaiko-zentrische Tischordnung in welthistorischem Maßstab. Vor dieser Größe verschwiemeln alle Unterschiede zwischen Individuellem und Allgemeinem, zwischen Mythologischem und Historischem, zwischen Künstlichkeit und Häuslichkeit. Kali und Colette: alles das Gleiche. Wie gesagt, solche Ideologeme im Namen der Mutterschaft sind nicht originell, aber sie werden jetzt von Feministinnen vorge-tragen und scheinheilig mit neuem Vorzeichen versehen. Wir lernen: Das Großartige an Virginia Woolf war eben nicht ihre Literatur, son-dern ihre organische Beschaffenheit, die sie zusammen mit Messa-lina, Lucrezia Borgia und Margret Thatcher (um ein paar andere Na-men ins Spiel zu bringen) als Angehörige des weiblichen Geschlechts privilegiert. Schwer vorzustellen, was die mesopotamische Göttin Ischtar zu ihrem Tellerchen zu sagen hätte, aber die These, daß es Vir-ginia Woolf angesichts der in porzellanene Blumenblätter gebetteten vulvatischen Wulstungen auf ihrem Teller den Appetit verschlagen hätte, läßt sich in Kenntnis ihrer einschlägigen Schriften wagen.

Im Zeichen der Vulva sollen sich die Frauen mit dem Weiblichen versöhnen, das heißt: mit all den Zuschreibungen, die es in der sonst der patriarchalen Parteilichkeit verdächtigten mythologischen und historischen Überlieferung erfahren hat. Aber bei solchen Widersprü-chen halten wir uns nicht länger auf, wir werten jetzt einfach um.

Die Veranstalterinnen des dem Phänomen gewidmeten Festes in der Alten Oper mögen den totalitären Charakter des biologischen Universalismus gewittert haben, als sie sich entschlossen, es unter das Motto zu stellen: »Laßt uns unsere Verschiedenheit feiern.« Wenn den Berichten darüber zu trauen ist, dann waren es aber doch nicht die Unterschiede, denen durch ein riesiges rotsamtenes Vulva-Tor Einlaß gewährt wurde. Im Gegenteil, eine Weihefeier der organischen Ge-meinsamkeit wurde zelebriert, bei der jede jede sein konnte, bei der Frau XY sagen durfte: »Ich bin Gertrude Stein« (nicht etwa: ich reprä-sentiere …), bei der die Teilnehmerinnen in gemeinschaftlicher Ergrif-fenheit wie auf ein geheimes Zeichen hin zu summen begannen …

Zurück zum Phänomen. Die Gerechtigkeit gebietet zu erwähnen, daß die Ornamentik der Decken und Teller, Anspielungen und Hinweise auf das Wirken der jeweiligen Frauengestalt und auf die Zeit, in der sie lebte, enthält. Das sieht dann so aus, daß z.B. dem Teller der Komponistin Ethel Smyth niedlicherweise die Form eines kleinen Konzertflügels gegeben wurde, daß der Anfangsbuchstabe des Namenszuges der Sappho auf dem Läufer die Form einer Lyra erhielt und daß die Leinendraperien auf dem Läufer der Aspasia an den griechischen Chiton erinnern. Kunst für Volkshochschulen. Die Lieblosigkeit und Ungenauigkeit, mit der Chicago die Biographien der neununddreißig Frauen im Katalog abhandelt, wäre bei einer Künstlerin notfalls verzeihlich, hätten sie nicht ihre Entsprechung in der Gestaltung des Phänomens selbst. Auch hier bleiben die Anspielungen auf die Individualität der jeweils Gemeinten bloße Applikation, die der Lust an den verschiedenen Nähkasten-Techniken und Blümchen-Formen eine feministische Glaubwürdigkeit sichern soll. Aus seiner ornamentalen Leere resultiert vermutlich der häufig gegen das Phänomen gerichtete Vorwurf des Kunstgewerblichen. (Gegen diesen Vorwurf muß nicht Chicago, sondern das moderne Design in Schutz genommen werden.)

Rekurse auf Techniken, die dem häuslichen Bereich der traditionellen weiblichen Betätigung angehörten (das Sticken, das Weben, das Häkeln, die Porzellanmalerei usw.), Rückgriffe auf Sujets, die mit diesem weiblichen Aktionsraum assoziiert werden (der gedeckte Tisch), sind ja nicht an sich verwerflich. Vor allem dann nicht, wenn sie aus den alten Bezügen und aus ihrer ikonographischen Enge gelöst und in neue, überraschende Zusammenhänge gestellt werden. Es gibt durchaus Beispiele für eine gelungene Transformation solcher Materialien und Sujets. Nichts davon bei diesem Phänomen. Hier stehen die traditionell dem Weiblichen zugesprochenen häuslichen Techniken und Materialien für das, wofür sie schon immer standen: für häusliche Weiblichkeit. Es ist eben kein Verlaß darauf, daß Quantität in

Qualität umschlägt: Die Häufung von Signalen ästhetischer Zimperlichkeit ist im Gesamt ihrer Wirkung nur ein Signal ästhetischer Zimperlichkeit.

Aber so etwas muß nur groß, unhandlich und kollektiv hergestellt sein, und schon erhält es von den Verteidigern das Prädikat »Gesamtkunstwerk«. Es muß nur einen täppischen Zugriff auf geschichtliches Material vorweisen, schon ist von der Postmoderne die Rede. (So zum Beispiel in dem ehrenwerten Rettungsversuch durch Gislind Nabakowski im Katalog.) Da zieht die Verteidigung die Notbremse. Das Phänomen bedroht das herkömmliche Ordnungsdenken in keiner Weise. In ihm werden undeutliche Geschichtskenntnisse in einer albernen Millenniumseinteilung bloß mit neuen Vorzeichen versehen. Die Heterogenität des ästhetischen und historischen Materials wird in die Überordnung eines ganzheitlichen, alle Kulturen umschließenden Weltbildes gepreßt, in dessen Zentrum die weibliche Natur, die große Mutter, noch einmal allseitige Verbindlichkeit garantieren soll. Da gibt es kein freies Spiel der Relationen, keine anarchische Opposition des Ästhetischen gegen öde Sinnzuweisungen: Da herrscht Urprungs- und Heilsgewißheit, und vor dieser ganzen Popanzigkeit wird das Weibliche uniform und das Ästhetische arbiträr.

Warum kommt diese Sumpfblüte immer wieder auf den Tisch? Warum lieben so viele die *Dinner Party*? Vielen, vor allem Frauen, gefällt sie, weil solcher feministischer Nippes Größe ohne wirklichen Aufwand verheißt (Göttinnenähnlichkeit); vielen, vor allem Männern, ist die Reduktion des Weiblichen auf das Geschlechtliche so angenehm vertraut, ganz davon abgesehen, daß dieser Vaginal-Kitsch dem Feminismus eine so beruhigende Harmlosigkeit gibt. Und dann sind da noch die ganz Bösen: die hoffen, daß sich mit dem Hinweis auf die ästhetische Qualität der *Dinner Party* zukünftig jeder feministische Anspruch an die Kunst diskreditieren lasse.

Ernst zu nehmen ist die *Dinner Party* freilich nicht in ihrem ästhetischen Anspruch, sondern in den schwiemeligen Identifikationsangeboten, die sie enthält. Kunstreich ist an dem Projekt vor allem die Immunisierung gegen jede Kritik. Kommt sie von einem Mann, so setzt man ihn einfach dem Verdacht der Misogynie aus. Kommt sie von einer Frau, so gilt diese als bereits patriarchal korrumpiert. Kommt sie von der Kunstkritik, so werden entweder die Kriterien der Kunstkritik geschlechtsspezifisch in Frage gestellt, oder es wird – wenn es ganz schlimm kommt – der Kunstanspruch vorübergehend zugunsten einer vermeintlichen kulturpolitischen Bedeutung zurückgenommen. Wird aber der Kunstcharakter von seiten der Kritik bezweifelt, so ist das wiederum eine misogyne Sauerei.

Die Tatsache, daß die Kriterien der Kunstkritik tatsächlich, gerade wenn es um Projekte von Frauen geht, in Frage gestellt werden müssen, daß der Kunstbegriff selber keineswegs unantastbar ist, macht die Angelegenheit so undurchsichtig. Auf diese Undurchsichtigkeit ist das Projekt angewiesen. Es ist ein Beitrag zur zusätzlichen Verunklarung. Die *Dinner Party* profitiert auf eine ekelhafte und hemmungslose Weise von den Schwierigkeiten dieser Diskussion. Sie ist schon daraufhin konzipiert, sich in deren Hohlräume einzunisten.

Wenn einmal die Hoffnung bestand, daß die Frauen gerade auch auf dem Felde der Kunst neue Wege beschreiten würden, so befinden wir uns jetzt wohl in der Phase einer gründlichen Desillusionierung. Es waren (von wenigen Ausnahmen abgesehen) wieder nur die alten Wege. Und während sich die einen dem Bild anverwandeln, das die Banken in ihrer Werbung von der tüchtigen Karrierefrau zeichnen, greifen die anderen mit Judy Chicago tief in den verrotteten Fundus der alten Mystifikationen des Weiblichen. Nur, daß diese Mystifikationen nicht einmal mehr gründeln, sie erhalten bei Chicago ein modisches, pflegeleichtes Gewand. Das hat einige der Verteidigerinnen des Phänomens zu der Annahme verleitet, die Künstlerin nehme ihr Werk selbst gar nicht so ernst, sie demonstriere an ihm eine besondere Art weiblichen Humors.

Da kann ich nur lachen.

Zu Körper und Mode

Soviel Körper war nie

Im Abspann von David Cronenbergs Film CRASH gibt es den Hinweis auf die Mitarbeit eines ›Prosthetics Designers‹. Dieser Mann hatte zweifellos eine wichtige Funktion. Der Film handelt nämlich von Prothesen: von jenen, mit welchen die Menschen schon seit geraumer Zeit die Fortbewegung ihrer Körper beschleunigen (Autos, Flugzeuge), und von jenen, mit welchen sie ihre Körper flicken, zusammenhalten und ergänzen müssen, wenn diese technische Beschleunigung ihrer körperlichen Bewegungen katastrophenartige Folgen zeitigt; wenn sich in Folge von Unfällen die Körperorganismen und die Maschinenkörper, das Fleisch und das Metall, auf ungute Weise ineinander verkeilen. Gleichwohl ist dieser Film nicht das blutrünstige Werk eines einsamen Deformationsfetischisten. Er zeigt die grauenhafte Alltäglichkeit der regelmäßigen Abstürze des Prothesengottes, zu dem der Mensch sich gemacht hat. Und er zeigt, in welchem Maße auch die sexuellen Phantasien bereits teilhaben am Interface von Leib und Maschine. Den Akteuren in dem Film gelingt die körperliche Selbstvergewisserung nur mehr an den Sensationen des versehrten, zerstückelten Leibes und des Schmerzes. Indem sie der Logik und der Erotik dieser Fragmentierung folgen, arbeiten sie sich steigernd an den finalen Crash heran. In dieser letzten orgiastischen Katastrophe wollen sie zugleich die mythische Auferstehung berühmter Unfallopfer wie James Dean oder Grace Kelly aus den Trümmern ihrer prothetischen Ausstattung feiern.

Während wir mühselig und beladen unseren vielfältigen Aufgaben nachkommen, uns abrackern und uns gelegentlich auch vergnügen, wirken und ruhen und darin notwendig unseren Leib bemühen, mal etwas für seinen Erhalt tun, mal etwas für seinen Ruin, ihn nähren, pflegen und bekleiden, peinigen, mästen und verschlanken, lieben, überfordern und mißachten, geht um uns herum in Sachen Körper Ungeheuerliches vor, und es wird immer schwieriger, so zu tun, als hätten wir damit nichts zu tun.

Wenn wir durch die Nachmittagsprogramme des Fernsehens zappen, ist es gar nicht zu vermeiden, daß wir auf die Ausstrahlung einer jener Talkshows stoßen, in der ununterbrochen über die Sensationen des Körperlichen geschwätzt wird. Dort wird unter anderem ernsthaft diskutiert, ob es angehe, daß dicke Menschen in Badeanstalten gehen dürfen, oder ob Füße eklig seien. In einer dieser Schwatzrunden« spricht ein Verfechter des Schlankheitskults vom »toten Fleisch«, das Dicke angeblich mit sich herumtragen. Das sind zweifellos Skandale der Dummheit, die in uns den Wunsch entstehen lassen, daß die so Beleidigten zu körperlichen Gegenangriffen übergehen möchten. Gleichwohl regt sich in uns ein alter Verdacht, daß nämlich unsere Kritik am Terror der Körper-Norm ihrerseits einer Norm gehorcht. Auf welcher Grundlage formulieren wir eigentlich unsere korrekten Einsprüche? Ist es nicht das alte Phantasma von der Integrität des Körpers in seiner gleichbleibenden ›Natürlichkeit‹? (Eine Mythifikation, der Cronenbergs Film eine Absage erteilt.) Da es in diesem Trash-TV permanent um die Vermessung und Bestätigung von Normen geht, ist es allerdings bemerkenswert, wenn nicht alarmierend, daß der Gegensatz von Totem und Lebendigem in den lebenden Organismus selbst projiziert wird.

Der Protagonist in dem Roman *American Psycho* von Bret Easton Ellis, einem Kultbuch der frühen Neunziger, liebt solche Brutalitäten des Fernsehgeplappers, wie er alles Genormte liebt. Das hat zur Folge, daß er und seinesgleichen große Mühe haben, als Normierte einander wiederzuerkennen. Er teilt die Frauen, die er ausschließlich nach Maßgabe körperlicher Normen beurteilt, ein in »Hardbody«-Frauen und »Trash«-Frauen (mit der Steigerung: »Eurotrash«-Frauen). Der Yuppie-Held dieses Romans ist ein Designer seiner selbst, er erschafft sich als sozialen Körper mit den Mitteln des Bodybuilding, des gehobenen Drogen-Konsums, der kenntnisreichen Umsetzung von präformierten Kleider-, Verhaltens- und Sprachmustern; kurzum: Er ist ein Schaustück des geklonten Lebens. Im übrigen und fast beiläufig ist er ein kannibalischer Massenmörder, der die Körper seiner Opfer grauenhaft zerstückelt.

Wir stellen fest: Der Körper ist nicht mehr das, was er einmal schien. Und das nicht nur aus den leidig bekannten Gründen: weil wir uns biologisch permanent verändern, weil wir abbauen, schrumpfen, Falten werfen – weil wir unabwendbar altern. Das ist ein altes Lied und auch ein altes Leid. Aber es scheint, als wäre zunehmend die Möglichkeit verstellt, uns in diesem Drama des individuellen Verfalls weiterhin nur als ohnmächtige Opfer eines blinden Naturprozesses zu verstehen. Unübersehbar, bis in jede Nische unserer Lebenswelt hinein verfolgen uns die Strategien neuer Körperzurichtungen, die changieren zwischen einer borniertel Endlichkeitsverdrängung (so, als wolle man nicht wahrhaben, wie die Sache endet), kühnen Unsterblichkeitsvisionen (so, als wolle man dem ewigen Stirb und Werde trotzen) und todessüchtigen Crash-Phantasien (wenn schon ein Ende, dann willkürlich und schnell). Der Menschheitstraum von der göttergleichen Selbsterschaffung und Unsterblichkeit vermischt sich mit dem Albtraum von den biotechnischen Experimenten in Frankensteins Laboratorium. Hoffnung und Grauen sind miteinander verwoben. Das letzte Stadium der Säkularisierung: Paradies und Inferno breiten sich aus im alltäglichen Diesseits, die Welt, in die wir einst unseren ganzen unversehrten Körper projizierten, scheint zu verschwinden und mit ihr die Körper, die wir zu kennen glaubten. So konstatieren wir hilflos die Gleichzeitigkeit einer Überbetonung und einer Marginalisierung des Körperlichen.

Wir sehen uns umstellt von den Angeboten der Mode-, Fitneß-, Kosmetik- und Ernährungsberater, der Bodybuilder, Visagisten und Schönheitschirurgen. Täglich ereilen uns neue Nachrichten von der

Eroberung, Zurichtung, Neuerfindung, Instrumentierung, Suspendierung des Leibes, seinem neuesten Design, seinen neuesten prothetischen Ausstattungen, den zunehmenden Möglichkeiten der Transplantierbarkeit von Körperteilen und der Implantierbarkeit von Maschinenteilen. Der Austausch von Herz und Niere ist lange schon Routine. Und auch der Schlagrhythmus unseres Herzens (das doch über große Zeiträume als das Zentralorgan unserer integren ›Menschennatur‹ galt) kann künstlich gesteuert werden. Daran haben wir uns längst gewöhnt, wir sind wohl auch alle bereit, im Bedarfsfall von diesen Errungenschaften zu profitieren. Die Zahl der Menschen mit künstlichen Hüftgelenken ist Legion. Vorbei die Zeit, als die Unmenschlichkeit der alten Dame noch durch die Vielzahl ihrer mechanischen Körperteile signalisiert werden konnte. Schon drängt sich ein weiteres Phantasma ins Bild: das Phantasma der Automatisierung allen Fleisches, oder radikaler: der Entmaterialisierung unserer Seinsweise, vorgebildet zu Beginn unseres Jahrhunderts in der Vision der italienischen Futuristen vom multiplen Körper. Wie viel vom menschlichen Leib ist ersetzbar oder austauschbar?

Wird es eine Zeit geben, in der das, was wir unseren Geist nennen, ganz ohne diese enge fleischliche Einbindung auskommen wird? Was wird ein vom Fleisch befreiter Geist mit dem noch zu tun haben, was wir Geist zu nennen gewohnt sind? Schon vor Jahrzehnten hat Stanislaw Lems künstlich intelligenter Golem in seiner Ansprache über die Zukunft des Menschen die Prognose gestellt, der »vernunftbegabte Mensch müsse entweder den natürlichen Menschen aufgeben oder seiner Vernunft entsagen«.

Uns dämmert – diese Redeweise zeigt bereits ein Zuspätkommen an –, daß wir zu lange die Illusion von der Unschuld des Körpers genährt haben. Wir haben so getan, als ob die Instrumente, mit denen wir die Ex- und Intensivierung unserer sensorischen und motorischen Vermögen in diesem Jahrhundert herbeiführten, als ob die Maschinen und Prothesen, die der beschleunigten Fortbewegung unserer Körper, dem besseren Hören und Sehen dienen, als ob die neuen Medien der Unterhaltung und Verständigung, mit denen wir verkabelt sind, keine Rückwirkungen auf die Vorstellung von unseren Organismen gehabt hätten. Wir haben uns lange so verhalten, als könnten wir die ›Eigentlichkeit‹ unserer Körper freihalten von allen elektronischen Zumutungen, als bilde der Leib eine natürliche Oase inmitten der rasenden Entwicklungen der Kommunikations- und Informationstechnologien. Aber das ist sicher: Der Weg zurück in den Zustand einer unproblematischen Einheit von Körper, Geist und Natur – wobei sehr zweifelhaft ist, ob es ihn je gab – ist verstellt durch den Prozeß unserer Zivilisation.

Es brodelt an der Körper-Front. Die Spatzen pfeifen es von den Dächern. Und auch die Modegurus, die in den letzten Dezennien infolge eines erweiterten (inflationierten?) Kulturbegriffs zu Präzeptoren des Zeitgeistes avancieren konnten, künden von einer in ihren Augen dramatischen Veränderung. Ihr Medium, der Mode-Körper, ist nicht mehr das, was er gerade noch war. Er hat seine Zweitrangigkeit abgeschüttelt und meldet unter dem Titel Körpermode Ansprüche an. Sie, die Couturiers, seien nun, so lamentierte kürzlich einer von ihnen schlechtgelaunt, dazu degradiert, mit ihrer Kleidermode die Körpermode nur mehr zu bestätigen. Die Kleidermacher werden die Geister, die sie riefen, ja als maßlose Fetischisten der Maße schufen, nicht mehr los. Mit einem Wort: Claudia Schiffer, oder besser, das Körper-Label Claudia Schiffer, ist unversehens wichtiger geworden als das, was sie trägt. Die Models selbst sind beliebige Inkorporationen von Beauty und Grunge, von inszenierter Schönheit und inszenierter Anti-Schönheit, je nachdem, was gerade angesagt ist. Die Botin ist die Botschaft. Als kürzlich ein prominentes Mitglied der amerikanischen Modebranche, das an den fleischgewordenen Botschaften vom modischen Junkie-Look mitgearbeitet hatte, den Heroin-Tod starb, schaltete sich sogar der Präsident der Vereinigten Staaten mahnend in die Diskussion ein. Auch er wird nicht verhindern, daß in Zukunft Körperdesigner und Körperingenieure das Erbe unserer Modeschaffenden antreten. Darüber werden nur diejenigen kulturpessimistisch die Stirn runzeln können, die noch keine künstliche Lähmung der oberen Gesichtspartien haben vornehmen lassen zum Zweck der Vorbeugung von Stirnfalten.

Unter dem Eindruck dieser ganzen Schufterei am Körper mit Hilfe von Drogen, Diäten, Hanteln und Skalpellen mag sich selbst ein fanatischer Öko-Freak gelegentlich bei der Überlegung ertappen, ob für die Zukunft die Gentechnologie hier nicht elegantere – schweiß- und blutärmere – Lösungen bietet. Für einen kurzen Moment tritt das Schaf Dolly ins Bild. Aber bevor sich das Entsetzen über solche impulsive Verirrungen richtig ausbreiten kann, naht eine Lösung des Problems von anderer Seite. Es bleibt nämlich die Möglichkeit der Möglichkeit, das heißt, wir können unser allzu vieles Fleisch in den Schaltkreisen der Technik virtuell zum Schmelzen bringen, indem wir uns wunschgemäße On-line-Identitäten zulegen und uns einen Wunschkörper gleich noch dazuprogrammieren. Jedenfalls sorgt der Auftritt von virtuellen Models und Popstars im Internet seit einiger Zeit für Aufregung in den Medien. An ihnen kann das Heroin-Design schadlos vorgenommen werden. Besondere Beachtung galt in letzter Zeit dem japanischen Cybergirl Kyoto Date, einer computergenerierten Schlagersängerin, ausgestattet mit einer kompletten Biographie, derzufolge sie am 26. Oktober 1979 in Tokio in das Licht des Bildschirms trat, Tochter eines Wirtes ist, dieses mag und jenes nicht. Ihre Anhänger werden mit den notwendigen Nährstoffen für die Idolatrie gefüttert, sie können von ihr ebensoviel wissen, sehen und glauben, wie von anderen Popstars mit mehr oder weniger lancierten Biographien auch. Sie hat Musik-CDs auf den Markt gebracht, und zahlreiche Fanclubs verbreiten ihren Ruhm um die Welt. In Kürze wird dieses ›digital kid‹ sich in Bewegung setzen und in Fernsehshows auftreten. Dort könnte sie dann mit ›wirklichen Menschen‹ zusammentreffen, aber auch mit den sogenannten ›meshes‹, mit den computeranimierten Doubles verstorbener Showgrößen, die als digitale Geister in Utah in der Datenbank der Firma Zygote (!) schlummern. Wir dürfen uns auf Filme freuen, die man herstellen wird unter Mitwirkung von Schauspielern, die in der Vergangenheit in ihren Fahrzeugen tödlich verunglückten. (Aber waren James Dean und Grace Kelly zu ihren Lebzeiten für die Zuschauer je etwas anderes als optische Auferstehungen?) Wir dürfen ein wenig darüber grübeln, wie wir diese posthume Körper-Enteignung moralisch bewerten wollen.

Das Interface chaotisiert die alten Vorstellungen von Sein und Schein, von Wirklichem und Möglichem, von Original und Kopie, von echt und falsch. Es wird berichtet, daß Kyoto Date, in einem Interview gefragt, ob es sie wirklich gebe, sinngemäß gesagt haben soll: ›Ich lebe in eurem Bewußtsein, also bin ich.‹

Die französische Aktionskünstlerin Orlan nähert sich von der anderen Seite den Schnittstellen zwischen dem Organischen und dem Technischen. Sie macht ihr Gesicht (also das menschliche Antlitz, das doch lange Zeit als optische Garantie unserer natürlichen Unverwechselbarkeit galt) zum Medium eines biotechnischen Transformationsprozesses, an dessen Ende ein ikonographisches Kompositum, besser: eine kreative »Komputation« (Flusser) stehen soll. In einer Vielzahl von bereits erfolgten und noch ausstehenden plastischen Operationen läßt sie ihr Gesicht nach genauen Anweisungen verändern, wobei die einzelnen physiognomischen Elemente dieser Gesichtsumformungen Regionen (Nasen-, Mund-, Stirnpartien) von berühmten Gesichtern aus der abendländischen Kunstgeschichte nachbilden. Diese Operationen werden gefilmt und übertragen; die nur örtlich betäubte Künstlerin kommuniziert per Fax mit ihren Anhängern. Sie könnte dabei die folgenden Sätze aus dem Nachlaß Friedrich Nietzsches zitieren: »Wir können uns unseren Leib räumlich auseinanderlegen, und dann erhalten wir ganz dieselbe Vorstellung davon wie vom Sternensystem, und der Unterschied von organisch und unorganisch fällt nicht mehr in die Augen.«

Noch sind die Bilder der Tiermenschen aus den alten Mythologien nicht ganz verblaßt, da drängen sich schon neue Fabelwesen in unser Bewußtsein, die sogenannten Cyborgs (cybernetic organism): fabelhaft hybride Wesen, halb Mensch, halb Maschine. Wir bemerken zunehmend: Unser Blick in die Zukunft ist ein Blick in die Medien. Deren Entwicklung wird Teil unserer zukünftigen leiblichen Befindlichkeit sein. Die Massenmedien steuern gegenwärtig aber auch die einschlägigen Erwartungen, die wir an diese Körper-Zukunft richten: Hoffnungen werden genährt (etwa mit den Meldungen von den wie auch immer aussichtsreichen medizinischen Versuchen, einem völlig gelähmten Patienten die Möglichkeit zu geben, durch willkürliche Aktionen seines Geistes einen Computer zu bedienen) und Ängste hochgekocht (etwa mit Spekulationen über eine mögliche Aufrüstung des Gehirns durch die Implantation von Schaltkreisen). Solche Sensationen der zukünftigen Körperlichkeit sind für die Kenner der Science-fiction Schnee von gestern.

Auch in Wissenschaft und Kunst hat der ›Körper-Diskurs‹ Hochkonjunktur; er wurde hierzulande schon vor fünfzehn Jahren mit dem Stichwort »Die Wiederkehr des Körpers« begründet. Vielleicht hätte man doch weniger auf die Modemacher und Friseure hören sollen und stattdessen mehr auf das, was uns die heute ins Abseits gedrängten Intellektuellen zu sagen hatten: zum Beispiel auf die Ausführungen Michel Foucaults zur biopolitischen Konditionierung des Körpers, auf die Gedanken Paul Virilios zu den Problemen der Beschleunigung, auf die Erörterungen Vilém Flussers zur »telematischen Gesellschaft« oder auf Jean Baudrillards Erzählung von dem »Zeitalter der Simulation« und der »Agonie des Realen«. Wir sollten unsere Aufmerksamkeit auf die fulminanten Attacken der zukunftsfreudigen Feministin Donna Haraway gegen die grämliche Technik- und Wissenschaftsfeindlichkeit eines Teils ihrer Mitstreiterinnen richten.

Die gelernte Biologin und Wissenschaftshistorikerin ist gleichwohl keine blinde Fortschrittsfanatikerin. Sie leugnet nicht die Gefahr von Genmanipulation und Sternenkrieg; sie weiß, die Sache kann schiefgehen. Aber sie weiß auch, daß die Einwirkungen der ersten und zweiten technischen Revolution auf das Verständnis dessen, was ein Körper sei, nicht rückgängig zu machen sind. Sie tritt gutgelaunt die Flucht nach vorne an. Da wir, ihrer Meinung nach, schon längst im Cyborg-Zeitalter leben und ohne es wirklich zu wissen alle schon Cyborgs sind, wird es darauf ankommen, »*alle* Ansprüche auf einen organischen oder natürlichen Standpunkt« aufzugeben und die Qualität des Körpers »als biotische Komponente« und »kybernetisches Kommunikationssystem« anzuerkennen. In ihrem »Manifest für Cyborgs« läßt sie die Feministin der Zukunft auftreten: es ist »*die* Cyborg«, eine mutige Hybride, ein Mischwesen aus Fiktion und Realität, eine Virtuosin der Überwindungen, die über die Gegensätze von Mensch und Tier, Mensch und Maschine, Kultur und Natur hinausgeht. Es muß wohl kaum erwähnt werden, daß sie auch über die ›Gender‹-Diskussionen weit hinausgewachsen ist; ihre Weiblichkeit ist nicht mehr definierbar, geschweige denn substanzialisierbar. Im Zuge der »Entwicklung einer feministischen Wissenschafts- und Technologiepolitik« schaltet sie sich rettend und auf dem höchsten Niveau in die »Produktion von Wissen, Vorstellungen und Praktiken« ein. Wir sollten ihr und uns Glück wünschen auf diesem Weg, wir sollten durchstarten ins Cyber-Universum, in die große Möglichkeit der möglichen Räume. Aber hüten wir uns weiterhin vor Zahnschmerz und Nierenkolik oder vor dem nächsten biotechnischen Crash. Der Schmerz ist der buchstäblich wunde Punkt im Cyber-Traum. Er kann uns schnell wieder in die armen Möglichkeiten unseres gegenwärtigen Körperraums zurückfallen lassen. Im Augenblick dieses Rückfalls erinnern wir uns vielleicht an eine sehr alte Klage aus der Vulgata: »Ich bin dem Fallen nahe, und mein Schmerz ist immer vor mir.«

Auf falsche Fragen gibt es keine richtigen Antworten

Anmerkungen zur Pornographie-Kampagne

»Glauben wir nicht, daß man zur Macht nein sagt, indem man zum Sex ja sagt«, mahnt Michel Foucault 1975 in seinem Buch *Sexualität und Wahrheit.* Diese Mahnung markiert einen bedeutsamen Wechsel der Perspektive, die Aufkündigung einer Verabredung; sie birgt einen Affront gegen die Gemütlichkeiten einer risikofreien Progressivität. Schien nicht gerade der Satz, daß die skandalträchtige Verherrlichung des Sexuellen notwendig aufsässige, ja machtfeindliche Wirkstoffe enthalte, so überzeugend wie kaum ein anderer. Foucault war sicher nicht der erste, der diesen Mechanismus anzweifelte. In jüngster Zeit zweifeln viele, vor allem Frauen.

Da aber jene Überzeugung verlorenzugehen droht, ist es nötig, sich daran zu erinnern, wie sie zustande kam. Als in den fünfziger und frühen sechziger Jahren der Kampf gegen die muffigen sexualpolitischen Komments aufgenommen wurde, entzündete sich die allgemeine Erregung vor allem an pornographischen Sensationen, oder besser an dem, was man dafür hielt *(Die Sünderin, Das Schweigen).* Flugs war die Szene gespalten in zwei Lager. Im Zentrum des Glaubenskrieges stand das Alternativprogramm: Pornographie – alter Fluch oder neue Befreiung, das nur eindeutige Bekenntnisse zuließ. Beide Positionen wurden von den jeweiligen Parteigängern so vehement verfochten, so laut vertreten, daß die Bedenken der wenigen, die Mut und Kraft fanden zu fragen, ob dieses Gegensatzpaar überhaupt sinnvoll sei, im öffentlichen Stimmenkonzert ungehört blieben. Die Figur des Entweder-Oder bestimmte die Diskussion.

In den späten sechziger und frühen siebziger Jahren wurden die Stimmen derjenigen allmählich leiser, die in der Pornographie ein Phänomen mutwilliger Wertezerstörung oder einen schmutzigen Ausdruck ursprünglicher Sündhaftigkeit sehen wollten, während sich bei denen, die auf ihre Fortschrittlichkeit hielten, die Übereinkunft zum Dogma verhärtete, daß der Pornographie, wie immer sie beschaffen sei, eine heilsame weil tabubrechende Wirkung zukomme und daß sie, wo immer man sie antreffe, gegen jedweden Zugriff zu schützen sei. Diese pauschale Verteidigung der Pornographie entstammt der vielleicht naiven, aber doch menschenfreundlichen und überaus optimistischen Überzeugung, daß in der Sphäre des Sexuellen alle Störungen und Bedrohlichkeiten lediglich temporäre Reaktionen auf jene gesellschaftlichen Restriktionen seien, die die natürlichen Triebe in ihrer Entfaltung einengten. Diese, wären sie solchen Zumutungen nicht ausgesetzt, seien dazu angetan, die Menschen frei, glücklich und gesund zu machen. Die Verfechter dieser Position bezogen sich gern auf Wilhelm Reich, mit etwas größerem theoretischem Aufwand auf Herbert Marcuse und mit erheblicher exegetischer Einäugigkeit auf Sigmund Freud. Reduziert man die gegensätzlichen Optionen auf die schlichte Musterhaftigkeit, mit der sie sich im publizistischen Tageskampf Geltung verschafften, so läßt sich zum vorläufigen Ausgang dieser Fehde sagen: Die Grundannahme einer mit der kulturbedingten Existenz potentiell harmonisierbaren inneren Natur des Menschen überlagerte mehr und mehr die entgegengesetzte Behauptung einer erbsündigen und zivilisatorisch in Schach zu haltenden Triebhaftigkeit.

Es gab auch andere Stimmen. Stellvertretend sei an den Essay »Die pornographische Phantasie« aus dem Jahre 1967 erinnert, in dem Susan Sontag der Mehrheitsüberzeugung eine eigene unversöhnliche entgegensetzt: Die Sexualität ist für sie »auch in ihren gezähmten Versionen … eine der dämonischen Mächte im menschlichen Bewußtsein, eine Macht, die immer wieder verbotene und gefährliche Wünsche in uns weckt, vom Verlangen, einem anderen

Menschen willkürlich Gewalt anzutun, bis zu der wollüstigen Sehnsucht nach der Auslöschung des eigenen Bewußtseins, ja selbst nach dem Tode.« Zumindest in Träumen habe sich wohl jeder und auch jede schon einmal in dieser dunklen Welt befunden. Das Interesse an diesen Extremerfahrungen lenkt Sontags Aufmerksamkeit auf die Schriften de Sades, Batailles, Lautréamonts und auf die unter einem Pseudonym erschienene *Histoire d'O*. Obgleich den Frauen, wie sie selbst hervorhebt, auch in diesen von Männern verfaßten nichtkommerziellen pornographischen Phantasmagorien zumeist die Opferrolle zufällt, glaubt sie nicht, daß »die dämonische Seite der sexuellen Phantasie« den Frauen wesensfremd sei. Sontag votiert selbstverständlich nicht für ein Verbot der Pornographie, da diese ihrer Meinung nach interessante Aufschlüsse gibt über die grundsätzliche Defektheit des Menschen, der seine sexuellen Dispositionen nicht mit seinen sozialen und moralischen Überzeugungen in Balance halten kann. 1976 sieht sie sich mit dem Vorwurf einiger Feministinnen konfrontiert, sie habe frauenfeindliche Literatur gerechtfertigt. Sie widerruft ihre Thesen nicht, im Gegenteil, sie verdächtigt ihrerseits diese Art von feministischer Kritik »der gleichen optimistischen und rationalistischen Denkweise«, die zuvor den naiven Befürwortern der Pornographie zu eigen gewesen sei; auch sie, die Feministinnen, gingen von der Voraussetzung einer an sich unproblematischen (in diesem Verständnis: weiblichen) Sexualität aus, die nur durch äußere (in diesem Verständnis: männliche) Einwirkungen irritiert werde.

Dreiunddreißig Jahre sind vergangen, seit Simone de Beauvoir die selbst gestellte Frage »Soll man de Sade verbrennen?« verneinte, einundzwanzig seit dem Erscheinen von Susan Sontags Pornographie-Essay und zehn seit ihrer Stellungnahme zu den feministischen Angriffen. Zehn Jahre, die geprägt waren von einem außerordentlich permissiven Verhältnis zur Pornographie. Ihm verdanken wir nicht nur die Kenntnis der Filme von Pasolini und Oshima; durch diese Schleuse brach auch die Flut kommerzieller Gewaltpornographie.

Und niemand, der bei Verstand ist, wird beim Anblick dieses sexistischen Horrors behaupten wollen, er sei ein Ausdruck der Emanzipation, der Freiheit gar, er signalisiere den Ausgang des Menschen aus seiner selbstverschuldeten sexuellen Unmündigkeit. Diese sex-industriellen Produkte sind Ausdruck eines unglaublichen Elends, einer deprimierenden erotischen Armut und einer barbarischen Brutalität. Die Hoffnung, daß sich die Pornographie im Zuge ihrer Freigabe und unter den Rahmenbedingungen einer relativen sexuellen Freizügigkeit gleichsam selbst aufheben würde, hat sich nicht erfüllt. Sontags Vermutung, daß sie fatalere Ursachen habe, hat empirisch an Plausibilität gewonnen. Ungeachtet aller wissenschaftlichen Ursachen- und Einflußforschung können die Alarmrufe vieler Pädagogen, die darauf hinweisen, daß dieser visuelle Dreck etwa über Kassette von Kindern und Jugendlichen am laufenden Band konsumiert wird, nicht überhört werden.

Den Strategen juristischer Verhinderungen ist es nie gelungen, ein Regelwerk zu erstellen, durch das ein Text oder ein Bild eindeutig als pornographisch qualifizierbar wäre. »Wenn ich es sehe, weiß ich es«, soll ein mit diesem Problem befaßter amerikanischer Richter einmal gesagt haben, und er hat sicher recht damit, der Evidenz und seinem subjektiven Urteilsvermögen mehr zu trauen als den Versuchen einer Generalisierung von Kriterien. (Natürlich ist auch dieser Weg der subjektiven Willkür nicht beschreitbar.) »Nacktheit«, schreibt Peter Gorsen in seiner Sexualästhetik, »ist offensichtlich bis in die Einzelheit der Hautfalte sexualästhetisch so manipulierbar, daß sie den durchschnittlichen Beschauer sinnlich erregen kann, ohne gleichzeitig sein Schamgefühl berührt zu haben«, was heißen soll, daß das Pornographische und das Obszöne nicht notwendig identisch sind. Die Schwierigkeit mit den Kriterien mag bei manchen die restaurative Sehnsucht aufkommen lassen nach jenem alten konservativ-christlichen Beurteilungsschema, demzufolge alles, was hinausgeht über eine sittlich normierte Thematisierung der Sexualität im Dienste der Fortpflanzung, dem Pornographie-Verdikt anheimfällt. Es hat in seiner Dogmatik gegenüber der Frage, ob irgend jemandes Anstand verletzt sei, den Vorteil, keine Ermessensspielräume zuzulassen und sich um Differenzierungen (Anständigkeit ist ein historisch schwankender Befund) nicht bemühen zu müssen.

Die Kampagne, die neuerlich gegen die Pornographie geführt wird, lockt mit dem Versprechen, auf anderem Wege zu einer vergleichbaren Klarheit zu kommen. Die Initiatorinnen (es handelt sich um eine Kampagne von Frauen, allen voran Alice Schwarzer), definieren Pornographie als die »verharmlosende oder verherrlichende, deutlich erniedrigende Darstellung von Frauen oder Mädchen in Bildern oder Worten«. Dieses Merkmal der Beleidigung und Erniedrigung von Frauen soll nun all jene Unterscheidungsbemühungen, die bislang die Beurteilung so erschwerten: Kunst oder Kommerz?, kritisch oder affirmativ?, weiche oder harte Pornographie?, obszön oder nicht? gegenstandslos machen. Ist die Möglichkeit, die nun jeder Frau geboten werden soll, zivilrechtlich die Würde der Frauen einzuklagen, der Königsweg? Wird ein großes feministisches Purgatorium das Phänomen Pornographie in all seinen Terror- und Spielversionen von der Bildfläche verschwinden lassen?

Die Kampagne ist mehr oder minder ein Import aus den Vereinigten Staaten, ein leidiger Anlaß, dem dort schon 1979 erschienenen Buch *Pornographie* der als Gewährsfrau angepriesenen Andrea Dworkin Aufmerksamkeit zu schenken. Der Begriff der Pornographie ist darin sehr weit gefaßt: Sie ist ein strukturelles Merkmal männlicher Sexualität, die nur über die Erniedrigung des Weiblichen zu sich selbst finden kann. »Das System männlicher Sexualherrschaft« wird »durch Pornographie offenbart«. Dieses System ist in seinem Wesen gewalttätig: »Terror strahlt aus vom Mann, Terror erleuchtet sein Wesen, Terror ist sein Lebenszweck.« Der männlichen Sexualität fällt die Gesamtschuld an der menschlichen Katastrophengeschichte zu. »Die sexuelle Macht der Männer ist die Grundsubstanz der Kultur.« »Männer haben die Erde an sich gerissen, Männer vernichten sie.« Alle Gewalt, »die wichtigste Komponente männlicher Identität«, kommt vom Manne. Die Trias »Sexualität, Gewalt, Tod« ist »seine erotische Dreifaltigkeit«, und sie ist gebunden an seine organische Beschaffenheit: »Alle sexuelle Macht geht vom Penis aus.« Da diese sexuelle Macht im Denken von Dworkin mit der ökonomischen, politischen und kulturellen schlankweg identisch ist, resultieren alle Schrecknisse dieser Welt: Krieg, Völkermord, nukleare Vernichtung aus dieser Beschaffenheit der männlichen Sexualität. Dem Einwand, daß dem Krieg zum Beispiel auch junge Männer zum Opfer fielen, begegnet sie mit folgender Hypothese: Kriege werden von »älteren Männern« veranstaltet, die die »jüngeren Männer« hassen, weil diese, da sie noch nicht so lange aus der mütterlichen Nähe entlassen sind, den »unerträglichen Geruch von Frauen an sich haben«.

Es ist nicht ganz auszumachen, ob solche Redeweisen den Status metaphorischer Umschreibungen haben oder ob sie dem schieren Biologismus entspringen. Wir erhalten keine eindeutige Antwort auf die Frage, was dieses männliche Programm der Weltbemächtigung in Gang hält und wie dieses Übel in diese Welt kam. Über seine phylogenetischen Voraussetzungen (Chromosomenfluch?, atavistisches Erbe?, Evolutionsspanne?) läßt uns Dworkin völlig im unklaren, wir müssen uns begnügen mit ein wenig Ontogenese: Knaben wählen die Macht. »Knaben werden Männer, um dem Schicksal des Opfers zu entgehen.« Wenn es an anderer Stelle allerdings heißt, daß der männliche Säugling »das Selbst der Mutter« aussauge, wird die eben noch behauptete Möglichkeit der Wahl wieder geleugnet.

Was hat das alles mit Pornographie zu tun? Wenn nach der Lektüre dieses Buches eine Konsequenz auf der Hand liegt, dann nicht so sehr die des Verbots von Pornographie, sondern die des Verbots von Männern. In seiner Kahlschlagmetaphorik erinnert es an das »Manifest zur Vernichtung der Männer«, mit dem Valerie Solanas 1968 in das Make-love-not-war-Idyll der Hippie-Kultur einbrach. Das empfahl sich aber einem ganz anderen Textverständnis. Das

Manifest der Warhol-Attentäterin Solanas war ein wüstes Pamphlet, es war monumental, maßlos, unflätig, ehrlich, kompromißlos, einseitig, monoman und inhuman, und es wollte all das sein – mit einem Wort, es war ein hochgradig hysterisches Kunstprodukt, nicht ohne imposante Monstrosität. Solanas hoffte nicht auf Anhängerschaft, sie war und blieb das einzige horrible Mitglied ihrer horriblen Gesellschaft – in schrecklicher, einsamer Konsequenz schoß sie schließlich auf Andy Warhol.

Auch Dworkin geht in ihrer monokausalen Schuldzuweisung aufs Ganze. Gemessen daran erscheint ihre politische Empfehlung geradezu halbherzig. Nur der Pornographie will sie den Garaus machen. (Soll vielleicht die Bündnisfähigkeit erhalten bleiben?) ›Die Gleichung‹ von Dworkin: »Die Macht der Pornographie ist die Macht des Vergewaltigers/Schlägers, ist die Macht des Mannes«, die sich die Kampagne aufs Papier schreiben wird, schummelt sich über Kausalitäten und wechselseitige Bedingtheiten hinweg. Sie setzt ein allumfassendes Welterklärungsmodell auf schlichten Grund. Wenn die männliche Sexualität, wie behauptet, alle Lebenssphären okkupierte, wenn sie alle Modi des Handelns, des Denkens und der Phantasie präformierte, wenn die Generalklausel für all das tatsächlich Pornographie hieße, dann wäre wirklich alles pornographisch, nicht nur die *Geschichte der O.,* sondern auch die Behauptung, »über allen Gipfeln sei Ruh«. Das kann Dworkin nicht durchhalten.

Der totale Pornographie-Verdacht erzwingt die Frage, von welcher Position aus noch argumentiert werden kann. Das müßte ein verrücktes, die Ordnung der Dinge von innen aufsprengendes Denken sein, das sich hier als weibliches Alternativprogramm in toto empfehlen könnte. Dworkins Denkvorgänge sind aber, soweit sich ihnen methodologische Auskünfte abringen lassen, eher konventionell. Dworkin bedient sich ideologiekritischer Instrumentarien, ihre Begrifflichkeit hat ihre undeutliche Herkunft vielfach in der psychoanalytischen Symboldeutung, ihre Einklagungen verdanken sich ehrwürdigen Traditionen aufklärerischen Forderns (die

Würde der Frauen, ihre Selbstbestimmung). Der für die Kampagne entscheidende Satz ist: »Wir wissen alle, daß wir frei sein werden, wenn es keine Pornographie mehr gibt.« Wieso eigentlich? Wenn alle Geschichte, alle Kultur, alle Wirklichkeit pornograpisch ist, dann ist das Ende der Pornographie auch das Ende von Geschichte, Kultur und Wirklichkeit. Wenn aber, wie es auch heißt, Pornographie das gewaltträchtige System männlicher Sexualherrschaft nur »offenbart«, dann ist die Gewalt ja nicht vernichtet, wenn die Pornographie vernichtet ist. Pornographie, so wird argumentiert, gibt der Gewalt Richtung und Gestalt.

Hier mündet die Diskussion in den alten Disput darüber, ob die Pornographie eher eine stimulierende Wirkung habe oder ob ihr entlastende Funktionen anzurechnen seien – im Sinne eines Aggressionsabbaus. (Für beide Annahmen werden wissenschaftliche Untersuchungen ins Feld geführt. Das Problem von Dworkin und auch das der Protagonistinnen der Kampagne liegt im Nachweis des Vorbildcharakters von Pornographie.) Es gehört zu den verschenkten Möglichkeiten dieser Diskussion, daß an keiner Stelle die Überlegung Platz hat, ob nicht in einer Zeit medialer Weltsimulationen der Rolle der Simulacra, der (Vor-)Macht der Bilder vor aller Erfahrung, eine ganz neu zu bestimmende Bedeutung zukommt. Erst über eine solche Argumentationsbrücke wäre der Weg zu den tagespolitischen Forderungen wirklich gangbar geworden. Schwarzer und Dworkin hypostasieren aber keineswegs ein sich verselbständigendes System von Bildern und Zeichen mit eigenen Entfaltungs- und Beschleunigungsgesetzen, das sich als eine Art zweite Wirklichkeit etabliert und die Differenzen zwischen Zeichen und Bezeichnetem, zwischen der Wahrnehmung von Realität und Fiktion verschwimmen läßt. Im Gegenteil: Die zunehmende Brutalität in der Welt des pornographischen Scheins wird ganz klassisch auf basale Interessengegensätze zurückgeführt, darauf nämlich, daß die egalitären Ansprüche der Frauen in Berufs- und Alltagsleben in fast unerträglicher Weise am männlichen Überlegenheitswahn rütteln.

So gesehen, produziert die Frauenbewegung indirekt Pornographie; so gesehen, nützt der ganze Bildersturm wenig; so gesehen, müßte der Kampf auf anderen Schauplätzen gewonnen werden.

Was an der Kampagne irritiert, ist gar nicht so sehr ihr Ziel, eher schon ihr Stil und am meisten die Denkmuster, die sich in ihr durchsetzen. Sie beschert uns wiederum ein schlechtes ›Entweder-Oder‹. Differenzierungen werden als kampagnenuntauglich zurückgewiesen. ›Wer nicht für uns ist, ist für Vergewaltigungen‹, das ist jetzt schon der propagandistische Tenor. Dworkin diffamiert die Schriftstellerin Angela Carter, die sich selbst im Genre der Pornographie versuchte und ein Buch über den Marquis de Sade geschrieben hat, als »Pseudofeministin«. Die pornographischen Schriften der Anaïs Nin werden mit dem Hinweis, sie seien ausschließlich aus finanziellen Gründen verfaßt worden, erledigt; Alice Schwarzer behauptet ernsthaft, daß die einst so hochverehrte Simone de Beauvoir ihren Essay »Soll man de Sade verbrennen?« nur geschrieben habe, um sich – durch ihr Buch *Le deuxième Sexe* in Mißkredit geraten – wieder bei den Männern anzubiedern. Etwas Ehrenrührigeres kann wohl von einer feministischen Theoretikerin nicht behauptet werden. Kate Millett wird zur Ordnung gerufen, weil »ausgerechnet« sie, auf deren Texte sich Dworkin doch immer berufen habe, deren Buch ablehne.

Susan Sontag hat der feministische Bann endgültig getroffen. Ihre durchaus differenzierfreudigen Überlegungen zu dem Werk de Sades fallen ebenso wie die Beauvoirs unter das Rubrum »Grübeleien« (Dworkin) oder das der »Spitzfindigkeiten« (Schwarzer).

In dieser Diskussion ist denkwürdigerweise das Verhältnis zu dem wüsten Marquis aus dem 18. Jahrhundert, dem vermeintlichen Stammvater der Pornographie, zum Prüfstein für Gesinnungstreue geworden. Es wird suggeriert, daß die Beschäftigung mit den Schriften de Sades, mit der dunklen Seite der Aufklärung notorisch auf eine Verharmlosung der darin enthaltenen Grausamkeiten abziele. Unterschlagen wird, daß es in der Regel die vernunft- und erkenntniskritischen Aspekte sind, die interessieren, und nur dieses Interesse macht die Lektüre der endlosen sexualarithmetischen Reihungen mit den permanenten moralphilosophischen Einschüssen ergiebig. Diese Lesart sieht in den de Sadeschen Ritualen der Grausamkeit ein Umschlagen rationalistischer Verfahrensmuster und enzyklopädischer Gründlichkeit ins Destruktive. Hatten die avancierten Vertreter von Philosophie und Dichtkunst des 18. Jahrhunderts dem weiblichen Geschlechtscharakter die Naturhaftigkeit eingeschrieben, so machte de Sade nun blutigen Ernst damit. In seiner Ethik des Bösen, die mit der Annahme einer bösen Natur korreliert, erfahren die Frauen die immanente Rationalität eines mörderischen Systems. Sie sind Opfer eines Szientismus, mit dem die Zeitgenossen de Sades in der Regel noch ungebrochen die Hoffnung auf eine moralische Läuterung der Menschheit verbanden. De Sade – das haben Horkheimer und Adorno im »Juliette-Kapitel« der *Dialektik der Aufklärung* entwickelt – macht den disziplinierten »Haß« bewußt, mit dem der männliche Naturbeherrscher auf das Material seiner Beherrschung, die Frau, reagiert.

Dem Weiblichen werden bei de Sade, ins Extreme erhoben, die beiden einzigen Wege gewiesen, die für es in den nachfolgenden Jahrhunderten begehbar sein sollten: den Weg der absoluten Unterwerfung, der Selbstaufgabe, der passiven, leidenden Bescheidung als hirn- und geschichtsloses Ergänzungsmedium (man lese die Ausführungen Rousseaus zur Domestikation der Frauen, und man weiß, welches Programm de Sade in der Figur Justines grausig parodiert) oder den Weg der radikalen Anpassung an die männlichen Standards von Herrschaft und Gewalt (Juliette ist eine höhnische Paraphrase auf den naiven Entwurf formaler Gleichheit). Das waren die Wege der weiblichen »Vervollkommnung« in diesem Jahrhundert, das so auf die menschliche Perfektibilität setzte.

Simone de Beauvoirs alter de Sade-Essay paßt wirklich nicht ins neue ›Entweder-Oder‹. Beauvoir hat die Anstrengung einer doppelten Perspektive auf sich genommen: De Sade ist für sie auch und gerade unter feministischem Vorverständnis ein Kronzeuge, wenn es darum geht, die geheimen und indirekten Strategien der Ausgrenzung und Unterwerfung des Weiblichen in den großen von ihm verhöhnten Programmen der Aufklärung zu blamieren, aber er ist, wie sie betont, zugleich der Feind der Frauen, denn er will ihr Unglück und ihr Verderben.

Es ist genau dieser Typus des Denkens, den Andrea Dworkin bekämpft. Er paßt nicht ins monochrome Geschichtsbild. In diesem gibt es nämlich keine Differenzierungen, keine Widersprüche, nur Steigerungsformen ein und desselben bösen Prinzips. Der Geschichte wird ein negativer Sinn unterlegt, der sich in der Entfaltung des männlichen Gewaltprinzips in einem pornographischen Unheilsplan realisiert. (Insofern alle Erscheinung aus demselben Stoff ist, kann man dieses Prinzip einfach dort demonstrieren, wo es sich am deutlichsten zeigt, zum Beispiel bei de Sade.) »Es ist falsch«, schreibt Dworkin, »einen wirklichen Unterschied zwischen den einander bekriegenden Fraktionen männlicher Kultur sehen zu wollen.« Jeder Mann ist tendenziell de Sade, alles ist tendenzielle Pornographie. Wir erkennen mit Dworkin: De Sade ist sadistisch. Das Zeugnis ist identisch mit dem, wovon es Zeugnis ablegt. Daher ist es für diesen fundamentalen Rigorismus auch nicht von Belang, ob den als Pornographie verdächtigten künstlerischen Erzeugnissen – und wie könnte die Kunst eine solche von Dworkin beschworene Wirkungsmacht ignorieren – eher affirmative oder kritische Qualitäten zukommen; es wird dargestellt, und das ist schon schlimm genug.

Wie aber hat sich die weibliche Sexualität in diesem weltgeschichtlichen Pandämonium gehalten? Blieb sie rein, unschuldig, unberührt von all dem? Es scheint fast, als sollte nun Foucaults Satz in sein Gegenteil verkehrt werden, also: Wer nein zum Sex sagt, der sagt auch nein zur Macht. Aber diese Verkehrung ist ebenso mechanistisch und borniert wie das Original.

Sicher ist, daß Dworkin und ihre Anhängerinnen davon ausgehen, daß die weibliche Sexualität nicht jene destruktiven Komponenten hat, die die Männer zu Produzenten und Konsumenten von Gewaltpornographie werden lassen. Und die Erfahrung spricht tatsächlich dafür, daß die Frauen in beiden Hinsichten ein geringeres Interesse an diesem Genre haben. Möglicherweise gibt es da unterschiedliche Dispositionen, möglicherweise ist die Schamschwelle höher, die Abgründe des sexuellen Sehnens preiszugeben. Über all das läßt sich spekulieren. Und das wird auch infolge der Kampagne getan. So hat Ulrich Greiner in der *Zeit* den pornographischen Appetit des Mannes auf eine »traumatische Erfahrung von Mangel« zurückgeführt. Männer sollen in der Mutter-Kind-Symbiose eine besondere defensive »Macht« der Frauen erfahren haben. Diesem symbiotischen, an die weibliche Emotionalität gebundenen Zustand trauern sie später, hinausgetreten ins feindliche Leben, als entfremdete Individuen immer nach. Zugleich aber wird diese ominöse Macht den Frauen von dem »auf Allmacht versessene(n) Mann« geneidet. Er »kompensiert« seinen Mangel mit einer »Sehnsuchtsproduktion«, der wir nicht nur die großen Werke der Kunst, sondern auch die verabscheuungswürdige Gewaltpornographie verdanken. An dieser von Greiner als »verwegen« bezeichneten Argumentation hätte de Sade seine fiese Freude gehabt. Sie ist nämlich ein alter Hut. Sie erinnert an die geschichtsphilosophischen Konstruktionen des 18. Jahrhunderts, in denen das Weibliche stets als ursprüngliche Einheit, als geschlossene Wesenheit, den Hintergrund für die männliche Individualisierung abgeben muß. Den Frauen, als »treue(n) Töchter(n) der frommen Natur«, wie es bei Schiller heißt, bleibt der Eintritt in jene geschichtliche Welt verwehrt, durch die der Mann mit »zermalmender Gewalt« jagt, getrieben von der sehnsüchtigen Erinnerung an die verlorene Einheit, die er auf einer höheren Stufe wiederzufinden trachtet. Die ideelle Aufwertung des Weiblichen hat in der Realität einen hohen Preis. Da möchte man sich fast schon wieder auf die Seite der Dworkin schlagen, wenn uns jetzt noch einmal, individualpsychologisch nachgezeichnet, diese Dialektik von ideeller Glorifizierung und faktischer Ausgrenzung als Erklärung der Horror-Pornographie angeboten wird.

Zugegeben, dieses Argumentationsspektrum macht ratlos. Das mag an der Betrachterin liegen, kann aber auch seinen Grund in der Sache haben. Jedenfalls ist Ratlosigkeit keine Empfehlung für die Politik, denn dort wird jede traurige Skepsis sofort als bedeutungslose Indifferenz gewertet. Der Zweifel ist am wenigsten brauchbar für Kampagnen.

Ist es aber sinnvoll zu leugnen, daß auch die Frauen jene Konvergenz von Lust und Todessehnen kennen, die in der Literatur immer eine große Rolle gespielt hat – und nicht nur in der pornographischen? Wenn »alle Lust Ewigkeit will«, den Stillstand der Zeit, der für endliche Wesen nur im Tod zu haben ist, dann scheint es nahezuliegen, daß sich in diese Lust, nach außen und nach innen gekehrt, destruktive Elemente mischen, auch in die der Frauen. Wer das leugnet, steht in Gefahr, im Sinne einer Verniedlichung der weiblichen Sexualität den Zimperlichkeiten einer Kuschel- und Fummelerotik, die jetzt unter der Aids-Bedrohung wieder Konjunktur hat, das Wort zu reden. Andererseits muß auch gesehen werden, daß mit dem raunenden Hinweis auf die Abgründe der Sexualität, auf ihre Dämonien, auf die Wahrheiten, die sich angeblich in ihren tiefen Gründen verbergen, jede Menge intellektueller Exzeß-Kitsch kulturell untergebracht wurde.

Es bleibt anzumerken, daß fast alles, was jetzt publizistisch aufgewirbelt wird, in anderen Konstellationen schon einmal gesagt wurde. So reißerisch sie in den Medien aufgemacht sein mag, es kann nichts darüber hinwegtäuschen – diese Diskussion ist im Grunde langweilig. Liegt das daran, daß sich unser Denken und Sprechen über Sexualität zu sehr in eingefahrenen Bahnen bewegt? Müßten neue Formen und Wege gefunden werden, über sie zu sprechen und zu denken? Und möglicherweise auch, mit ihr umzugehen? Wäre tatsächlich eine Bewegung an der Zeit, die (freilich nicht im Sinne Dworkins) der »Monarchie des Sex« ein Ende bereitet? Foucault hat sie in einer Diskussion 1977 schon prognostiziert: »Mir scheint, heute zeichnet sich eine Bewegung ab, den Druck des ›Immer mehr

Sex‹, ›Immer mehr Wahrheit im Sex‹, der seit Jahrhunderten auf uns lastet, abzuschütteln: es geht darum, andere Formen von Lüsten, Beziehungen, Zusammenleben, Bindungen, Lieben, Intensitäten – ich sage nicht: ›wiederzufinden‹, sondern schlicht und einfach zu fabrizieren. Ich habe den Eindruck, daß augenblicklich so etwas wie eine ›Anti-Sex‹-Stimmung in der Luft liegt (…), so als unternähme man den Versuch, diese große ›Sexographie‹ loszuwerden, die uns den Sex als das allumfassende Geheimnis entziffern läßt.«

Der Tod ist die Auferstehung

Über die Listen der Mode

> Es gibt keine Natur. Oder besser: das was man
> für gegeben hält, ist immer ein mehr oder we-
> niger altes Hergestelltes. Es liegt eine erregende
> Gewalt in dem Gedanken, die Verbindung mit
> dem Ursprünglichen wiederherstellen zu kön-
> nen. Man stellt sich vor, daß es so Ursprüngli-
> ches geben könnte. Aber das Meer, die Bäume,
> die Sonnen – und vor allem das menschliche
> Auge – all das ist Kunstwerk.   *Paul Valéry*

Vorspiel

Es gibt unter den Intellektuellen viele, die verachten die Mode. Die
Rache der Mode ist schrecklich. Das geht so: Ein Individuum – sagen wir, um den Fall plausibel erscheinen zu lassen, es handele sich
um einen deutschen Mann – trägt eine Hose. Es trägt dieses Kleidungsstück seit etlichen Jahren. Vermutlich hat es selbst das Stück
gekauft, es kann sich nicht mehr erinnern. Eines Tages hat es das
diffuse Gefühl, daß es an seinem Äußeren etwas gibt, das es von
allen anderen männlichen Individuen unterscheidet. Das kann es
nicht wollen – sonst verhielte es sich ja modisch. Es dauert nun
noch eine ganze Zeit, denn seine Wahrnehmung ist in diesem Bereich nicht geschärft, bis es dahinterkommt, worin die Abweichung
vom Erscheinungsbild der anderen besteht. Es ist – wir wählen ein
beliebiges Beispiel – die enorme Weite, mit der seine Hose um Un-
terschenkel und Knöchel schlackert.

Unser Individuum muß nun eine vorsichtige Angleichung vornehmen, um die Auffälligkeit zu beseitigen, und die Sache beginnt in relativ regelmäßigen Zeitintervallen immer wieder von vorne.

Die Angleichung kostet es jedesmal eine Anstrengung, denn unser Individuum hat zwar eine klare Vorstellung von seinem intellektuellen Zustand, aber nur eine undeutliche von seiner äußeren Erscheinung. In bestimmten Kreisen gereicht ihm das zur Ehre.

Von der Rache der Mode soll insofern die Rede sein, als sich das Verhalten des Modeverächters strukturell vom Verhalten des Modenarren nicht wesentlich unterscheidet: Die Aktivität des einen liegt am Anfang, die des anderen am Ende einer modischen Erscheinung; der eine hat allerdings Freude, der andere nicht. Immanuel Kant schreibt: »*In der Mode* sein ist eine Sache des Geschmacks; der *außer* der Mode einem vorigen Gebrauch anhängt, heißt *altväterisch;* [...] Besser ist es aber doch immer, ein Narr in der Mode als ein Narr außer der Mode zu sein.«[1]

1.

Auch das Nachdenken über Mode ist nur zu bestimmten Zeiten Mode. Hätte man vor fünfzehn Jahren einen moderaten Menschen, dessen Verhältnis zu den zeitnahen Publikationen mit Avantgardeanspruch sowohl eingeweiht als auch distanziert gewesen wäre, aufgefordert, nach Maßgabe der vorherrschenden, zu dogmatischer Verfestigung tendierenden theoretischen Verbindlichkeiten einen Katalog von ›unmöglichen‹ Themen zu erstellen, so wären darin sicher Stichworte wie ›Tod‹, ›Liebe‹ und schließlich auch ›Mode‹ aufgetaucht. Die Thematisierung der Mode wäre nicht nur suspekt, sondern geradezu lächerlich erschienen – ein Ekel-Thema. Themen mit dem Odium des Existentiellen, Ontologischen und Arbiträren waren mit den globalen Hoffnungen auf globale Veränderungen und auch Veränderbarkeiten nicht ohne weiteres zu versöhnen.[2] Allenfalls den Hochseilartisten der Dialektik, wie Adorno und Benjamin, konnte die gelegentliche Beschäftigung mit diesem Phänomen – soweit der selektive, am theoretischen Zeitgeschmack orientierte Blick dergleichen überhaupt bemerkte – mit dem unangemessen nachsichtigen Hinweis, es sei diesen Theoretikern möglich, das Wesen des Ganzen auch in der kleinsten Marginalie aufzuspüren, konzediert werden. Für die Arbeit an der Mode und ihren thematischen Konjunkturen wäre es von Vorteil, wenn es neben der Geschichte der Ideen und der Geschichte der Politik und der Ökonomie auch noch eine Geschichte der sich ausbildenden und verändernden sozialen und kulturellen Stimmungen und Mentalitäten gäbe. In den wenigen vorhandenen Kostümgeschichten und auch in den über die Jahrhunderte verstreuten Betrachtungen über ›die Mode‹ wären Bausteine für eine solche Geschichte der Stimmungen zu finden.

Inzwischen sind die ›Liebe‹ und der ›Tod‹ begehrte Gegenstände der soziologischen Reflexion (es sei nur an Luhmann und Ariès erinnert). Auch die Mode darf auf ihre thematische Rehabilitierung hoffen.[3] In Zeiten, in denen man nicht nur ein klares Bewußtsein von den wesentlichen Fragen – seien sie politischer, religiöser oder philosophischer Natur – zu haben glaubte, sondern sich vor allem der Möglichkeit ihrer verbindlichen Beantwortung nahe oder sicher wähnte, erschien das Phänomen Mode als bloßes Akzidens: zum Beispiel als äußerlicher Ausdruck feudaler Willkür und moralischer Defizite (man denke an die Kritik des Alamodewesens im 18. Jahrhundert) oder – ein anderes Beispiel – als bloßer manipulierter Reflex einer profitorientierten Marktstrategie, als notwendige Folge einer Dynamisierung der Massenproduktion (man denke an die im Zuge der Konsumentenschelte vorgetragenen Argumente, wie sie seit der Studentenrevolte bis heute wirksam sind). In solchen Zeiten werden der Mode moralisierend Attribute zugeeignet, wie sie unsere Vorväter für leichtsinnige Frauen bereithielten: äußerlich und oberflächlich. Die Mode wird an der Peripherie des Geschehens angesiedelt, und peripher soll ihre Bedeutung für die Theorie sein.

Wenn vormals verpönten Themen heute wieder eine gewisse Dignität zukommt, so mag das unter anderem mit einer Eigenheit, die die öffentliche Diskussion ›großer Fragen‹ angenommen hat, zusammenhängen. Diese Diskussion betrifft nicht mehr nur das Ganze, sie geht aufs Ganze. Angesichts der nicht zu leugnenden atomaren Bedrohung und der ökologischen Endzeit-Prognostik tendiert sie dazu, sich stracks auf die gleich die ganze Menschheit betreffende Sein- oder Nichtsein-Frage zuzubewegen; unterhalb dieses eschatologischen Absolutheitsanspruchs werden die Dringlichkeitsstufen eingeebnet, d.h. alle anderen Fragen scheinen zweitrangig. Diese Einebnung aber ist die Chance der vermeintlich minderen Themen, sich vom Status eines Surrogates oder eines Indizes für etwas jeweils anderes zu emanzipieren. Zudem wächst mit dem Problemdruck der moralische Druck, der auf den Diskutanten lastet; im gleichen Maße aber nimmt die gedankliche Experimentierfreude ab. Gemessen daran ist eine Untersuchung über die historische Semantik der Liebesvorstellungen, ja eine Untersuchung der Erfahrung des individuellen Todes und ihrer geschichtlichen Modifikationen geradezu eine Entlastung – oder eine Flucht, werden einige sagen. Aber auch auf der Flucht sind schon wertvolle Erkenntnisse gewonnen worden.

In Zeiten des Umbruchs, der Orientierungsverluste, der Sinnkrisen, des schwindenden Vertrauens in den geschichtlichen Fortschritt und in die Zukunft generell kommt die Mode in Mode. Mode ist ein Krisenthema. Georg Simmel schreibt im Jahre 1911:

Deshalb gehört zu den Gründen, aus denen die Mode heute so stark das Bewußtsein beherrscht, auch der, daß die großen, dauernden, unfraglichen Überzeugungen mehr und mehr an Kraft verlieren. (…) Der Bruch mit der Vergangenheit, den zu vollziehen die Kulturmenschheit seit mehr als hundert Jahren sich unablässig bemüht, spitzt das Bewußtsein mehr und mehr auf die Gegenwart zu. Diese Betonung der Gegenwart ist ersichtlich zugleich Betonung des Wechsels.[4]

Die Mode bezeichnet die Permanenz des Wechsels. Sie selbst ist eine Dauerkrise: Prinzip des ewig Neuen. Es scheint fast, als würfe die Substanzlosigkeit, die der Mode vorgehalten wird, Probleme auf; als ließe sich der Begriff der Mode nur über Paradoxien fassen. Simmel hat auf den »logischen Widerspruch«, der in diesem Begriff angelegt ist, hingewiesen: Eine Mode kommt auf, sie drängt auf Verbreitung, auf Verallgemeinerung; sobald sie aber allgemein geworden ist, ist sie keine Mode mehr, wird sie durch eine neue verdrängt.

> Sie gehört damit dem Typus von Erscheinungen an, deren Intention auf immer schrankenlosere Verbreitung, immer vollkommenere Realisierung geht – aber mit der Erreichung dieses absoluten Zieles in Selbstwiderspruch und Vernichtung fallen würden.[5]

Eine Mode muß ihre Identität mit ihrer Vernichtung bezahlen. In dieser fortwährenden Krisenhaftigkeit wird ihre nicht nur wort-, sondern auch problemgeschichtliche Verwandtschaft mit ›der Moderne‹, der ja auch schon Dauer zugesprochen werden muß, vermutet. Davon später. Simmel wollte in der Mode noch kein allgemeines Strukturmerkmal sehen, er wollte ihr nicht das ganze Terrain überlassen. Am »unerträglichsten« war ihm das Wirken der Mode in Bereichen, in denen, seiner Meinung nach, »nur sachliche Entscheidungen gelten sollten«,[6] etwa in der Religion, in der Philosophie, in der Politik. Aber ihm war nicht entgangen, daß auch in diesen Sphären zumindest mit modischen Erscheinungsformen zu rechnen ist. Die Studentenbewegung (ein relativ aktuelles Beispiel) hat eine Mode »tendenziöser Unmodernität«[7] aufgebracht, deren modische Vereinnahmung für die Mode ein Leichtes war. Aus dem tautologischen Charakter dieses Satzes und der erwähnten Problematik des Begriffs ergibt sich, daß es sinnvoll ist, von ›der Mode‹ und ›den Moden‹ zu sprechen. Denn dem Begriff ›die Mode‹ eignet ein hohes Maß an Abstraktheit. ›Die Mode‹ ist Form, Struktur, Zeichen. Eines der Kennzeichen dieser »Abstraktheit der Mode« ist die völlige

»Gleichgültigkeit der Mode als Form gegen jede Bedeutung ihrer besonderen Inhalte«.[8] Dies gilt auch und gerade dort, wo sie dem Anschein nach unmittelbar politische oder weltanschauliche Identifikationen anbietet. Egon Friedell überliefert eine Beschreibung der Kapriolen, die die Mode schlug, als sie sich unter der Tarnkappe des Rousseauismus und eines – auch heute wieder anzutreffenden – Kultes der Natürlichkeit bei Hofe Einlaß verschafft hatte:

> Die Marquise von Créqui erzählt, daß Marie Antoinette im Jahre 1785 *à la jardinière* frisiert erschien, mit einer Artischocke, einem Kohlkopf, einer Karotte und einem Bund Radieschen auf dem Kopf. Eine Hofdame war so begeistert davon, daß sie ausrief: ›Ich werde nur noch Gemüse tragen; das sieht so einfach aus und ist viel natürlicher als Blumen.‹[9]

Als im Umkreis der Französischen Revolution fließende antikisierende Damenkleider aufkamen, dauerte es nicht lange, bis diese auch am preußischen Hof getragen wurden. Der Widerspruch liegt außerhalb der besonderen Gesetzlichkeit des Modewechsels, er entsteht erst bei der Auslegung. Der törichte Satz der Hofdame Marie Antoinettes verrät die Macht, die die Moden im Detail bekommen, bis in die absurden Komparative hinein. Nur in der Mode ist die Steigerung des Natürlichen möglich. Da das modische Blumendekor von vorhergegangenen Moden schon verschlissen war, erscheint der Hofdame das Gemüse – bislang dem Zugriff der Mode entzogen – eben natürlicher.

Aber war die Dame wirklich so töricht? Gilt nicht ein irischer grobgestrickter Pullover aus sogenannter ›Naturwolle‹ heute vielen ebenfalls als ›natürlicher‹ als ein wollener Schneideranzug? Die Moden, die sich die Natur in Richtung auf eine ›Naturmode‹ künstlich anzuverwandeln suchen, sind zahlreich gewesen. Vermutlich ist eine modische Kleidervorschrift dieser Art für den Träger besonders aufwendig, muß er sich doch den Modecharakter dessen, was er am Leibe hat, beständig selbst verbergen. Es muß anstrengend sein, den ganzen Tag natürlich zu wirken. Die Mode wird dann zum Programm. Natur-Moden fordern – wie vermutlich alle ideologisierten Moden – ein besonders hohes Maß an Habitualisierung. Die Träger dieser ideologisierten Naturmoden verweisen gerne auf deren Zweckmäßigkeit und Unförmlichkeit. Die Mode aber ist eine Kulturerscheinung. Ihr ist alles nur Zweckmäßige fremd (sonst hätte man ja auch gleich beim Bärenfell bleiben können); selbst im vermeintlich Formlosen hat sie noch ihre Form. Für den Versuch ihrer Ablehnung im Rekurs auf Zweckmäßigkeit und Natürlichkeit fordert sie einen hohen Tribut an erzwungener Aufmerksamkeit. Hegel beschreibt die dialektische Keule, die zum Einsatz kommt, wenn die Mode ihre Bedeutung einklagt:

> Die Entsagung, das Negative, enthält zugleich eine affirmative Richtung auf das, dem entsagt wird, und die Entsagung und die Wichtigkeit dessen, dem entsagt wird, wird zuviel hervorgehoben. Die Kleidung der Kyniker erklärt Sokrates schon für Eitelkeit.[10]

Der Attraktivitätszuwachs, den die Mode erhält, wenn sie pauschal unter Verdacht steht, war in bestimmten Zirkeln der Frauenbewegung zu beobachten. Selten wurde soviel über die Mode und das Schminken gesprochen wie im Zuge ihrer feministischen Verdammung; selten gab es solch strenge Modevorschriften (Latzhose oder härenes Gewand – je nach Stellung im Richtungskampf) wie zu der Zeit, in der alle anderen Erscheinungen der Mode verpönt waren. Die Kenntnis dieser Listen der Mode läßt die Vorsichtigen zu einer nachdenklichen Zustimmung ihrer Gestaltungen kommen. Hegel spricht von der »Geckenhaftigkeit« derer, die sich gegen die Mode stellen, und rät zu einer wohltemperierten Gleichgültigkeit. Denn: »die Abhängigkeit von der Mode (…) ist immer noch besser als von der Natur«.[11]

2

Die erste Pflicht im Leben ist, so künstlich wie
möglich zu sein. Die zweite Pflicht hat bisher
noch niemand entdeckt. *Oscar Wilde*

Aus der Perspektive der morphogenetischen Aktivitäten der Mode
ist der ideologische Kampf: Nadelstreif contra Naturwolle, wie
er gegenwärtig im Deutschen Bundestag ausgetragen wird, *nicht*
der Kampf der Konventionalität gegen die Spontaneität, sondern
nur das jeweils ideologisierte Nebeneinander zweier relativ abge-
standener Modeformen. Aus sozialpsychologischer Sicht ist diese
Auseinandersetzung interessant vor allem unter dem Aspekt, in
welcher Form der Ausdruckswille eines Individuums seiner Bekleidung einen Zeichencharakter verleiht, durch den auch andere die
Merkmale sozialer, politischer und kultureller Abgrenzungen und
Einschließungen verstehen können. (Das Bekleidungssignalement
einer konservativen Politikerin wird z. B. fast immer die Aussagen
intendieren: Ich bin tüchtig, korrekt und doch weiblich; das der
›fortschrittlichen‹ wird den kleiderkonventionellen Ausdruck für
Aufgeschlossenheit, Naturnähe und Unkonventionalität suchen.)
Aus diesen Systemen ist niemand ausgeschlossen. Die stark ideo-
logisch akzentuierten Bekleidungen haben allerdings etwas Über-
determiniertes. Ihnen liegt ein problematisches Ganzheitsprinzip
zugrunde, das eine Einheit von Innerem und Äußerem nicht nur
auf dem Felde der sozialen Beziehungen, sondern vor allem auf
dem der Gesinnungen forciert. Die Zwänge, die aus dieser Forderung einer unmittelbaren Entsprechung resultieren, hat Richard
Sennett als Moment einer extremen Unfreiheit beschrieben, die
es nicht erlaubt, ein distanziertes oder gar verspieltes Verhältnis
zum Kulturphänomen der Kleiderästhetik zu gewinnen.[12] Simmel, der noch der Meinung war, daß die Mode »nie den ganzen
Menschen« ergreifen solle und daß ihr Ort an der »Peripherie der

Persönlichkeit« zu suchen sei, sieht gerade in diesem behaupteten Moment des Äußerlichen die Chance für das Individuum, sich ihrer als »einer Art Maske« zu bedienen. Es ist eine »feine Scham«, die »manche Naturen in das verhüllende Nivellement der Mode flüchten läßt«, zum Zwecke der Rettung einer »inneren Freiheit«.[13] Im Sinne dieser »feinen Scham« sind die Gesinnungsmoden optische Indiskretionen, weil sie den Schlüssel zu ihrer Decodierung gleich mitliefern. Ein völlig schamloses, ja zynisches Verhältnis zur Mode exemplifiziert Carl Sternheim in seinem Drama Der Snob. *Der Snob* (sein Name im Stück ist Christian Maske) wird überhaupt erst auf dem Wege einer extremen Anpassung an objektiv Genormtes, besonders auf dem Gebiet der Mode, zu einer Persönlichkeit – wenn auch zu einer monströsen. Die Einheit von Innerem und Äußerem dient nicht mehr der Offenbarung der ›eigentlichen‹ Person, sondern das Persönliche ist den äußeren Vorgaben ausgeliefert. Eine Umkehrpointe: Das Äußere wird nicht mehr in Einklang mit dem Inneren gebracht, sondern das Innere muß sich dem jeweiligen äußeren Zustand anpassen, wobei suggeriert wird, daß sich Individualität, wenn überhaupt, nur auf dem Wege der Überanpassung herstellen läßt. Individualität wird nur mehr als ein Annäherungswert gesehen: Christian Maske sagt zu seiner Erzieherin in kleiderästhetischen Angelegenheiten, als er – jetzt ein bis in die feinsten Nuancen Eingeweihter – modisch über sie hinauswächst: »Über all den äußeren Kram bist du nicht hinweggekommen. Dein Anzug ist der Anzug der Frau von Welt. Aber in welcher inneren Notwendigkeit bist du ihr inzwischen angenähert?«[14]

F. Th. Vischer, der das Vordringen der Moden in alle gesellschaftlichen Fugen mit Besorgnis betrachtete, wollte in seiner 1879 erschienenen Schrift *Mode und Cynismus* das alte Ordnungsverhältnis von Individualität und äußerer Erscheinung, von Essentialität und Akzidentialität noch sichern. Er klagt die Mode und ihre menschlichen Protagonisten an, die Individualitäten zu verwischen:

Ich schreite pflichtgemäß zum Beweise. Obersatz (major): wer dem Individuum nicht erlauben will, Individuum zu sein, bestreitet ein wesentliches Grundrecht des Menschen, stößt hierdurch sich selbst aus der Menschheit aus, ist Unmensch, Ungeheuer. Unter- oder Mittelsatz (minor): nun wollen aber die Hutmacher dem Individuum nicht erlauben, Individuum zu sein. Schlußsatz (conclusio): Also sind die Hutmacher Ungeheuer.[15]

Sternheims ›bürgerlicher Held‹ Christian Maske würde dem möglicherweise entgegenhalten, daß im Zeitalter der für das Subjekt unbegreiflichen Vormacht objektiver Normierungen allenfalls das Ungeheuer Individuum sein könne. Selbst Vischer konzediert:

Wir können aus der Mode, nachdem sie einmal die Stelle der Tracht eingenommen, nicht heraus; sie repräsentiert ja (…) durch und durch den scharf geweckten Geist der modernen Bildung, freilich mit allen seinen Unarten.[16]

Und Simmel, der die Mode nicht unter die Haut gehen lassen will, muß immerhin den Einfluß der jeweiligen modischen Bekleidung auf die Gestik und die Verhaltensweisen der Menschen zugeben. Die Auffassung, daß es eine Gefährdung der Identität (ein Begriff, der in dieser Vorstellung ganz statisch gefaßt ist) eines Menschen bedeute, wenn er sich dem schnellen Modewechsel beuge oder sein Äußeres mit solchen optischen Bildsignalen ausstatte, die seinem inneren Wesen (eigentlich: dem Bild, das er von seinem inneren Wesen hat) nicht entsprächen, mag auf eine alte Sehnsucht nach der Harmonie aller menschlichen Vermögen – der geistigen, seelischen und körperlichen Erscheinungen – antworten. Diesem Ideal kann der von außen kommende Modewechsel nur als ein Störfaktor gelten. Daß dem Wolf im Schafspelz die Täuschung gelingt oder daß er in seinem Denken und Fühlen zum Schaf wird, kann man bezweifeln. Die Irritationen, die der Modewechsel, wenn er biographisch allzu deutlich wird, auslöst, hat La Bruyère schon früh beschrieben:

Dieselben Moden, denen die Menschen so gern für ihre eigene Person folgen, vernachlässigen sie plötzlich, sobald es sich darum handelt, sich malen zu lassen – als fühlten oder sähen sie die Anstößigkeit und Lächerlichkeit voraus, denen diese Trachten verfallen könnten.[17]

Es wird – was auf dasselbe hinausläuft – auch berichtet, daß sich zur Zeit der Renaissance die Damen der Gesellschaft, wenn sie ein Kleid nach einer neuen Mode trugen, sofort neu porträtieren ließen. Der schnelle Wechsel des Äußeren könnte, wird er dokumentarisch für die nahe Zukunft festgehalten, ein Symptom für Wankelmütigkeit, Charakterlosigkeit und Vergänglichkeit sein. In der Sphäre des Gegenwärtigen ist offensichtlich Verlaß auf das schlechte Gedächtnis (die Vergeßlichkeit des Auges), die Gewöhnung der anderen und die Tatsache, daß es ihnen auch nicht anders ergeht.

Dessenungeachtet macht auch die modische Kleidung wieder dadurch manche Schwierigkeit, daß sie der *Mode* unterworfen und schlechthin veränderlich ist. Denn es ist die Vernünftigkeit der Mode, daß sie über das Zeitliche das Recht, es immer von neuem wieder zu verändern, ausübt. Ein zugeschnittener Rock kommt bald wieder aus der Mode, und damit er gefalle, dazu gehört, daß er eben Mode sei. Wenn aber die Mode vorüber ist, hört auch die Gewöhnung auf, und was vor wenigen Jahren noch gefiel, wird sogleich lächerlich.[18]

Die Moden müssen, bevor sie historisch werden, ein Stadium der Lächerlichkeit durchlaufen. Eine alte Mode legt nicht Zeugnis vom Verrat des Harmonieideals ab, wohl aber eine veraltete, die, die man gestern noch trug. Es bedarf keines großen psychologischen Aufwands, den Ursprung des Lachens in der Scham angesichts dieses Verrates zu suchen, ja sogar in der Angst, es könne sich möglicherweise in diesem modisch dynamisierten Verhältnis von innen und außen für die eigene Person überhaupt kein stabiler Anhaltspunkt mehr finden lassen. Wenn in der Mode modische Elemente einer vergangenen, aber noch im Zeitabschnitt der eigenen Biographie liegenden Mode zitiert werden[19] (im Moment begegnen wir Versatzstücken einer Mode der fünfziger Jahre), dann werden die Jüngeren ein souveräneres Verhältnis zu diesen Modeformen entwickeln als die zum zweitenmal Betroffenen.

Um sich jener Scham nicht ausliefern zu müssen, sucht Simmel das Heil in der Defensive. Er macht den Vorschlag, schamhaft »das Äußere der Versklavung durch die Allgemeinheit preiszugeben« (Mitmachen in Form des Maskenspiels), um so wenigstens die Potentialität »innerer Freiheit«[20] zu retten; Sternheim indes (in bezug auf die Möglichkeiten innerer Freiheit wesentlich skeptischer) hat das Harmonieideal aufgekündigt; er macht in seinem Stück den schamlosen Vorschlag, sich durch eine offensive, gewollte und angstfreie Assimilation an die Bildvorgaben der Mode erfahrbar zu machen. Hinter der Maske Christian Maskes ist immer nur eine weitere Maske. Die Möglichkeit, die zweite modische Haut könnte auf die erste abfärben, wird hier nicht gefürchtet, sondern erhofft. Die Person kann sich demzufolge nur dann behaupten, wenn sie als ein Bündel bildhafter Markierungen und Signale durch den erkennenden Blick der anderen Kontur erhält, wenn sie sich den modischen Symbolsystemen überantwortet. Indem eine Person sich jeden Tag aufs neue bekleidet, plaziert sie sich bewußt oder unbewußt täglich aufs neue an einem Schnittpunkt sehr heterogener gesellschaftlicher Codierungen – diese Codes können kultureller, ästhetischer oder sozialstratifikatorischer Art sein. (Der Soziologe Bourdieu, der solche Merkmalsysteme untersucht hat, muß daher unter Einbeziehung von Voraussetzungen wie Bildung, ästhetischer Orientierung, Geschlecht und Alter den Klassenbegriff sehr weit und unorthodox fassen, um ihn für die Analyse des modischen Verhaltens brauchbar zu machen.[21])

Aber der Modewechsel steht nicht nur mit den Plazierungen, die ein Mensch innerhalb seines sozialen und kulturellen *Raumes* einzunehmen gezwungen ist, in einem Zusammenhang, sondern auch mit der Wahrnehmung lebens*zeitlicher* Abschnitte. Je mehr der Modewechsel sich beschleunigt, desto kürzer werden die Zeitintervalle, die die Veränderungen der Moden und damit auch der Personen markieren. Dies betrifft vornehmlich die ›Damenmode‹. Ein Blick in Familienalben zeigt, daß die Veränderungen im Äußeren der abgebildeten männlichen Personen – abgesehen vom körperlichen Alterungsprozeß – in den letzten sechzig Jahren relativ geringfügig waren: Mal sind die Hosenbeine, mal die Revers, mal die Krawatten breiter oder schmaler; mal taucht ein Bart auf oder die Haare sind etwas länger oder kürzer. Bei den Bildern, auf denen Frauen abgelichtet sind, verändert der Modewechsel die gesamte Kontur, die Silhouetten, die Proportionen. (Man denke an die toupierten Haare, an die Petticoats, an die Mini- und Maxiröcke.) Würde man diese Bilder in einer zeitraffenden Montage aneinanderschneiden, so ergäbe sich bei den Männern der Eindruck einer ruckhaften, aber relativ undramatischen Veränderung der jeweiligen Person; bei den Frauen hingegen lägen die einzelnen Stationen der Veränderungen enger beieinander, so daß eine fast fließende Bewegung entstünde; gleichzeitig wäre der Charakter der Veränderungen im ganzen so dramatisch, daß es schiene, als würde die Person in diesem Bewegungsfluß ständig ausgetauscht. (Die geschlechtsspezifisch unterschiedlichen Implikate der an der Mode gewonnenen Erfahrung vergehender Lebenszeit müssen gesonderten Studien vorbehalten bleiben.) In unserem Zusammenhang ist vor allem die Frage wichtig, ob die Scham und Lachlust hervorrufenden Beunruhigungen, die vom Anblick der gestern noch getragenen Mode ausgehen, sich in dem bislang verhandelten Aspekt einer Dominanz der Bildvorgaben über das subjektive Ausdrucksvermögen erschöpfen (eine Dominanz, deren Wirkung immerhin bis zur Auflösung dokumentierbarer lebenszeitlicher Kontinuität reichen kann). Die permanent gegen sich selbst putschende Mode scheint sich in dem bunten Wechsel, in dem sie sich präsentiert, geradezu als Metapher des Lebendigen anzubieten. Andererseits aber, indem sie uns die verflossene Lebenszeit stationenhaft veranschaulicht, provoziert sie die Frage nach dem Ende des Metamorphosenspiels, das sie mit uns treibt. »Der Tod«, behauptet Walter Benjamin, sei »die dialektische Zentralstation: die *Mode* das Zeitmaß«.[22] Er unterlegt diese Behauptung mit einem unheimlichen Bild:

Hier hat die Mode den dialektischen Umschlagplatz zwischen Weib und Ware – zwischen Lust und Leiche – eröffnet. Ihr langer flegelhafter Kommis, der Tod, mißt das Jahrhundert nach der Elle, macht wegen der Ersparnis selbst den Mannequin und leitet eigenhändig den Ausverkauf, der auf französisch ›révolution‹ heißt. Denn nie war Mode anders als die Parodie der bunten Leiche, Provokation des Todes durch das Weib und zwischen greller memorierter Lache bitter geflüsterte Zwiesprache mit der Verwesung. Das ist Mode. Darum wechselt sie so geschwinde; kitzelt den Tod und ist schon wieder eine andere, neue, wenn er nach ihr sich umsieht, um sie zu schlagen.[23]

Mit der nach der Russischen Revolution gestellten Prognose, der Tod könne die Mode selbst einmal erwischen, dann nämlich, wenn das Tempo der gesellschaftlichen Veränderungen ihr Zeitmaß hinter sich lassen werde, hat Benjamin bislang nicht recht behalten. Im Gegenteil – nachdem die Mode in China eine Zeitlang gewaltsam zum Stillstand gebracht wurde, ist sie, ihre erste Chance nach dem Ende des Maoismus nutzend, wieder zum Leben erwacht und hat in atemraubend kurzer Zeit das Straßenbild der chinesischen Städte verändert (es empfiehlt sich, zur Beobachtung solcher Phänomene die Fernsehberichterstattungen bei abgeschaltetem Ton zu verfolgen).

3

> Gestern war ich, was du bist, morgen wirst du
> sein, was ich bin. *Grabspruch*

Die Mode stirbt nicht an der Geschichte, die Geschichte ist ihr vertrautes Medium. Die Untersuchungen der ›Damenmode‹ durch den amerikanischen Anthropologen A. L. Kroeber[24] (er hat über mehrere Jahrhunderte die Weite und Länge der Röcke, den Umfang der Taille, die Breite und die Tiefe der Dekolletagen vermessen und zueinander in Beziehung gesetzt) haben gezeigt, daß über weite Zeiträume die Rhythmen des Modewechsels (die Schwingungsperioden in der graphischen Darstellung) erstaunlich gleichmäßig sind und daß die Mode ihre eigenen Formgesetze ausgebildet hat (etwa in der Relation des Taillenumfangs zur Rockweite). Die großen historischen Brüche und Ereignisse haben nach Kroeber nur in kurzen Zeitabständen Einfluß auf die zeitliche Dimension der Mode, d. h., sie bewirken nur kurzfristig Stagnationen oder Beschleunigungen des Richtungswechsels.

Auch der Einwand der Moral (von der Schmähung vornehmlich der weiblichen Putzsucht im 17., 18. und 19. Jahrhundert bis zur Kritik des Konsumententums) hat die Mode eher belebt, als daß er ihr wirklich hätte schaden können.

Der natürliche Feind der Mode ist die Natur. Benjamin sieht beispielsweise im Werk Grandvilles, das er für eine »Kosmogonie der Mode« hält, eine Schlachtbeschreibung des Kampfes der Mode mit der Natur. »Grandvilles Werk ließe sich auch so überschreiben: Rache der Mode an den Blumen.«[25] Der Wechsel der Moden bekommt bei Benjamin eine metahistorische Bedeutung, er wird im Hinweis auf die ›natürlichen‹ Voraussetzungen der menschlichen Existenz fast zu einem anthropologischen Grenzwert:

Geburt und Tod (…) schränken, wo sie aktuell werden, den Spielraum der Mode beträchtlich ein. Dieser Tatbestand tritt durch einen doppelten Umstand ins rechte Licht. Der erste betrifft die Geburt und zeigt die natürliche Neuschöpfung des Lebens im Bereich der Mode durch die Nouveautät ›aufgehoben‹. Der zweite betrifft den Tod. Was ihn angeht, so erscheint er nicht minder in der Mode ›aufgehoben‹, und zwar in dem durch sie entbundenen sex appeal des Anorganischen.[26]

Die Überführung des vergänglichen menschlichen Leibes mit den Mitteln seiner optischen Verkünstlichung in die Welt des Stofflichen, »Anorganischen«, hat etwas Unheimliches. Es ist nicht verwunderlich, daß die Mode überall dort eine Aufwertung erfuhr, wo das Kunstschöne nicht einmal mehr in Analogie zum Naturschönen, sondern in unversöhnlicher Gegnerschaft zu ihm gesehen wurde. »Eine wirklich tadellose Knopflochblume«, schreibt Oscar Wilde, »ist das einzige, was Kunst und Natur verbindet«[27] – er hätte an dem Ausspruch der Hofdame aus dem 18. Jahrhundert sicher Vergnügen gefunden. Der ästhetizistischen Intention, den Gesetzen der Kunst eine lebenspraktische Geltung zu verschaffen, diente die Mode zudem als Instrument der Überführung.

Baudelaire, dessen Apologie der Mode Benjamin zum Anlaß der eigenen Reflexionen über diesen Gegenstand nahm, war der Meinung, daß, »wer sich lediglich an das Natürliche hält (…) auf nichts als Scheußlichkeiten treffen«[28] werde. Erbittert wendet er sich in seiner *Lobrede auf die Schminke* gegen diejenigen, die es wagen, »der Kunst [der Schminke S. B.] die leere Aufgabe zuzuerkennen, die Natur nachzuahmen«.[29] Die Zuständigkeit der Mode reicht dagegen für ihn sogar noch in die Bereiche, in denen man im allgemeinen das blinde Walten der Natur vermutet: Sie erschafft vom Zeitgeschmack abhängige Nasen-, Stirn- und Mundformen.[30] Und auch das Schöne wird zum Teil als eine Funktion der – modischen – Veränderungen in der Zeit gesehen:

Das Schöne besteht aus einem ewigen, unveränderlichen Element, dessen Anteil äußerst schwierig zu bestimmen ist, und aus einem relativen, zufälligen Element, das man wechselweise oder zusammen als Epoche, Mode, Geist, Leidenschaft bezeichnen mag ...[31]

Baudelaire läßt den Maler Constantin Guys gleichsam stellvertretend die Moderne suchen, und dieser findet sie nach dem Willen des Autors in der Mode. Die Begriffe Moderne und Mode werden bei Baudelaire zuweilen sogar synonym benutzt:

Er sucht jenes Etwas, das ich als Moderne bezeichnen möchte, denn mir fällt kein besseres Wort ein, um die in Frage stehende Idee auszudrücken. Es handelt sich für ihn darum, die Mode von ihrem poetisch-geschichtlichen Inhalt loszulösen, das Bleibende aus dem Vergänglichen zu lösen.[32]

Die Aufteilung des Schönen in einen ewigen, beständigen und einen relativen Anteil wird hier an der Mode selbst noch einmal vollzogen. Sie steht offensichtlich in einem gleichen Verhältnis zu den Momenten von Dauer und Wechsel wie das Schöne. Aber die Analogie geht noch weiter. Das Schöne wird unter Abzug des Anteils, den die einzelnen Moden an ihm haben, in gleicher Weise zur Abstraktion wie die Mode selbst:

Die Moderne ist das Vergängliche, Flüchtige, Mögliche, eine Hälfte der Kunst, deren andere das Ewige und Unwandelbare ist. Es hat eine Moderne für jeden alten Meister gegeben; die meisten der schönen Bildnisse, die aus früheren Zeiten auf uns gekommen sind, tragen das Kostüm ihrer Zeit. Sie sind vollkommen harmonisch, weil Kostüm, Kopfbedeckung und selbst die Geste, Blick und Lächeln (jede Epoche hat ihre Haltung, ihren Blick und ihr Lächeln) das Ganze einer vollständigen Lebensform bilden. Man hat nicht das Recht, das Element des Vergänglichen, Flüchtigen, dessen Veränderungen so häufig sind, zu verachten oder nicht gelten zu lassen. Unterdrückt man es, so verfällt man notwendig der Leere einer abstrakten und unbestimmbaren Schönheit …[33]

Es ist aber für den Artisten der Moderne nicht ausgemacht, daß der retrospektive Blick kommender Generationen die epochale Einheit von Ewigem und Flüchtigem (Modischem) wiederherstellt. Er selbst sieht sich keinesfalls eingegossen in »das Ganze einer vollständigen Lebensform«, wie er es an den Bildnissen der Alten wahrnimmt. Die Bedeutung des Künstlers kann nicht mehr gewonnen werden aus dem sicheren Bestand des Schönen, denn das gilt ihm für sich genommen als leere Abstraktion, oder aus der Kontinuität einer Kunsttradition, denn diese wird ja gerade durch die Proklamation ›der Moderne‹ in Frage gestellt; vielmehr muß er sich in einem heroischen Akt fanatischer und todessehnsüchtiger Assimilationen immer wieder aufs neue im Flüchtigen plazieren. »Weil er keine Überzeugungen zu eigen hatte«, sagt Benjamin über Baudelaire, »nahm er selbst immer neue Gestalten an.« Er wird im schnellen Wechsel vom Flaneur zum Dandy, zum Lumpensammler. »Denn der moderne Heros ist nicht Held – er ist Heldendarsteller.«[34]

Es ist oft über das Verhältnis nachgedacht worden, in dem diese Problematik der Moderne – ihre Abstraktheit – zur Ökonomie steht. Die Rede vom ›Warencharakter der Kunst‹ gibt Auskunft über die Resultate dieser Reflexion. Sie hat teilweise dazu geführt, die Kunst dem gleichen ideologiekritischen Totalverdacht zu unterstellen, dem die Mode immer ausgesetzt ist. Aber auch diejenigen, die die Kunst unter Verweis auf ihren Wahrheitsanspruch diesem Verdacht wenigstens zu Teilen wieder entziehen wollen, haben Schwierigkeiten, in abstracto, d.h. außerhalb der konkreten Werkanalyse, das Wahrheitsmoment zu bestimmen. Das Werk Baudelaires, schreibt Adorno, »hat seinen Augenblick daran, daß es die überwältigende Objektivität des Warencharakters, der alle menschlichen Residuen aufsaugt, synkopiert mit der dem lebenden Subjekt vorgängigen Objektivität des Werkes an sich: das absolute Kunstwerk trifft sich mit der absoluten Ware«.[35] Der »Augenblick« des Modischen an der Kunst wird nicht bestritten, im Gegenteil, das fruchtlose Ansinnen, das Kunstwerk von dieser Genossenschaft zu befreien, ist nur mehr Ausdruck eines »provinziellen Pharisäismus«.

> Mode ist das permanente Eingeständnis der Kunst, daß sie nicht ist, was sie zu sein vorgibt und was sie ihrer Idee nach sein muß. Als indiskreter Verräter ist sie ebenso verhaßt wie im Betrieb mächtig; ihr Doppelcharakter krasses Symptom ihrer Antinomik. Von der Kunst läßt sie nicht derart säuberlich sich abheben, wie es der bürgerlichen Kunstreligion genehm wäre.[36]

Es scheint nun aber so, daß die Idee der Kunst (ihr Wahrheitsanspruch) überhaupt nur durch das Bündnis mit der lügnerischen Mode (die wiederum ihre »Komplizität mit dem Profitsystem« nicht verleugnet) gerettet werden kann. Wenn die Lüge allgemein wird und der Kunst auch die Aufgabe zukommt, Allgemeines zu repräsentieren, dann muß die Kunst um der Wahrheit willen der Lüge Einlaß gewähren. Gerade deshalb kann Adorno ihr den Vorwurf der Manipulierbarkeit nicht ersparen:

> Wohl kommen dieser nicht länger die Unwillkürlichkeit und Unbewußtheit zu, die man, wahrscheinlich bereits zu Unrecht, früheren Moden zutraut: sie ist gänzlich manipuliert, keine unmittelbare Anpassung an die Nachfrage, die freilich in ihr sich sedimentierte und ohne deren Consens selbst heute keine Mode wohl sich durchsetzte.[37]

Durch die Bezichtigung der Mode kann der Kunstanspruch erhalten bleiben. Da sich fatalerweise das Modische vom rein Ästhetischen nicht ›säuberlich‹ trennen läßt, muß, damit der Verdacht nicht aufkommt, der Kunstcharakter der Ware (Mode) sei dem Warencharakter der Kunst gleichwertig oder es handele sich sogar um ein und dasselbe, der Fingerzeig auf die hurenhafte Manipulierbarkeit der Mode gegeben werden. Aus der Sicht der Kunst heißt das: Sie hat ihr Abgrenzungsmerkmal in die eigene Sphäre aufgenommen zur Sicherung wenigstens eines Teilanspruchs. Der kunst-kommerzielle Wechselbalg Mode, der mit dem Wahrheitsanspruch nie belegt wurde, scheint allerdings weitere Siege verbuchen zu können – wenn nicht in der ästhetischen Theorie, so doch in der ästhetischen Praxis: Haben nicht die sich überstürzenden Manifeste der ›Modernen‹, die zum Teil den eigenen Untergang verkündeten und den Wahrheitsanspruch persiflierten, eine peinliche Ähnlichkeit mit den Putschen, die die Mode permanent gegen sich selbst veranstaltet?

Nun soll es nicht um die Etablierung der Mode als einer zusätzlichen Kunstgattung gehen. (Schon deshalb nicht, weil sie ihres leichtfertigen Charmes nicht beraubt werden darf.) Auch sollen die hier bewußt vernachlässigten Aspekte dieses Themas, die ökonomischen Bedingungen ihres Waltens (aus wirtschaftsgeschichtlicher Sicht), ihre Funktionen im Rahmen des sozialen Handelns (aus sozialpsychologischer Sicht) oder ihre erotischen Signalwirkungen[38] (aus kulturhistorischer Sicht) keineswegs geleugnet oder mißachtet werden. Im Zusammenhang dieser Ausführungen geht es allein um die Beunruhigungen, die die Mode auszulösen vermag, gleichgültig, ob diese auf dem Felde der Kunst oder auf dem des Alltagslebens wirksam werden; Beunruhigungen, die – das soll behauptet werden – von der Mode nicht ausgehen könnten, wäre sie bloßes Syndrom fortgeschrittener Konsummanipulationen und bloßes Instrument absatzstrategischer Manipulationen. Denn sie bringt uns nicht nur die biographisch verstrichene Zeit bildhaft in Erinnerung (davon war schon die Rede), d.h. sie ist nicht nur ein strukturierendes Moment der subjektiven Wahrnehmung objektiver, aber sehr konkreter Geschichtserfahrungen; sie scheint darüber hinaus als Präsentationsform des immer Neuen einen Vorgriff auf Kommendes, auf Zukunft zu enthalten. (Die Mode hatte den Folklore-, den Natur- und den Schmuddellook bereits im Angebot, als die Leute das Wort Ökologie noch gar nicht buchstabieren konnten; sie war bereits ›wild‹, als es die ›Neuen Wilden‹ noch nicht gab.) Gesteht man ihr aber mit Benjamin dieses Antizipationsvermögen zu, so konzediert man ihr damit eine weitere Qualität, die bislang allein der Kunst vorbehalten sein sollte:

> Das brennende Interesse der Mode liegt für den Philosophen in ihren außerordentlichen Antizipationen. Es ist ja bekannt, daß die Kunst vielfach, in Bildern etwa, der wahrnehmbaren Wirklichkeit vorausgreift. (…) Jede Saison bringt in ihren neuesten Kreationen irgendwelche geheimen Flaggensignale der kommenden Dinge. Wer sie zu lesen verstünde, der wüßte im voraus nicht nur um neue Strömungen der Kunst, sondern um neue Gesetzbücher, Kriege und Revolutionen. – Zweifellos liegt hierin der größte Reiz der Mode, aber auch die Schwierigkeit, ihn fruchtbar zu machen.[39]

Die sogenannten Modeschöpfer sind weder Willkürherrscher über ein Talmireich noch sind sie ausschließlich Agenten des Profitinteresses der Textilindustrie, sie sind Antizipatoren; sie müssen die Nase im Wind haben; sie müssen aus den bestehenden Moden, ohne die Formgesetze der Mode zu mißachten – denn die Mode kennt Formgesetze –, Impulse aus fast allen Bereichen aufnehmen. Der beginnenden Veränderung von Lebensstilen, dem Verhältnis von sakralen und profanen Momenten, der Entwicklung der Wissenschaften, den politischen Trends, der Technologie, dem Sport und der Kunst müssen sie Aromastoffe abgewinnen, die eine stimmige Komposition des Neuen begünstigen. Jeden Irrtum bezahlen sie mit ihrem Untergang – im Unterschied zum Künstler mittleren Talents übrigens, der sich den Mißgriff gelegentlich leisten kann.

Es hat in der Moderne durchaus Dichter gegeben, die die expressiven Leistungen der Mode zu würdigen wußten. Mallarmé gab einige Zeit eine Modezeitschrift heraus. Marcel Proust, in dessen Werk die Kleiderästhetik eine eminente Rolle spielt, schrieb für verschiedene Zeitschriften exakte Phänomenologien der Abendtoiletten auf den großen Pariser Soireen; er ›las‹ die Mode im Benjaminschen Sinne. Die Vorstellung, daß diese Tradition heute wieder aufgenommen würde – daß etwa Grass oder Böll derartige Anstrengungen unternähmen –, ist nicht nur einigermaßen komisch; solche Unternehmungen wären auch deshalb verfehlt, weil die vorgreifenden Modeerscheinungen heute andere gesellschaftliche Schauplätze bevorzugen, die diesen Autoren fremd sind. Die Mode hatte ihre emsigsten Protagonisten immer schon in der Demimonde. Simmel erklärt schlüssig, daß der Lebensstil dieser Schichten jenen Charakterzug des Transitorischen, Flüchtigen aufweist, der dem Wesen der Mode entspricht. In Gestalt der großen Kurtisane war eine Verbindung zu den ›feinen Leuten‹ geschaffen. Aber dieser Typus ist ausgestorben, und die ›Oberschichten‹ zeigen gegenwärtig – auch das hatte Simmel schon beobachtet – gegenüber dem Modewechsel ein konservatives Beharrungsvermögen. Die sozialen Räume der Mode liegen eher in den sogenannten Subkulturen.

Eine soziologisch interessante Erscheinung ist die Punk-Mode. Nicht so sehr deshalb, weil sie einem Kult des verabredungsgemäß Häßlichen frönt, sondern weil sie eine Mode des Künstlichen ist, also das Künstliche verdoppelt. Es ist, läßt man die Haare unter Zuhilfenahme von Zuckerwasser oder Chemikalien auf zehn Zentimeter Länge steif vom Kopf abstehen, vollkommen gleichgültig, welche ›Naturqualität‹ dieser Bewuchs hat; die ›natürliche‹ Körperform ist unerheblich, wenn die Jacken vier Nummern zu groß sind, die Beschaffenheit der Gesichtszüge ist unbedeutend, wenn das Gesicht asymmetrisch überschminkt wird.

Für den Vorgang des Modewechsels ist es nicht ausschlaggebend, ob die einzelnen Moden das vermeintlich Natürliche oder das Künstliche zitieren. Bei den Moden der Künstlichkeit ist allerdings die von Valéry benannte Gefahr geringer, daß man der Versuchung erliegt, »die Verbindung mit dem Ursprünglichen« wiederherstellen zu wollen, um der Mode so den Charakter einer relativen Eigenständigkeit abzusprechen.

Die Mode ist abstrakt, allgemein und künstlich. Werner Sombart hat den wirtschaftsgeschichtlichen Prozeß ihrer Verallgemeinerung – sie war einmal den oberen Ständen vorbehalten – datiert und beschrieben.[40] Es gibt heute keine Kleiderästhetik außerhalb der Moden. Selbst die Uniformen werden von Zeit zu Zeit modisch reformiert. Auch die aufs absonderlichste vom Gewohnten abweichenden Bekleidungen der absichtlich Sonderlichen erweisen sich bei genauem Hinsehen als Kompilationen von Partikeln vergangener Modeerscheinungen.

Eine Konsequenz des Antizipationsvermögens der Mode ist die, daß sich Mode in Richtung auf entferntere Zukunft nicht ›ausdenken‹ läßt. Die Vorstellungskraft der Regisseure und Kostümbildner von Science-fiction-Filmen ist – wie phantastisch ihre Vorgriffe auf künftige Technologien auch immer sein mögen – überfordert, wenn es um die Bekleidungen von sehr zukünftigen Menschen geht. Es handelt sich bei diesen ärmlichen Versuchen zumeist um eine silbrige, geglättete Version bestehender Freizeitmoden.

Je künstlicher ein Phänomen ist, desto größer wird die erwähnte Versuchung, es als bloßes Derivat elementarer Existenzbedingungen anzusehen, es z. B. unmittelbar an ein Natursubstrat anzubinden. René König gelingt es, in nicht mehr als zwei Schritten von der Mode über die erotischen Attraktionen zum »Gesetz der Arterhaltung« zu kommen. Ein solcher biologistischer Erklärungsversuch greift ebenso grundsätzlich zu kurz wie etwa die ökonomistische These, Allgemeinheit, Abstraktheit und Künstlichkeit der Mode seien einzig durch den Entwicklungsstand der Produktionsverhältnisse bestimmt. Derartige Aussagen können allenfalls die kostenlose Plausibilität für sich reklamieren, daß alles immer irgendwie mit allem zusammenhängt. Brisanter – und das heißt potentiell erklärungskräftiger – ist demgegenüber die Unterscheidung, die Oscar Wilde vornimmt: »Nur die oberflächlichen Eigenschaften dauern. Des Menschen tieferes Wesen ist bald entlarvt.«[41]

Einem Gerücht zufolge soll Bertolt Brecht eine hochkomplizierte kleine Maschine besessen haben, mit der er sich jeden Morgen den Dreck unter die Fingernägel schob.[42]

Anmerkungen

1 Immanuel Kant, *Anthropologische Bemerkungen über den Geschmack.* Schriften zur Anthropologie, Geschichtsphilosophie, Politik und Pädagogik. Kant-Werkausgabe. Frankfurt am Main 1964, S. 572

2 Eine Ausnahme bildet die Arbeit von Mechthild Curtius und Wulf D. Hund, *Mode und Gesellschaft.* Zur Strategie der Konsumindustrie, Frankfurt am Main 1971. Was die Bewertung des Phänomens der Mode betrifft, ist diese Arbeit gleichwohl für die Zeit typisch, in der sie entstanden ist.

3 Zu den wenigen, die die Mode durchgängig für ein wissenschaftlich seriöses Thema gehalten haben, gehört René König, *Kleider und Leute.* Zur Soziologie der Mode, Frankfurt am Main 1967, sowie: *Macht und Reiz der Mode,* Düsseldorf-Wien 1971. – Zur Nobilitierung des Themas in jüngster Zeit hat sicher die Arbeit von Roland Barthes, *Système de la Mode,* Paris 1967, beigetragen. Sie handelt allerdings vornehmlich von der ›geschriebenen Mode‹, von der Modeliteratur. – In Deutschland machte Gerhard Goebel auf die französischen Forschungen zur Mode aufmerksam. Vgl. den wichtigen Aufsatz: *Einführung in die Literatur der Mode in den Anfängen des bürgerlichen Zeitalters,* sowie Roland Barthes, *System der Mode.* Beides in: Ästhetik und Kommunikation, Heft 21, Jg. 6, 1975.

4 Georg Simmel, *Die Mode.* In: Philosophische Kultur. Berlin 1983

5 Ebd., S. 34

6 Ebd., S. 30

7 Ebd.

8 Egon Friedell, *Kulturgeschichte der Neuzeit.* Ungekürzte Ausgabe in einem Band der Erstausgaben von 1917 (1. Bd.), 1928 (2. Bd.), 1931 (3. Bd.). München o.J., S. 739

9 Ebd., S. 30

10 G. W. F. Hegel, *Vorlesungen über die Geschichte der Philosophie I.* Theorie-Werkausgabe. Frankfurt am Main 1971

11 Vgl. zu diesem Aspekt Pierre Bourdieu, *Die feinen Unterschiede,* Frankfurt am Main 1982; Thorstein Veblen, *Theorie der feinen Leute,* München
   1971; S. R. Steinmetz, *Die Mode, psycho- und soziologisch,* in: Steinmetz,
   Gesammelte kleinere Schriften zur Ethnologie und zur Soziologie, Gro-
   ningen 1935; sowie die genannten Arbeiten von René König.

12 Richard Sennett, *Verfall und Ende des öffentlichen Lebens.* Die Tyrannei
   der Intimität. Frankfurt am Main 1983

13 Georg Simmel, a.a.O., S. 42

14 Carl Sternheim, *Der Snob.* In: Carl Sternheim, Gesamtwerk, Bd. 1. Neuwied 1963, S. 180

15 Friedrich Theodor Vischer, *Mode und Cynismus.* Stuttgart 1879, S. 22.
   Siehe auch: F. Th. Vischer, *Vernünftige Gedanken über die jetzige Mode.*
   In: Kritische Gänge, Neue Folge. Stuttgart 1961

16 Ebd., S. 30

17 La Bruyère, *Die Charaktere oder die Sitten des Jahrhunderts.* Wiesbaden
   1979, S. 193

18 G. W. F. Hegel, *Vorlesungen über die Ästhetik II.* Theorie-Werkausgabe,
   a.a.O., S. 411

19 Zum Phänomen des Zitats in der Mode vgl. Gerhard Goebel, *Einführung in die Literatur der Mode ...,* a.a.O.

20 Georg Simmel, a. a. O., S. 44

21 Vgl. Pierre Bourdieu, *Die feinen Unterschiede...,* a.a.O.

22 Walter Benjamin, *Das Passagen-Werk.* In: Gesammelte Schriften V. 1,
   Frankfurt am Main 1974, S. 997

23 Ders., *Das Passagen-Werk,* in: Gesammelte Schriften V. 2, S. 111

24 A. L. Kroeber, *Three Centuries of Women's Dress Fashions.* A Quantita-
   tive Analysis. In: Anthropological Records, Vol. 5, No. 2. University of
   California Press: Berkeley and Los Angeles 1940, sowie: The Nature of
   Culture. Chicago 1952

25 Walter Benjamin, *Das Passagen-Werk.* In: Gesammelte Schriften V. 1,
   S. 120

26 Ebd., S. 130

27 Oscar Wilde, *Sätze und Lehren zum Gebrauch der Jugend.* In: Oscar
   Wilde, Werke in 2 Bänden, Bd. 1. Berlin o.J., S. 695

28 Charles Baudelaire, *Lobrede auf die Schminke.* Ein Schilderer des modernen Lebens: Constantin Guys. In: Charles Baudelaire, Ausgewählte
   Werke. Hrsg. v. Franz Blei. München o.J., S. 197

29 Ebd., *Die Moderne,* S. 168

30 Ebd., S. 169

31 Ebd.. S. 154

32 Ebd., S. 167

33 Ebd., S. 168

34 Walter Benjamin, *Charles Baudelaire*. Ein Lyriker im Zeitalter des Hoch-kapitalismus. In: Walter Benjamin, Gesammelte Schriften 1.2. Frankfurt am Main 1974, S. 606

35 Theodor W. Adorno, *Ästhetische Theorie*. In: Gesammelte Schriften. Frankfurt am Main 1970, S. 39

36 Ebd., S. 468

37 Ebd.

38 Vgl. hierzu: J. C. Flugd, *The Psychology of Clothes*, London 1966. An die-sem Aspekt der Mode zeigt sich auch Eduard Fuchs in seiner dreibändi-gen Sittengeschichte interessiert.

39 Walter Benjamin, *Das Passagen-Werk*. In: *Gesammelte Schriften V. 1*, S. 112

40 Werner Sombart, *Wirtschaft und Mode*. Ein Beitrag zur Theorie der modernen Bedarfsgestaltung. In: Grenzfragen des Nerven- und Seelen-lebens XII. Wiesbaden 1902

41 Oscar Wilde, *Sätze und Lehren ...*, a.a.O., S. 695

42 Ich glaube, diese Anekdote bei Ernst Bloch gelesen zu haben.

Über eine Wissenschaft, die aus der Mode kam

> Was habe ich denn an einer Idee, die mich nö-
> tigt, meinen Vorrat von Phänomenen zu ver-
> kümmern. *Johann Wolfgang von Goethe.*

Was haben der »Zuckerhandel« und der »Süßigkeitskonsum« mit
der »Weiberherrschaft« einerseits und dem Kapitalismus andererseits zu tun? Der Nationalökonom, wir könnten auch sagen der
Wirtschaftshistoriker, der Soziologe oder der Kulturtheoretiker
Werner Sombart sieht da einen engen, geradezu fundamentalen Zusammenhang.

Liebe, Luxus und Kapitalismus handelt von der Entstehungsphase
dessen, was man gewohnt ist, spätestens seit Marx als Kapitalismus
zu bezeichnen. Sombart ist übrigens nicht unschuldig daran, daß
dieser Begriff salon- bzw. hörsaalfähig wurde; Engels hat ihm in
einem Brief für die Eröffnung einer wissenschaftlichen Diskussion
der Marxschen Theorie gedankt. Sombarts akademische Herkunft
aus der Gruppe sozialreformerisch orientierter Nationalökonomen,
die man auf konservativer Seite gern als ›Kathedersozialisten‹ ironisierte, ließ ihn vornehmlich in seinen frühen Schriften durchaus in die Nähe des theoretischen Marxismus rücken. Die Kenner
dieser Theorie werden allerdings nicht auf das ihnen geläufige Be-
griffsspektrum treffen. Das hat mannigfaltige Gründe. Mit der kleinen Schrift *Liebe, Luxus und Kapitalismus* eröffnet Sombart einen
gleichwertigen Nebenschauplatz – er liebt Nebenschauplätze! – zu
seinem Hauptwerk *Der moderne Kapitalismus* (1902), in dessen
Argumentationsgang sich der Autor durchaus mit marxistischen

Kategorien auseinandersetzt, sie aufnimmt oder unter Angabe von Gründen verwirft. *Liebe, Luxus und Kapitalismus,* obgleich eigenständig, baut in vielem auf den wirtschaftsgeschichtlichen und wirtschaftstheoretischen Explikationen des Hauptwerks auf. Zwischen dessen erster und zweiter Auflage entstand eine Reihe von gesonderten Studien, die jeweils vermeintlich abgelegene, in jedem Fall aber vernachlässigte Phänomene und Zusammenhänge ins Zentrum der wissenschaftlichen Operationen rücken: *Die Juden und das Wirtschaftsleben* (1911), *Der Bourgeois* (1913), *Luxus und Kapitalismus* (ursprünglicher Titel, 1913), *Krieg und Kapitalismus* (1913). Wies schon die erste Auflage des *Modernen Kapitalismus* erhebliche Differenzen zur Marxschen Analyse der Genese des Kapitalismus auf (so zum Beispiel in der eminenten Bedeutung, die Sombart der Grundrentenakkumulation zumißt), so vollzog der Autor gerade in der Zeit, in der diese Einzelstudien erschienen, eine Abkehr vom Marxismus; eine Abkehr, die – obgleich Schumpeter noch 1927 Sombart als einen »Deszendenten von Marx und der historischen Schule« charakterisiert – spätestens mit der Schrift *Der proletarische Sozialismus* (1924) zur offenen Gegnerschaft wurde.[1]

Sombarts Kapitalismusbegriff – auch das scheint gegen alle Tradition zu sein – ist weit gefaßt, er umgreift neben ökonomischen Wirkungszusammenhängen und über diese hinaus auch und vor allem kulturelle Erscheinungen, ›geistige‹ Prozesse, und seine Entfaltung erlaubt, ja gebietet die höchst anschauliche Abschilderung lebenspraktischer Besonderheiten vergangener Epochen.

Sombart plädiert nachdrücklich für eine primär geisteswissenschaftlich gerichtete Soziologie. So kommt ein Phänomen ins Blickfeld, das man voreingenommen wohl eher für ein Spezifikum feudaler Lebensgewohnheiten halten möchte, dem Sombart aber eine große, um nicht zu sagen basale Rolle bei der Herausbildung des Kapitalismus zubilligt: der Luxus. Ein Phänomen, mit dem – zumindest im Bereich der sozialen Realitäten und in dem der wissenschaftlichen Reflexion dieser Realitäten – stets das Nicht-

Notwendige assoziiert wird. Weil dem Luxus etwas Müßiges anhaftet, erschien wohl auch die Arbeit an diesem Begriff müßig. Einem vulgären Verständnis des historischen Materialismus muß er geradezu als die Bezeichnung für eine Art Überbau-Essenz erscheinen. Sombart beschreibt die Geburtsstätten dieses Luxus, seine Struktur, seine Geschichte, seine Gestalt und die Wandlungen dieser Gestalt: Wie er eindringt zunächst in das höfische, dann in das städtische Leben, wie er die Physiognomie der Städte verändert, schließlich die Interieurs der Häuser, die Ausstattung der Läden und die Bekleidung der Menschen unter sein Diktat zwingt (es muß nicht betont werden, daß dies vornehmlich die Lebensformen der »herrschenden Klassen« betrifft) und wie er schließlich aufgrund der Anforderungen, die seine besonderen Eigenschaften stellen, die Formen von Produktion und Handel prägt. Aber der Luxus kam nicht von ungefähr und nicht allein: Nach Sombart bedurfte er der Formung und der Förderung durch geschmackskompetente Frauen (Zucker und Weiblichkeit), um zu dem zu werden, was wir noch heute mit diesem Begriff verbinden. Unter der Regie von Frauen wurde – immer noch nach Sombart – eine Form des persönlichen, egoistischen und qualitativen Luxus überhaupt erst kreiert (im Unterschied zur rein quantitativen Anhäufung von Gütern oder Dienstleistungen). Die Frauen schufen den Entwurf des Luxus, sorgten für seine Verfeinerung bis zur Überfeinerung, und für seine Verbreitung. Diese neue, durchs Weibliche stimulierte Luxuriosität indes bedarf zu ihrer Erklärung noch weiterer Voraussetzungen, denn erst »dort«, wo das Liebesleben naturgemäß und frei (oder frech) sich »gestaltet«, wird »auch Luxus herrschen«. Da war, wie Sombart demonstriert, aus »tausend Quellen während des Mittelalters und der darauf folgenden Jahrhunderte ein neuer Reichtum« ausgebrochen und in die Schatullen einer sich neu zusammensetzenden Gesellschaftsschicht – ein Amalgam aus altem Adel und Geldbürgertum – geflossen; die Vertreter dieser Schicht, ansässig in einem neuen Städtetyp – Residenz- und Konsumstädte –, hatten an den Stadthöfen der Könige und Fürsten oder in ihrem Stadtpalais neue Geselligkeits- und Konsumgewohnheiten ausgebildet, in deren Mittelpunkt wiederum ein neuer Frauentypus stand. Die Cortigiana (ursprünglich eine solide Hofdame), die Konkubine, die Maitresse, die grande amoureuse, die femme entretenue, das Königsliebchen betreten die historische Szene. Dieser Typus verdankt seinen Aufstieg einer Säkularisierung der Liebesvorstellungen – die Liebe war zwar aus den Klammern theologischer Dogmatisierungen gelöst, aber noch nicht in das Korsett der bürgerlichen Institution Ehe gezwungen. (Die Anfänge dieser Liberalisierung des Geschlechterverhältnisses siedelt Sombart übrigens in der Zeit des ausgehenden Mittelalters – also in der Zeit der schlimmsten Hexenverfolgungen – an.) Auf der Grundlage von luxuriösen, aber nach bürgerlichem Maßstab illegitimen Beziehungen erhob sich eine ganze Ökonomie: die ›Maitressenwirtschaft‹ und eine Kultur: die kapitalistische Luxuskultur.

Sombart spinnt ein Beziehungsgeflecht, in dem die historischen Faktoren als Fäden ineinander verschlungen sind; es entstehen in sich stimmige Muster eines großflächigen Geschichts-Tableaus. Der Typus-Begriff als Grenzwert zwischen dem Gedankenkonstrukt und seiner Verifikation durch das historische Material ist hierbei von großem heuristischen Wert. (Er scheint dichter auf die Phänomene und stärker auf deskriptive Funktionen bezogen als der Webersche Begriff des Idealtypus.) Auch diejenigen, die den Kausalitäten im Sombartschen Entwicklungsschauspiel unter ursprungstheoretischen Gesichtspunkten nicht immer zuzustimmen vermögen – da ließe sich mancher Streit über das ›Henne-oder-Ei-Primat‹ anfangen –, werden sich der Schlüssigkeit einiger Binnenrelationen in diesem großen Beziehungsgeflecht nicht entziehen können; zumal wir in der deutschsprachigen wissenschaftlichen Literatur nicht eben verwöhnt sind durch Arbeiten, die sich um das bemühen, was man hierzulande etwas hilflos als Profan- oder Alltagskultur bezeichnet. Sombart richtet sein Interesse auf Phänomene, denen gewöhnlich keine thematische Dignität zugesprochen wurde (und wird), die allenfalls an der Peripherie der großen Diskurse Duldung fanden. Er bedauert zwar ein wenig, daß die wesentliche Bedeutung, die der Luxus in den Geburtsstunden des Kapitalismus gespielt habe, nicht gesehen worden sei, aber er bedauert es auch nicht zu sehr, denn diese thematische Vernachlässigung hat in seinen Augen den Vorteil, daß die »Tolpatschen mit der schlechtverstandenen ›materialistischen Geschichtsauffassung‹« davor zurückschreckten, »in so delikate Zusammenhänge, wie es die Erscheinung des Luxus sind«, hineinzupfuschen. Um sich dieser Thematik geziemend nähern zu können, bedarf es wohl des Fingerspitzengefühls, der bildungsgesättigten Sachkenntnis, der Sensibilität für Materialqualitäten und der Eingeweihtheit in die Feinheiten luxuriöser Lebensstile (Sombart sprach sich diese Befähigung zu); was wohl auch meint, daß das untersuchende Subjekt ein besonderes, quasi verwandtschaftliches ›inneres‹ Verhältnis zu dem untersuchten Objekt haben muß. Es deuten sich hier bereits Momente seiner von der Phänomenologie inspirierten und von vielen zeitgenössischen Fachkollegen als unklar zurückgewiesenen Programmatik einer ›verstehenden‹ noologischen Soziologie an. Der Vorwurf mangelnder methodologischer und begrifflicher Strenge (es ist hier nicht der Ort, über die Berechtigung solcher das Gesamtwerk betreffenden Vorwürfe zu richten) war seitens der Fachkritik häufig begleitet von dem diskriminierend gemeinten Hinweis, daß es sich bei Sombarts Arbeiten eher um Kunstwerke als um Wissenschaft handele[2], zumal Sombart selber in seiner Schrift über *Die drei Nationalökonomien* (1939) befand, daß sich alle geisteswissenschaftliche Forschung ihrem inneren Wesen nach auf die künstlerische Gestaltung zubewegen solle. Dieses plastisch-anschauliche Element gab indes nicht nur Anlaß zu Versuchen der Diskreditierung oder gar der Ausbürgerung aus der Wissenschaftssphäre. Schumpeter, sicher Sombart wissenschaftlich nicht sehr verwandt, lobte dessen »konstruktiven Elan«, sprach von der »konkreten Art von Gesamtschau« in dessen Werken, davon, daß darin ein »gutes darstellerisches Gerüst« erstellt werde, das es ermögliche, »die Tatsachenmassen der einzelnen historischen Epochen ohne unerträglichen Zwang« unterzubringen; er sprach davon, daß »oft weit auseinanderliegende Gesichtspunkte, die die Praxis sonst zu trennen pflegt«, von Sombart in »impressionistischer« Manier zusammengebracht wurden.[3] Diese Äußerungen bestätigen sich bei der Lektüre der kleinen Schrift, um die es uns hier geht. Sombart erweist sich darin auch als Kulissenbauer, als der Architekt opulenter historischer Szenarien mit maßstabs- und detailgerechten Riesenausstattungen. »Zöge man von der Soziologie all das ab«, schrieb Adorno einmal, »was nicht beispielsweise der Weberschen Definition zu Beginn von *Wirtschaft und Gesellschaft* strikt entspricht, so bliebe nichts von ihr übrig. Ohne alle ökonomischen, geschichtlichen, psychologischen, anthropologischen Momente schlotterte sie um jegliches soziales Phänomen herum.«[4] Davon, daß Sombarts Soziologie um die Phänomene herumschlottere, kann wahrhaftig nicht die Rede sein, im Gegenteil, es sitzt viel Fleisch auf den Begriffen; aber Sombart ist gleichwohl nicht der Fabulierer, zu dem ihn seine Gegner machen wollen.

Ist er auch selbst kein Phantast, so befördert er bei denjenigen, die ihn lesen, das, was man als ›historische Phantasie‹ bezeichnen könnte: Er lädt zum Fabulieren ein. Folgen wir für einen Moment der Sombartschen Einladung, versetzen wir uns in die Zeit der großen Luxusentfaltungen in der »modernen Großstadt« Paris (Sombart kann uns ebenso das Material für eine szenische Ausstattung in London oder in Amsterdam liefern). Da tritt sie auf, die Stadtmaitresse, die ihren Status im Paris des 18. Jahrhunderts mit ca. 10 000 anderen Frauen teilt; ihr Name steht im Adreßbuch, das jährlich herausgegeben wird und in dem die berühmtesten Damen ihrer Art aufgelistet sind; in allen Luxusfragen ist sie normbildend, ihr Einfluß reicht sogar in den Bereich der Hygiene, denn auch die »femme hônnete« wird erst durch sie »veranlaßt, sich zu waschen«. Sie ist »durch Talent und Übung« eine Spezialistin der illegitimen Liebe. Ihre berühmtesten Kolleginnen, die Dubarry und die Pompadour, gelten in allen Luxusfragen als oberste Geschmacksinstanz. Der Herr, dem sie ihre Gunst schenkt, entstammt dem »neuen Adel«. Seinen Reichtum könnte er der Ausplünderung des Orients oder der reichen Edelmetallager in Afrika, dem Zwangshandel der Sklaverei verdanken, er könnte sich auch durch Finanz- und Liefergeschäfte während der Kriege Ludwigs XIV. gesundgestoßen haben, möglicherweise lebt er von einer satten Grundrente, der Auswucherung seiner Pächter. So manchen Emporkömmling, »Knallprotzen«, dessen Taschen von brasilianischem Gold überquellen, hat unsere Konkubine unterrichtet, wie man das Geld auf dem Wege des erlesenen Konsums unter die Leute bringt. Wenn sie auch nicht wie die »Königsliebchen« Schlösser nach »ihrem Willen« bauen lassen kann, so gibt sie doch ungeheuerliche Summen für die Ausrichtung ihrer pompösen Feste, für Kleider, Pferdegespanne und Karossen, für Inneneinrichtungen und Gegenstände ihres alltäglichen Gebrauchs, in Ballhäusern, Theatern und Restaurants aus. Ihren Tee, ihren Kaffee oder ihre Schokolade beliebt sie mit großen Mengen Zuckers anzureichern, eine Sucht, durch die nicht nur der Handel mit Zucker, sondern auch der mit Tee, Kaffee und Schokolade mächtig angekurbelt wird. Hieße sie Deschamps, so würde von ihr gesagt, daß ihretwegen die Bergwerke von Golconda ausgeplündert worden seien. Bevor jedoch diese Dame in unserer Phantasie allzu leibhaftig wird, konfrontiert uns Sombart wieder mit Zahlen, mit Einkommensaufstellungen, mit überlieferten Inventar- und Garderobenlisten, mit Daten zur Vermögensverteilung etc. Diese Zahlen holen die Beschreibung immer wieder schnell aus der Operettensphäre auf den Boden der Ökonomie.

Die Veranschaulichung von Lebensstilen, kulturellen Dispositionen, Konsumgewohnheiten, die, eingebettet in so reichhaltiges Zahlen- wie Datenmaterial, unser historisches Vorstellungsvermögen belebt, wird im Wechsel abgelöst von nüchternen Analysen des Einflusses, den die neuzeitliche Luxusfreude auf die Industrie, die Landwirtschaft, auf den Groß- und Detailhandel ausübte.

Monokausalen Erklärungsangeboten zur Genese des Kapitalismus setzt Sombart gerade im Zusammenhang der Einzelstudien zum ›modernen Kapitalismus‹ den Hinweis auf ein Zusammenwirken verschiedenster Faktoren, gesellschaftlicher Kräfte, geistiger Strömungen, materieller Interessen – auf den Einfluß der Juden, des Krieges und des Luxus – entgegen. Das hindert ihn allerdings nicht daran, seine Studien über das Verhältnis von Liebe, Luxus und Kapitalismus mit dem folgenden, eine Monokausalität suggerierenden Satz enden zu lassen: »So zeugte der Luxus, der selbst, wie wir sahen, ein legitimes Kind der illegitimen Liebe war, den Kapitalismus.«

Ohne in den Chor derer, die Sombart in Kenntnis seines in späteren Jahren zeitweise affinen Verhältnisses zur reaktionären, ja faschistischen Politik generell unter Ideologieverdacht stellen, einstimmen zu wollen, seien doch einige kritische Einwände zu seinen Präsentationen des Geschlechterverhältnisses erlaubt. Seien wir nicht philiströs und übergehen wir den irritierenden Umstand, daß er, wenn er von der Frau spricht, die Formulierung »Weibchen« favorisiert, indem wir uns zunächst damit beschwichtigen, daß gelegentlich – seltener – auch vom »Männchen« die Rede ist. Aber wenn es auch möglich wäre, Sombart damit vorläufig vor dem Verdacht der Frauenfeindlichkeit zu bewahren, so muß doch festgestellt werden, daß diese Redeweise keineswegs zufällig ist: Es ist wahrhaft erstaunlich, wie der Autor, sich eben noch in ausgeklügelten Beschreibungen des Luxusraffinements ergehend, stracks in die Niederungen biologistischer Grundlegungen abrutscht. Der Luxus, auf dem Nährboden von materiellem Reichtum und kultureller Liberalität gedeihend, verdankt sich laut Sombart ursächlich einer »rein sinnlichen Freude am Genuß«. Das ist plausibel, wie auch noch die weitergehende Behauptung, daß er »letzten Endes unserem Geschlechtsleben« entspringe; wenn Sombart allerdings die luxuriösen Wohnungen »der vornehmen Gesellschaft des Ancien regime« als das »Nest« bezeichnet, »das sich mit vieler Mühe und vielem Bedacht das Weibchen gebaut hat, um das Männchen an sich zu binden«, dann nimmt sich das aus, als unterlägen die kulturellen Phänomene, die hier zur Diskussion stehen, den gleichen Gesetzen wie das Brutverhalten der Spatzen – da bauen allerdings die Männchen das Nest. (Das ist besonders verwunderlich, wenn man bedenkt, daß Sombart stets nachdrücklich auf der Trennung naturwissenschaftlicher und geisteswissenschaftlicher Kategorisierungen insistiert hat.) Auch daß er die Frauen mit einem natürlichen Hang zum Süßen (Zucker und Weiblichkeit) ausstattet, weist in die Richtung einer etwas merkwürdigen Geschlechtsanthropologie.

So freut sich manche Leserin über die Geschichtsmächtigkeit, die den Frauen von Sombart konzediert wird, doch der erste Eindruck täuscht. Bei genauerem Hinsehen stellt sich Ernüchterung ein. Es zeigt sich, daß den Frauen hier dank der erotischen Attraktion, die sie für die »Männchen« besitzen, allenfalls eine indirekte Macht, eine Art Katalysatorenfunktion bei der Ausarbeitung eines Luxusalltags zugestanden wird. Da diese gestaltenden Leistungen der Frauen im Bereich der Alltagskultur allerdings stets unbeachtet blieben oder zumindest geringgeschätzt wurden, liegt schließlich doch ein Verdienst darin, daß auf sie aufmerksam gemacht wird, wenn auch in anderer Weise, als vom Autor intendiert.

Das Unternehmen einer Evokation vergangener Lebensstile in einer Arbeit, zu der wir selber nun schon einen historischen Abstand haben, gibt nicht allein Auskünfte über die darin behandelte Zeit, sondern ebenfalls über das Verhältnis, das der Autor zu den Lebensformen seiner eigenen Zeit hat. In Sombart, dem Sohn eines Rittergutsbesitzers und Zuckerindustriellen (wir versagen uns jede biographisch-psychologische Spekulation), tritt uns – sombartisch gesprochen – ein vergangener Typus des bildungsbürgerlichen Gelehrten entgegen, zu dessen charakteristischen Zügen nicht nur Offenheit und Unvoreingenommenheit abgelegenen Themenbereichen, sondern auch die Großzügigkeit und Voreingenommenheit den eigenen Widersprüchen gegenüber gehört. Sombarts Sympathien und Antipathien begegnen uns in beinahe jedem Kapitel schlecht oder gar nicht verhohlen: etwa in der heiteren Arroganz, mit der er die Allianzen von Adelsprädikat und Bürgergeld während des 17. und 18. Jahrhunderts in ein vergleichendes Verhältnis setzt zu den »Heiratsgeschichten der amerikanischen Schweinezüchtertöchter während der letzten zwanzig Jahre«, oder in den von Abscheu gezeichneten Äußerungen über die »Parvenus«, die »Emporkömmlinge«, die »Knallprotzen«, von denen Sombart sein Idealbild des distinguierten Seigneurs abhebt. Da ist nicht nur von Vergangenem die Rede. An manchen Stellen erhält die Beziehung zum Luxus geradezu weltanschauliche Dimensionen. »Positiv aristokratisch (wie man sprechen möchte) ist der Luxus jener Tage durch die Vornehmheit jener Gestalt, die er überall annimmt, selbst bei dem letzten Knallprotzen, weil er eben unter das Joch des guten Geschmacks, der immer nur bei den wenigen ist, gezwungen wird. Er ist distinguiert, jener Luxus, immer rein ästhetisch, rein formal orientiert.« Kein Zweifel, Sombart trauert dieser vergangenen Gestalt des Luxus nach. Zuweilen tendiert der auktoriale Stil, mit dem Sombart seine Urteile verkündet, zum Dünkelhaften, oft aber ist er witzig, weil frei von der zwanghaften Anstrengung, die eigenen Vorlieben – zum Beispiel die Liebe zum Untersuchungsgegenstand ›Luxus‹ – szientifisch zu vernebeln. Diese Mischung aus Ressentiment, Klugheit, Bildung und Originalität ist nicht ohne Charme. Es entbehrt allerdings auch nicht einer gewissen Komik, wenn man sie bei einem Wissenschaftler antrifft, der sich im Werturteilsstreit entschlossen auf die Seite der Weberschen Forderung nach Wertfreiheit gestellt hat.

Eine umfassende wissenschaftliche Würdigung Sombarts steht – soweit zu sehen ist – noch aus. In ihr sollten die Widersprüche dieses Autors und seine politischen Verfehlungen nicht apologetisch eingeebnet werden, aber es sollte darin auch von thematischer Kühnheit, von Eleganz, von Stil, von jenem ›esprit de finesse‹, den Pascal dem ›esprit de géometrie‹ gegenüberstellte, die Rede sein.

Anmerkungen

1 Im Lager der Marxisten wurden Sombarts Arbeiten in den folgenden Jahren sehr abwertend beurteilt, vor allem nach dem Erscheinen seiner Schrift *Die drei Nationalökonomien* (1930). Vgl. hierzu: Karl Korsch, *Sombarts ›verstehende Nationalökonomie‹,* in: Archiv für die Geschichte des Sozialismus und der Arbeiterbewegung, hrsg. v. C. Grünberg, 15. Jg., Leipzig 1930, und Friedrich Pollock, *Sombarts ›Widerlegung‹ des Marxismus,* in: Beihefte zum Archiv für die Geschichte des Sozialismus und der Arbeiterbewegung, hrsg. v. C. Grünberg, Heft 3, Leipzig 1926. Der wissenschaftliche Werdegang Sombarts und die weltanschaulich-politischen Entwicklungen, die seine Arbeit auf der Suche nach einem alternativen spezifisch deutschen Sozialismus aufweist, können hier nicht eingehend untersucht werden; es soll jedoch nicht verschwiegen werden, daß dieser Werdegang durchaus prekäre Züge trägt. Schon die während des Ersten Weltkriegs erschienene, vom Chauvinismus dieser Zeit geprägte Schmähschrift *Händler und Helden* (1914) ließ nicht nur Gutes ahnen. Vgl. hierzu: Bernhard vom Brocke, *Werner Sombart,* in: Deutsche Historiker, Bd. V., hrsg. v. H.-U. Wehler, Göttingen 1972, und W. Krause, *W. Sombarts Weg vom Kathedersozialismus zum Faschismus,* Berlin 1962.

2 Alfred Amonn, *Wirtschaft, Wirtschaftswissenschaft und ›Die drei Nationalökonomien‹.* In: Schmollers Jahrbuch, 54. Jg., 1. Halbband, Leipzig 1930, S. 85ff., und auch das darin referierte Urteil des Historikers Wilhelm Bauer *(Einführung in das Studium der Geschichte).*

3 Joseph Schumpeter, *Sombarts Dritter Band.* In: Schmollers Jahrbuch, 51. Jg., 1. Halbband. Leipzig 1927, S. 6f.

4 Theodor W. Adorno, *Einleitung zum ›Positivismusstreit in der deutschen Soziologie‹.* Soziologische Schriften, Bd. I. In: Gesammelte Schriften, Bd. 8. Frankfurt am Main 1972, S. 340, Anm. 60

Zu Kultur und Politik

Hundstage

Im Anhang zur *Dialektik der Aufklärung* erzählt Adorno von einem großen Hund, der, jede Gefahr verkennend, an einem Highway steht. Sein »friedlicher Ausdruck« zeuge davon, daß es sich um ein »sonst besser behütetes« Haustier handle, dem »man nichts Böses« zufüge. »Aber«, fährt Adorno fort, »haben die Söhne der oberen Bourgeoisie, denen man nichts Böses zufügt, einen friedlichen Ausdruck im Gesicht? Sie waren nicht schlechter behütet, als sonst der Hund, der jetzt überfahren wird.«

Es gibt eine Photographie des sehr jungen Adorno: ein schöner Knabe mit großen dunklen Augen. Neben ihm sitzt ein Hund. Adornos Hand ruht behütend auf dessen Schulter. Beiden Gestalten eignet ein friedlicher Ausdruck. Der Blick des Jungen ist ernst und entschlossen. In dem des Hundes dagegen steht auch so etwas wie Besorgnis und Verlorenheit, ein anrührender Ausdruck, ähnlich dem, der mir als erstes und immer wieder im Blick des alten Adorno aufgefallen ist.

Die Höflichkeit und die Liebenswürdigkeit, die das Verhalten Adornos auszeichneten, vor allem aber seine schriftstellerische Vorliebe für scheinbar Randständiges haben viele dazu verführt, zeichenkundige Empfindlichkeit mit kulturbeflissener Manierlichkeit zu verwechseln. Sie wollen in ihm einen prätentiösen Statthalter fürs Aparte sehen – wohlaufgehoben im ›Grand Hotel Abgrund‹. Diese Marginalisierung zum bloß feinsinnigen Künstlerphilosophen war und ist ein nicht nur von marxistischer Seite unternommener Versuch, das, wofür der Name Adorno steht, auf den Hund zu bringen. Der Abgrund war für Adorno, der die Gefahr noch im Vertrautesten aufspürte, allgegenwärtig. Seine Berichte aus dem Alltag sind weniger Spiegelungen des Großen im Kleinen, sie erzählen vielmehr – und zuweilen ganz unfein – von dem nächsten Schritt des Denkens, der in den Abgrund, unter die Räder führen kann.

Der »Triumph der Kultur«, der zugleich ihr »Mißlingen« anzeige, schreibt Adorno in der *Negativen Dialektik,* sei darin zu sehen, daß man vergessen habe, »was man einmal vorm Wagen des Hundefängers empfand«. Die Kultur erzwinge den Abscheu vor dem Gestank, »weil sie stinkt; weil ihr Palast (…) gebaut ist aus Hundescheiße«.

Tierfreunde gehen in den Zoo

Zwei Annäherungen an das gefangene Wilde

I

> Du hast unter den Tieren nicht einen einzigen
> Freund. Nennst du das Leben?
> Sein Lebtag hat er sich bei den Tieren angesagt,
> vergeblich. *Elias Canetti*

Wir, die Tierfreunde, gehen in den Zoologischen Garten. Wir sehen uns Tiere an. Wilde Tiere. Gefangene Tiere: den Adler, die Affen, die Wölfe, die Elefanten und natürlich den Panther. Uns beeindrucken, wie zu erwarten, die Kraft, die Schönheit, die Geschmeidigkeit der Tiere, ihre müde Ruhelosigkeit, die Möglichkeit ihrer Wildheit. Sie können uns nichts tun. Sie sind eingesperrt. Wir brauchen keinen, der uns vor ihnen beschützt. Aber einen Begleiter, der uns durch das chaotische Gespinst unserer Tierprojektionen führt, den sollten wir schon haben. Und wir sind gut beraten, wenn wir uns beim Gang durch die Welt der Tiere den für dieses Vorhaben Besten wählen; wenn wir uns von den Aufzeichnungen Elias Canettis begleiten lassen:

Tiere, geliebte, grausame, sterbende Tiere: zappelnd, geschluckt, verdaut und angeeignet; raubend und blutig verfault, geflohen, vereinigt, einsam, gesehen, gehetzt, zerbrochen, unerschaffen, von Gott geraubt, in ein täuschendes Leben ausgesetzt wie Findelkinder!

Das Bild, das wir von den wilden Tieren haben, ist nicht zu trennen von den Bildern, die wir immer schon kennen, die die menschliche Einbildungskraft seit alters bevölkern, die das, was wir sehen, überlagern, ja bedingen: Der Adler wird zum Wappentier, der Affe berichtet für eine Akademie, der Wolf tritt aus dem Märchen, die Elefanten überqueren die Alpen, die Schlange wird ins Paradies versetzt und der Panther in ein Gedicht. Wir haben das schon gesehen, gelesen und empfunden. Und wir empfinden es wieder, wenn wir den Zoo besuchen, aber wir empfinden auch, daß daran etwas nicht stimmt, daß die Tiere unsere Zuschreibungen nicht annehmen, unsere Empfindungen nicht bestätigen.

Die Apathie der eingesperrten Kreaturen vor unseren Augen irritiert uns in doppelter Weise: Scheint sie doch nicht nur den romantisierenden Entwürfen des Wilden (eines idealen Naturzustandes, eines artgerechten Seins) hohnzusprechen, sie blamiert auch die fabelhaften Tierphantasmen unserer kulturellen Bilderwelten.

Die Gefangenschaft der wilden Tiere ist ungeheuerlich. Daß sie begrenzt sind in Schritt und Flug, eingeengt hinter Glas, Stäben und Maschen, betäubt in ihrem Wollen. Sie sind, wie Kafkas Affe erklärt, ohne »Eigensinn«, es gibt für sie keine alternativen Wege mehr, keinen »Ausweg« – von Freiheit ist hier noch gar nicht die Rede.

Das gefangene wilde Tier hat nicht wie wir und unsere Haustiere einen langen Prozeß der Domestikation durchlaufen, es ist noch immer wild, aber genau das darf es nicht sein. Und kann es auch »in Freiheit« kaum noch sein. Denn die Bedingung des Wilden ist die Wildnis, und auch den Raum, den man so bezeichnet, haben wir ihnen weitgehend genommen. So gehört das gefangene wilde Tier zu keiner Welt mehr, nicht mehr zu der seines (und unseres?) Ursprungs und auch nicht zu dem, was wir jetzt unsere Welt nennen. Eine Kreatur hineingesetzt in die Künstlichkeit eines engen Kulissenwerks der Natürlichkeit: Allerlei Gestein und Geäst müssen eine Welt ersetzen. Die Inszenierung eines Schauspiels, aber die Zurschaugestellten tun nur mit, weil sie nicht anders können. (Das ist übrigens ein Unterschied zum Zirkus, hier gibt es zumindest die Möglichkeit, daß der Tiger, statt durch den Reif zu springen, den Dompteur auffrißt.)

Wir haben keinen genauen gedanklichen Ort für die gefangenen wilden Tiere. Als ungeschichtliche Wesen werden sie eliminiert durch unsere Geschichte. Das macht unsere Empfindungen zwiespältig, ungenau. Vielleicht auch, weil wir in unserem projektiven Wahn das Wilde nur begreifen können als die Absenz unserer zivilisatorischen Einengungen. Aber auch in diesem Projektionsmuster geht das wilde Tier nicht auf. Es bleibt immer ein Rest des Unbegreiflichen. Die Tiere fügen sich nicht unseren genealogischen Vorstellungsakten. Wir sind immer aufs Neue irritiert von der Gleichzeitigkeit von Ähnlichkeit und Unähnlichkeit. Wir kennen diese Tiere und kennen sie doch nicht. Canetti hat dieses Erstaunen wiederholt in Worte gefaßt:

Ich glaube, es wird das letzte, das allerletzte in meinem Leben sein, das mir noch Eindruck macht: Tiere. Ich habe nur über sie gestaunt. Ich habe sie nie erfaßt. Ich habe gewußt: das bin ich, und doch war es jedesmal etwas anderes.

Wir haben solche irritierende Empfindungen, übrigens vornehmlich bei großen starken Tieren – nicht, daß uns die Gefangenschaft des Wellensittichs in seinem Käfig nicht dauerte, aber dessen Anblick schafft nicht das große Gefühl, er zeitigt doch nicht das, wovon die Dichter sprechen, das, wovon zum Beispiel Guillaume Apollinaire spricht:

O Löwe, Bildnis zum Jammern,
Ein König, gestürzt in den Dreck,
Geboren in Gitterkammern
In Deutschland, bei Hagenbeck.

Hier, im Reich der Tiere, und vor allem in dem, was wir kollektiv in dieses Reich hineinphantasieren, gibt es sie noch, die Fallhöhe: Hier kann ein König noch in den Dreck stürzen. Hans Henny Jahnn steigert das daraus folgende Erbarmen zur Abbitte:

> Ich schämte mich, als ich zum ersten Mal im Tierpark die großen Sibirischen Tiger eingesperrt sah, die über mich hinwegschauten. Mir stieg das Blut in den Kopf, daß ich vermeinte, er würde mir zerplatzen, und lief davon. Bald darauf kehrte ich zum Käfig zurück und bemühte mich, ihnen klarzumachen, daß ich an ihrer Gefangenschaft nicht schuld sei, aber sie glaubten mir nicht. (…) Da begann ich entsetzlich zu weinen und flehte, daß ich doch möchte die Tigersprache kennen; aber ich mußte ihnen endlich auf Deutsch sagen, daß ich sie sehr, sehr liebte, daß ich zu ihnen wollte, um ihnen das Fell zu lecken, und daß sie mich auch fressen dürften …

Dieses Angebot, sich in der Annäherung selbst zu opfern, sich, wenn keine andere Form der Berührung möglich ist, selbst in ein Beutetier zu verwandeln, werden die meisten, ungeachtet aller Rührung, wohl nicht ernsthaft erwägen. Etwas ungefährlicher ist die Verwandlungsartistik, die Canetti beschreibt: In ihr oszilliert die Identifikation zwischen dem Opfertier und dem Raubtier: »Er wurde zu jedem Tier, das Appetit auf ihn zeigte.«

In unser Mitleid mit den gefangenen wilden Tieren mischt sich das Wissen, daß wir diese Tiere anders sähen, wenn sie rudelweise um unsere Hütten strichen, wenn wir uns nicht ihnen, sondern beispielsweise einem Lamm anverwandelten.

Canetti kann, da sich sein Erstaunen über die Tiere nie zu dem verhärtet, was man eine Meinung oder eine Position nennt, mehrere einander scheinbar ausschließende Sichtweisen aufrechterhalten. Diese Mehrstimmigkeit ist nicht Ausdruck einer individuellen Unentschiedenheit, sondern kennzeichnet ein Dilemma, das grundsätzlich in der Behauptung einer ›Tierfreundschaft‹ gründet.

Und was heißt überhaupt ›Tiere‹? »Das Wort ›Tier‹ – alle Unzulänglichkeit des Menschen in diesem einen Wort.« – notiert Canetti.

Möglicherweise lieben wir Hund und Katz und auch dieses oder jenes Pferd, vielleicht rühren uns die Elefanten und Affen – der Panther allzumal – und manche lieben auch eine Schlange oder ein Krokodil. Selbst Ratten und Mäuse haben unter den Menschen Freunde. (Sind das wilde Tiere?) Aber wer liebt eine Zecke, eine Wanze, eine Milbe? Einen widerlichen Erreger, der uns aufs Krankenlager wirft? Nur religiöse Eiferer oder Fanatiker der Ökologie behaupten dergleichen – dann aber geht's nicht so sehr ums Tier, dann geht's nur mehr ums Prinzip. Canetti beläßt es nicht bei dem wohlfeilen Erbarmen, das den Zoobesucher beim Anblick der ihrer Möglichkeiten beraubten Raubkatze heimsucht, er sieht auch die räuberischen Folgen dieser Möglichkeiten; er schmälert auch das Grauen nicht, das der Anblick dieser Tiere hervorrufen kann, ein Grauen, das William Blake in einem Gedicht bis zur Schöpfungsanklage steigert.

»Was ein Tiger ist,«, schreibt Canetti, »weiß ich wirklich erst seit dem Gedicht von Blake.«

Beschreibt Apollinaire den Zoolöwen als erbärmliches Zerrbild dessen, was er nach Maßgabe menschlicher Rangvorstellungen sein sollte, versucht Jahnn die Integrität des Tigers durch eine Art der Selbstaufgabe wiederherzustellen, so evoziert schließlich Blake die wilde Raubkatze als Monument des Entsetzens, als Höllentier, als Hervorbringung eines grausamen, wenn nicht perversen Schöpferwillens:

Tiger! Tiger! graues Licht,
Das aus Nacht und Wäldern bricht,
Wessen Schöpferdrang gestillt
Hat dein entsetzliches Gebild?

Welcher Schlund hat ausgeschickt
Jenes Feuer für deinen Blick?
Wessen Schwinge trugs mit Mut?
Wessen Hand ertrug die Glut?

Wessen Arm und wessen Plan
Flocht ums Herz die Aderbahn?
Wer, da schon ein Herz erscholl,
bog die Pranken schaudervoll?

Wo der Hammer, wo sein Klirrn?
Wo der Ofen für dein Hirn?
Welcher Amboß fürchterlich
Durfte Schrecknis, bilden dich?

Als die Sterne aufgewacht,
Himmelstränen dargebracht,
Sprach er: Es ist gut! zu sich?
Der das Lamm schuf, schuf er dich?«
(…)

II

> Wer die Angst der graziösesten Tiere fühlen
> könnte! *Elias Canetti*

Es gibt sie nicht mehr, die plötzliche völlig unerwartete Begegnung
mit dem wilden Tier, Aug in Aug, mit ungewissem Ausgang. Die
Begegnung ist immer inszeniert und zumeist kommerzialisiert:

Tierfreunde aufgemerkt! Im Fernsehen werden Videobänder mit
Szenen aus dem Tierreich feilgeboten, ein Sammelsurium blutiger
Spektakel ist den Käufern in Aussicht gestellt. Ein Schauspieler,
naturverbunden, reisefreudig und abenteuerfest, wirbt mit seinem

Namen. Er hat einmal in einem Film einen Großwildjäger gespielt. Das war Kino. Hier und jetzt aber in den käuflichen Filmen, so verheißt uns eine hetzende Stimme, während uns Kostproben grausiger Todeskämpfe auf den Schirm kommen, gehe es um die Wirklichkeit: Wirklich wilde Tiere, Tiere der wirklichen Wildnis seien zu sehen, gefährliche Tiere, gefräßige Tiere. Wir sähen sie ganz nah und lebensecht in ihrem natürlichen Lebensraum, wie sie gerade andere lebendige Tiere töten und fressen. Die artgerechte Art der tödlichen Überwältigung und die artgerechte Weise der Todesangst und des Sterbens werde variantenreich am Beispiel vieler Arten und in vielen Weisen vor Augen geführt; der mörderische Kampf ums Überleben. Ein menschliches Kameraauge hat aus sicherer Entfernung, in grotesker Vergrößerung und in effektgesättigten Einstellungen das blutige Geschehen für uns eingefangen. Isolierte Ausschnitte vom gefilmten Töten und Fressen, die das Interesse am Wilden besser bedienen als ein lebendiger Löwe, der hinter einem Gitter schläft. Dank neuer Techniken der optischen Industrie wird auch *das* noch in den Raum unserer Wahrnehmung gestellt, was dem menschlichen Auge früher aus Sicherheitsgründen unzugänglich blieb. Aber, was wir da sehen, ist nicht das fressende wilde Tier, es ist ein kommerziell kalkuliertes Bild eines fressenden wilden Tieres.

Tiere, so behauptet John Berger, seien immer die beobachteten Objekte unseres Wissens. Das Maß dieses Wissens sei zugleich das Maß unserer Macht über sie und damit das Maß dessen, was uns von ihnen trenne. Diese trennende Entfernung zwischen Tier und Mensch ist nicht widerrufbar.

Nichts kann uns *mehr* von den Tieren trennen als jene Nahaufnahmen: Gemetzel pur, kein Rahmenwerk, nur der nackte Tötungsakt, eine Form der Freßpornographie: Pornos für Sozialdarwinisten. Nichts für zarte Gemüter. Nichts für die Freunde der Antilope, vielleicht etwas für die Sadisten unter den Freunden des Löwen. Oder anders: nichts für solche, die geneigt sind, sich mit dem Geschöpf, das da gerade vom Raubtier auseinandergerissen wird, zu identifizieren – eher schon etwas für die, die sich im Überlebenskampf selbst als die Löwen sehen wollen. Wer kauft das? Tierfreunde? Tierfeinde? Vermutungen über die ekelerregende Verfaßtheit derer, die sich dieses Gemetzel genüßlich, wie man heute sagt, reinziehen, sind wohl erlaubt. Andererseits ist es auch nicht damit getan, sich auf die Seite derer zu stellen, die sich beim Anblick schnurrender Katzen und gurrender Tauben zu Tierfreunden erklären und die Tatsache, daß das, was wir Natur nennen, einem gigantischen Verdauungsprozeß gleichkommt, lieber vergessen. Vielleicht würden sich die Anhänger der Freßpornographie auf die Denker der Ausweglosigkeit und des Abgründigen berufen wollen, hätten ihrerseits wahlweise Hobbes, Machiavelli, Cioran, Nietzsche oder Beckett im Gepäck. Mit der These von der Amoralität der Natur hat man schließlich immer recht und mit pessimistischen Grundannahmen über die mangelhafte Einrichtung der Welt das letzte Wort. »Wohin willst du?«, fragt Kafkas Affe, von seiner Gefangenschaft in einer Transportkiste erzählend. »Hinter dem Brett fängt der Wald an,« Es steht ein Komma hinter dem letzten Wort, obwohl es sich am Ende des *Bericht(es) für eine Akademie befindet*. In unserem Zusammenhang mag das Komma als Signal der Unabgeschlossenheit auch zu der Einsicht leiten, daß das Fehlen der Auswege aus den Gewaltzusammenhängen noch keinen Grund für deren Akklamation bietet.

Das Erbarmen Apollinaires, die Scham Jahnns, das Entsetzen Blakes, die Visionen Canettis von der bewaffneten Revolution der schwächsten Tiere, das sind koexistierende Verständnisse vom wilden Tier. Daß sie sich nicht logisch zueinander fügen, ja einander zuweilen ausschließen, liegt nicht in einem Mangel an Konsequenz, sondern an ebendieser mangelhaften Einrichtung der Welt. Sie haben alle ihre Berechtigung. Die Einebnung ihrer Widersprüchlichkeit, die Privilegierung der einen Sicht auf Kosten aller anderen mag den Idyllikern, Zynikern und Sektierern vorbehalten bleiben. Wir, die Freunde der Tiere, die nicht sagen können, worin diese Tierfreundschaft eigentlich besteht, haben nur die Chance, ihre Geltungen situativ ins Spiel zu bringen.

Es steht uns allerdings frei, uns zu wünschen, daß die Einrichtungen anders sein möchten; ein Anfang in diese Richtung wäre schon mit der Phantasie Canettis gemacht: »Mein größter Wunsch ist es, zu sehen, wie eine Maus eine Katze bei lebendigem Leibe frißt. Sie soll aber auch lange genug mit ihr spielen.«

In einer absurden Welt ist auch ein absurder Einspruch berechtigt. Daß Nietzsche ein geschundenes Pferd umarmt haben soll, kurz bevor er in eine schwarze Unzugänglichkeit versank, ist mehr als nur eine Anekdote. Vielleicht ist ja auch die Form, wie wir uns selbst denken und zu erkennen suchen, in viel höherem Maße vom Dasein der Tiere abhängig, als wir gemeinhin annehmen. Auch dazu finden sich Überlegungen bei Canetti:

> Die Formen der Tiere als Formen des Denkens. Die Formen der Tiere machen ihn aus. Ihren Sinn erkennt er nicht. Erregt geht er im Tiergarten umher und sucht sich zusammen.
> Er braucht die Formen der Tiere, um nicht an allen Formen zu verzagen.

Das aber ist sicher: Das gefährlichste Raubtier ist der Mensch. Und wenn wir uns im Entsetzen vor uns selbst einmal ganz verlieren, dann gibt es immer noch den Hund Argos, der uns, wenn keiner sonst, nach allen Irrfahrten immer wiedererkennt; und deshalb hat Canetti auch darin (und für diesmal zum letzten Mal) recht: »Es ist nicht auszudenken, wie gefährlich die Welt ohne Tiere sein wird.«

Tierische Spekulationen

Bemerkungen zu den kulturellen Mustern der Tier-Projektionen

> O! es hat Elefanten und Pudelhunde gegeben,
> die das können oder so: Ich will nicht sagen, das
> können andere Leute auch, sondern es hat Ele-
> fanten und Pudelhunde gegeben, die das kön-
> nen. *Georg Christoph Lichtenberg*

Es scheint das Schicksal der Tiere (›animal‹ = atmendes Wesen) zu sein, das Schicksal jener »geschöpflichen Lebewesen« also, die nach biblischer Verfügung »durch ihre innere Form- und Lebenskraft zwischen Mensch und Pflanze stehen«,[1] daß sie aus menschlicher Perspektive (über die der Tiere wissen wir nichts) immer ›irgendwo‹ *zwischen* den Dingen angesiedelt werden: zwischen Natur und Kultur, zwischen Kreatürlichem und Künstlerischem, zwischen Mythologischem und Geschichtlichem, zwischen sektiererischer Naturverklärung und hemmungslos projiziertem Kitsch (was nicht notwendig ein Gegensatz sein muß), zwischen ihrer Verwandlung in einen Sonntagsbraten und ihrer Funktion als Empfänger einer der das menschliche Maß fast überschreitenden Zuneigung. Die Bandbreite dieser Unentschlossenheit in der Status-Zuweisung durch den Menschen reicht aktuell vom mit puritanischen Tugendmaximen ausgestatteten Zelluloid-Bambi bis zu der ökologisch so wichtigen Waldameise, die wir grüner Doktrin zuliebe mehr schätzen sollen als die freundlichen Fellwesen in unseren Haushalten.

Im Verhältnis zum Hund und seinem Vorfahren, dem Wolf, drücken sich die Extreme dieser Unentschlossenheit aus. Noch immer weckt das infolge menschlicher Ausrottungsmaßnahmen höchst selten gewordene Auftreten des Wolfes allenthalben archaische Ängste; gleichsam als wäre durch den bloßen Anblick dieses Tieres die gesamte menschheitsgeschichtliche Anstrengung der Naturbeherrschung und -distanzierung in Frage gestellt und der Rückfall in die Gesetzlosigkeit vorgeschichtlicher Zeit eingeleitet. Ganz entgegengesetzt verhält es sich mit dem Wolfsenkel, mit dem Hund. Sein durch das menschliche Zuchtexperiment jeweils in Rasseform gepreßtes Erscheinungsbild wird mit Hilfe von roten Zehennägeln, Regenmäntelchen und Brillanthalsbändern bis zur Unkenntlichkeit zivilisatorisch verschalt, so daß man den Eindruck hat, einige kleinere Sorten kämen schon mit einem rosa Schleifchen im Haar auf die Welt. Während also der Wolf in diesem Klischee-Gegenüber Trägerfunktionen für die angenommene Grausamkeit einer Natur-Natur übernehmen soll, kann der Hund als Projektionsmodell einer befriedeten Kultur-Natur dienen. Einer Kultur-Natur, deren projektive Schattierungen sich zum Beispiel an den Pudelfrisuren abzeichnen: Galt es noch vor wenigen Jahrzehnten als chic, diesen Hund auf das groteske Format eines verniedlichten Löwen zu trimmen (blanker Hintern, vorne wollig), so sah man diese Geschöpfe in den letzten Jahren mit einem albernen Krönchen und der Welt der Haute Couture entlehnten Puffärmelchen herumlaufen; die Pudel in alternativer Hand ›tragen neuerdings wieder Natur‹.

Diese Zuordnungen, ob in Richtung auf eine modisch inspirierte Kultur-Natur oder eine gleichermaßen vom Menschen veranschlagte Natur-Natur, sind häufig begleitet von einer absonderlichen Infamie: Das rosa Schleifchen, Ausdruck einer glücklosen Ästhetisierung der Natur, wird nicht *dem* angelastet, der es umband, sondern dem Trägertier selbst. Sogar relativ aufgeklärte Individuen, die, was die Verwirrungen der Menschen angeht, stets den relativierenden Hinweis auf die soziokulturellen Determinanten menschlichen Handelns bereithalten, sind sofort geneigt, das solchermaßen verunstaltete Tier *selbst* ekelhaft zu finden. Hier sei auf ein Argument Schopenhauers verwiesen, das daran erinnert, daß der Mensch zu wesentlich mehr abrichtbar ist als jedwedes Tier. Ein beliebtes Gesellschaftsspiel ist auch das Ausspielen der Opfer gegeneinander: das Wohngemeinschaftsutensil Katze (angeblich antiautoritär) gegen den Eigenheimdackel (angeblich autoritär) und vice versa: treuer Hund, falsche Katz. Man kann das auch mit Kindern und Tieren machen. Hier soll der ekelerregende Hinweis darauf, daß Hitler seinen Hund geliebt habe, als Argument für die behauptete Menschenfeindlichkeit der Tierfreunde dienen.

Diese Anklagen können durchaus einhergehen mit der Romantisierung einer sogenannten ›freien‹ Kreatur; gemeint sind wohl die Tiere, die noch nicht mit dem Menschen in Kontakt gekommen sind. Was aber ist ein Tier, wenn der Mensch nicht über es nachdenkt? Und der Mensch denkt schon sehr lange über das Tier nach: Die Klassifikationen und Taxonomien der ›Alten‹ beweisen das (Aristoteles, Aelian, Plinius, der Physiologus). Dem einzelnen Fischexemplar in 3000 Meter Meerestiefe, das keiner je sah, ist das vermutlich egal. (Es bemerkt allenfalls, daß das Wasser auch nicht mehr das ist, was es mal war.) Jedenfalls scheint das Tier die menschliche Unentschlossenheit nicht zu teilen. Obgleich Konrad Lorenz, der den Hunden die Fähigkeit zugesteht, nicht nur ihr eigenes Regel- und Zeichensystem zu begreifen, sondern bis zu einem gewissen Grad auch das der Menschen (was ihnen die Möglichkeit gibt, menschliche Reaktionen zu antizipieren), von einem verwirrten Hund berichtet, der der eigenen Spezies ›Pfötchen gibt‹. Aber das ist sicher ein Ausnahmefall.

Sind es diese Zu- und Ausrichtungen in der Praxis und die am Naturbegriff oder, besser: an den diffusen Vorstellungen von Natur orientierten Projektionen in der Phantasie der Menschen, die Adorno und Horkheimer dazu veranlaßten, in dem der *Dialektik der Aufklärung* beigeordneten Fragment *Mensch und Tier* wenig von den Tieren und um so mehr von den Frauen zu reden? Liegt es daran, daß man in beiden, in den Frauen und in den Tieren, nicht Individualitäten, sondern Repräsentanten der Gattung gesehen hat?

Die vordergründige Verbindung des Weiblichen und des Tierischen mag daraus resultieren, daß man den Tierschutz noch heute für eine Sache ansieht, die vornehmlich den ›müßiggängerischen‹ Frauen obliegen soll:

> Die Sorge ums vernunftlose Tier aber ist dem Vernünftigen müßig. Die westliche Zivilisation hat sie den Frauen überlassen. Diese haben selbst keinen selbständigen Anteil an der Tüchtigkeit, aus welcher diese Zivilisation hervorging.[2]

Die Verbindung zwischen den Tieren und den Frauen beschränkt sich jedoch nicht nur auf diese Fürsprache der einen für die anderen; es besteht darüber hinaus eine Art Schicksalsgemeinschaft. Wie die Tiere werden auch sie zu Jagdobjekten:

> Grenzenlose Natur zu beherrschen, den Kosmos in ein unendliches Jagdgebiet zu verwandeln, war der Wunschtraum der Jahrtausende. Darauf war die Idee des Menschen in der Männergesellschaft abgestimmt. Das war der Sinn der Vernunft, mit der er sich brüstete. Die Frau war kleiner und schwächer, zwischen ihr und dem Mann bestand ein Unterschied, den sie nicht überwinden konnte, ein von Natur gesetzter Unterschied, das Beschämendste, Erniedrigendste, was in der Männergesellschaft möglich ist. Wo Beherrschung der Natur das wahre Ziel ist, bleibt biologische Unterlegenheit das Stigma schlechthin, die von Natur geprägte Schwäche zur Gewalttat herausforderndes Mal.[3]

Die westliche Anthropologie hat sich auf die Unterscheidung von homo sapiens und vernunftlosem Tier gegründet (ist es erlaubt zu fragen, worauf sie sich wohl gegründet hätte, gäbe es keine Tiere?). Da den Frauen in den großen Entwürfen der abendländischen Philosophie gerade die das Humanum konstituierenden, kulturstiftenden, geschichtsmächtigen Vermögen wie Vernunft und Moralität abgesprochen werden[4] (im Mittelalter diskutierte man bekanntlich sogar darüber, ob sie eine Seele besäßen), scheint die Annahme eines solchen Verwandtschaftsverhältnisses, zumindest, was die Zuschreibung in den Köpfen der Menschen betrifft, recht plausibel. Allerdings wurde das nicht immer so gesehen. Der Sozialphilosoph Fourier, der den Zustand einer Gesellschaft nach Maßgabe der Liberalität, die sie ihren Frauen zukommen lasse, qualifizieren wollte, vermochte die Tiere einzig unter dem Gesichtspunkt ihrer Zweckmäßigkeit in seine Überlegungen einzubeziehen. Die Umgestaltungspläne, die er für ihre Welt bereithielt, sind eine gnadenlose Version der Macht-euch-die-Erde-untertan-Parole, in der christliche Unterwerfung mit neuzeitlichem Utilitarismus amalgamiert wird. Die Tiere wiesen in dem Zustand, in dem Fourier sie vorfand, die gewünschte Zweckmäßigkeit allerdings nicht immer auf:

> Muß nicht jeder, der an Dämonen glaubt, meinen, der Teufel habe bei dieser Schöpfung Pate gestanden, wenn er Moloch und Belial in der Gestalt eines Tigers oder Affen sieht? Was könnte die Hölle in ihrer Bosheit schlimmeres ersinnen.[5]

Es ist daher künftigen und von Fourier bereits entworfenen Entwicklungsstadien der Menschheit vorbehalten, der Nutzlosigkeit und Gefährlichkeit von Tiergattungen abzuhelfen: »Von der achten, ja schon der siebenten Periode an werden das Zebra und das Quagga als Haustiere leben, wie heute Pferd und Esel«,[6] und aus dem unberechenbaren Tiger und der lästigen Ratte werden die nützlichen Fourierschen »Antitiger« und »Antiratten«. Elisabeth Lenk macht in der Einleitung zur deutschen Ausgabe der *Theorie der vier Bewegungen* darauf aufmerksam, daß auch in der projektierten »harmonischen Ordnung«[7] die Tiere »menschlicher Gewalt und Willkür ausgeliefert« bleiben. »Die Tiere gehören in die Gesellschaft harmonischer Wesen nicht mit hinein. Sie sind wie alle den Menschen umgebende Natur bloßes Mobiliar und allenfalls Zerrbilder menschlicher Eigenschaften.« Da nach Fourier die Wirkung der drei Bewegungen: der animalischen, der organischen und der materiellen das Wechselspiel der Leidenschaften in der sozialen Ordnung spiegelt, muß er, um die universelle Gültigkeit des Gesetzes der Attraktion weiter behaupten zu können, den Ochsen der Zukunft mit einer Leidenschaft für den Schlachthof ausstatten. Diese erstaunliche Wendung erinnert an die Frage, die Voltaire an die Vertreter einer naiven christlichen Teleologie richtete: ob denn die Schweine sich freuen müßten, wenn sie den Speck für das Frühstück liefern dürften.

Bis heute gestaltet sich die menschliche Beziehung zum Tier dort unproblematisch, wo es dienstbar gemacht werden kann als Fleisch-, Leder-, Milchlieferant, als Last- und Wachtier, mithin dort, wo es sich als *nützlich* erweist, wo es eingebunden ist in ökonomische Funktionszusammenhänge. Auch die Warnungen vor der brachialen Ausbeutung der Natur, die die Ausrottung ganzer Tierarten zur Folge hat, provozieren kein qualitativ neues Verhältnis zum Tier, sie stellen es nur in einen anderen – diesmal ökologischen – Funktionszusammenhang. Denn die Zerstörung ökologischer Systeme, so lautet das Argument, hat auf lange Sicht katastrophale Auswirkungen auf die Ökonomie menschlichen Zusammenlebens. Das heißt: Diese Warnungen beziehen sich nicht in erster Linie auf die Tiere selbst.

Besonders problematisch ist uns das Auftreten des Tieres hingegen dort, wo es weder als ein ›wildes‹ Tier, als Symbol einer verlorengegangenen Freiheit projiziert werden kann, noch sich in irgendeinem praktischen Sinn als nützlich erweist; wo seine Existenz vielmehr luxurierend und sinnlos zu sein scheint. Der Gedanke, daß wir mit oder neben Wesen existieren, die zwar unsere Häuser bevölkern, aber doch ganz anders sind als wir – indem sie sich zum Beispiel mit dem schieren Leben begnügen –, ist den Spezialisten der Utilität unerträglich. Dieser Gedanke wird schnell verdrängt durch die Proklamation eines ideellen Nutzens (für den Menschen natürlich), durch die Bemühungen um moralpädagogische und psychotherapeutisch-medizinische Sinnstiftungen für die Koexistenz. Das Tier als Einsamkeitsbekämpfer, als Bewegungsverschaffer, als

Persönlichkeitsverstärker, als Trostgeber. Das sind an sich keine unehrenhaften Aufgaben, aber in ihrem einseitigen Bezug mißachtet auch diese Zweckbestimmung die Integrität des Tieres.

Schon der sonst ehrenwerte Thomasius hatte die abgeschmackte Behauptung aufgestellt, daß, wer die Tiere zweckfrei liebe, die Menschen nicht lieben könne. Schopenhauer hat diesen Satz allerdings polemisch umfunktioniert in der grimmen Behauptung (sie wird auch Friedrich dem Großen unterstellt), daß er die Tiere liebe, seit er die Menschen kenne.

Schopenhauer, ein radikaler Parteigänger der Tiere (dabei der fanatischste Frauenhasser in der Philosophie – lassen wir die Parallelisierung des Weiblichen und des Tierischen vorerst lieber beiseite), will die Tiere aus dieser moralpädagogisch ausgerichteten Zweck-Mittel-Relation herausheben und in eine Mitleidsethik einbeziehen, in deren Kontext sie nicht länger Medien einer wie auch immer orientierten Nutzenmaximierung für den Menschen sein sollen. Sie haben ihren Zweck in sich,[8] da sich in ihnen in gleicher Weise wie im Menschen die Objektivationen des Prinzips ›Willen‹ vollziehen. Sie werden so mit dem Menschen vergleichbar. Im Sinne dieser Analogisierung empfindet Schopenhauer die biblische Empfehlung, bei aller notwendigen und angeratenen Knechtung solle der Mensch doch auch ein »Erbarmen« mit den Tieren haben, als unerträgliche Anmaßung. Den Satz »Das Tier ist im Wesentlichen das Selbe wie der Mensch« hält er für eine »augenfällige simple Wahrheit«,[9] und er polemisiert gegen Kant, der in den *Metaphysischen Anfangsgründen der Tugendlehre* gesagt hatte, daß »die grausame Behandlung der Thiere … der Pflicht des Menschen gegen sich selbst« entgegenstehe, weil sie das Mitgefühl an ihrem Leiden im Menschen« abstumpfe, »wodurch eine der Moralität im Verhältnis zu anderen Menschen sehr diensame, natürliche Anlage geschwächt«[10] werde. In den Kategorien der Schopenhauerschen Philosophie ist diese Anthropozentrierung des ›Mitleids‹ unzulässig:

Also bloß zur Übung soll man mit den Thieren Mitleid haben, und sie sind gleichsam das pathologische Phantom zur Übung des Mitleids mit Menschen.... Zugleich zeigt sich hier abermals, wie gänzlich diese philosophische Moral, die nur eine verkleinerte theologische ist, eigentlich von der biblischen abhängt. Weil nämlich ... die christliche Moral die Thiere nicht berücksichtigt; so sind diese sofort auch in der philosophischen Moral vogelfrei, sind bloße ›Sachen‹, bloße Mittel zu beliebigen Zwekken, also etwa zu Vivisektionen, Parforcejagden, Stiergefechten, Wettrennen, zu Tode peitschen vor dem unbeweglichen Steinkarren u. dgl. – Pfui! über eine solche Parias-, Tschandalas- und Meletschas-Moral, die das ewige Wesen verkennt, welches in allem, was Leben hat, da ist, und aus allen Augen, die das Sonnenlicht sehn, mit unergründlicher Bedeutsamkeit hervorleuchtet.[11]

Das verdinglichte Verhältnis zum Tier steht nach Schopenhauer vornehmlich in der Tradition des jüdisch-christlichen Kultureinflusses. Er bezieht sich auf die einschlägigen Passagen der *Genesis* (vor allem Kapitel 1 und 9), in welchen Gott die Tiere dem Menschen übergibt, »damit er über sie *herrsche,* also mit ihnen tue, was ihm beliebt, worauf er ihn, im zweiten Kapitel, noch dazu zum ersten Professor der Zoologie bestellt, durch den Auftrag, ihnen Namen zu geben, die sie fortan führen sollten; welches eben wieder nur ein Symbol ihrer gänzlichen Abhängigkeit von ihm, d.h. ihrer Rechtlosigkeit ist«.[12] Diesem Einfluß hat sich die neuzeitliche Philosophie in Sachen Tier niemals entziehen können, sie schleppt sozusagen die Behauptung der menschlichen Vormacht stets als »theologisches Restvorurteil« (Gadamer) mit sich herum. Schopenhauer sieht daher in der »aller Evidenz zum Trotz angenommenen gänzlichen Verschiedenheit zwischen Mensch und Tier«, wie sie, seiner Meinung nach, »am entschiedensten und grellsten« in der Philosophie »von Cartesius ausgegraben ward«[13], auch weniger eine neue Qualität, denn eine Modifikation und Verstärkung des alten in der Theologie der Seele eingebundenen Unterwerfungsgebotes. Gleichwohl bleibt ihm nicht verborgen, daß sich der Abstand zwischen Mensch und Tier in den Demonstrationen der neuzeitlichen Philosophie vergrößert:

> Als nämlich die Cartesisch-Leibniz-Wolffische-Philosophie aus abstrakten Begriffen die rationale Psychologie aufbaute und eine unsterbliche *anima rationalis* (den vernünftigen Seelenteil) konstruierte, da traten die natürlichen Ansprüche der Thierwelt diesem exklusiven Privilegio und Unsterblichkeitspatent der Menschenspezies augenscheinlich entgegen, und die Natur legte, wie bei allen solchen Gelegenheiten, still ihren Protest ein. Nun mußten die von ihrem intellektuellen Gewissen geängstigten Philosophen suchen, die rationale Psychologie durch die empirische zu stützen und daher bemüht seyn, zwischen Mensch und Thier eine ungeheure Kluft, einen unermeßlichen Abstand zu eröffnen, um, aller Evidenz zum Trotz, sie als von Grund aus verschieden darzustellen.[14]

Schopenhauer spielt auf die cartesianische Konstruktion des »Tierautomaten« an, die in der systematischen Konsequenz der Disjunktion von res cogitans und res extensa steht.[15] Der Auftritt dieses »Tierautomaten«, der für eine Vorstellung vom Tier als einem mechanischen Räderwerk steht, ist symptomatisch für ein qualitativ neues Verhältnis zum Tier. Die Unterscheidung von Mensch und Tier wird nicht länger im Bezugssystem einer christlich begründeten Seinshierarchie, also im Sinne eines Rangunterschiedes, gesehen, sondern im Sinne einer fundamentalen Differenz, eines unversöhnlichen Gegenübers bestimmt. Mit der Trennung von vernünftiger Seele und mechanistisch reduzierter Körperlichkeit hat der Tierorganismus seinen sicheren Platz verloren – er wird, ein Opfer dieser Grenzziehung, auf die eine Seite verschoben und zum bloßen Automaten. Damit ist geistesgeschichtlich eine Entwicklung eingeleitet, in deren theoretischem wie auch praktischem Vollzug die Herrschaft des rationalen Subjekts über die Natur bzw. das »herrschaftsbedürftige« Tier ihre neuzeitliche Begründung erfährt.

Wenn es hier auch nicht darum gehen kann, ideengeschichtlich die Modifikationen und Verästelungen, die der Antagonismus zwischen Subjekt und Objekt und zwischen Geschichte und Natur erfahren hat, nachzuzeichnen – nun bezogen auf den jeweiligen Status, den das Tier einnimmt –, so ist es doch sinnvoll, die entscheidenden Peripetien in der Geschichte des Denkens über die tierische Kreatur wenigstens exemplarisch herauszustellen; etwa den Wechsel in den Einschätzungsmustern, der sich infolge der Ablösung magisch-animistischer Naturvorstellungen durch naturwissenschaftlich-rationalistische Modelle zu erkennen gibt. Im Prozeß der ›Entzauberung‹ der Natur, die zum ausgedehnten Experimentierfeld des menschlichen Forschens wird, gerät auch der Tierkörper (und nur mehr er, der zum Mechanismus erstarrte Körper ist jetzt von Interesse) auf den Seziertisch. Francis Bacon demonstriert in seinem utopischen Roman *Nova Atlantis* die Eingriffe in den tierischen Organismus, die in einem künftigen Idealstaat mit dem sorgsamen Studium der Natur zum Wohl der Menschheit verbunden sein sollten:

Wir haben auch Parkanlagen und Gehege, in denen wir alle möglichen vierfüßigen Tiere und Vögel halten, wir halten sie nicht nur, um sie anzuschauen oder weil sie selten sind, sondern auch, um sie zu sezieren und anatomisch zu untersuchen, damit wir dadurch so weit wie möglich eine Aufklärung über den menschlichen Körper erhalten. Hierbei erzielen wir zahlreiche merkwürdige Erfolge: die Erhaltung des Lebens trotz Verlustes oder Entfernung verschiedener von euch als lebenswichtig angesehener Organe, Wiederbelebung mancher Wesen, die scheinbar tot sind, und ähnliches. Wir erproben auch an ihnen alle Gifte und andere innerlich und äußerlich wirkende Heilmittel, um den menschlichen Körper widerstandsfähiger zu machen. Auf künstliche Weise machen wir die einen Tiere größer und schlanker, als sie es ihrer Natur nach sind; auf der anderen Seite aber hindern wir andere Tiere an ihrem natürlichen Wachstum. Die einen machen wir fruchtbarer und zeugungsfähiger, als es ihrer Natur entspricht, die anderen dagegen unfruchtbar und zeugungsunfähig. Auch in bezug auf Farbe, Gestalt und Lebhaftigkeit verändern wir sie auf viele Arten. Wir finden Mittel, um verschiedene Tierarten zu kreuzen und zu paaren, die neue Arten erzeugen und nicht unfruchtbar sind, wie man gewöhnlich glaubt. Wir züchten mehrere Arten von Schlangen, Würmern, Fliegen und Fischen aus verwesenden Stoffen, von denen sich einige zu vollkommenen Arten entwickeln – wie es vierfüßige Tiere oder Vögel sind –, ein Geschlecht besitzen und sich fortpflanzen. Wir lassen uns nun bei dieser Tätigkeit nicht vom Zufall leiten, vielmehr wissen wir von vornherein, welches Verfahren anzuwenden ist, um jene Lebewesen erzeugen zu können.[16]

Bei dieser Beschreibung handelt es sich nicht etwa um das Exposé zu einem zeitgenössischen Horrorfilm, der in den modernen medizinisch-technischen Schreckenslabors der pharmazeutischen Industrie seinen Handlungsort hat, sondern um einen im Jahre 1627 veröffentlichten Text. Die Visionen Bacons haben sich in »tellurischem Maßstab« (Adorno) erfüllt (man denke an den Anblick des Affen in der Weltraumkapsel).

Die Gleichsetzung von künstlichen und natürlichen Formen auf der Basis universalisierter Gesetzmäßigkeiten, deren Kenntnis man aus dem Studium der Natur zu gewinnen sucht, die künstliche Schaffung neuer ›Naturen‹, artifiziell entstandener Geschöpfe mit einem eigenen Generationsvermögen, war mit den Kategorien des aristotelisch-christlichen Ordnungsschemas nicht einmal denkbar.

Die Perspektive einer praktischen Anwendbarkeit von Naturer-kenntnis in der von Bacon charakterisierten Weise eröffnete Mög-lichkeiten, deren Konsequenzen, positiv wie negativ, sich eigentlich erst Jahrhunderte später, nachdem sie praktisch eingeholt waren, deutlich herausstellten.

Diese praktische Anwendung hat auch grundsätzlich eine neue Situation geschaffen. Sie ist nicht mehr, wie das ehedem im Sinne von *techné* lag, darauf beschränkt, die von der Natur offengelas-senen Möglichkeiten weiterer Formung auszufüllen (Aristoteles). Sie ist zu einer künstlichen Gegenwelt aufgestiegen.[17]

Damit erhebt sich der Mensch zum Kreator, er besorgt selber das Geschäft der Natur, deren Gesetze er durchschaut. Die Kunst ist ihm, wie Bacon sagt, »Natur mit Hilfe der Menschen«, und die Artefakte unterscheiden sich nicht mehr prinzipiell vom natür-lich Seienden. Die These Bacons, daß man, um der Natur befehlen zu können, ihr gehorchen müsse, enthält nur scheinbar Demut.[18] In Wahrheit bedeutet sie die radikale Ablösung der sich seit dem ausgehenden Mittelalter explosiv entwickelnden Mechanik von den in animistischen Vorstellungen verhafteten Praktiken ma-gisch-sympathetischer Naturaneignung; eine Ablösung, die den technischen Eingriff in das Naturgeschehen möglich erscheinen ließ.

Mit dem Cartesianismus ist der Gegensatz zwischen Mechanik und Physik (im alten aristotelischen Sinne), zwischen organi-schen Körpern und mechanischen Konstruktionen aufgehoben – die berühmte Uhrenparabel kommt in Umlauf. In dem Maße aber, in dem man die Grenze zwischen Organischem und Mecha-nischem hinfällig zu machen suchte, verschärfte sich die Grenz-ziehung zwischen dem noch immer mit einer unsterblichen Seele ausgestatteten Menschen (hier steht Descartes ganz in der Tradition der christlichen Anthropologie) und dem dieser Aus-stattung ermangelnden, angeblich bewußt- und seelenlosen Tier.

Im Zuge dieser Entsubstanzialisierung der ihrer metaphysischen Qualitäten beraubten Natur wird der cartesianische Tierautomat ›kreiert‹.

Erich Heintel hat den logisch-systematischen Ort, den dieser »Tierautomat« in der Philosophie des Descartes einnimmt, genau gekennzeichnet; seine Ortskennzeichnung ist auch für unsere Überlegungen von Interesse, weil sich in den cartesianischen Ausführungen über die Beschaffenheit der Tiere »die bis auf die Gegenwart immer wieder auftretende Vermischung der Weltbilder des Alltags, der exakten Naturwissenschaft und der Philosophie«[19] abzeichnet. Die Evidenz der Lebendigkeit des Tieres, die sichtbare Befähigung zur Freude und zum Leiden sowie zu den vielfältigsten und differenziertesten Reaktionen auf Veränderung und Umgestaltung, das alles wirft Probleme der Zuordnung in den von Heintel genannten Bereichen menschlichen Denkens über das Tier auf (anders verhält es sich mit den Phänomenen der anorganischen Natur und mit der Flora). Es handelt sich um Probleme, die sich offensichtlich schon bei Descartes ankündigten. Die Tiere passen sozusagen allein aus methodologischen Gründen nicht ins System:

> Kurz gesagt: Descartes kann das ›Bewußtsein‹ des Tieres in seiner Umwelt, das weder reflektierendes Bewußtsein, noch einfach abzuleugnen ist (dann nämlich wären die Tiere wirklich nur physikalische Körper und es gäbe keine Biologie), nirgends unterbringen: sobald er im Sinne der Alltagssprache von Organen und organischen Funktionen redet, gefährdet er sofort sowohl die Ontologie seines Substanzialismus als auch die Methodologie seiner Physik more geometrico.[20]

Gleichwohl betrifft diese Problematik nicht die Tiere allein, oder besser: Sie würde sie gar nicht betreffen, beträfe sie nicht auch den Menschen. Die von Descartes scharf gezogene Trennlinie verläuft nämlich mitten durch den Menschen; sie trennt seine geistigen, seelischen Vermögen von seiner inneren Natur. Da die immer gewaltsamer werdenden Formen der Beherrschung der äußeren Natur eine zunehmende Entfremdung von der eigenen inneren Natur einschließen – etwa im Vorgang der Verdrängung eigener biologischer Funktionen, kreatürlicher Bedürfnisse, der gesamten Körperlichkeit –, steht dem Menschen im Tier immer etwas gegenüber, das ihn nicht nur an seine unterschiedlich gedeuteten Ursprünge,[21] sondern vor allem in unbehaglicher Weise an dieses unbewältigte Element seiner selbst erinnert.

In der Selbsterniedrigung des Menschen zum corpus rächt sich die Natur dafür, daß der Mensch sie zum Gegenstand der Herrschaft, zum Rohmaterial erniedrigt hat. Der Zwang zur Grausamkeit und Destruktion entspringt aus organischer Verdrängung der Nähe zum Körper, ähnlich wie nach Freuds genialer Ahnung der Ekel entsprang, als mit dem aufrechten Gang, mit der Entfremdung von der Erde, der Geruchssinn, der das männliche Tier zum menstruierenden Weibchen zog, organischer Verdrängung anheimfiel.[22]

Psychologisch gesehen könnte die Reduktion des tierischen Körpers auf ein mechanisches Gliederwesen als ein Resultat dieses Ekels vor dem Organisch-Kreatürlichen interpretiert werden. Und so gesehen wäre es auch immerhin möglich, in der eingangs angesprochenen Unentschlossenheit (jenem Schwanken zwischen Ekel, Verdrängung und Verwertungsinteresse) nur den lebenspraktisch gewendeten Ausdruck einer Problematik zu sehen, die in einem auf die physikalisch-mathematische Meß- und Berechenbarkeit eingeschränkten Naturverständnis immer schon enthalten ist.

Nennen wir pleonastisch die Natur im Sinne des Aristotelismus… die ›natürliche Natur‹ im Unterschied von der Natur im Sinne der neuen Wissenschaft Galileis, dann läßt sich nun sagen: betrachte ich die Natur ihrem eigentlichen Ansich-Sein nach im Sinne des Konstruktivismus, dann gerät alles außer dem methodischen Ansatz, was die natürliche Natur *mehr* ist, als die Natur im Sinne mathematischer Naturwissenschaft.[23]

In das Vakuum, das dieses *Mehr* für unser Alltagsbewußtsein darstellt, sind die Phantasien eingeflossen. So wurde das optimistische Modell eines sich eskalierenden Fortschritts in der Beherrschung und Operationalisierung der durch das menschliche Erkenntnisvermögen völlig ausgeleuchteten natürlichen Funktionszusammenhänge immer wieder durchkreuzt durch die Schreckensvision eines Rückfalls des rationalen Subjekts auf die Stufe bestialischer Triebnatur. Das *Mehr* wäre, so betrachtet, die Fiktion einer rächenden, entfesselten Natur, die das Subjekt voraussetzen muß, um seine unbeschränkte Herrschaft, seinen notwendigen und heilsbringenden Eingriff zu legitimieren. Mehr noch: Das Subjekt bedarf des ›herrschaftsbedürftigen‹ Tiers, das auch im Menschen gelegentlich Ausgangserlaubnis hat, um an die Notwendigkeit der Kultur zu erinnern. Wir wollen in diesem Motiv das ›Dr. Jekyll und Mr. Hyde‹-Modell erblicken. Die modernen Versionen der Werwolf- und Vampir-Phantasmen haben sich in jenem *Mehr* eingenistet. Zugleich richten sich die Phantasien auf die Wiederbelebung des Tierautomaten: Auch die Kreationen der Ingenieure und Techniker, die Homunculi, die Computer, die Automaten proben immer mal wieder den Aufstand. Von diesem seit der Romantik beliebten Motiv einer Verflüssigung der Tier-Mensch-Maschine-Instanzen zehrt der größte Teil der modernen Science-fiction-Literatur.

Das ›Dr. Jekyll und Mr. Hyde‹-Modell ermöglicht einen Blick über den Zaun auf das Andere, das Unbekannte, aber nur, um diese Grenze dann um so stärker zu befestigen. Sowohl der naive Fortschrittsoptimismus (Dr. Jekyll) als auch sein konstitutives Gegenstück (Mr. Hyde) *vertieren* das Tier so weit, daß der Angriff auf seine Natur um so unglaubwürdiger wird, je energischer die Notwendigkeit der Kultivierung behauptet wird. Es war der optimistische Kunstgriff der Aufklärung, die beiderseitige rationale Prädisposition von Mensch und Welt ins Feld zu führen, um das Abrutschen der Welt bzw. der Natur in das obsolet Unzugängliche, theoretisch Uneinsichtige und praktisch Unregierbare zu verhindern.

Die nachdenkliche Aufklärungskritik hat darauf hingewiesen, daß sich das Subjekt in diesem Verhältnis zur Natur selbst in das Objekt der von ihm veranstalteten rationalen Naturbeherrschung verwandeln muß. In der Absicht der gewaltsamen Subsumption des Kontingenten unter einen mechanistisch verengten Naturbegriff in der Theorie und im Zuge der gewalttätigen Zurichtung der Tiernatur (auch der eigenen) für die Verwertungsmaschinerie in der Praxis verhält sich das rationale Subjekt unendlich bestialischer, als es jedwede wilde Bestie je vermöchte. »Der Versuch, den Naturzwang zu brechen, indem Natur gebrochen wird, gerät nur um so tiefer in die Natur.«[24]

Nicht mit dem Ziel der ›Berechnung‹, sondern im Zeichen einer ›Versöhnung‹, einer rückgewandten Sehnsucht nach einer verlorengegangenen Natureinheit hat der anthropogenetische Romantizismus das *Mehr* aufgeladen. Aber nur dem unmittelbaren, vorbegrifflich operierenden Bewußtsein kann diese Versöhnung gelingen: den Kindern (man denke an das Ende von Goethes *Novelle*), dem ›edlen Wilden‹ (der im 18. Jahrhundert Hochkonjunktur hatte), den Tieren (man denke an Kleists fechtenden Bären) und den Frauen (nun haben wir die Parallelität doch wieder), die, wie es die Weiblichkeitsentwürfe des 18. Jahrhunderts suggerieren, den Eintritt in den Geschichtsprozeß gar nicht erst vollzogen haben und deren vermeintliche ›Natürlichkeit‹ bis ins 20. Jahrhundert zur Bewunderung, aber auch zur Diskreditierung Anlaß gab. Die Rehabilitation der von Volksmythologien entnommenen Tierfrauen in der Romantik, der Undinen und Melusinen, vollzieht sich vor dem Hintergrund dieser Sehnsucht. Der Romantizismus steht indes in einem konfliktreichen Verhältnis zu der historischen Notwendigkeit für das Humanum, sich aus diesem immer vorausgesetzten Naturzustand zu lösen.

Die neuzeitlichen Bestimmungen des Verhältnisses zwischen Tierischem und Menschlichem sind gekennzeichnet von großangelegten Rangiermanövern und unablässigen Grenzberichtigungen. Davon zeugen die schon im 18. Jahrhundert einsetzenden vielfältigsten Bemühungen, den Graben, den die cartesianische Dichotomie zwischen der tierischen Körpermaschine und der unsterblichen menschlichen Seele ausgehoben hatte, wieder zuzuschütten. Die Einwände gegen die cartesianische Dualisierung erfolgten aus unterschiedlichen Gefechtsständen. So bemühten sich zum Beispiel die Anhänger eines atheistischen Materialismus, wie er von Holbach und La Mettrie vertreten wurde, gar um eine weitgehende Grenzbeseitigung. Sie hielten zwar an der Hypostase einer mechanischen Körperstruktur fest, vermochten aber, indem sie auf die beruhigende Annahme einer unsterblichen menschlichen Seele ganz verzichteten, keinen qualitativen, sondern nur mehr einen quantitativen Unterschied in den tierischen und menschlichen Potenzen zu sehen (La Mettrie hielt die Affen für stumme Menschen).

Doch damit war der Kampf um die Grenze noch lange nicht entschieden. Von größerer Virulenz war der Einspruch gegen die cartesianische Grenzbastion seitens der Vertreter vitalistischer Konzepte: In der Folgschaft der Physikotheologie und der Leibnizschen Philosophie, die der Tiermonade inferiore Seelenvermögen zuerkannt, die Vernunftvermögen, die Gottes- und Selbsterkenntnis allerdings aberkannt hatte, ging man daran, die Grenze durchlässiger zu machen und den ›ganzen Menschen‹ wiederherzustellen. Wo aber blieb das Tier? In diesem Bestreben aufs menschlich Ganze wurde in der Überlagerung vitalistischer und mechanistischer Strömungen die auch für das Alltagsbewußtsein bis heute attraktive Kompromißformel von den beiden untrennbar aufeinander bezogenen Naturen des Menschen favorisiert: seiner physikalischen und seiner gesitteten Natur, seiner Natur-Natur und seiner Kultur-Natur. Im Zuge dieser Versöhnungsanstrengungen in den

Kindertagen einer eigenständigen Anthropologie[25] wurde das Phänomen Tier, nachdem man sich hinlänglich von ihm abgehoben glaubte, weitgehend den Spezialdisziplinen (vergleichende Anatomie, Zoologie) überantwortet.

In der Profankultur unserer Tage sind solche Einschätzungsmuster, wenn auch in vulgarisierter Form, noch immer präsent. Kann der materialistische Ansatz als Vorlage für die teils verniedlichten, teils grauenhaften Tiermaschinen der Science-fiction-Filme genommen werden (z. B. *Krieg der Sterne*), so läßt sich der vitalistisch akzentuierte Einspruch simplifizierend für die beseelten Naturwesen der Märchenwelt dienstbar machen, allerdings auch dort, wo die Komplettierung zum ›ganzen Menschen‹ nicht überzeugend gelungen ist, für das ›Dr. Jekyll und Mr. Hyde‹-Modell reklamieren.

War es zunächst die Hervorhebung der Verstandesleistungen, des Abstraktionsvermögens und – emphatisch – der Vernunfterkenntnis, die den Menschen vor allem auszeichnen sollten, so schien infolge der von der Aufklärung selbst schon in kulturkritischer Absicht vorgetragenen Zweifel an einer rationalistischen Vernunftdogmatik das unproblematisch in den Naturzusammenhang eingebettete Tier wieder an Bedeutung zu gewinnen (etwa im Sinne dessen, was im Vorhergehenden als anthropozentrischer Romantizismus typologisiert wurde). Die Etablierung zusätzlicher Kriterien der Abstandswahrung wurde nötig: die Perfektibilität des Menschen (Rousseau), die Sprache (Herder), der aufrechte Gang (Fichte), die Beschaffenheit der menschlichen Hand (Zedler).[26]

Der Graben blieb erhalten. Zwar hatte Diderot sowohl der cartesianischen Grenzziehung als auch der vitalistisch-romantischen Aufwertung der Tiere das Modell einer relativen Gleichwertigkeit entgegengesetzt: »Warum aber sollten die Tiere ohne Gefühl und Gedächtnis sein?«, fragt er und warnt zugleich davor, den »intellektuellen Fähigkeiten der Tiere allzu enge Grenzen« zu setzen. Andererseits seien auch die Tiere nicht frei von den Lastern der

Menschen, ebensowenig »wie der Mensch frei von den Lastern und Tugenden des Tieres« sei; der Unterschied bestehe »nicht im Kern, sondern in der Hülle«.[27] Aber Grenzbeseitigungen dieser Art waren die Ausnahme. Im allgemeinen handelt es sich bei den Tier-Mensch-Oppositionen des 18. Jahrhunderts um Hiatus-Modelle, gleich, ob die historische Invarianz menschlicher Übermacht zu anthropologischer Feierlichkeit Anlaß gab oder ob im Sog ursprungsmythischer Sehnsüchte das Tier als Gradmesser zivilisatorischer Verkommenheiten des Menschen eingesetzt wurde.

Auch die statisch klassifizierend verfahrende Naturgeschichtsschreibung des 18. Jahrhunderts (die so recht ja gar keine Geschichtsschreibung war) hat die Suprematie des Menschen in der ›Kette der Lebewesen‹ bzw. in der hierarchischen Rangordnung der irdischen Geschöpfe nicht bezweifelt. Buffon gruppiert die Tierarten ungeniert um die menschlichen Bedürfnisse. Allerdings befand man sich mit der Einordnung der Physiologie des Menschen unter die der Primaten, neben Affen also und sonderbarerweise auch neben Fledermäusen, in heiklen Bereichen. In Linnés Beschreibungen der ›Tiermenschen‹, einer Spezies zwischen Affe und Mensch, und in dem zunehmenden Interesse, das man in dieser Zeit an den von Menschen isoliert aufgewachsenen ›Wolfskindern‹, an den Zwittermonstern und an den sogenannten ›Wildmenschen‹ zeigte, kündigt sich eine Beunruhigung an.

Im ›Kaspar-Hauser-Motiv‹ ist ein zukünftiger Skandal vorbereitet. Aber erst im Zuge der Dynamisierung der Naturgeschichte[28] mit den Theorien Lamarcks und Darwins wurde die bis dahin vorherrschende Doktrin von der Konstanz der Arten zu Fall gebracht. Die vielzitierte Grenze schien nun endgültig durchlässig zu sein. Immerhin hatte Darwin seinen Zeitgenossen erklärt, daß der Unterschied zwischen einem niedrig entwickelten und einem hoch entwickelten Tier beträchtlich größer sei als der zwischen einem hoch entwickelten Tier und einem Menschen. Statt der Grenze: ein Gefälle. Mit der Darwinschen Deszendenztheorie war der Mensch genealogisch und evolutionstheoretisch an das Tier angekoppelt, und die Bestätigung des Verdachts, daß ein Verwandtschaftsverhältnis bestehen könne – übrigens ein sehr alter Verdacht –, wurde wissenschaftlich und weltanschaulich endgültig zum Skandal. Nun war es, wie Nietzsche schreibt, hohe Zeit zum Umlernen.

> Wir haben umgelernt. Wir leiten den Menschen nicht mehr vom Geist, von der ›Gottheit‹ ab, wir haben ihn unter die Tiere zurückgestellt. Er gilt uns als das stärkste Tier, weil es das listigste ist: eine Folge davon ist seine Geistigkeit. Wir wehren uns andererseits gegen eine Eitelkeit, die auch hier wieder laut werden möchte: wie als ob der Mensch die große Hinterlassenschaft der tierischen Entwicklung gewesen sei. Er ist durchaus keine Krone der Schöpfung; jedes Wesen ist neben ihm auf der gleichen Stufe der Vollkommenheit.[29]

Trägt Nietzsche den Affront gegen die traditionellen Hiatus-Modelle unter Berufung auf den Darwinismus vor, so steht seine Absage an die Historisierung der Naturgeschichte, an die optimistischen Versicherungen eines evolutionären Fortschritts in der Opposition zum Darwinismus. Der Stärkere muß nach Nietzsches Meinung nicht unbedingt der Bessere sein, und in der Genealogie der Arten muß nicht notwendig Sinn und Ziel liegen. Den Hoffnungen, die sich vor allem mit den vulgärdarwinistischen Visionen einer naturgesetzlichen Eskalation von den Niederungen eines Einzellers hin zum Gipfelpunkt menschlicher Herrlichkeit verbinden mögen, setzt Nietzsche in polemischer Absicht ein sinn- und trostloses Kreislaufmodell entgegen:

> Vielleicht ist das ganze Menschentum nur eine Entwicklungsphase einer bestimmten Tierart von begrenzter Dauer: so daß der Mensch aus dem Affen geworden ist und wieder zum Affen werden wird, während niemand da ist, der an diesem verwunderlichen Komödien-Ausgang irgendein Interesse nehme.[30]

In jedem Fall, auch in dem einer positiveren Bewertung, machte der Darwinismus Revisionen notwendig. Die Lizenz menschlicher Vormacht mußte neu ausgegeben werden. Die alten Modelle hatten an Überzeugungskraft verloren – ohne ganz aus der Vorstellungswelt zu verschwinden. Neben den schon angesprochenen Modellen, neben den christlich orientierten Dogmatismen, die mit der Theologie der Seele verbunden waren, neben den Dogmatismen, die im Zusammenhang mit der Konstitution der geschichtsphilosophisch aufgeladenen Kategorie des Selbstbewußtseins entstanden waren, neben diesen Modellen also, war es nun notwendig geworden, eine ›natürliche‹ Vorherrschaft des Menschen in der von Nietzsche ironisierten Weise zu dogmatisieren: der Mensch als der Welt stärkstes *und bestes* Tier.

Aber gerade wenn man den Menschen so nahe an das Tier heranrückt, als es irgend die Phänomene erlauben und verlangen – und das ist insbesondere bei den Verhaltensweisen erstaunlich weit –, prägt sich überraschenderweise die Sonderstellung des Menschen besonders sichtbar aus. Gerade in seiner vollen Natürlichkeit scheint er etwas Außerordentliches, und die augenscheinliche Tatsache, daß kein Lebewesen sonst seine eigene Umwelt so zur Kulturwelt umarbeitet wie der Mensch, der damit ›Herr der Schöpfung‹ wurde, hat eine neue unbiblische Offenbarungskraft in sich.[31]

Der Gedanke, daß der Mensch diese augenfällige Vormacht auf ›natürlichem‹ Wege ohne Plan und Eingriff eines höheren Prinzips errungen habe, gab Anlaß zu mancherlei biologistischem Dünkel, der sich nicht nur auf die Tiere, sondern auch auf die Schwächeren in den eigenen menschlichen Reihen bezog. Der elitäre Fortschrittsoptimismus eines Haeckel oder die Brutalismen der Sozialdarwinisten, die aus den ›Gesetzmäßigkeiten‹ von Zuchtwahl und Anpassungsfähigkeit im Daseinskampf ein normatives soziales Regelsystem zu gewinnen versuchten, um so im Rekurs auf Natur abweichendes oder unliebsames mitmenschliches Verhalten als widernatürlich denunzieren zu können, geben darüber Auskunft. Die politischen Konsequenzen eines solchen Biologismus sind sattsam bekannt.

Gleichwohl ist der Rassismus noch in der menschlichen Welt. Gleichwohl kann das heruntergekommenste Individuum, ist es ›Besitzer‹ eines Tieres, ungestraft jeden Morgen im großen Unterwerfungsritual diesen biologischen Dünkel nähren. Immerhin hat der Mensch es geschafft, seinen Rassismus auch in die Welt der Haustiere zu exportieren. Dies blieb den Tieren allerdings äußerlich. Selbst freundliche Leute, die den Verdacht des Rassismus weit von sich weisen würden, können sich zuweilen nicht genug darüber verwundern, daß sich ihre edle Rassehündin für einen struppigen Bastard interessiert. In einer Zeit, in der sich zunehmend verdeutlicht, daß die Ausbildung einer moralischen Verantwortlichkeit des Menschen offenbar nicht Schritt halten kann mit der naturwissenschaftlichen Entwicklung von Destruktionspotentialen, in einer Zeit, in der die Menschheit ansteht, nicht nur die eigene Gattung, sondern zugleich die Tiergattungen und ihre gesamte Umwelt, in die Vernichtung zu stürzen, in einer solchen Zeit besteht zu biologisch motiviertem Evolutionsdünkel wahrhaftig kein Anlaß. Denn:

Entgegen dem populärwissenschaftlichen Darwinismus sollte man der Wahrheit nicht ausweichen, daß es kein biologisches Gesetz oder irgendeine Naturnotwendigkeit gibt, die eine Fortsetzung der Evolution zwangsläufig zur Folge hätte. Evolution garantiert nicht einmal den Fortbestand der Gattung Mensch, und jeder naive Fortschrittsglaube, heutzutage Kind des primitiven Darwinismus, Säugling technischen Fortschritts, kann nur versinken vor der Notwendigkeit dieser Erkenntnis.[32]

Es darf daher nicht verwundern, daß dem naiven Fortschrittsglauben in Anbetracht der großen, nicht natürlich, sondern menschheitsgeschichtlich bedingten Gefährdungen der Verdacht entgegengehalten wird, es könne sich bei der Spezies Mensch auch um eine Fehlkonstruktion, um eine Evolutionspanne handeln.

Die moderne Anthropologie hat in der Absicht einer naturgeschichtlichen Ergründung menschlicher Vormacht auch skeptischere und differenzierte Modelle bereitgestellt: In dem Hinweis auf die natürliche »Mangelausstattung« des Menschen (Gehlen), die kompensatorische Akte zur Überwindung dieser Defizite notwendig gemacht habe, liegt ein Erklärungsangebot; im Hinweis auf den unausgeglichenen Reichtum menschlicher Naturausstattung, auf seine »Exzentrizität« (Plessner), die den Menschen übrigens auch zur »Erfindung des Krieges« disponiert habe, ein anderes.

Die Arbeit an der Grenze dauert an; das Tier ist dabei von großem heuristischen Wert. Und auch die vergleichende Verhaltensforschung, die mit alten Dogmatismen gründlich abgerechnet zu haben scheint, indem sie den affektiven, kognitiven, ja sogar den moralisch orientierten menschlichen Handlungsweisen Analogien im Tierverhalten gegenüberstellt, will und sollte nicht verbergen, daß es sich bei den Tieren um etwas *Anderes* als bei den Menschen handelt. Solange jedoch die Menschen nicht zu sagen wissen, was und warum sie sind, werden sie nichts zu sagen haben darüber, was und warum die Tiere sind; so lange ist auch Respekt vor dem Anderen, dem Fremden geboten. Diesen Respekt hatte Darwin bezeugt, indem er bekannte, daß er über das ›Innere der Tiere‹, über ihr Wesen nichts aussagen könne; an diesem Respekt haben es seine Anhänger häufig fehlen lassen.

Gleich, ob man die Tier-Mensch-Differenz ontologisch oder genetisch, im Sinne eines Hiatus-Modells, eines qualitativen Entwicklungssprunges oder einer quantitativen Zunahme von Vermögen und Befähigungen interpretiert; gleich, ob man sich dem Phänomen *Tier* über das Medium der Analogisierung oder das der Distanzierung nähert – es bleibt immer ein Moment des Unbekannten. Deshalb ist das ›Tier‹ so gut geeignet als metaphorischer Joker. Denn wie es in der Realität das Fleisch, das Fell und die Milch liefern muß, so muß es in der Fiktion die Bilder transportieren: Das Fabeltier liefert Gesellschaftsporträts, das Symboltier Ausdrucksbündel künstlicher Verabredungen, das Monstertier den prickelnden Schauer dunkler Herkunft oder die Wehmut verlorener Unschuld, das Karikatur-Tier Darstellungen menschlicher Unzulänglichkeiten, das Maschinen-Tier der Science-fiction-Welt Hinweise auf die Bodenlosigkeit menschlicher Ingenieur-Kunst.

Das Tier-Zeichen kann im Bilderhandel für alles herhalten. Nicht nur, weil in der Welt der Tiere nach anthropozentrischem Dafürhalten alles vorkommt: vermeintliche Monogamie, vermeintliche Polygamie, vermeintliche Freundschaft, vermeintlicher Haß, vermeintliche Liebe, vermeintliche Grausamkeit, vermeintlicher Mut…, sondern vor allem, weil den Figuren der menschlichen Grenzziehungen, Grenzüberschreitungen und Entgrenzungen Strategien der Angstbewältigung zugrunde liegen. Die Anstrengungen einer Versöhnung mit der Tier-Natur (auch der eigenen), die Techniken der Anverwandlungen und die hoffärtigen Operationen der Distanzierung zeugen in einer den Menschen weiterhin unbegreiflich dominierenden Umwelt von einem Verhältnis zum geschichtslosen Tier, das noch immer wesentlich mythische Züge trägt: Es ist ihm Bote einer entweder als Schmach oder als verlorenes Glück gedeuteten Vergangenheit, Unterwerfungsobjekt jeweiliger Gegenwart und Hoffnungsträger, der geschichtsunabhängige Beständigkeit und Zukunft verspricht.

Die Tiere reagieren nicht auf all diese Veranstaltungen. Die Tiere antworten nicht; jedenfalls nicht in unserer Sprache. Im großen Tierprojektionsspiel werden ihre Antworten gelegentlich imaginiert:

Ich fürchte, die Tiere betrachten den Menschen als ein Wesen ihresgleichen, das in höchst gefährlicher Weise den gesunden Tierverstand verloren hat, – als das wahnwitzige Tier, als das lachende Tier, als das weinende Tier, als das unglückselige Tier.[33]

In dieser »Kritik der Tiere« werden sie – nach dem Tod Gottes – zur irdischen, aber außermenschlichen Richterinstanz erhoben, wenn auch nur im Bedeutungsgrad einer projektiven Pointe.

Je plausibler es erscheint, menschlich veranstaltete Geschichte als Katastrophengeschichte zu lesen, je weniger Sinn und Hoffnung in die Geschichte selbst und ihren Fortgang verlegt werden können, je radikaler sich die Abkehr von der Geschichtsphilosophie und die Hinwendung zur Anthropologie vollzieht, desto stärker rückt die fluchtbereit bewegliche und aufgrund dieser fluchtbereiten Beweglichkeit dem Menschen vergleichbare ›Natur des Tieres‹ ins Blickfeld. Hier liegt die im Vorhergehenden immer wieder aufdringlich ins Spiel gebrachte Parallelität zu dem Schicksal der Frauen – oder besser: zu dem Kulturschicksal der Frauenprojektionen begründet. Mit ihnen, den Gebärenden, tritt menschliche Kreatürlichkeit gesellschaftlich in Erscheinung, auch sie (historisch weitgehend ausgeschlossen aus geschichtsmächtigen Zusammenhängen und in der Geschlechterideologie stereotyp zu Naturwesen degradiert) dienen als Projektionsmedien für die Vergegenwärtigungen und Anverwandlungen des Geschichtslosen.

Die kulturelle Anstrengung einer Repräsentation des Nichtgeschichtlichen erzeugt Bilderreichtum. Man mag einen Malebranche verachten, der angeblich in cartesianischer Tradition behauptet hatte, daß das Geheul eines getretenen Hundes etwa der Mechanik einer Hupe entspreche, und man mag einen Michelet belächeln, der den Traum hegte, den Tieren aus der Naturgeschichte vorzulesen: Das Projektionskarussell dreht sich auch heute weiter. Es sind nur projektive Annäherungen möglich. Weil aber in der Projektion alles möglich ist, weil es keine Interventionen der Tiere gibt, hat man menschlicherweise wohl angenommen, daß auch in der Realität alles möglich sein dürfe – die Tier-Konzentrationslager und die Versuchslabors geben grausige Anschauungen von den Folgen dieser Annahme. Es scheint fast, als wollten sich die Menschen an den stummen Tieren für die eigene Ratlosigkeit gegenüber den großen Sinnfragen rächen.

Wenn die Menschen über Tiere reden, reden sie von sich. Lassie, King-Kong, der weiße Hai, das Tier der Apokalypse, Rotkäppchens Wolf, Kafkas Käfer, Müllers Kuh sind die Gradmesser des menschlichen Verhältnisses zur Welt, sie sind die Gradmesser des menschlichen Vertrauens und des Vertrauensschwundes. Dagegen ist nichts zu sagen, bleiben Realität und Bildsphäre geschieden – bleibt der Respekt vor der Andersartigkeit des realen Tieres, seine Integrität gewahrt.

Wenn die Menschen über die Menschen reden, indem sie über die Tiere reden, werden sie unvorsichtig. Das macht das Thema soziologisch interessant: Das elementare Sozialisationstier Donald Duck ißt zusammen mit seinen Neffen Tick, Trick und Track zu Weihnachten immer eine Ente![34]

Anmerkungen

1 Vgl. hierzu die Ausführungen unter dem Stichwort ›Tier‹ im *Lexikon für Theologie und Kirche,* Bd. X, Freiburg 1938.

2 Max Horkheimer u. Theodor W. Adorno, *Dialektik der Aufklärung.* Frankfurt am Main 1981

3 Ebd.

4 Vgl. Silvia Bovenschen, *Die Imaginierte Weiblichkeit.* Frankfurt am Main 1979 (speziell die unter Punkt C zusammengefaßten Kapitel)

5 Charles Fourier, *Theorie der vier Bewegungen und der allgemeinen Bestimmungen.* Frankfurt am Main 1966, S. 90

6 Ebd., S. 91

7 Elisabeth Lenk, Einleitung zur deutschen Ausgabe der *Theorie der vier Bewegungen,* vgl. Anm. 5

8 Arthur Schopenhauer, *Über den Willen in der Natur.* In: Arthur Schopenhauer, Werke in zehn Bänden, Bd. V. Zürich 1977, S. 235f.

9 Ders., *Über Religion.* In: Parerga und Paralipomena, Kleinere philosophische Schriften. Werke Bd. X, S. 411

10 Ders., *Preisschrift über die Grundlage der Moral.* Die beiden Grundprobleme der Ethik, Kleinere Schriften II. In: Werke Bd. VI, S. 202

11 Ebd.

12 Arthur Schopenhauer, *Über Religion...*, a.a.O., vgl. Anm. 9, S. 409

13 Ders., *Grundlage der Moral...*, a.a.O., S. 278

14 Ebd.

15 Erich Heintel, *Tierseele und Organismusproblem im cartesianischen System.* In: Wiener Zeitschrift für Philosophie/Psychologie/Pädagogik, Bd. III, Heft 2, 1950

16 Francis Bacon, *Neu-Atlantis.* Berlin 1959, S. 92 f.

17 Hans-Georg Gadamer, *Theorie, Technik, Praxis – die Aufgabe einer neuen Anthropologie.* In: Neue Anthropologie Bd. 1; Biologische Anthropologie I. Teil. Hrsg. v. Hans-Georg Gadamer u. Paul Vogler. Stuttgart und München 1972, S. XIII–XIV

18 Erich Heintel, *Naturzweck und Wesensbegriff.* In: Metaphysik und Subjektivität. Festschrift für Wolfgang Cramer. Frankfurt am Main 1966, S. 168. Vgl. auch: Herbert Dieckmann, *Naturgeschichte von Bacon bis Diderot.* In: Geschichte, Ereignis und Erzählung. Hrsg. v. Reinhart Koselleck u. Wolf-Dieter Stempel. München 1973

19 Vgl. Erich Heintel, *Tierseele...*, a.a.O., S. 108

20 Ebd.

21 Vgl. John Berger, *Warum sehen wir Tiere an?* In: Akzente, Heft 2, 1981. Berger schränkt die Funktion des Tieres in diesem Zusammenhang allerdings auf den Aspekt der Vermittlung ein, durch die der Mensch zu seinem Ursprung sich verhält.

22 Max Horkheimer/Theodor W. Adorno, *Dialektik der Aufklärung,* a.a.O., S. 208

23 Erich Heintel, *Tierseele...*, a.a.O., S. 109

24 Horkheimer/Adorno, *Dialektik der Aufklärung,* a.a.O., S. 15

25 Vgl. hierzu: Mareta Linden, *Untersuchungen zum Anthropologiebegriff des 18. Jahrhunderts.* Bern und Frankfurt am Main 1976

26 Vgl. hierzu: Heinz Meyer, *Der Mensch und das Tier.* München 1975, S. 118 f.

27 Denis Diderot, *Essay über die Herrschaft der Kaiser Claudius und Nero sowie über das Leben und die Schriften Senecas – zur Einführung in die Lektüre dieses Philosophen (1778–1782).* In: Philosophische Schriften Bd. II. Frankfurt am Main 1967, S. 485

28 Vgl. Wolf Lepenies, *Das Ende der Naturgeschichte.* Wandel kultureller Selbstverständlichkeiten in den Wissenschaften des 18. u. 19. Jahrhunderts. Frankfurt am Main 1978. Ders., *Naturgeschichte und Anthropologie im 18. Jahrhundert.* In: Studien zum achtzehnten Jahrhundert 3. Wolfenbüttel 1980

29 Friedrich Nietzsche, *Der Antichrist*. In: Werke III. Hrsg. v. Karl Schlechta. Frankfurt am Main/Berlin/Wien 1976, S. 1174

30 Ders., *Menschliches, Allzumenschliches*. Erster Band, Nr. 247. In: Werke I, a.a.O., S. 598

31 Hans-Georg Gadamer, *Theorie, Praxis...*, a.a.O., S. XIX

32 Paul Vogler, *Disziplinärer Methodenkontext und Menschenbild, Genetik*. In: Neue Anthropologie Bd. I. a.a.O., (vgl. Anm. 17) S. 11

33 Friedrich Nietzsche, *Die fröhliche Wissenschaft*, Nr. 224. In: Werke II, a.a.O., S. 152

34 Die ›Weihnachtsente‹ nur um der Pointe willen. Vermutlich handelt es sich, da wir es mit einem amerikanischen Comic-Helden zu tun haben, um einen Truthahnbraten!

Warum ist Gründgens so typisch?

Wenn die Komödianten kommen, das fahrende Volk, hat man doch besser ein Auge auf das Hab und Gut und die schönen Töchter und Söhne. Womöglich ist dieses alte Vorurteil für die Sorglosigkeit verantwortlich, mit der das Leben eines Schauspielers, sein Werdegang, seine bekannteste Rolle, die literarische Kolportage alldessen zur Folie einer Diskussion genommen werden konnten, die zwar eine Fülle gewichtiger Probleme – sagen wir: in Gebrauch nimmt, diese jedoch nicht immer ihrer Gewichtigkeit angemessen verhandelt.

Die Wortführer dieser Diskussion verfahren mit dem Schauspieler wesentlich leichtfertiger, als man es etwa im Umgang mit Literaten, deren Karriere vergleichbar überschattet ist, getan hat. Ihnen, den Schriftstellern, die oftmals *expressis verbis* mit dem Faschismus kokettierten (ich habe solche verbalen Bekenntnisse bei Gründgens nicht gefunden), hat man (nicht aus Freundlichkeit hoffentlich, sondern aus Gründen der Sorgfaltspflicht und infolge eines historischen Interesses an der Sache) die Gerechtigkeit widerfahren lassen, ihre Werke kritisch untersucht, geleitet von dem Verdacht, daß dort formale und inhaltliche Korrespondenzen ihrer affinen Beziehungen zum Nazi-Staat auszumachen seien. Zugegeben, eine solche Untersuchung ist bei einem Schauspieler und Regisseur etwas schwieriger, da die Resultate seiner Arbeit oft nicht mehr greifbar sind. Aber auch in Anbetracht dessen sind die Hinweise auf das, was Gründgens tatsächlich war, auf seine Ästhetik, seinen Schauspiel- und Regiestil im Problem-Wirrwarr dieser aktuellen Kontroverse sehr spärlich. Das Fragen danach wird schnell unterbunden durch den Einwand, es ginge ja bei alldem gar nicht um die wirkliche Person Gründgens und deren Weise, Theater zu realisieren, sondern nur um das ›Typische‹ seiner Karriere. Ein Einwand, den schon Klaus Mann seinem Schlüsselroman beigegeben hatte. Aber machen wir uns nichts vor, Gründgens hin, Höfgen her: Es ging immer auch, ja vielleicht sogar vornehmlich um Gründgens – im Roman, der »in einem höheren Maße von der Faszination, die Jahrzehnte hindurch von der Person Gustaf Gründgens ausging, als von der erzählenden Kunst seines einstigen Freundes«[1] lebte, wie im Film Istvan Szabós (die neueste Schaumkrone auf der Naziwelle im Kino). Nicht zufällig spricht der *Spiegel* anläßlich der Neuauflage des *Mephisto* und seiner Verfilmung von einer »Gründgens-Legende«. Solche taktischen Verschiebungen, solche argumentativen Ausweichmanöver zeugen ebenso von der oben angesprochenen Sorglosigkeit wie der wiederum sehr sorgfältig vorbereitete Aufbau von starren Fronten und abstrusen Alternativen. Wittert Wilfried F. Schoeller die globale Verdammung sogenannter Gründgens-Kritiker durch Erik Grawert-May, so weiß er selbst geschickt zu suggerieren, daß eine Kritik am Mephisto-Roman die Rechtfertigung seines Verbots impliziere und daß das Interesse an den kulturpolitischen Widersprüchen des NS-Staates gleichbedeutend sei mit einer Abwertung der Exilliteratur. Dergleichen Suggestionen – von welcher Seite auch immer – befördern nur den Gratismut der einen und die Berührungsangst der anderen.

Die Gründgens-Diskussion ist verschobener Austragungsort eines ganzen Konvoluts von Kontroversen über Exilliteratur, über literarischen Klatsch anläßlich einer Männerfreundschaft, über die Disparitäten nationalsozialistischer Kulturpolitik, über den Symbolcharakter einer problematischen Karriere, über das Maß der Verwerflichkeit einer historischen Person, über die Möglichkeit eines ›inneren Widerstandes‹ im Faschismus, über einen Roman und dessen Verbot, über das Verhältnis des Künstlers zur Macht.

Das macht es erforderlich, genau zu sagen, wovon jeweils die Rede sein soll und wovon nicht: Es scheint mir – einer Generation zugehörig, die niemals vor die existentiell-politische Entscheidung für oder gegen eine Emigration gestellt wurde – nicht angemessen, im Fall Gründgens an einer Auseinandersetzung um die moralische Schuldmaßbestimmung oder um einen moralischen Freispruch etwa im Sinne einer Aufrechnung geretteter Juden und Kommunisten gegen die Bereitschaft, als kulturelles Aushängeschild für einen verbrecherischen Staat zu dienen, teilzunehmen.

Es sei aber erlaubt, auf einige Widersprüche, Auslassungen und Ungereimtheiten in der publizistischen Charakteristik Gustaf Gründgens' aufmerksam zu machen. Zu den Verzerrungen in dem Bild, das von dem Theatermann in der Nachkriegsöffentlichkeit entstanden ist, haben die Freunde und Ratgeber Gründgens' beinahe mehr beigetragen als seine ›Feinde‹. (Dies ist ein altes Lied; der Text dazu lautet: Gründgens gegen seine Liebhaber verteidigen, oder so ähnlich.) Nicht nur das von ihnen erwirkte, zweifellos hirnrissige Verbot des Mephisto-Romans, auch die nach 1945 entstandenen Biographien, die einem biedersüßlichen Rechtfertigungsschema folgen (ich erinnere mich an eine Biographie von Curt Riess, die alle Problematik und jedwedes politische, ästhetische und persönliche Konfliktpotential aus dem Leben des Künstlers in schrecklicher Manier verbal wegsulzt – ein neueres Werk aus der Feder von Alfred Mühr steht dem an Betulichkeit wenig nach), sind der Wahrheitsfindung recht abträglich, sondern auch die Verklärung zum politischen Kaskadeur, zu dem man ihn in der unziemlichen Zuspitzung des Wortes von Peter Suhrkamp, Gründgens habe stets über dem Abgrund agiert,[2] zu heroisieren trachtete. Gründgens hat übrigens an dieser Stilisierung seiner Person nicht mitgewirkt; er hat dem in einem Fernsehinterview sogar handfest widersprochen:

Der Begriff ›Seiltanz‹ oder wie der aus der Emigration zurückgekehrte Zuckmayer einmal schrieb, daß es verständlich sei, daß es einen Menschen wie mich gereizt haben könnte und daß also er mir das nicht übelnahm. Ich dachte: ›Mein Gottnochmal!

800 Meter von der Gestapo entfernt...‹ – fehlen also solche Begriffe wie ›Reize‹ oder ›Jonglieren‹ oder ›Balancieren‹. Sie haben gar keinen Raum mehr.[3]

Auch wenn sich einige (prozentual gesehen wenige[4]) Konzessionen an den Geschmack der Machthaber offensichtlich nicht vermeiden ließen, wurden die Gründgens unterstellten Bühnen nach zeitgenössischem Zeugnis wohl doch inmitten der nationalsozialistischen Propagandalandschaft als Fremdkörper empfunden; aufgrund einer besonderen Machtkonstellation, einer Rivalität zwischen Göring und Goebbels, war hier ein künstlicher Raum entstanden, eine ästhetische Nische, die Möglichkeiten eröffnete in dem Maße, aber auch in den Grenzen, die Kortner in seinen Memoiren beschreibt:

> So war das von Hitler hinterlassene Theater – von wenigen Ausnahmen abgesehen – ein arisches Oj-joi-joi-Theater. Das war der erste Eindruck. Seither tauchten die Widerstandskämpfer gegen den Hitlerstil, wie Engel, Fehling, Gründgens aus ihrer anfänglichen Verschollenheit wieder auf. Sie waren ein Trost. Die im Hitlerreich verbliebenen außerordentlichen Männer waren außerordentlich geblieben. Die Zufluchtsstätten des unterdrückten, vorhitler'schen Theaterstils im Dritten Reich werden – vertrauenswürdigen Berichten zufolge – das Theater von Gründgens und das von Hilpert. Aber wie verbissen sich diese beiden Bühnen auch gewehrt haben mögen, sie konnten nicht verhindern, daß der Zeitgeist das Theater penetrierte.[5]

Das konnten sie zweifellos nicht, und das Wort Widerstand ist sicher geeignet, die Diskussion emotional aufzuladen – dem vorbeugend sei hervorgehoben, daß Kortner nur vom Widerstand gegen einen ›Stil‹ spricht. Diese Behauptung ist, wie ich meine, diskussionswürdig.

Es ist unter kulturpolitischen und theatergeschichtlichen Gesichtspunkten interessant, sich in diesem Zusammenhang eine Rede anzusehen, die Gründgens im Jahr 1943 in der *Kameradschaft der Künstler* hielt,[6] einem vom Goebbelsschen Propagandaministerium unterhaltenen Klub, »vor der Gegenpartei also« (Peter Suhrkamp)[7], zu einem Zeitpunkt, da »die schwindende Macht Görings kaum noch Schutz bieten«[8] konnte, da der Wind bereits eisig in die Nische wehte und Gründgens im »Begriff stand, als Soldat Kriegsdienst zu tun«.[9] Der Vortrag trägt den Titel »Der Hund des Aubry«. Gründgens war, das ist der Rede zu entnehmen, ganz offensichtlich genötigt, sich für eine massive Befrachtung seiner Spielpläne mit Stücken aus dem klassischen Repertoire zu rechtfertigen (»So ist dem Spielplan vielleicht eine Überlagerung mit Klassikern anzumerken«[10]), und auch dafür, daß er, anstatt junge nationalsozialistische Schreiberlinge zu fördern (»Sie können sich gar keinen Begriff davon machen, wie ›ungekonnt‹ die meisten Stücke sind, die eingereicht werden«[11]), lieber seichte Konversationsstücke à la *Der Hund des Aubry* zur Aufführung brachte. Anläßlich einer Klassikeraufführung, die dem ›Stil der Zeit‹ wohl mehr entsprach als die eigene Regiekonzeption, sagte er: »Es könnte sein, daß einer, der diese Aufführung zuerst sieht, aus dieser falschen Sicht heraus die Inszenierung des gleichen Stückes im Staatstheater für kalt, aggressiv, sogar umstürzlerisch hält. Dabei haben wir nur die Partitur des Stückes gespielt, allerdings mit erlesenen Instrumenten.«[12]

Wenn es stimmt, was berichtet wird, daß es im Staatstheater am Gendarmenmarkt immer wieder an bestimmten Stellen dieser Klassikerinszenierungen zu Beifallsäußerungen des Publikums kam, die für die Machthaber unliebsam waren, so wäre der Hinweis auf das bloße Nachspielen einer Partitur als taktische Naivität zu nehmen. Die Rede ist, wenn auch kein Hochseilakt, so doch ein wahrer Eiertanz: vorsichtiges Taktieren, schlaues Umgehen gestellter Ansprüche, einige Konzessionen – aber auch eine deutliche Absage, denn in ihrem Schlußteil ist eine Strategie des ästhetischen Überdauerns deutlich angezeigt:

Als Rubens, der zugleich Gesandter seines Staates war, in solcher politischer Mission nach Spanien kam, führte ihn sein erster Weg zu einem anderen Großen der Kunst, Velázquez. Und im Laufe von drei Jahren haben diese beiden Künstler, Rubens und Velázquez, gemeinsam das ihnen erreichbare Gesamtwerk eines dritten Ebenbürtigen: das Gesamtwerk Tizians, Bild für Bild kopiert. Keiner der beiden gab seine Eigenart preis, Rubens bewahrte sie, Velázquez bewahrte sie, aber in der Bewunderung dieses dritten, gemeinsam Verehrten, begegneten sie sich, und dieser sich über Jahre erstreckende Ausdruck künstlerischer Bescheidenheit ist eines der schönsten Beispiele der Kameradschaft unter Künstlern um der Kunst willen.[13]

Gründgens mag jenseits aller Taktik im Sinne einer wie auch immer fragwürdigen ›Zweiten Naivität‹ an dieses Konzept des Überdauerns im Rückzug auf handwerkliche Präzision und einen bewährten Kanon selbst geglaubt haben; wenn es sich im Rahmen seines ›Planquadrats‹ sogar als tragfähig erwiesen haben sollte (»Auf der Bühne, dem Planquadrat – wie ich es nenne – wußte ich genau, wenn ich den Satz sage, geht hinten eine Tür auf, und eine Dame in einem grünen Kleid kommt herein – und nicht ein SS-Mann«[14]), dann nur deshalb, weil die Hypostase einer unpolitischen Werktreue in dieser Zeit politisch verstanden werden mußte. Gründgens' Versuch, sich in eine ästhetische Inversion zu retten, die Realität nur in den Grenzen seiner Bühne zu sehen und der Wirklichkeit außerhalb den Status eines Unwirklichen zuzumessen, könnte einfach als eine Form naiven Ästhetizismus klassifiziert werden, wäre er in einer Zeit gemacht worden, die Wahlmöglichkeiten in den ästhetischen Konzepten zugelassen hätte. Es erscheint auch mir – darin stimme ich Erik Grawert-May zu – nicht erkenntnisfördernd und auch ein wenig billig, auf die Bedingungen, unter denen diese Theaterarbeit stattfand, die zumeist ohnehin recht planen Forderungen nach einer die zeitgeschichtlichen Widersprüche in sich aufnehmenden und kritisch thematisierenden Theaterpraxis zu applizieren. Das Gründgens-Theater war als der nicht immer gelungene Versuch, sich gegen das NS-Kulturprogramm abzudichten, selbst ein Widerspruch innerhalb einer aus der europäischen Kulturentwicklung herausgerissenen und nach außen hermetisch abgeschotteten Barbarei.

Es sei sein »Mangel an Tiefe« gewesen, der ihn vor jeglicher Blut- und Boden-Mystik habe zurückschrecken lassen, hat Gründgens rückblickend einmal gesagt – wobei er mit ›Tiefe‹ jene gefühlsselig-verschwommene Sumpfblütengenialität meinte, die auch schon vor dem Faschismus Triumphe feierte. Das Nebulöse, das Schlecht-Unmittelbare, das Substanzlos-Dunke, die verlogene ›Natürlichkeit‹ waren ihm verhaßt: »Aber ich bin sehr mißtrauisch und bis zur Feindseligkeit empfindlich gegen alles Unkontrollierbare, Dumpfe, Dunkle, das bei uns unter dem schönen Wort ›Gefühl‹ mit durchgeht. Und ich bin es noch heute mehr denn je, denn immer wieder ist es diese deutsche Eigentümlichkeit gewesen, auf die spekuliert wurde. Ich möchte geradezu meine Abneigung gegen das Vage und Unkontrollierbare auf mein Programm setzen, wenn es nicht mein Programm wäre, kein Programm zu haben.«[15]

Der Gründgenssche Einspruch gegen die Unkultur der Nazis war immer nur ein ästhetischer. Das ist zu wenig? Vielleicht – ich möchte nicht darüber entscheiden müssen. Es war jedenfalls mehr, als man von anderen ästhetischen Bemühungen aus dieser Zeit sagen kann. In die Ästhetik der Filme einer heute in einigen Cineasten-Kreisen wieder sehr gelobten Leni Riefenstahl zum Beispiel ist durchaus etwas von der Mentalität des Nationalsozialismus eingeflossen. Man beachte, wie die Kamera in *Triumph des Willens* liebevoll die ausrasierten Nacken der HJ-Sprößlinge und die gotischen Giebel Nürnbergs abfährt. Solche Affinitäten kann ich in der Schauspielkunst eines Gustaf Gründgens nicht entdecken. Aber vielleicht ist das eine besondere Blindheit. Jedenfalls wird die noch ausstehende Analyse der Bedeutung des vielzitierten ›Freiraums‹, den das Gründgens-Theater geschaffen haben soll, durch das Ausspielen verschiedener vermeintlicher oder tatsächlicher Widerstandsformen gegeneinander eher erschwert als befördert. (Die Analyse müßte vorgenommen werden, solange es noch Menschen gibt, die darüber Auskunft erteilen können.) In diese Richtung, nämlich einer Erschwerung, wirken auch flapsige Behauptungen wie die, daß die Emigranten ›heroisiert‹ würden, weil ihr Schicksal ›spektakulärer‹ gewesen sei als das der im Land Verbliebenen (Grawert-May).

Dergleichen erzeugt Idiosynkrasien und beläßt die Diskussion auf dem Niveau, auf das sie infolge der Rezeption des Romans von Klaus Mann verschoben wurde. Aber es muß auch möglich sein zu sagen, der Emigrant Klaus Mann habe einen schlechten Roman geschrieben, ohne fürderhin als Gegner der Exilliteratur gelten zu müssen (eine absurde Gegnerschaft wäre das). Es gibt weitaus Besseres in der von Emigranten verfaßten Literatur, und ohne die Prominenz des Schauspielers und das unselige Verbot hätte dieser Roman vermutlich nicht annähernd die Beachtung gefunden, die ihm jetzt zuteil wird.

Was aber seine literarischen Qualitäten betrifft, so ist dem, was Marcel Reich-Ranicki 1966 in der *Zeit* schrieb, nichts hinzuzufügen:

> Ein Klischee jagt im *Mephisto* das andere. Wenn jemand lächelt, dann ›tückisch‹, wenn Augen zusammengekniffen werden, dann ›mißtrauisch‹; ein Kinn muß natürlich ›herrschsüchtig vorgeschoben‹ sein, und der Mund einer Frau ist eben ›sinnlich‹. Besonders arg sind die adjektivsüchtigen Beschreibungen. Wenn Goebbels erscheint, heißt es: ›Es war, als sei eine böse, gefährliche, einsame und grausame Gottheit herniedergestiegen in den ordinären Trubel genußsüchtiger, feiger und erbärmlicher Sterblicher.‹[16]

Das nennt man eine Dämonisierung! Und auch der, der nach dem Willen des Autors den ›Teufelspakt‹ mit diesen Dämonen eingeht, Höfgen/Gründgens, wird im Zuge der Identifizierung mit einer oft gespielten Rolle selbst dämonisiert und zur Inkarnation des Bösen. Hier sind – das legen uns der Roman und neuerlich auch der Film aufdringlich nahe – die Berührungspunkte zu suchen: Göring, selber ein Operetten-Bösewicht in feist-jovialer Pose, fühlt sich mächtig durch die teuflische Darstellung des Teuflischen seitens des Mimen angezogen – eine recht vordergründige Verarbeitung des Teufelspakt-Motivs. Die Vermischung dämonisierender und karikierender Erzählformen zeitigt über weite Strecken nur mehr komische Wirkung. Denn bei aller Dämonisierung »schreckt der Autor des Mephisto vor keinem Mittel zurück, um den Protagonisten, für den sein ehemaliger Freund und Schwager Modell stehen muß, zu kompromittieren und zu verspotten«.[17] Und wenn schließlich – aus ikonographischen Gründen, von denen zu sprechen sein wird – noch eine ›Perversion‹ für die Ausstattung der Figur her muß, macht er Höfgen/Gründgens zum winselnden Masochisten, der sich heimlich zu einem ›Halbblut‹ schleicht (»›Und deine Frau?‹ erkundigte sich das Urwaldmädchen mit einem grollenden Kichern…«[18]), um sich von dieser »schwarzen Venus« alsdann auspeitschen zu lassen. (Die Homosexualität zu bemühen, wäre einem Eigentor gleichgekommen.) So etwas haben die Schlüssellochgucker gern, und darauf wird auch spekuliert. Der Vorschlag des Autors, eine andere »Lesart« (Schoeller) vorzuziehen, ist ein leerer Appell: Noch heute gehört es zum sportiven Ehrgeiz der Rezensenten, alle Romangestalten zu entschlüsseln (Sternheim, Pamela Wedekind, die ach so edlen Geschwister Mann und viele mehr), und zwar nicht auf der »semantischen Ebene der Fiktion«, sondern auf der handfester Sensationsgier.

Nun ist die im Mephisto-Roman indizierte Affinität zwischen dem Komödianten und der schrecklichen Macht auf den ersten Blick keineswegs so plausibel. Gründgens galt schon im Kritikerurteil der Weimarer Zeit als ein intellektueller Schauspieler, dem Attribute wie unterkühlt-elegant oder maniriert-kapriziös zugeeignet wurden – nicht gerade die favorisierten Eigenschaften des deutschen Mannes im NS-Staat. Er entsprach eher dem Typus, der dem Dekadenzverdikt von links und rechts anheimfiel. Erika und Klaus Mann hatten in den zwanziger Jahren zusammen mit Gründgens und Pamela Wedekind einen geradezu dekadenzsüchtigen Bürgerschreck-Kult zelebriert – etwa in der von Klaus Mann verfertigten *Revue zu*

Vieren (1927). So gesehen ist Gründgens gar nicht typisch; so gesehen ist es eher verwunderlich, daß gerade jener intellektuell-nervös überfeinerte Schauspieler-Typus eine so prominente Stellung in der Kulturöffentlichkeit des Nationalsozialismus innehaben konnte, bevorzugte man in den Propagandaadministrationen doch eher Kraft- und Saft-Darsteller wie Heinrich George und Emil Jannings bzw. Schönlinge in leerer Männlichkeit und blonde Recken à la Hans Albers. Dieser Widerspruch (interessant für eine Diskussion über die Disparitäten in der Kulturpolitik jener Zeit) kam Klaus Mann gar nicht in den Blick, denn er fand nicht nur das Teufelspakt-Motiv, sondern auch das Motiv des gewissenlosen Artisten schon im Themen- und Bilderfundus jenes literarischen Ästhetizismus vor, aus dem er kam und von dem er sich zu distanzieren trachtete. Ganze Passagen des *Mephisto* – vor allem die Festszenen – lesen sich wie eine grobschlächtige Imitation vergleichbarer tableauartiger Arrangements in Heinrich Manns *Drei Romane der Herzogin von Assy:* Ästhetizismuskritik mit den Mitteln des Ästhetizismus.

Der Typ im Roman, der gefallsüchtige, gewissenlose, käufliche, kranke Artist, »war längst fertig«, schreibt Schoeller mit dem Hinweis auf die Figur des Gregor Gregori aus einem früheren Roman Klaus Manns, *Treffpunkt im Unendlichen,* die diesem Typus schon entspricht. Dieser Hinweis gibt der Diskussion zweifellos eine interessante Wendung. Peter Sprengel hat in einem Aufsatz mit dem Titel »Teufelskünstler« und dem Untertitel »Faschismus- und Ästhetizismus-Kritik in Exilromanen Heinrich, Thomas und Klaus Manns«[19] die Teufelspakt-Symbolik und die Auseinandersetzung mit dem Ästhetizismus ikonographisch, motivgeschichtlich und begriffskritisch herausgearbeitet, etwa im Rekurs auf den Einfluß Nietzsches und Bourgets, die Tradition der Schauspieler-Metapher in der Literatur des Fin de siècle, die hypostasierte ›Antithese von Ästhetizismus und Humanismus‹ und die Verwandtschaftsbeziehung, die zwischen Faschismus und Artismus in den Arbeiten Heinrich und Klaus Manns hergestellt wurde:

Die Kritik am Komödianten als der Schlüsselfigur moderner Entfremdung und künstlerischer Ohnmacht zieht sich wie ein Leitmotiv durch das gesamte Frühwerk Heinrich Manns. Sie tritt in ein neues Stadium im Zuge der Politisierung des Autors um die Mitte des ersten Jahrzehnts dieses Jahrhunderts. In den komplementären Novellen *Die Branzilla* und *Der Tyrann* ... führt er die Psychologie des Artisten und des Herrschers aufeinander zu bis nahe an den Punkt der völligen Identifizierung. Der monströsen Einheit von Autorität, Askese und Artismus treten die positiven Ideale der Demokratie, der Sinnlichkeit, des Lebens ... gegenüber. (...) Die Sängerin Branzilla zitiert aus derselben Hymne Baudelaires an die Schönheit wie später Klaus Manns masochistischer Höfgen. Als Schönheit, die in der Tat über Leichen schreitet, wird sie ausdrücklich mit dem Teufel identifiziert.[20]

Sprengel macht allerdings auch darauf aufmerksam, daß die Ästhetizismus-Kritik keineswegs »nur eine verschleppte Kinderkrankheit der Familie Mann«, sondern »in der ideologischen Konstellation der 30er Jahre offenbar von grundsätzlicher Aktualität war«[21] und gleichermaßen von konservativer und auch faschistischer Seite in Anspruch genommen wurde (Walter Rehm, Karl Justus Obenauer). Diese Übereinstimmung aber macht »nachdenklich«, sie weist »auf die Grenzen einer Faschismus-Darstellung hin, die die artistische Selbsterfahrung des Intellektuellen dämonisierend-diabolisierend zur Triebkraft der Geschichte erhebt«.[22] Ohne hier auf die Verästelungen und geistesgeschichtlichen Traditionsbildungen dieser Ästhetizismus-Kritik, ihre Funktion in pro- und antifaschistischen Argumentations- und Wirkungszusammenhängen einzugehen – das kann bei Sprengel nachgelesen werden –, kann ihr »Erkenntniswert für eine politische Analyse des Faschismus«[23] doch stark in Zweifel gezogen werden. Wenn ich Schoeller richtig verstanden habe, würde er der Aussage, daß diese lineare Ableitung des Faschismus aus dem Ästhetizismus doch höchst fragwürdig sei, zustimmen.

Wofür aber ist Gründgens dann typisch? Für den Ästhetizismus? Für den Faschismus? Oder anders gefragt: Was hat es denn mit dem beschworenen dokumentarisch-geschichtlichen Wert des Romans *Mephisto* auf sich? Ganz sicher ist er ein Dokument, wenn vielleicht auch ein ästhetisch glückloses – für die Auseinandersetzung mit dem Ästhetizismus, für den fragwürdigen Versuch, Ästhetizismus-Kritik und Faschismus-Kritik zur Deckung zu bringen zum Zweck einer Aufarbeitung der eigenen literarischen Herkunft. Ganz sicher ist er kein zeitgeschichtliches Dokument im Sinne einer adäquaten literarischen Verarbeitung des Faschismus oder auch nur der Entfaltung eines sozialpsychologisch fundierten faschistoiden Charakterbildes, wie es Heinrich Mann im *Untertan* gelang.

Der Typ des Höfgen war schon vorher da, wird gesagt, wenn die kolportagehaft-deformatorischen Züge des Romans kritisiert werden. Gewiß war er das, aber die Tatsache, daß er, wenig tauglich zur Erhellung eines politischen Phänomens, einer realen Person sozusagen aufs Auge gedrückt wurde, macht die Sache nicht besser. Letzteres ist dem Autor nicht unbedingt vorzuwerfen. Aus seiner Sicht mag die Verbindung dieser ästhetizistischen Typologie mit dem Faschismus ihre Plausibilitäten gehabt haben – es müßte aber heute in der Diskussion des Romans berücksichtigt werden. Gerade die Zwittergestalt des Romans, die Auseinandersetzung mit dem Ästhetizismus und die Kolportage, die sich, für jeden erkennbar, im äußerlichen Detail an der Person des Gründgens orientiert, ist es, die einen so unangenehmen Eindruck hinterläßt und die bewirkt, daß durch eine entsprechende Rezeption die Arbeit erschwert wird: Die adäquate literatur- und geistesgeschichtliche Situierung des Romans und die adäquate theatergeschichtliche Aufarbeitung der Bedeutung von Gustaf Gründgens stehen noch aus.[24] Mag er schuldig sein oder nicht, verstrickt oder nicht, ein großer Mann des Theaters oder ein überschätzter Schauspieler, mag man in seinem Konzept des Überdauerns einen Ästhetizismus entdecken und seine Rolle im NS-Staat moralisch verdammen, mit der unschlüssigen papierenen

Konstruktion eines ästhetizistischen Faschisten hat er doch herzlich wenig zu tun. An ihr festzuhalten mag den naiven Realisten vorbehalten bleiben, den selbstgefälligen Sozialkritikern und den politisch nobilitierten Rationalisten, die die Verlegenheit aller Ästhetik, nämlich Wirklichkeit ›bloß‹ symbolisch, ›bloß‹ fiktiv, ›bloß‹ metaphorisch identifizieren zu können, für die Unanfechtbarkeit ihrer eigenen Position verbuchen wollen.

Anmerkungen

1 Marcel Reich-Ranicki, *Klaus Mann, der dreifach geschlagene Mephisto.* Der Roman einer Karriere. In: Die Zeit, 18. 2. 1966. Nachgedruckt in: Katalog der ›Gustaf-Gründgens-Ausstellung‹. Dumont-Lindemann-Archiv, Düsseldorf 1980, S. 227

2 Peter Suhrkamp in: Gustaf Gründgens, *Wirklichkeit des Theaters.* Frankfurt am Main 1954, S. 7 (Einleitung)

3 *Gustaf Gründgens im Gespräch mit Günter Gaus,* ZDF 10. 7. 1963. Abgedruckt in: Katalog der ›Gustaf-Gründgens-Ausstellung‹, a.a.O., S. 189

4 Aufstellungen über die Inszenierungen und die Rollen sowie die Spielpläne befinden sich sowohl in: G. Gründgens, *Wirklichkeit des Theaters,* a.a.O., als auch in dem zitierten Katalog (vgl. Anm. 1)

5 Fritz Kortner, *Aller Tage Abend.* Zit. nach dem Katalog der Gründgens-Ausstellung, a.a.O., S. 127

6 *Der Hund des Aubry.* In: Gustaf Gründgens, *Wirklichkeit des Theaters,* a.a.O., S. 81–111

7 Peter Suhrkamp, Vorbemerkung zu dieser Rede, S. 81

8 Ebd.

9 Ebd.

10 Gustaf Gründgens, *Der Hund des Aubry,* a.a.O., S. 85

11 Ebd., S. 93

12 Ebd., S. 105

13 Ebd., S. 110

14 Gespräch mit Günter Gaus, a.a.O., S. 185

15 Gustaf Gründgens, *Wirklichkeit des Theaters.* Theater und Presse, a.a.O., S. 172

16 Marcel Reich-Ranicki, *Klaus Mann, der dreifach geschlagene Mephisto,* a.a.O., S. 227

17 Ebd.

18 Klaus Mann, *Mephisto.* Roman einer Karriere. München 1965, S. 209

19 Peter Sprengel, *Teufels-Künstler.* Faschismus- und Ästhetizimus-Kritik in Exilromanen Heinrich, Thomas und Klaus Manns. In: Sprache im technischen Zeitalter, Heft 79, September 1981

20 Ebd., S. 184f.

21 Ebd., S. 190

22 Ebd., S. 192

23 Ebd., S. 190

24 Die Zusammenstellung Henning Rischbieters in *Theater heute* (4/1981) könnte in ihrer Kommentierung Initialfunktion für eine solche Arbeit haben, ebenso wie die polemische Entgegnung Erik Grawert-Mays.

Progressive Offenbarung

Als Kinder begeisterte uns das Gerücht, daß es ein Fernrohr gebe, durch das man bekleidete Menschen ohne ihre textilen Hüllen, also unbekleidet, sehen könne. Wir stellten uns mit einer Mischung aus Lust und Abscheu vor, daß wir durch dieses Gerät unseren dünnen Lehrer und unseren dicken Nachbarn betrachten und »alles« sähen.

So, wie sich einige Menschheitsträume erfüllt haben (wenn auch auf eine zuweilen etwas schäbige Weise: der vom Fliegen im Jumbojet und der von der Goldmarie im Lottoglück), so scheint auch dieser Traum aus dem Geist der fünfziger Jahre wahr geworden.

Wir sehen fern, das heißt, wir sehen das einst Fernliegende und Verdeckte nun ganz nah und bloß: die entblößten Körper Fremder, und zudem noch das, was wir uns nicht einmal als Kinder wünschten, ihre entblößten Seelen. Alles Verborgene und Verhüllte kommt heraus, an den Medientag. Alle können immer über sich, über alles und alle anderen reden, alle können immer alles von allen sehen.

Allgemeine Ehepaare lassen ihre besonderen Kleider- und Seelenhüllen fallen und zeigen das Ungeahnte: endliche Varianten von Büsten- und Sockenhaltern; endliche Varianten allgemeiner Geheimnisse des Intimlebens: delikate Sexualprobleme der bekannt geheimnisvollen Art. Wir leben, wie es scheint, in einer Zeit der medialen Parusie, einer Zeit, da sich alle Beichtgeheimnisse zugleich offenbaren, um den Preis, den vermutlich schon Generationen von Priestern haben zahlen müssen: einer verödeten Lüsternheit, einer notorischen Sensationsenttäuschung.

Wir sehen fern: »Das war aber mutig von Ihnen, daß Sie hier so offen über Ihre geheimsten Sorgen gesprochen haben«, sagt die Talk-Show-Moderatorin und nimmt zur Offenbarung ihrer eigenen Vorurteilslosigkeit noch das berühmte Schlückchen aus dem Glas des Aidskranken.

Wir sehen fern: Die Hüllen fallen. Menschen lassen Hüllen fallen. Und mit jeder Hülle, so wird suggeriert, fällt ein Tabu, ist ein Klischee beiseite geschafft. Das ist kein Spaß, hier sind offenbar aufgeklärte Leute am Werk, schließlich geht es um die Enthüllung nackter Wahrheit.

Die Scham, sagt Nietzsche, existiere überall, wo es ein Mysterium gibt. Soviel läßt sich sagen: Die Fernsehsexualität jedenfalls ist frei vom Verdacht, irgendein Mysterium zu bergen. Daher bestehen hier weder Scham noch Schamlosigkeit, dafür jede Menge Geschmacklosigkeit. Weil es aber keine Mysterien mehr geben darf, keinen medial unzugänglichen Raum, darf es auch keine Scham mehr geben, und weil es keine Scham mehr geben darf, kämpfen Heerscharen von Moderatoren gegen jeden und alles, der oder das sich ihrer Redseligkeit entziehen könnte; und weil sie dabei auch vor dem Verstummen oder dem Tod der Anderen nicht haltmachen, demonstrieren sie eine Schamlosigkeit zweiter Ordnung.

Wir sehen fern: Die Klischees fallen Schicht um Schicht wie die Blätter im Herbstwind, und darunter soll die Wahrheit hervorkommen. Das Medium der Klischeeserien, mit all den vielen schönen seriellen Klischees, das sich selbst durch Klischees allein erhält und nährt, ist süchtig und macht süchtig nach dem letzten Klischee. Das ist das Klischee der Wahrheit. Nur so kann verborgen bleiben, daß die Wahrheiten dieses Mediums einzig in seinen Klischees zu suchen sind. Das macht die Menschen so skurril, die sich im Fernsehen nur Sendungen mit dem Anspruch kritischer Wahrhaftigkeit ansehen, z. B. Gesprächsrunden, in denen heiße Eisen von bekennenden Schamüberwindern berührt werden. Die

Offenbarung der Bekennenden gibt dann der Gesprächsleitung die Möglichkeit, das Bekenntnis der eigenen Vorurteilslosigkeit zu offenbaren.

Wehe aber den Offenbarungsscheuen, diesen überkommenen Schämern, die kein öffentlich erprobtes Geheimnis vorweisen wollen. Was geschieht mit ihnen? Fallen sie einfach dem Vergessen anheim, ganz und gar, oder zumindest bis zum Jüngsten Gericht, wenn das Schuld-Buch ihres Lebens aufgeschlagen wird? Oder handelt es sich bei diesem Bekenntnisfuror schon um das Jüngste Gericht? Einigen mag es so scheinen. Vornehmlich denen, die unfreiwillig in die Offenbarungsorgien hineingezogen werden. Das englische Wort dafür heißt *outen*. Früher nannte man solche Fremdoffenbarungen Denunziationen. Sie widerfuhren einem nur durch wirkliche Feinde. Offenbaren, was soviel heißen kann wie Sichtbar-Machen, Kundtun, Enthüllen, Zeigen, Verkünden, Deutlich-Machen, war einmal ein Phänomen, das in die Zuständigkeit der Theologie fiel. Es bezog sich auf die Selbstoffenbarung Gottes. In der Offenbarung enthüllt Gott *den* Gläubigen, denen sie zuteil wird, Teile seiner Geheimnisse und weist so besondere, von der menschlichen Vernunfteinsicht unterschiedene Wege zur Erkenntnis letzter Wahrheiten.

Einst nahmen die Menschen in der Erscheinung Gottes dessen Einzigartigkeit wahr. Jetzt kommen massenhaft einzelne Menschen als Erscheinung über uns, und damit sich die beruhigende Grundannahme, daß auch wirklich jeder wie jeder ist, sichtlich bestätigt, muß der Erscheinende das Geheimnis seiner einzigartigen Durchschnittlichkeit lüften. Er kann süchtig, alt, krank, homosexuell oder behindert sein, aber darin bitte doch wie andere auch.

Das Offenbarungsgeschehen, das die Romantik in säkularisierter Form noch einmal für den Raum der Kunst zu reklamieren suchte, scheint dem allgemeinen Zugriff freigegeben. Jeder kann, ja soll sich offenbaren, damit offenbar werde, daß innere Sensation restlos in äußere Kommunikation auflösbar ist: auf der Couch, im Gespräch, im Fernsehen. Verdächtig allein ist, wer sich nicht allgemein zugänglich und sortierbar macht, obwohl er nach allgemeiner Ansicht zu irgendeiner diskutierbaren Sorte gehört. Er wird im *outing* kategorisch kategorisiert.

Das geschieht in der Regel durch einen notorischen Bekenner, der vielleicht einmal ein wenig karrieregünstigen Mut zum Selbst-Bekenntnis hatte und seitdem vom Bekennen nicht mehr wegkommt. Er kann nun in der Rolle eines Außenseiter-Savonarolas seinen medialen Bekanntheitsgrad noch einmal beleben und steigern, indem er den geheuchelten Unmut einer schmuddeligen Presse, die gleichwohl jede seiner Anzeigen begeistert aufnimmt und den berechtigten Unmut der durch ihn Zwangsoffenbarten zu provozieren sucht.

Als Ermutigung mag das Staatsouting, das dem General Kießling durch den Minister Wörner zuteil wurde, gedient haben. Dem General, der, wie sich später herausstellte, auf dem Felde der Homosexualität nichts zu bekennen hatte, hätte die Fremdoffenbarung, wäre der Fehler in der Rubrizierung als uranistischer Offizier nicht nachweisbar gewesen, erheblichen Schaden zugefügt. Darüber haben sich viele erregt. Nur wenige haben grundsätzlich nach der Berechtigung dieses *outings* gefragt und danach, was denn so staatsgefährdend an einem homosexuellen General sei, ja ob denn nicht zirkelhaft die vielbeschworene Erpreßbarkeit überhaupt erst durch die Vorurteilsbehaftung seiner Vorgesetzten, der potentiellen *outer* also, ermöglicht worden sei.

Notorische Bekenner, auch die in eigener Sache, sind gefährliche Leute. Sie fühlen sich als beichtfreudig Gereinigte gern im Besitz eines absoluten Wissens, als ließen sich ihre faden Selbstbeschreibungen noch wie einst die *Confessiones* des Augustinus, das große Zeugnis, das dieser vor Gott ablegte, in die Totalität eines göttlichen Heilsplans einrücken. Die große Konfession aber bedarf solch metaphysischer Beglaubigung. Der arme Jean-Jacques Rousseau, dem im 18. Jahrhundert für seine Bekenntnisse der naive Rückgriff auf die augustinischen Heilsgewißheiten bereits verwehrt war, wähnte sich zumindest im Besitz eines Wissens: Im Rückgriff auf sein philosophisches Konstrukt eines ›Naturziels‹, einer naturgewollten Freiheit, suchte er sich noch einmal der Bedingungen der Möglichkeit irdischen Glücks zu versichern. Aber schon dieser neuzeitlichen Konfession, bei der der Autor Zeuge und Richter in einem war, haftete ein gerütteltes Maß an Selbstgefälligkeit und Denunziationsbereitschaft an.

Auf der Suche nach einer Korrespondenz von innerer und äußerer Wahrheit bleibt den Heutigen, die sich zur Offenbarung fremder Sexualgeheimnisse gedrängt fühlen, nur noch die ärmliche und überdies auch überlebte These, daß ausgelebte bekennende Sexualität den Menschen immer schon frei, glücklich und gut mache, eine Behauptung, die den Nimbus der Progressivität konserviert, obwohl ein Blick in manchen Kanal des deutschen Fernsehens schnell zu gegenläufigen Einsichten führen kann, etwa zu der, daß ein Spießer, der seine sexuellen Hemmungen ablegt, eben nichts anderes ist als ein sexuell enthemmter Spießer.

Der Fremdbekenner aber hält eisern fest an solchen kanonisierten Glaubenssätzen der Fortschrittlichkeit; schließlich sollen sie ihm das liefern, was den großen Vorgängern die Rückversicherung durch die Gebote höherer Instanzen schon gewährte: Glaubhaftigkeit und Beglaubigung.

Solange er nur Bekenntnisse in eigener Sache ablegt, kann er glaubhaft Glaubhaftigkeit für sich beanspruchen, weil das, was er ausspricht, wenn er sein Selbst offenbart, zumindest darin wahr ist, daß er selbst es für die Wahrheit über sich selbst hält oder halten will. Werden diese Bekenntnisse jedoch stellvertretend für andere – zum Beispiel prominente Homosexuelle – öffentlich abgelegt, entsteht ein spürbarer Berechtigungsmangel.

Diesem Mangel suchte nun ein *outer* kürzlich mit einer heillosen Argumentationsbemühung abzuhelfen: Weil die furchtbare Krankheit Aids hauptsächlich homosexuelle Männer heimsuche und weil sich die homosexuellenfeindliche Regierung nicht bereit fände, für die Erforschung und Bekämpfung dieser Krankheit größere Mittel bereitzustellen, müsse er, der Wahrhaftige, nun zum letzten Mittel greifen und die Homosexualität prominenter Showgrößen offenbaren. Der Nachvollzug dieser Argumentation stellt an die Logik nahezu unlösbare Anforderungen. Die Obszönität der *outing*-Kampagne aber besteht in der Selbstberufung zum Sprecher der Kranken und Todgeweihten, im Versuch, sich durch die Berufung auf das furchtbare Leiden anderer so etwas wie eine transzendentale Beglaubigung zu erschleichen.

Die reklamierten Bedrohungen sind zu ernst, als daß die öffentliche Kostümprobe, auf der sich eine Skandalnudel in einen Heilsbringer zu verwandeln sucht, als schlechter Witz durchgehen könnte. Die Unterscheidung zwischen dem, was einfach nur eine Geschmacksprovokation, und dem, was eine schamlose Bedenkenlosigkeit ist, fällt offensichtlich immer schwerer. Längst schon ist das Betroffenheitsgesäusel der Tele-Gesprächsrunden einer Art von Schaukampf gewichen, einer Auseinandersetzungsform, in der sich die Kontrahenten Botschaften, Unterstellungen, Beleidigungen und Enthüllungen wie Keulen um die Ohren hauen, einer Form, in der Bedenklichkeiten sowieso keinen Platz mehr haben.

Der dogmatische Fremdbekenner braucht den Ausweis skeptischer Wahrhaftigkeit für die Lizenz, anderen, um der Wahrheit willen, die Maske herunterreißen zu dürfen. Unter der Maske der anderen, so muß er suggerieren, befindet sich die gesuchte Wahrheit. Woher aber weiß das der Maskenabreißer? Auch er sieht doch zunächst nur die Maske. Nach menschlichem Ermessen kann er das nicht wissen, solange die Maske an ihrem Platz ist. Sieht er, der immer Solidarische, das für die anderen unsichtbare Kainsmal der Homosexualität durch die Maske hindurch? Oder klebt er selbst es überhaupt erst auf? Macht er den Enttarnten erst zu einem Homosexuellen, der sich dem allgemeinen Begriff des Homosexuellen unterwerfen läßt? Der Entlarver kennt deshalb die Wahrheit, weil es sich gar nicht um die Wahrheit einzelner Personen handelt, sondern um die immer gleiche, seine eigene nämlich, die Wahrheit einer Obsession, die er sich und uns immer wieder verallgemeinernd an anderen bestätigt. Seine notorische Skepsis gegenüber den Lebenslügen anderer zielt also auf die Dogmatisierung dessen, was er an sich selbst für homosexuell, wahr und gut befunden hat. Und siehe das Wunder der Offenbarung: Die demaskierte Wahrheit ist die immer schon vermutete.

Der eigentliche Skandal des *outing* besteht darin, daß niemand fragt, woher der progressive Offenbarer eigentlich im voraus wissen will, was unter der Maske ist. Woher kennt er das stereotype Geheimnis des Talkmasters X? Hat er gelauscht, geschnüffelt, spioniert? Hat er ein Gerücht gehört? Kennt er einen, der einen kennt, der einen kennt? Er ist wohl darauf angewiesen, daß »man« es weiß, unter der Hand, im Geschwätz, im Geraune ... etwa so wie Wörner es von Kießling wußte.

Der Entlarvte bekommt vom Entlarver eine neue Larve verpaßt – noch bevor irgend etwas wirklich Befremdendes zum Vorschein kommen konnte, eine neue Maske, eine eindeutige Maske. Es ist die Theatermaske des Schwulen, und sie trägt die Züge des Denunzianten.

Das Andersartige darf auch im Andersartigen nicht zur Geltung kommen. Wo kämen wir hin, wenn die gleichartig Diskriminierten sich am Ende nicht wirklich glichen.

Achtundsechzig: Das bewachte Ereignis

Ein kritischer Rückblick

Die 68er erinnern sich an 68. Wir 68er erinnern uns erwartungsgemäß an uns. Die meisten Menschen behelligen mit den Legenden ihres Lebens nur einen kleinen Kreis von Vertrauten. Da wir aber Angehörige einer historisch markierten Generation sind, scheint es, als seien bestimmte Sektionen unserer Erinnerung nach Belieben ins Objektive überführbar. Das macht uns ebenso rechthaberisch wie angreifbar.

Um sich am verführerischen Schein der scheinbaren Überführbarkeit narzißtisch mästen zu können – wie dies einige von uns seit nunmehr zwanzig Jahren tun –, ist es unerläßlich, daß andere 68er bestätigen, es handele sich bei dem, woran wir uns, wenn das Stichwort fällt, erinnern, um ein Gemeinsames, um ein ›kollektives Erbe‹, nicht etwa um eine einsame Erinnerungstäuschung. Die Historizität des Ereignisses steht noch immer zur Disposition. Die Umwandlung der vielen Erinnerungsvisionen zum Historiengemälde kann noch immer zum Genrebildchen mißraten.

Doch obgleich es schon zur Zeit des Ereignisses zum Programm gemacht worden war, jeder nur möglichen Erfahrung sofort eine politische Verallgemeinerung abzuringen, bis wir schließlich nur noch verallgemeinerte Erfahrungen machten, obgleich also alles für die Betonung sachlicher Gemeinsamkeit und gemeinsamer Sache spricht, drohen sich in die Erinnerungsberichte zuweilen auch Abweichungen einzuschleichen. Wenn wir die Einheit des Ereignisses gewährleisten wollen, können wir diese Abweichungen nur begrenzt zulassen. Denn nur im Zuge eines Erinnerns ans gemeinsame Ganze, in der Vorspiegelung von Kollektivbeständen und

Kollektiverarbeitungen bleiben wir 68er. Nachdem wir uns dereinst selbst zur historischen Notwendigkeit ideologisiert haben, sehen wir uns jetzt vor die Notwendigkeit einer gemeinsamen Vergegenwärtigung gestellt, die uns schließlich die Suche nach dem kleinsten gemeinsamen Nenner aufzwingt, um den Preis, daß den Erinnerungsbildern alles Originelle, alles Spielerische verlorengeht. Wir sind die Generation, die das Ereignis verblassen läßt. Wir machen es in den Befestigungsanlagen unserer Kollektiverinnerung fast unsichtbar. Denn wir sind die Generation, die das Ereignis bewacht. Selbst die CDU-68er, die es offensichtlich in dieser dehnbaren Vereinbarung auch geben kann, haben schon Wachmannschaften ausgebildet.

Da es zum gegenwärtigen Zeitpunkt eine Interpretationsfrage zu sein scheint, ob in der Erbschaft mehr Reichtum oder mehr Schuldenlast liegt, versuchen wir arbeitsteilig alle Varianten der Beurteilung selber zu liefern, um den Spielraum für die Beurteilung Fremder möglichst klein zu halten: Erst haben einige von uns das Ereignis nach Kräften romantisiert und im gleichen Atemzug sein Ende beklagt, später, als niemand diese Klage mehr hören mochte, haben andere damit begonnen, es pauschal zu denunzieren. Zur Zeit sind wir in der Phase der Selbstironisierung, eine weitere mehr oder weniger langweilige Methode, das Ereignis zu bewachen.

Wie sprach der subjektive Faktor über das Ereignis? Hatte er ein ereignisunabhängiges Vokabular? Es ist ja möglich, Texte zu verfassen, ohne daß das Sprechende darin zur Erscheinung kommt. Die Rhetorik der teleologischen Gewißheit haben wir damals erlernt. Denn mit und durch uns sprach ja immer ein Objektives, eine in unserer historischen Fortschrittlichkeit geborgene Wahrheit, deren universaler Anspruch durch das Auftreten des Personalpronomens in der ersten Person des Singulars nicht relativiert werden, das heißt nicht dem Zufall einer vereinzelten Befindlichkeit geopfert werden durfte.

Auch heute noch, wenn die 68er über 68 sprechen, gibt es mannigfaltige Schwierigkeiten im Bemühen, die Verschmelzung von ›Ich‹ und Bewegungs-›Wir‹ entweder rückwirkend zu leugnen oder die Aktualität einer angeblich immer noch bestehenden Gemeinsamkeit zu beschwören.

Das Problem besteht unter anderem darin, daß der Geltungsanspruch jener geschichtsphilosophisch unterfütterten Naherwartung, die im damaligen gemeinsamen Erfahrungsraum die Interpretation und Legitimation des Ereignisses bestimmte und die andererseits das Ereignis so plausibel machte, heute sehr zurückgenommen, teilweise sogar aufgegeben worden ist – sei es, daß alles anders kam als erwartet, sei es, daß die Bewegung, die aus einzelnen 68er werden ließ, zu einem kaum rekonstruierbaren Zeitpunkt zum Stillstand kam, ohne daß irgendein einzelner 68er darauf einen Einfluß hatte. Wenn wir auch dieser politischen Generation nur bis zu einem gewissen Grade aufgrund bewußter Entscheidungen angehören, so gibt uns doch der Zusammenbruch jenes Kraftfeldes, in dem das ›Wir‹ einmal eindeutig war, nicht das Recht, unser erinnertes ›Ich‹ aus der ganzen Sache herauszunehmen, auch dann nicht, wenn wir genau zu wissen glauben, daß uns schon damals manches daran nicht paßte.

Wenn das Ereignis heute, zwanzig Jahre später, in den Medien diskutiert wird, stellt sich spontane Übereinstimmung bei den beteiligten 68ern überhaupt nur noch in dem Moment ein, in dem fast unvermeidlich jemand die These aufstellt, daß zwischen den einmal proklamierten Zielsetzungen und der Wirkungsgeschichte des Ereignisses erhebliche Diskrepanzen bestünden. Von diesem Mißverhältnis ist auch das notwendig abstrakte ›Wir‹ meiner politischen Generation betroffen. Es hat keine eindeutigen Referenzen. Bei genauem Hinhören erweist sich, daß die meisten 68er in ihren Reminiszenzen die Redeweise wechseln: Sie sagen häufig ›wir‹, seltener ›ich‹, zuweilen ›sie‹: ›Wir haben demonstriert‹, ›Ich war gegen die Nazirelikte und die Notstandsgesetze‹; ›Sie haben die Lage falsch eingeschätzt.‹

Noch einmal holt uns der moralische Bekenntniszwang ein, dem zu entsprechen ebenso prekär ist, wie ihn eilig zu verraten. Andererseits: Wie wichtig es im Sinne der historischen Redlichkeit auch sein mag, die große Einbindung, die unserer Urteilskraft damals widerfuhr, zuzugeben, sie war doch zu keinem Zeitpunkt so stark, daß bestimmte Entwicklungen für einzelne unvermeidbar gewesen wären: Niemand war gezwungen, sich zu einem menschenverachtenden Terroristen zu entwickeln, niemand war genötigt, sich einer stalinistischen Kaderorganisation anzuschließen. Der fliegende Perspektivenwechsel in unserer Rede ist unumgänglich, um eine Balance herzustellen zwischen unserer Abneigung, etwas vorschnell zu verraten, an das wir einmal geglaubt haben, und unserer Selbstachtung, die verbietet, daß wir uns zu etwas bekennen, das wir nie vertreten haben.

Wenn der Zeuge zugleich der Richter, wenn der Betroffene zugleich der Historiker ist, dann bieten sich zwei Versuchungen an, die der Illusion, den Perspektivenwechsel vermeiden zu können, Vorschub leisten: Der Blickwinkel kann sich so erweitern, daß er nur noch die Unschärfe einer pauschalen Generationenzuordnung einfängt, er kann sich aber auch so verengen, daß er alle liebsamen Geschehnisse auf einen selbstdefinierten Ereigniskern zentriert. Von diesem Zentrum, der Definition des ›wahren‹ Ereignisses, die nicht zufällig mit den heutigen subjektiven Überzeugungen deckungsgleich ist, kann das Unliebsame als ›ereignisfremd‹ ausgegrenzt und der Lebenslauf ›rein‹ gehalten werden. Auch diese verspätete Rechthaberei ist in den Interviews, die jetzt gegeben werden, häufig anzutreffen.

Auf dem bekanntesten Plakat der Studentenbewegung war die Behauptung zu lesen: »Alle reden vom Wetter. Wir nicht«. Zum zwanzigjährigen Jubiläum des Ereignisses gab es ein Treffen der 68er unter dem Motto ›Prima Klima‹.

Das Atmosphärische wurde erst schätzenswert, als es das Atmosphärische nicht mehr gab. Damals, als das ›Klima‹ in diesem Sinne gut war, waren uns nur die wetterfesten Themen wichtig: die

Kampagne gegen die Notstandsgesetze; die Demonstrationen gegen den Vietnamkrieg und die Terrorherrschaft des Schahs in Iran; die hochschulpolitischen Reformen; die Politik der Frauen (aus der eine Bewegung so recht erst später wurde) …

1968 waren wir noch keine 68er. Erst ein Erfahrungsschub und speziell die Erfahrung einer ›Stimmung‹ hat uns zu einer politisch benennbaren Einheit werden lassen. 68 war eine Stimmung, der eine Mißstimmung vorangegangen war. Am Anfang, so erinnere ich mich, war die Wahrnehmung, daß unterschiedliche Menschen gleichermaßen ganz Unterschiedliches nicht mehr wollten: Sie wollten die gleichen Bilder nicht mehr sehen, die gleichen Worte nicht mehr hören und die gleiche Politik nicht länger mehr begünstigen, die gleichen Heucheleien nicht mehr dulden. Es ist wohl das Recht jeder Generation, mißmutig auf die eine oder andere politische, kulturelle und moralische Vorgabe zu reagieren, damals aber befiel der Mißmut einen sehr großen Teil der Jugend, er bezog sich auf nahezu alle Lebensbereiche, und es war zudem auch mehr als Mißmut – es war Abscheu. Zur Begründung und Erklärung dieses Abscheus waren Theorien zur Hand, die eine Bedeutung für die Entwicklung des ›Protestpotentials‹ bekamen (das gilt jedenfalls für die Anfangszeit, in der die Theorie noch etwas galt), auch wenn die Jugendlichen, die sich da im gemeinsamen Abscheu trafen, nicht alle die Schriften Adornos und Horkheimers gelesen hatten, auch nicht die von Marcuse oder Marx.

Am deutlichsten ist mir der Eindruck in Erinnerung, daß wir alle kamen, obwohl niemand uns gerufen hatte. An bestimmten Orten, in den Großstädten, an den Universitäten, in den Versammlungsräumen des SDS, kristallisierte sich die Erregung, die uns plötzlich alle ergriff, die uns in unvorhersehbarer Zahl zusammenkommen und in unvorhersehbarer Weise handeln ließ. Nicht einmal für das Überraschtsein blieb Zeit. In rasender Schnelligkeit wurden nun auch Theorien für das Ereignis, das wir selbst waren, nachgeliefert. Das machte das Ereignis plausibel, und da das Ereignis als Phäno-

men ja nicht abzuleugnen war, schienen auch die Theorien plausibel. Wann sind wir in den Sog dieser Plausibilität geraten? Wann
war 68? Natürlich nicht nur und nicht erst im Jahre 1968. Aber auch
nicht sehr viel früher oder später.

68 war eine kurze, eine schnelle, eine jähe Bewegung. Die meisten
von uns waren, von der Schule kommend, gerade dabei, die ersten
theoretischen Gehversuche zu machen, und plötzlich befanden wir
uns auf einem kulturpolitischen Laufband, das uns mit rasender
Geschwindigkeit davontrug. Wohin? Aufwärts selbstverständlich.
Ich glaube mich zu erinnern, daß wir hochfahrend gestimmt an die
prinzipielle Veränderbarkeit von allem und jedem glaubten. Wer
heute meint, das belächeln zu müssen, der sollte wenigstens bedenken, daß dieses Weltvertrauen damals noch keine Kirchentagsmuf-
figkeit an sich hatte.

Wenn wir heute gedrängt werden, anderen die damalige Stimmung, das Gefühl von Plausibilität und Beschleunigung, unsere
damalige Erregung vorstellbar zu machen, dann besteht unser Problem darin, daß sich kein Mensch mehr vorstellen kann, daß wir
einmal originell waren. Wenn uns auch der revolutionäre Höhenflug
mißraten ist, so hatten wir doch eine ›kolossale Breitenwirkung‹ in
die Lebensstile hinein. Dort hat sich freilich unser Ausdrucksreper-
toire so schnell verbraucht, daß das Neue an ihm in Vergessenheit
geriet. Als schließlich jedem, der sich in Fragen der Fortschrittlichkeit etwas zugute halten wollte, die Vokabeln ›rigide‹ und ›repressiv‹
flüssig über die Lippen kamen; als auch die Mütter in der Provinz
darauf warteten, daß ihr Kleines endlich in die ›anale Phase‹ kommen möge; als die programmatische Aufhebung der Polarität von
Politischem und Privatem im Beziehungsmief der siebziger Jahre
verschimmelte, war der Eindruck von Originalität schon eine ver-
blaßte Erinnerung.

1968 waren die 68er noch sehr jung. Die meisten von uns standen am Beginn oder in der Mitte ihres dritten Lebensjahrzehnts.
Mit unserer individuellen Vergangenheit hatten wir nicht viel zu

tun, wir waren mit der damaligen Gegenwart sehr beschäftigt und sahen mit unendlich großen Erwartungen in die Zukunft. Aber einer von uns veröffentlichte doch eine Erinnerung seiner bis dahin gelebten Jahre, gezwungenermaßen. Angeklagt im Jahre 1968 wegen Rädelsführerei und gebeten, Angaben zu seiner Person zu machen, formulierte der damals fünfundzwanzig Jahre alte Hans Jürgen Krahl in freier Rede einen Abriß seines Lebens. Beheimatet im »rückständigen« Niedersachsen, das sich im »feudalen Naturzustand einer Agrarwirtschaft« befand, geistig umgeben von »finsterster Unmündigkeit«, eingebunden in die »Ideologie der Erde«, politisch orientiert im »Bezugsrahmen« der »Deutschen Partei«, der »Welfenpartei« und des »Ludendorffbundes«, führte ihn ein erster Schritt, der nach seinen eigenen Worten ein »enormer Schritt an Aufklärung« war, 1961 zur Gründung der »Jungen Union« in Alsfeld. Über Burschenschaftskonvent und schlagende Verbindung fand er – nach einem ersten Eindruck vom antifaschistischen Widerstand im Rahmen der »christlichen Kirche« – den Weg zu einer ersten »theoretischen Selbstbestimmung, nämlich zu Martin Heidegger«. Von der Fundamentalontologie, die sich ihm bald als eine »imperialistisch abenteuernde Philosophie« erwies, gelangte er – nebenbei wurde schnell noch der »fortgeschrittene logische Positivismus« überwunden – auf die geistige Höhe seiner Zeit, das hieß zur »marxistischen Dialektik« und, politisch analog, zum SDS.

Würde heute noch einer von uns seine Biographie in vergleichbarer Weise schreiben? Wie dieser riesige geistige politische Räume durchschreitet, wie er durch kulturpolitische Landschaften streift, wie er die geistige Entwicklung eines halben Jahrhunderts und die Überhänge aus dem vorhergehenden noch dazu absorbiert, wie sich ihm das alles ordnet, zeitgeschichtlich, weltanschaulich und politisch synchronisiert und schließlich biographisch zuwächst, auch das weiter Zurückliegende, auch das kulturell Fernliegende, wie er reicher wird in seinen Möglichkeiten, wie er näher zu seinem Ziel kommt, niemals in Gefahr, selber absorbiert zu werden durch die Übermacht des Vorgegebenen! Denn in dieser Aufblendung eines Einzelganges, der geradezu weltgeschichtliche Komplexionen annimmt, bleibt doch immer ein Kontinuum: der aufsässige einzelne, der zurückläßt, der weiterschreitet, der sich befreit: von dem Muff des Provinzgymnasiums, von den reaktionären Zumutungen der ›alten Herren‹, von Ideologien, von politischen Irrtümern und so weiter.

Hans Jürgen Krahl hat in der scheinbaren Harmlosigkeit seiner Personenangabe die Grundsätze vorgeführt, nach denen wir alle, damaliger Vorstellung gemäß, unser Leben verstehen und zum Ziel bringen sollten und wollten. Es gab klare historische Standortbestimmungen, klare Parameter für den Grad der Fortschrittlichkeit und klare Zielsetzungen. Daneben und darin gab es ein gut konturiertes Individuum, das mit seinem antiautoritären Mißtrauen und den Waffen der Ideologiekritik allen gefahrvollen Vereinnahmungen zu widerstehen wußte. Längere Umwege, um zum Ziel zu kommen, waren in Kauf zu nehmen, wenn nicht gar ehrenvoll.

Das Ziel kam uns abhanden, die Umwege blieben.

Ich bezweifele, daß heute noch viele von uns die Befunde dessen, was wir für unsere Individualität halten, in ein solches fortschrittsgeschichtliches Streckbett legen würden, wenn wir unser Leben zu schildern hätten. Die Lektüre der Krahlschen Rede hinterläßt einen zwiespältigen Eindruck: den des Imposanten und den des Traurigen. Imposant ist der unbedingte Wille, sich, wenn es sein muß, die ganze Weltgeschichte auf die Schultern zu laden; traurig stimmt die mit der Lektüre verbundene Vergegenwärtigung einer vergangenen Hoffnung auf eine große Zukünftigkeit.

Wie aber ordnen wir heute das Ereignis in unsere Erinnerung? Es scheint fast, als wären wir jetzt in einer Phase, wo wir ratlos vor den standardisierten Bildern von Demonstrationen und vollen Hörsälen stehen und darüber unsere Erinnerung verlieren.

Sympathisch sind mir die alternativen Schamformen, die solche Fragilität der Erinnerung bei einigen provoziert: die Flucht ins ganz Allgemeine oder die ins Anekdotische, fast Private – den Zwischenraum einer zeitgeschichtlichen Neutralität werden wir vorerst noch nicht besetzen können.

Unser enthusiastischer Aufbruch hatte seine Wurzeln nicht im Egoismus einzelner. Der Vorsatz und auch der Versuch einer gründlichen theoretischen Durchdringung der Bedingungen, unter denen wir agierten, waren geprägt von einem sittlichen Ernst, der sich recht gut mit dem anarchischen Witz vertrug, der zuweilen die Szene belebte (in dieser Kombination lagen die, wie ich aus heutiger Sicht finde, besten Momente des Ereignisses); aber die Bewegung veränderte bald ihr Gesicht: Die Züge des Verspielten verschärften sich zu einer grimassierenden Unduldsamkeit, die nach außen, vor allem aber auf die Abweichungen im Inneren gerichtet war, die Züge der theoretischen Neugier schwanden und wichen einem Doktrinarismus, einer geistigen und politischen Versteinerung, die dem Antiautoritarismus, unter dem wir einmal angetreten waren, hohnsprach.

Die Studentenbewegung in der Bundesrepublik hatte sich nicht an Konflikten in der ›Produktionssphäre‹ entzündet und sie hat auch in diese Sphäre vergleichsweise wenig hineingewirkt. Ihre Wirkung liegt tatsächlich im Bereich dessen, was damals als ›moralischer Überbau‹ bezeichnet wurde. So plausibel wir uns auch im Kontext geschichtsphilosophischer Spekulationen auf den ersten Blick erscheinen mochten, die Wahrheit ist: Wir konnten es uns im Grunde nicht erklären; jedenfalls nicht mit den theoretischen Bordmitteln der politischen Ökonomie und des historischen Materialismus.

Es ist zu vermuten, daß die Stärken, aber auch die Schwächen der Bewegung in jener affektgeleiteten Moralität steckten, die uns auch veranlaßte, Fragen in die Diskussions- und Publikationsöffentlichkeit zu tragen, die bis heute – zu Recht – ihren Platz dort haben, Fragen nach dem Gebrauch und Mißbrauch von Macht, nach den politischen und wirtschaftlichen Interessen, die die Entscheidungen von Machtträgern bestimmen, Fragen nach den strukturellen und ideologischen Überhängen des Naziregimes und nicht zuletzt Fragen nach der historischen Schuld. Auch diese Fragen haben einzelne lange vor uns mit Tapferkeit gestellt. Wir haben sie allerdings aufs Bewegungspanier geschrieben. So wurden sie zum ersten Mal in breiter Öffentlichkeit wahrgenommen. Diese Fragen waren zu jener Zeit unbequem. Ich fürchte nur, daß wir es uns irgendwann in diesen Fragen zu bequem gemacht haben. Wir hatten natürlich ein Recht auf unser Entsetzen über die ›jüngste Vergangenheit‹, die damals wirklich noch ziemlich jung war, wir hatten natürlich ein Recht darauf zu fragen, was die Vätergeneration getrieben hatte. Einigen von uns ist aber offensichtlich der Unterschied zwischen dem Recht auf eine Frage und einem prinzipiellen Rechthaben aus dem Bewußtsein geschwunden. Weil wir so billig ans Gut-Sein kamen, haben sie sich offensichtlich im Stande einer moralischen Unbefleckheit gewähnt. Als Generation einer Vätergeneration gegenüber historisch im Recht zu sein schien zu heißen, immer im Recht zu sein – wovon keine Rede sein kann.

Wir haben mit unserem Fragen nicht allzuviel riskiert (wenngleich damals noch nicht abzusehen war, daß die Bewegung zum größten Teil in den öffentlichen Dienst übernommen werden würde).

Um Mißverständnissen vorzubeugen: Die moralische Selbstüberhebung, die sich für einige von uns daraus ergab, lag weniger in der Logik des Fragens als in der Psychologie der Fragenden. Unsere Bewegung, die, so habe ich das jedenfalls verstanden, angetreten war gegen die Dogmatismen und gegen den Terrorismus jedweder Couleur, versandete in Dogmatismus und Terror. Den Rest hat ihr dann die politische Pädagogisierung ganzer Landstriche gegeben, unter der dann die Generation der Spätergeborenen zu leiden hatte. In einer der vielen Diskussionsrunden des Fernsehens zum Thema sagte ein 68er, der damals zu besonders dogmatischen Positionen neigte und wortführend in einer der sogenannten K-Gruppen war, grinsend, es sei doch aus heutiger Sicht ein wahrer Segen, daß Leute wie er nicht wirklich an die Macht gekommen seien. Wie recht er hat. Störend war freilich der frivole Unernst, der den Irrtum, zu dem er sich bekannte, zum Talkshow-Kalauer werden ließ. Es hat ja immerhin Leute gegeben, die unter solchen Entwicklungen gelitten haben. Gerade unter den ehemaligen Dogmatikern sind etliche, die außerordentlich flott zu einem gleichermaßen dogmatisch vertretenen Antidogmatismus gefunden haben, aus dessen Schutz sie vor allem jene, die ihnen heute noch erscheinen, wie sie selber gestern waren, hämisch attackieren.

Die 68er kommen in die Jahre. Zuweilen kann ich mich des Eindrucks nicht erwehren, als wären viele von uns schon seit fünfzehn Jahren in den Jahren. In kenntlicher Weise einer Generation anzugehören, die mit einem Datum kenntlich gemacht wurde, rückt für die Selbst- und Außeneinschätzung einzelner den Prozeß des Älterwerdens in ein helleres Licht, als dies bei Angehörigen anderer Generationen der Fall ist.

Wenn es sich auch so verhält, daß die Studentenbewegung wichtige Fragen aufgeworfen hat, so steht wohl ebenfalls außer Zweifel, daß sie wichtige Fragen ausgespart und tabuisiert hat. Es sei nur an den Bereich der atomaren Bedrohung erinnert, der durch die Ostermärsche vor 68 schon einmal Thema der Öffentlichkeit war und von dem dann zur Zeit des Ereignisses kaum noch die Rede war. Aber grenzüberschreitende Themen dieser Art, Themen, deren katastrophenartige Dimension nicht nur geopolitische, sondern auch ideologische Denkgewohnheiten hätte sprengen müssen, paßten nicht so recht ins damalige Spektrum der politischen Konfliktbewältigungen, die wir anzubieten hatten. Einem ähnlichen Tabu unterlag die Beschäftigung mit Existenzialien wie dem Älterwerden und dem Tod. Lange Zeit war auf die Außenwand des ›Instituts für Sozialforschung‹, an dem wir damals studierten, ein Zitat Horkheimers gesprayt, dem zu entnehmen war, daß man zwar nicht wisse, was nach dem Tod komme, daß aber das, was vorher sei, in der kapitalistischen Gesellschaft stattfinde. Damit war diese Frage zwar nicht für Horkheimer, wie uns ein genaueres Studium seiner Schriften gelehrt hätte, aber offensichtlich für uns erledigt.

Der großen 68er-Inszenierung hat sich kein begabter Regisseur angenommen. Sie vollzieht sich in Begegnungen und Reminiszenzen einigermaßen dilettantisch und grob koordiniert. Als einzelne sollten wir darauf dringen, daß das Stück langsam abgesetzt wird. Die Fixierung auf dieses Datum, die gestisch und mimisch erzwungene Kontinuität, läßt uns alt aussehen. Schon aus Gründen der Eitelkeit sollten wir hoffen, daß uns diese Erfahrung nicht ewig auf der Stirn geschrieben bleibt. So groß und so umwälzend war das Ereignis nun auch nicht, daß sich geistige und emotionale Nahrung für ein ganzes Leben allein aus ihm ziehen ließe.

Wir sind vermutlich schlechte Zeugen eines interessanten Ereignisses. Wir gingen mir, gehörte ich einer anderen Generation an, in unserer Funktion als Ereignisverweser gewaltig auf die Nerven. Aber selbstverständlich gehöre ich zu den 68ern und werde scharf aufpassen, daß da nichts Falsches aufkommt.

Multikulti oder Wo die Barbarei beginnt

Manche Menschen können manche Menschen nicht leiden. Meistens kann ein Mensch, der von einem anderen nicht gern gelitten wird, diesen seinerseits auch nicht leiden. Es ist schwer, aber nicht unmöglich, jemanden, der einen nicht leiden kann, seinerseits leiden zu können. Zumeist, wenn sich die Abneigung nicht zum Ekel steigert, leiden wir nicht sonderlich darunter, wenn wir jemanden nicht leiden können, und wir kommen in fortgeschrittenem Alter auch leidlich damit zurecht, daß wir bei anderen nicht immer wohlgelitten sind. Solange wir uns zivilisiert benehmen, werden auch die, die wir nicht leiden können, nicht wirklich darunter zu leiden haben. Im übrigen, das lehren uns die Erforscher der Sprachgeschichte, ist das Wort ›leiden‹ im Sinne von ›jemanden leiden können‹ mit dem Wort Leid etymologisch nicht verwandt. Es zielt nicht auf das Leid und den Schmerz, sondern eben nur darauf, daß man etwas mehr oder weniger aushalten kann, mag oder muß. »Der Tag des Herrn ist groß und sehr erschrecklich: Wer kann ihn leiden?«, heißt es in der Bibel; wir alle wissen, daß uns gar nichts anderes übrig bleibt, als ihn immer wieder auszuhalten – so wie die Anwesenheit unserer Kollegen, Verwandten und Nachbarn. Schwieriger wird es, wenn sich diese Abneigungen auf ganze Kollektive richten: auf Asylanten beispielsweise, auf Ausländer, auf Fremde schlechthin:

Man kann nicht stets das Fremde meiden,
Das Gute liegt uns oft so fern.
Ein echter Deutscher Mann mag keinen Franzen leiden,
Doch ihre Weine trinkt er gern.

Wäre der grobianische Brander aus Auerbachs Keller, dem Goethe diese Sätze in den Mund legt, für das Projekt multikultureller Befriedigungen noch erträglich? Im Stück wird ihm Mephistopheles teuflisch einheizen. Aber dieses Höllenfeuer nimmt sich harmlos aus, gemessen an dem, was dem Brander widerführe, fände er sich – unversehens in unsere Tage versetzt – in dem moralischen Sperrfeuer wieder, das ihm solche Rede mancherseits eintrüge. Nehmen wir an, er hätte, verschlagen in eine Runde von Multikulturalisten, gesagt, daß er zwar die Türken nicht liebe, aber türkischen Honig gern esse.

Brander sieht sich umgehend mit einer Vielzahl von Epitheta versehen: ›Chauvinist‹ wäre das mindeste – und träfe die Sache wohl am ehesten –, aber auch an weitergehenden Zuschreibungen wie ›Rassist‹ und ›Faschist‹ wäre kein Mangel. Wenige unter seinen fremdenfreundlichen Gesprächspartnern werden sich daran erinnern, daß sie auch schon einmal – und sei es nur, um sich vom ewigen Gutsein und Rechthaben ein wenig zu entlasten – damit kokettiert haben, daß sie zum Beispiel Japaner nicht leiden können. Die Pragmatiker unter Branders Zuhörern werden vielleicht zu seinen Gunsten einräumen, daß er immerhin kein Fanatiker sei, der seinen Körper nur mit dem Süßwerk von deutscher Imme nähre. ›Wehret den Anfängen‹ werden die Moralisten dagegenhalten, wohl wissend, daß der häufige Besuch von italienischen Restaurants ein fragwürdiger Nachweis für Fremdenfreundlichkeit ist. Die noble Sushi-Bar, in der ein italienischer Werbefachmann mit einem französischen Designer und einem deutschen Kulturmanager ein Multimedia-Geschäft feiert, ist ein hochsicherer Ort. Hier ist man sicher vor kurdischen Drogenhändlern, vor primitivem Nationalismus und vor dem Verdacht der Xenophobie. Es ist der ideale Ort, um eine wohlfeile Kampagne gegen den Fremdenhaß zu konzipieren. Es macht eben einen Unterschied, ob man seine Kinder auf einem exklusiven internationalen Internat in der Schweiz kosmopolitisch aufgehoben weiß oder ob man sie auf eine Gesamtschule mit einem extrem hohen Anteil an ausländischen Schülern schickt, wo das weltbürgerliche Brüderlichkeitsgebot schweren Belastungen ausgesetzt ist durch soziale, kulturelle und religiöse Multikonflikte. Das muß nicht schlechter sein, aber es macht eben einen Unterschied. Ob Brander wohl die multisoziale Übersicht hätte, um sich mit solchen Milieustudien gegen die multikulturellen Schuldsuggestionen zu immunisieren? Wohl nicht. Soviel aber dringt in sein versoffenes Hirn vor: daß die vorwurfsbereite antifaschistische Redakteurin mit den irrationalen Auswirkungen von Verteilungskämpfen wenig zu tun hat, wenn sie mit ihrem ökologisch unbedenklichen Weidenkörbchen über den pittoresken Wochenmarkt geht und nicht nur an den Bioprodukten, sondern auch an der exotischen Angebotsvielfalt aus aller Herren Länder ihre teure Freude hat. Ahnt Brander vielleicht, daß Antirassismus und Umweltbewußtsein nicht nur, aber auch eine Frage der moralischen und ökonomischen Erschwinglichkeit sein können? Daß sie für manche leichter zu haben sind als für andere?

Wächst in Brander nun schon der Verdacht, daß es, wie Heinrich Heine gesagt hat, zwei Sorten von Ratten gibt, »die hungrigen und die satten«, und daß die satten »vergnügt« zu Hause bleiben, die hungrigen aber auswandern? Wächst in ihm der Verdacht, daß sich dieses Verhältnis zwei zu eins immer mehr so stabilisiert, daß die Armen ärmer und die Reichen reicher werden – nicht nur im Kleinen, im Mikrokosmos von Auerbachs Keller, sondern im Weltmaßstab? Fürchtet er, der ›echte deutsche Mann‹, seine elende arme Einheitlichkeit, die er im Keller-Innern seines Saufbehagens zelebriert, unter der von außen anrollenden Flutwelle fremder Armut, in einem neuen vielfältigen Elend ganz zu verlieren?

Ist er nur ängstlich und hat allerlei Abneigungen, oder hat er schon einen kleinen, aber ganz entscheidenden weiteren Schritt getan? Hat er schon auf die rassistischen Einflüsterungen irgendwelcher Rattenfänger gehört, hat er die unverbundenen Fäden seiner diffusen Abneigungen schon in politische Erklärungsgespinste eingeknotet, und ist er nun schon bereit, diese Horrorpolitik plausibel zu finden, weil sie seinen krautigen Neigungen so schön korrespondiert? Hat er die Zivilisationsklippe übersprungen und kann nun die Noch-Hungrigeren nicht nur nicht leiden, haßt er sie schon, bedroht er sie, in der aberwitzigen Hoffnung, sich so doch noch auf die Seite der Immer-Satten schlagen zu können?

Aber warum soll Brander, geschockt durch die Unübersichtlichkeit seiner Lebensbedingungen, sich eigentlich mit dem Gebot der Nächstenliebe hoffnungslos überfordern, wenn man ihm gleichzeitig nichts als simple, aber emotional befriedigende Erklärungen für seine Arbeitslosigkeit, seine Wohnungsnot, für seine ganze soziale Misere bietet? Er bekommt sogar die Schuldigen mitgeliefert, es sind die, die er sowieso nicht leiden kann. Welche Angebote wirken der Demagogie entgegen? Kein Angebot, nur ein Gebot: das abstrakte Gebot, alle Fremden, alles Fremde leiden können zu müssen. Die, die es seit Jahren predigen, haben es dahin gebracht, ein undeutsches Glück zu empfinden, wenn in Italien der Bus zwei Stunden zu spät kommt. Auch sie sind einen Schritt weitergegangen: Ihre Liebe zum Fremden hat sich aus der Verachtung fürs Nahe genährt. Aus dieser Umkehrung erwuchs eine Art Schuld- und Verantwortungsnationalismus, ein negativer Nationalismus, vor dessen Hintergrund man immer recht haben und gut sein konnte. Aber Brander ist nicht in der Situation, in der man aus dieser Schuldwonne Honig ziehen kann. Die Vorstellung, daß das ganze Immigrationsproblem mit ein bißchen gutem Willen und viel Moral in die Friedfertigkeit eines Stadtteilfestes überführt werden könnte, dieses ganze xenophile Eia popeia wird ihn nicht anrühren, vielleicht wird er sogar den verdeckten Dogmatismus dahinter wittern. Vor allem aber widerspricht solche Harmlosigkeit seinen Erfahrungen.

Wehret den Anfängen von dem, was Asylantenmord und Zustimmungsgejaule werden kann! Wo aber fängt das an? Soll man, kann man Abneigungen untersagen? Wenn wir über jemanden sagen, daß wir ihn gut leiden können, meinen wir, daß wir ihn nicht lieben,

aber gern aushalten. Wenn wir sagen, daß wir jemanden nicht leiden können, meinen wir, daß wir ihn zwar nicht hassen, aber freud-
los aushalten. Wir können ihn nicht leiden, aber wir erschlagen ihn
nicht. Das nennt man Zivilisation. Der Appell, alle Fremden leiden
können zu wollen oder gar lieben zu müssen, ist aberwitzig. Niemand von uns kann ihm folgen, nicht einmal in der Sphäre seiner
Kellergemütlichkeiten. Es ist schwer, den Punkt auszumachen, an
dem eine Abneigung, eine affektive Disposition umschlägt in ein
Vorurteil, ein Ressentiment, einen ideologisierten Haß. Es ist der
Punkt, an dem die Barbarei beginnt. Paradoxerweise scheint nichts
so sehr diesen Umschlag zu begünstigen wie der Versuch, jede ein-
gestandene Abneigung moralisierend schon für die Barbarei selbst
auszugeben.

Zum Buch

Bibliomanie oder
Wer wird schon schlauer auf die Dauer?

> Eigentlich lernen wir nur von Büchern, die wir
> nicht beurteilen können. Der Autor eines Bu-
> ches, das wir beurteilen können, müßte von uns
> lernen. *Johann Wolfgang von Goethe*

Italo Calvino beschreibt zu Beginn seines Romans *Wenn ein Rei-
sender in einer Winternacht* die erschreckte Reaktion seines Lesers,
der eine Buchhandlung betritt in der Absicht, ebendiesen Roman zu
kaufen, und der sich unversehens dem bedrängenden optischen Ansturm einer Bücherarmada ausgeliefert sieht. Calvino erfaßt diese
bekannte und immer wiederkehrende Konfrontation in der Metaphorik einer Abwehrschlacht. Da ist die Rede von der »Phalanx«
und der »Infanterie der Bücher«, von ihrem »Verteidigungsring«,
von den »Türmen der Festung«, von der Notwendigkeit, ihnen un-
sererseits »Widerstand« zu bieten, von der Schwierigkeit der »Abwehr« ihrer »Attacken« gegen uns – kurz: davon, daß sie uns ernst-
lich gefährlich werden können. Gefährlich infolge ihres fordernden
Charakters, ihrer Willfährigkeit gegen jedermann, ihrer chaotischen
Mannigfaltigkeit, ihrer alarmierenden Überzahl, ihrer platz- und
zeitfressenden Gier, von uns beachtet, ja gelesen zu werden. Jeder,
der einige mit Büchern gefüllte Regale in seiner Wohnung hat, weiß
von ihrer geheimnisvollen Möglichkeit unorganischer Vermehrung,
von ihrer widerlichen Fruchtbarkeit, von ihrer Tendenz, Wohnungen zu überwuchern, und er leidet unter diesem müden Krieg, unter
den lahmen Maßnahmen seiner Gegenwehr, unter den Skrupeln,
die mit jedem Versuch einer Entledigung verbunden sind. Es gibt

viel mehr Bücher als Leser. Das bewirkt, daß die Bücher Schlange stehen, um von uns gelesen zu werden. Sie machen sich wichtig, und als Wichtige machen sie sich sogar und vor allem in ungelesenem Zustand noch in unserem Gewissen breit.

Einige von uns haben in gut getarnter Frivolität früh schon kapituliert und sich dem Ansturm willig unterworfen. Sie haben fraternisiert, sich auf die Seite der Bücher geschlagen, sie ihrer inflationären Liebe versichert und ihre Vermehrung nach Kräften begünstigt. Statt aber nun für diesen Fahnenwechsel mit Schimpf und Schande bedacht zu werden, stehen sie in hohem Ansehen, denn die Bibliomanie ist die einzige Sucht, die dem Süchtigen zur Ehre gereicht. Stolz verweisen die Foliantenschnüffler auf ihre überlasteten Regale und hoffen, daß diese gebundene Fülle des Wissens und der Stoffe für eine Repräsentation ihres Kopfinneren gehalten werden möge, wenngleich sie sich über nichts so sehr erheitern können wie über die Wiederholung der – meist von ihren Putzfrauen gestellten – Frage, ob sie dies denn alles gelesen hätten. Ihre Heiterkeit überantwortet die Fragenden der Lächerlichkeit in der Hoffnung, so die Verrechnung ihrer verflossenen Lebenstage im Zeitraum ihrer Lesefähigkeit mit dem zeitlichen Aufwand für die zu lesenden Seiten abzuwenden und die sich möglicherweise anschließende Frage nach der wahrscheinlich noch verbleibenden Frist im Verhältnis zu dem Noch-Nicht-Gelesenen gar nicht erst aufkommen zu lassen.

Sie, die Süchtigen, haben mannigfaltige Strategien entwickelt, um sich die Gefährlichkeit der Bücher, von der Calvino spricht, vor sich selbst zu verbergen. Calvinos Veranschaulichung der Bedrohung, die diejenigen empfinden, die noch nicht ganz kapituliert haben, hebt sich kraß ab von der allgemein zur Schau gestellten Bibliophilie.

Geläufiger und häufiger sind die Beschreibungen der Bücher, die sich in einer Metaphorik der Befriedung bewegen. Der Leser bietet hier ein Bild des Friedens und der Friedfertigkeit. Eine Bildlichkeit, die uns suggeriert: ›Böse Menschen haben keine Bücher.‹ Der Lesende ist immer gut. Er erweckt den Eindruck von Harmlosigkeit, ungeachtet der Schreckenspläne, die sich unter dem Einfluß der Lektüre in seinem Schädel zusammenbrauen mögen. Alle Anleitungen zu Verbrechen und Völkermord stehen auch in Büchern. Daß die Mörder Bücher zuweilen verbrannten, ändert daran nichts. Aber obgleich alle Bosheit und alle Schrecknis dieser Welt auch in Büchern ist, wird dadurch das Ansehen der Bücher und derer, die sie hemmungslos aufhäufen, nicht gemindert. *Die* Bücher sind immunisiert, allenfalls das einzelne Buch kann ein Bann treffen.

Nichts läßt uns so ehrbar erscheinen wie die trauliche Anwesenheit vieler Bücher. Deshalb finden Fernsehinterviews mit Wissenschaftlern oder Politikern meist vor Bücherwänden statt.

Überwunden scheinen hierzulande die Zeiten, in denen der Geltungsanspruch eines einzigen Buches auf Kosten der vielen Bücher verabsolutiert wurde, und auch die, in denen in Abschwächung dessen bestimmte Gattungen der Literatur pauschal in Mißkredit standen, in denen ein anständiges Mädchen allenfalls etwas Erbauliches und, wenn es hoch kam, heimlich ein paar Romane zur Kenntnis nahm. Wir wollen sie uns nicht zurückwünschen, denn daß solche ›Zeiten‹ auch in unserer Zeit noch bestehen können, bezeugt der erst kürzlich ergangene Mordbefehl aus dem Iran.

Gleichwohl klingt mit dem Blick auf die Uferlosigkeit der Publikationsfluten in manchem Literatengespräch eine geheime Sehnsucht nach Zensurbedingungen an, die als Ansporn des Zuwiderhandelns eine Lektüreselektion steuern könnten. Bis vor kurzem wurde in solchen Causerien etwa den Schreib- und Leseverhältnissen in Ostblockländern noch ein höchst fragwürdiger Geschmack abgewonnen, weil dort auf dem Umwege des Verbots dem Buch und denen, die es schreiben, angeblich noch so etwas wie Achtung oder zumindest Beachtung entgegengebracht wird. Ist der Lesehunger so sehr in eine Büchersattheit umgeschlagen, daß wir uns den Zensor als Konsumselektor zurückwünschen müssen?

Dabei hat uns Montaigne an der Schwelle des neuzeitlichen Lektüreverständnisses schon ein brauchbares Auswahlkriterium an die Hand gegeben; auch er bedient sich dabei der Militärmetaphorik. Seine Lektüre, so schreibt er, sei vom »Feldweibel« Zufall reglementiert *(Über die Bücher)*. Im übrigen sei er nicht gewillt, sich an ihr die Zähne auszubeißen, und läse ausschließlich zum Vergnügen. »Was ich nicht auf den ersten Anhieb durchschaue, das durchschaue ich erst recht nicht, wenn ich mich darauf erpiche. Es gelingt mir nichts ohne Heiterkeit, und zu lange Bemühung und Anspannung macht mir den Verstand blind, lustlos und matt.« Man mag dieses Bekenntnis aus gerade dieser Feder für einen Ausdruck der Koketterie halten, ernst zu nehmen ist in jedem Fall seine paradoxe Einsicht, daß Einsicht in durch Bücher vermittelte Wahrheit und Wissenschaft – kurz: Einsicht nicht ohne Einsicht zu gewinnen sei.

In seinem Essay »Von der Kunst des Gesprächs« bekennt er, eher auf das »Augenlicht als auf Gehör oder Sprache« verzichten zu können, denn: »Das Bücherstudium ist eine träge und matte Anregung, bei der man nicht warm wird«; er erneuert damit den platonischen Zweifel an dem Vorrang der Schriftkultur vor der Sprechkultur. Im *Phaidros* hatte Platon zwischen dem Gedächtnis und der Erinnerung unterschieden und zu bedenken gegeben, ob nicht die Möglichkeit, Gedachtes in Geschriebenem gerinnen zu lassen, um es so der Kollektiverinnerung zu überantworten, eher eine geistige Verarmung, ein Nachlassen der Anstrengungen auf der Suche nach dem ›wahren Wissen‹ mit sich führen könne, ob diese verhältnismäßig neue Technik der Konservierung von Erinnerung nicht »ein lästiges, geschwätziges Geschlecht, ein Geschlecht von Scheinweisen, ein Geschlecht, das kein wahres Wissen mehr hat«, hervorbringen würde. Dieses Geschlecht von »Dünkelweisen« (wie es in einer anderen Übersetzung heißt), steht jetzt – wenn ich es recht sehe – an der Wende von einer Schrift- zu einer Bilderkultur und hat ein naheliegendes Interesse daran, jeden Zweifel am Buch, in dessen Zeichen sich seine Macht über viele Jahrhunderte und große geographische Räume ausdehnte, im Keime zu ersticken und vergessen zu machen, daß es Kultur auch schon gab, bevor es Bücher gab, und vielleicht auch noch geben wird, wenn die Bücher eine andere Rolle spielen. Den Büchern hätte nichts Besseres passieren können als die Entstehung von Medien, die sie zu verdrängen drohen. Noch der letzte Schund mit Goldprägung und Lederrücken veredelt sich unter diesem Zeitzeichen, und jeder gestrige Konsument von Groschenromanen kann auf den heutigen Konsumenten von Fernsehserien herabblicken. Ein Gang über die Buchmesse macht augenfällig: Die meisten Bücher sind dumm und überflüssig, viele schrecklich, manche gemeingefährlich. Nur der geringste Teil der Produktion verdient Beachtung. Es wird sich wohl um jenen Teil handeln, den die Käufer am geringsten beachten. Gleichwohl wird zum Barbaren gestempelt, wer die Bücher nicht ehrt, und das in einer Zeit, da andere Medien einen Teil der Aufgaben im Bereich der Auskunftsvermittlung bereitwillig und effizient zu übernehmen sich anbieten. Gehen wir davon aus, daß viele Bücher für Geist und Seele das reine Gift sind, so kann man spekulieren, ob nicht auch die Assoziationen, die das lesende Individuum bildhaft produziert, einfach nur furchtbar sind. Eine Untersuchung darüber, welche Bilder wohl schädlicher sind, die cinematographisch vorgeprägten oder die selbstgemachten, die eine Lektüre zum Anlaß haben, muß von dem Umstand ausgehen, daß nur die einen im Verdacht stehen, das ästhetische und moralische Urteilsvermögen zu deformieren. Den Büchern gegenüber ist dieser Vorbehalt ganz aus der Mode gekommen.

Das Buch zehrt von der Ideologie der Spontanität, der Vorstellung nämlich, daß die selbstentwickelten Bilder weniger an der allgemeinen Lüge teilhaben als präfabrizierte Ausdrucksformen. Was macht die Bücher so immun? Was schützt sie vor Vorurteilen oder wenigstens vor liebevoller Verachtung, vor intelligenter Kritik?

Da Bücher und Artikel nur von Leuten geschrieben werden, deren Profession es ist, Bücher und Artikel zu schreiben, kommen *die* Bücher immer gut weg. Zudem darf noch das absurdeste Elaborat eingedenk der Vernichtungswut geifernder Bücherverbrenner mit unserer Duldung rechnen – und das ist natürlich gut so. Nur so ist zu erklären, daß im Zeitalter der Süchte und der Suchtbekämpfungen die Büchersucht kaum gescholten wird. Lange vergessen sind die Mahnungen des Augustin, der diese Suchtform der ›Augenlust‹ (»concupiscentia oculorum«) zuordnete, als »jene(r) eitle(n) und vorwitzige(n) Begierde, die in die Namen Erkenntnis und Wissenschaft gehüllt wird«.

Wer könnte sagen, er wäre frei davon? Geben wir also die Gegenwehr auf…

Vermutlich hat die kultische Verehrung der Bücher ihre Wurzeln tief in uns und ist tatsächlich, wie Augustin argwöhnte, der Ausdruck einer Begierde. Möglicherweise ist diese Begierde verbunden mit einer Kindheitserfahrung, jedenfalls bei denjenigen, die einen Teil ihrer kindlichen Erfahrungen noch in und mit Büchern machten. Es handelt sich womöglich um eine Fixierung von fast biologischer Zwangsläufigkeit, um eine Prägung. Die Bibliomanen wären, wenn diese Vermutung zuträfe, befallen von der unerfüllbaren Sehnsucht nach einer zwar verschütteten, aber doch nicht ganz vergessenen frühen Erfahrung, die mit dem Lesen verbunden war. Sie erinnern sich undeutlich der Versunkenheit, mit der sie weniger lasen, als sie sich die Bücher einverleibten und sich gleichzeitig in völliger Verwischung der Grenzen zwischen Innen und Außen in ihnen einrichteten. »Traumverloren« scheint mir dafür das richtige Wort. Einen Traum auszubilden, in den man sich selbst verliert. Lesen im gemeinen Verständnis ist im Vergleich dazu eigentlich etwas anderes. Lesen, so wie ältere Menschen es tun, ist zumeist verbunden mit einem Vorbehalt dessen, was wir für unser Ich halten, gegenüber dem, was uns ein Buch anbietet, bestenfalls also mit einer kritischen Distanz zum ›Lesestoff‹, schlimmstenfalls mit einem Ressentiment. Mit zunehmender Erfahrung wird es schwerer und sicher auch bedrohlicher, sich tendenziell in die Welt der Bücher aufzulösen oder tendenziell die heterogenen Bücherwelten ganz in sich aufzusaugen – zwei vielleicht nur scheinbar entgegengesetzte Bewegungen, die einstmals gleichermaßen zu einer Art Rauscherfahrung führten.

Benjamin hat der Erinnerung an die Vorgänge solcher Versenkung und Vereinnahmung in den Kapiteln »Schmöker« und »Schülerbibliothek« seiner *Berliner Kindheit um Neunzehnhundert* Ausdruck verliehen. Er erzählt von einem Traum, in dem diese Doppelung des kindlichen Lesens veranschaulicht wird: die fernen Welten der Bücher vereinnahmt zu haben und zugleich in ihre unendlich weiten Horizonte entrückt, in ihren Turbulenzen verschwunden zu sein:

> In ihnen ging es gewittrig zu. Eins aufzuschlagen, hätte mich mitten in den Schoß geführt, in dem ein wechselnder und trüber Text sich wölkte, der von Farben schwanger war. Es waren brodelnde und flüchtige, immer aber gerieten sie zu einem Violett, das aus dem Innern eines Schlachttiers zu stammen schien. Unnennbar und bedeutungsschwer wie dies verfemte Violett waren die Titel, deren jeder mir sonderbarer und vertrauter vorkam als der vorige.

Das kindliche Lesen ist nicht kindlich, jedenfalls nicht in der hellen und heiteren Bedeutung, die wir diesem Wort zu geben gewohnt sind. Es ist ebenso archaisch wie leichtfertig. Unbedacht und grausam wird das Ich jeder Buchwelt geopfert. Was wir in der Erinnerung an diese Lesevorgänge vorsichtshalber verniedlichen, sind die fast gewalttätigen Akte der ›Verschmelzung‹ der Welten, von der Benjamin spricht. Was uns fasziniert, ist der Gedanke, daß wir möglicherweise nicht nur einmal die Kraft besaßen, uns die Koexistenz mehrerer Welten vorzustellen, sondern auch alternierend in diesen Welten zu leben.

Die Voraussetzung für diese Vorgänge der Versenkung und Vereinnahmung ist ein Glaube an die Omnipotenz der eigenen Vermögen und die Verfügbarkeit aller Stoffe: ein gläubiges Lesen also. Ein Lesen, das der späte, der bewußte, der skeptische Leser nur mehr ersehnen kann. Denn wer so zu lesen vermag, wie es zuweilen Kinder können und wie Benjamin es aus der Erinnerung zu evozieren sucht, der muß ein hohes Maß an Flexibilität und Stabilität haben. Er braucht die Flexibilität, um geschmeidig die schnellen Wechsel aktiv vollziehen, und die Stabilität, um die unterschiedlichen Klimazonen überhaupt aushalten zu können; Eignungen mithin, die nur biegsamen und unverletzten Existenzen zu eigen sind, die noch nicht erstarrt, noch nicht gebrochen, noch nicht schwer von Ablagerungen sind.

Kinder lieben an den Büchern die Potentialität des Lesens, nicht so sehr die Bücher selbst. Am meisten lieben sie das Buch, das sie gerade lesen. Mit seinem Anfang entsteht eine neue Welt und mit seinem Ende versinkt sie wieder. Für die Älteren, die den Nachklang dieser Erfahrung gelegentlich noch in Momenten faszinierten Lesens verspüren, ist damit ein Erschrecken verbunden: Es rührt an die Ahnung, daß auch die Welt, die wir subjektiv kennengelernt haben, die unserer Betrachtung entspricht, die wir eingefärbt haben mit der Jeweiligkeit unserer Phantasien, mit unserem Ende versinken wird. Das neue Buch, zu dem wir dann schnell greifen, ist ein Drogentrost. Nie soll die Kette der noch zu lesenden Bücher abreißen. Wir selber wollen die Dirigenten, die Akteure dieses Perlenspiels sein. Deshalb lieben Erwachsene zuweilen gar nicht so sehr das Lesen wie die Anwesenheit vieler Bücher.

So zehrt die Bibliomanie zugleich von der – ontogenetisch gesehen – vorgeschichtlichen Erfahrung der Weltenverschmelzung und von der Abwehr der für das bewußte Individuum damit verbundenen Gefahren. Der von ihr Ergriffene laviert zwischen dem Wunsch nach Weltentgrenzung, nach der Öffnung immer neuer und unterschiedlicher Räume und dem Bestreben, sich auf gesicherte Territorien hinter befestigte Grenzen zurückziehen zu können.

Das Erlangen eines Buches, in dem der Bibliomane den Schlüssel zu einem neuen imaginären Raum vermutet, kann lebenswichtige Bedeutung für ihn annehmen, so wie der Besitz vieler

Bücher die Bedeutung erhalten kann, einen Raum abzuschließen, eine Mauer zu ziehen gegen die Kontingenzerfahrung: und dies im buchstäblichen Sinne, weil die Buchkörper um ihn herum einen handgreiflichen Schutz bilden gegen das Chaos der Inhalte, eine Schallmauer gegen die Kakophonie ihrer unterschiedlichen Stimmen.

Benjamin, der zugleich Diagnostiker und Betroffener der Bibliomanie war (»Ich packe meine Bibliothek aus«), wußte, daß »für den Sammler, wie er sein soll, der Besitz das allertiefste Verhältnis ist, das man zu Dingen überhaupt haben kann: nicht daß sie ihm lebendig wären, er selbst ist es, der in ihnen wohnt. So hat er eines seiner Gehäuse, dessen Bausteine Bücher sind, vor ihnen aufgetürmt und nun verschwindet er darinnen, wie recht und billig.« Der Bibliomane ist beherrscht von einer Leidenschaft, die, nach Benjamin, wie jede Leidenschaft an das Chaos grenzt, dem er in den Gesetzen, die er seiner Bibliothekslandschaft aufzwingt, den Schein einer Ordnung entgegensetzt.

Die existentielle Dimension, die die Büchersucht für den manischen Sammler haben kann, verdeutlicht sich an den bizarren Angewohnheiten, die die Befallenen zuweilen an den Tag legen. So hat man Kunde von einem gewissen Boulard, der in der zweiten Hälfte des 18. Jahrhunderts fünf Häuser in Paris mit Büchern vollpfropfte, von einem italienischen Conte Libri, der im 19. Jahrhundert über seiner Büchersucht zum Dieb, von einem Thüringer Pfarrer namens Tinius, der ebenso wie Don Vicente in Barcelona über die gleiche Begierde zum Mörder wurde.

Als Stammvater all dieser Süchtigen könnte der Humanist Flacius Illyricus gelten, der mit einem nach ihm benannten Papiermesserchen (Cultellus Flacianus) durch die Bibliotheken schlich und sich die Seiten, die ihn interessierten, herausschnitt. Allerdings war er möglicherweise kein so ganz typischer Vertreter dieser Spezies, da es ihm ausschließlich auf den Inhalt der Bücher angekommen zu sein scheint. Auch mischen sich in sein ›Krankheitsbild‹ Züge der depressiven Variante dieser Sucht, nämlich der zerstörerischen Bibliophobie, von der, wie Walter Boehlich in einer Rede ausführte, häufiger Leser als Nichtleser befallen werden.

Ein Freund erzählt von einer alten Dame, die, im Krankenhausbett lesend, die jeweils zu Ende gelesene Seite mit einem scharfen Messer heraustrennte und hinter sich warf. Was mag sie dazu veranlaßt haben? Allein die Möglichkeit, auf diese Weise die Unhandlichkeit und das Gewicht des Buches zu verringern? Hat das Alter die Möglichkeiten des Wiederlesens für sie so unwahrscheinlich werden lassen, daß es ihr auf den zukünftigen Zustand des Buches nicht mehr ankam? Wollte sie eine etwaige Lektüre-Wiederholung aus anderen Gründen ausschließen? Handelte es sich gar um den Versuch, dem Gelesenen endgültig zu entkommen, es Seite für Seite, Wort für Wort wirklich hinter sich zu lassen? War sie der Illusion müde, eine Buchwelt durch das erneute Lesen immer wieder neu entstehen lassen zu können, müde all der sinnlosen Strategien der Endlichkeitswiderlegungen?

Vielleicht liegt in ihrem Handeln ein Protest gegen die unerträgliche Gleichgültigkeit der Bücher gegen ihre Inhalte. Ein Buch hat immer etwas Ordentliches. Welche Katastrophen es auch beschreiben mag, es zerbirst doch nie unter unseren Händen. Es explodiert nicht, es implodiert nicht, es besteht, selbst wenn wir seinen Inhalt nicht zu ertragen vermöchten. Wenn in ihm auch die Anarchie ausgerufen, das Fragmentarische beschworen wird, es bleibt ein Ganzes, ein Geschlossenes ... es hat viele Seiten, es hat zwei Deckel, wir klappen es auf und wir klappen es zu. Nichts geschieht. Soll man das den Büchern vorwerfen?

Jorge Luis Borges' Erzählung *Spiegel und Maske* handelt von diesem Ungenügen. In ihr erhält ein Dichter in Irland von seinem König den Auftrag, das Ereignis einer gewonnenen Schlacht literarisch zu verewigen. Der Dichter legt seinem König innerhalb von drei Jahren drei Fassungen vor. Im ersten Jahr präsentiert er einen längeren kunstvollen Panegyrikos, an dem der König lobt, daß der

Dichter »eine glückliche Zusammenfassung all dessen« geschaffen habe, »was vor ihm in Irland gesungen wurde«; aber, so lautet die Einschränkung des Lobes, niemandem, der die Ode gehört habe, habe das Blut in den Adern gestockt, niemand sei erbleicht. Im zweiten Jahr tritt der Dichter mit einer wesentlich kürzeren »sonderbaren« Schrift vor seinen König, in der »in kriegerischer Unordnung« die Gesetze der Grammatik und alle Regeln der Form durchbrochen werden. »Es war«, so schreibt Borges, »keine Beschreibung der Schlacht, es war die Schlacht.« Er übertreffe, so sagt der König zu dem Dichter, alles Vorausgegangene und mache es zugleich zunichte. Gleichwohl schickt er ihn ein weiteres Mal fort, damit er ein noch größeres Werk schaffe. Im dritten Jahr tritt der Dichter ein letztes Mal vor seinen König. Sein Werk besteht aus einer unerhörten einzigen Zeile, die von einer solchen Schönheit und wohl auch von einem solchen Grauen ist, daß kein menschliches Wesen sie auszuhalten vermag. Der Dichter nimmt sich das Leben, der König irrt als Bettler durch sein Reich.

Das Werk Borges' ist bekanntlich zwischen die Extreme eines »logischen Alptraums von der Universalbibliothek« (Lars Gustafsson) und ihrer Spiegelung in einem einzigen Punkt, der alle ihre Möglichkeiten enthält, in dem sich dieses ganze Universum abbildet, gespannt. Überall dort, wo ein Interesse besteht an dieser Spannung zwischen den gedachten Polen einer labyrinthischen Unendlichkeit imaginierter Welten und deren extremer Kompression zu einer Formel, wird die Bibliotheksmetapher gerne bemüht. Zur Kinorealität geworden, zeigt auch sie schon Abnutzungserscheinungen. Auf der letzten Buchmesse war die Pappbibliothek aus dem Film *Der Name der Rose* zur Besichtigung freigegeben.

Das kann den gewöhnlichen Bibliomanen nicht erschrecken, er hält sich an seine eigenen kleinen Bibliotheksidyllen, ihm werden seine Bücherreihen zu Trostfolgen der Übersichtlichkeit, je mehr er sich einer hoffnungslos unübersichtlichen Welt ausgeliefert sieht. Er sammelt, schafft an, komplettiert, sortiert und assortiert, er systematisiert, gruppiert, schichtet auf und um, er lagert, als könne ihm die Welt nicht auch einfach verlorengehen oder er in ihr, als wären infolge seiner Anstrengungen diese zweifelhaften Zeugnisse von Natur- und Menschengeschichte wirklich auf sinnvolle Gesichtspunkte fokussierbar, als wären die Bücher nicht vor allem, wie Goethe sagt, »geschickt« darin, »unseren Irrtümern Namen zu geben«.

Aber die Bücherliebe kann neben dem großspurigen Ansinnen, sich ins Zentrum einer selbstgebastelten Ordnung zu bringen, auch noch ein würdiges gegenläufiges Motiv haben: die Begegnung mit sich selbst, die immer nur fürchterlich sein kann, so lange wie möglich aufzuschieben, sozusagen zwischen sich und sich möglichst viele Bücher aufzuschichten. Der Bibliomane steht immer auch in der Vergeblichkeit jenes ›Doktor Allwissend‹ aus dem gleichnamigen Grimmschen Märchen, der auf der Suche nach dem »Göckelhahn« sein »Abcbuch« aufschlägt und ausruft: »Du bist doch darin und mußt auch heraus.«

Genug der Spekulation über die Bibliomanie (die nun auch wieder in ein Buch kommen wird), denn eines steht ja wohl ganz außer Frage: Die Bücher gehören neben liebenswerten Freunden und freundlichen Haustieren, den Künsten, guten Ärzten und einem überraschenden Tod zu dem Besten, was uns in diesem Leben widerfahren kann. Darum ist es ehrenwert, die zu ehren, die die guten Bücher veranlassen und auf den Weg bringen, wie zum Beispiel Günther Busch.

Über die Einsamkeit einer Echse

Manche Bücher finden erst im zweiten Anlauf die Beachtung, die ihnen gebührt. So ist es Anna Maria Orteses Erzählung *Iguana* ergangen, die nach einer Vernachlässigung von mehr als zwanzig Jahren 1986 im italienischen Verlag Adelphi neu aufgelegt und sodann begeistert von der Kritik aufgenommen wurde. Jetzt gibt es auch eine deutsche Übersetzung. Als das Buch Mitte der sechziger Jahre erschien, blieb es fast unbemerkt. Es lag nicht im Trend. Anna Maria Ortese wird sich darüber nicht gewundert haben. In kluger Voraussicht antizipiert sie in ihrem »romantischen Märchen« die kommerziellen Mechanismen und geschmacklichen Optionen jenes Literaturmarktes, dem *Iguana* vorübergehend zum Opfer fallen sollte.

Die Hauptfigur der Erzählung, ein Graf aus der Lombardei namens Aleardo, ein junger Architekt, unterhält sich mit seinem Freund, einem Verleger, bei einem Spaziergang durch Mailands Via Manzoni über moderne Literatur. Der Verleger bittet den Grafen, ihm doch von seinen Reisen ein möglichst »ursprüngliches, vielleicht sogar abartiges« Stück Literatur mitzubringen, das geeignet wäre, den etwas »flauen Appetit des Publikums anzuregen«. »Am besten«, antwortet der Graf, »die Konfession irgendeines Verrückten, der womöglich in ein Leguanweibchen verliebt ist«. Aber der Verleger übergeht diesen scherzhaften Vorschlag, er wünscht sich vielmehr ein Gedicht, »in dem die Auflehnung des Unterdrückten zum Ausdruck kommt«.

Da sich aber die Einbildungskraft nicht immer an die Bedarfskalkulationen des Literaturbetriebes binden läßt, schickt Anna Maria Ortese den freundlichen Lombarden doch auf seine Reise, läßt ihn zu einer außergewöhnlichen Insel gelangen, die von wenigen außergewöhnlichen Menschen und einem Leguanweibchen bewohnt wird.

Der Graf verliebt sich in das Leguanweibchen, ein armes Geschöpf, das auf der Insel als Dienstmagd mißbraucht zu werden scheint. Er muß schmerzhaft erkennen, daß jeder seiner Schritte zu dessen Rettung, jeder seiner Versuche, ihm Hilfe zu leisten und auch noch seine zärtlichen Gedanken in der Gefahr stehen, jenen Prozeß der Zerstörung und Heillosigkeit voranzutreiben, von dem die geheimnisvolle Insel und ihre geheimnisvollen Bewohner zusammen mit dem Haus, dem Licht, dem Himmel, dem Brunnen und selbst noch den blanken Steinen Zeugnis ablegen. Der Graf hat ein fremdes Territorium betreten, auf dem die Horizonte verschwimmen, ein Territorium, auf dem die Dinge sich permanent neu und anders ordnen, ein Territorium, auf dem sich die Fluchtlinien unter den Blicken unaufhörlich verschieben, auf dem die gewohnten und für gültig erachteten Maßstäbe des Erkennens und Bewertens versagen.

Das Buch handelt unter anderem von der grenzenlosen Einsamkeit und der haltlosen Angst, mit der die Kreaturen auf diesem Territorium einander fremd gegenüberstehen. Und obwohl sich die alte Schuld des Menschen, des einzigen Wesens, das, wie Anna Maria Ortese in einem Gespräch einmal sagte, aus Gier und Lust quält, im Vergleich zur Unschuld des Tieres schemenhaft noch ausmachen läßt, verwischen sich schließlich, was den Lombarden und die Echse betrifft, auch diese Grenzen im Zusammenprall ihres jeweiligen Leidens.

Kann man ein witziges Buch über das Grauen schreiben? Anna Maria Ortese hat es gekonnt, ein Buch, das traurig, aber niemals sentimental, das witzig, aber niemals das ist, was man hierzulande humorvoll nennt. Es gibt darin kein Zeichen für eine Versöhnung, für eine Rettung, für ein späteres Behagen, für eine zukünftige Harmonie. Aber die Autorin macht daraus keinen Kult, sie zelebriert nicht die Perspektivlosigkeit, sie macht aus der Trauer kein Programm – auch kein sprachästhetisches.

Es ist eben traurig, daß es so ist, wie es ist, weil die Echse liebenswert und der Graf freundlich ist. Diese Trauer ist für den Leser, der sich der Anmut der Beschreibungen kaum entziehen kann – man muß diese kleine grüne Echse lieben –, um so deutlicher spürbar, als das Buch ganz leicht geschrieben ist, das heißt, es ist leise, zuweilen wirklich heiter, geläufig, elegant, dezent.

Anna Maria Ortese bewegt sich virtuos in den Literaturen, in den Philosophien. Mit anderen Worten: das Buch ist unendlich anspielungsreich. Dem philologischen Interesse bietet sich ein Flechtwerk an Mehrfachbedeutungen, Assoziationsangeboten und Querverweisen, aber keine Angst – wie es sich für gute Literatur gehört, ist die Lektüre auch genußvoll für jene, die diesen innerliterarischen Hinweisen nicht nachspüren wollen; vorausgesetzt die Freude über ein gut geschriebenes intelligentes und phantastisches Buch und das Vergnügen an einem gigantischen Leserverwirrspiel können als Genußversprechen verstanden werden.

Mindestens ebenso wichtig wie literarische Anspielungen sind die Hinweise, die durch ständig zusammenfallende und sich scheinbar selbsttätig wieder aufbauende Licht-, Klang- und Farbarchitekturen gegeben werden. Die Autorin führt uns immer wieder in neue Räume, die sich in unterschiedlichen Farben abtönen, die sich in unterschiedlichen Helligkeitsgraden darbieten, die mit unterschiedlichen Klangmustern unterlegt sind und in denen sich unvermutet ein neuer Raum öffnet, um sich dann zu erweitern in eine unbegrenzte absurde Natur.

Wohin führen uns die Anspielungen und die Hinweise? Das ist schwer zu sagen, denn wir befinden uns in einem Irrgarten, voller Schönheit, aber auch voller Dunkel. Wir wissen nicht genau, wo wir sind – ebensowenig wie der brave Lombarde, für den bald auf dieser Insel nichts mehr dort ist, wo es sein sollte, nicht einmal mehr der Mond, von dem es plötzlich zwei gibt. Immer schneller muß er sich in einem Kreisel von Mutationen bewegen, wo er sich doch nach Frieden, Liebe und geordneten Verhältnissen sehnt, und er wird dabei immer langsamer und kränker. Das Haus verändert sich, verschachtelt und verschiebt sich mit der gleichen zunehmenden Geschwindigkeit, mit der auch die Natur mutiert: Die Menschen sind nicht die, die sie einmal waren, sie wechseln ihr Alter (in beliebiger Reihenfolge), ihr Aussehen, sogar ihre Namen, die kleine Echse ist nicht immer die kleine Echse und der Lombarde stirbt »freundlich wie er gelebt hat«. Übrig bleiben Erinnerungen, alte Lieder, alte Verse.

Wir sind ebenso wie der Held überfordert mit unserem ärmlichen Vermögen der Anrührbarkeit, das zu schwach ist, um wirklich etwas grundsätzlich in Bewegung zu setzen, und zu stark, um uns gleichgültig gegen die leidende Kreatur zu machen. *Iguana,* ›ein romantisches Märchen‹ (so steht es auf der Titelseite des Buches geschrieben), das tatsächlich alle Attribute und Ingredienzen dieser Gattungsbezeichnung abruft. Die Geschehnisse sind phantastisch und geheimnisvoll, ein Tier spricht, die Natur scheint beseelt …

Und doch ist das Buch viel gefährlicher als ein Märchen, das sich als solches zu erkennen gibt und das seine Schrecken in seiner eigenen Welt gefangenhält. Hier, in der Literatur von Anna Maria Ortese, gibt es diese Trennschärfe nicht. Es gibt zwar viele Welten, die scheinbar reale, die scheinbar irreale, die poetische, die märchenhafte, aber sie sind nicht voneinander geschieden. Sie verschieben und verschachteln sich ständig ineinander. Das Territorium, das der Graf betritt, ist nicht außerhalb der Welt, es ist die Welt. Das Böse ist nicht die Stiefmutter, nicht der Wolf, wir selbst sind es. Und auch wenn wir uns ohne Schuld wähnen, so sind wir doch unrettbar verstrickt in das Zerstörungswerk, das der Mensch an der Kreatur, an den Echsen dieser Welt anrichtet, die er, um seine eigene Bosheit zu tarnen, als das zu besiegende Böse projiziert.

Auch Iguana in uns ist diesem Zugriff der Gewalt, der Brutalität der Ökonomie ausgesetzt. Natürlich gibt es Konzepte zur Rettung dieser Welt, zur Sicherung einer einheitlichen Perspektive: Eine »amerikanische Kleinfamilie universellen Typs« taucht auf mit allerlei pragmatischen Vorschlägen zu diesem Zweck; an die Installation einer modernen Heizungsanlage wird gedacht, die Umwandlung des Hauses in ein Meditations- und Erholungszentrum wird erwogen, die Bedeutung der Gewerkschaften für so einen Fall wird reflektiert, der Graf träumt davon, die Echse neu einzukleiden und zu den Nonnen in Mailand in eine Schule zu geben, und die Autorin konzediert, daß »auch die Dringlichkeit einer Neuordnung der Wirtschaft nicht aufhört«, aber all diese Erwägungen vermögen das schreckliche Grauen der Echse und ihre furchtbare Einsamkeit nicht zu lindern, die Konzepte sind im übrigen auch nicht für das Tier gemacht. Es hat in diesen Ordnungen gar keinen Platz, denn es gehört, wie ihm schmerzlich bewußt ist, zu den »im Register ökonomischer Macht nicht verzeichneten Lebewesen«.

»Das ganze Universum scheint auf der Reise zu sein«, heißt es an einer Stelle der Erzählung, an der der Leser zu ahnen beginnt, daß er hier mit seinen Vorstellungen von der Beschaffenheit des Wirklichen und des Imaginierten nicht mehr länger zu Rande kommen wird. Wenige Seiten zuvor hatte der Graf einem Inselbewohner erklärt, was man in der Welt des Literarischen unter Realismus verstehe.

»Realismus«, antwortete der Graf leicht verlegen, »sollte eine Kunst sein, die die Wirklichkeit erhellt. Leider wird dabei außer acht gelassen, daß die Wirklichkeit vielschichtig ist und die Schöpfung insgesamt, wenn man dahin gelangt, sie bis zur letzten Schicht zu analysieren, sich durchaus nicht als real erweist, sondern als reine, tiefe Imagination.« Das aber, was der Graf hier noch feinsinnig im literarischen Gespräch ausplaudert, muß er bald am eigenen Leibe und an dem Iguanas in schrecklicher Konsequenz erfahren. Es gibt für ihn inmitten dieser sich ständig neu formierenden und destruierenden Formationen, inmitten dieser Ausgeburten widerstreitender Konventionen und gegensätzlicher Weltentwürfe keinen festen Ort mehr. Selbst der Raum erscheint bald nur mehr als eine »naive Konvention«.

Was aber hält diese heterogene Vielheit in der Erzählung zusammen? Die Poesie der Autorin. Ihr gelingt es, daß in diesem Inselkaleidoskop, in dem das einzige Kontinuum das Leiden der Menschen unter sich und das Leiden der Kreatur unter ihnen zu sein scheint, gleichwohl die Potentialität von Heiterkeit, Freundlichkeit und Liebe in Form von Bildern und Sprachfiguren immer präsent ist. Nach dem Willen der Autorin soll uns das Schicksal der kleinen Echse zu einer Mahnung werden. Viel Hoffnung, daß diese Mahnung irgendwann gehört und verstanden wird, gibt uns das Buch nicht, und so wird der trostlose Satz: »Alles geht vorüber: auch das Meer hat ein Ende« schließlich noch zum einzigen poetischen Trost.

Wie leicht kommen uns Worte wie ›bodenlos‹ und ›abgründig‹ über die Lippen, wer aber einen abgründig heiteren Eindruck von der Bodenlosigkeit dieser Welt und der »Abgründigkeit des Herzens« gewinnen will, der soll unbedingt zur Belebung seiner Vorstellungskraft Anna Maria Orteses Buch lesen.

Die Norm als Hölle

Die Vermutung, daß schon das Diesseits die Hölle sei, ist nicht neu, aber sie ist selten so kalt zur Sprache gebracht worden wie von Fleur Jaeggy.

Die Autorin wuchs in der Schweiz auf, lebt lange schon in Mailand und schreibt in italienischer Sprache. Die Schweiz liefert ihren infernalischen Erzählungen den Stoff, Italien die Form.

Jaeggys poetische Hölle ist bleiern und außerordentlich sparsam möbliert. Selbstverständlich gehört zu dieser kargen und kalten Texthölle auch ein Himmel. Er kann aber offensichtlich die Höllenpein nicht mindern. Der Titel des Erzählbandes lautet: *Die Angst vor dem Himmel*. Dieser Himmel ist verschlossen und dreckig, und er hängt tief. Eine beklemmend niedrige obere Grenze fürs enge, kleine Leben. Es ist ein Himmel ohne Verheißung. Noch die Bedrohung, die von ihm ausgeht, ist ohne Größe. Ein Himmel für Verlorene, »farblos wie ein verseuchtes Laken«. Ihm entspricht die giftige Atmosphäre in Jaeggys Geschichten, ein ungesunder Dunst, Gärung, Verwesung liegt über allem, ein Föhn, der das Böse durch die Zeilen treibt.

Bilden Himmel und Hölle die beengenden Ober- und Untergrenzen dieser Texträume, so sind die Seitenausgänge verstellt durch eine faulige Natur und ein paar schmutzige Mauern. Die Figuren, die in diesen Experimentierkasten hineingesetzt wurden, rufen gleichwohl kein Mitgefühl hervor.

»Unterdessen empfand sie Haß«, mit diesen Worten beginnt die erste Erzählung. Die Figur, von der das gesagt wird, heißt Marie Anne. Sie sitzt in einem modrigen Hinterhof und haßt ihr Kind, das ungewollte, unwillkommene. Von anderen wird das Kind gewollt, ja heiß begehrt, so von ihrer Freundin, einem Zimmermädchen, und von einem reichen Ehepaar, dem ein Kind gestorben ist, oder wie es heißt: »dem ein totes Mädchen im Grab heranwuchs«. Das reiche Ehepaar wohnt in einem schönen Haus. Ein Bettchen rosafarben »wie aus Erdbeereis und Schlagsahne«, einst für das verlorene Kind gedacht, steht für das arme Kind der Marie Anne bereit, ebenso eine Fülle »verfrühter Spielsachen«. Die Geschichte endet nach einer kalten Ekstase (»sie spielten Glücklichsein«) und einigen trüben Verwicklungen damit, daß Marie Anne ihr Versprechen, das Kind »abzutreten«, abrupt widerruft. Ein »Scherz« sei es nur gewesen. Mißgünstig und böslich nimmt sie dem Kind die Möglichkeit, »eine reiche und ehrbare Tochter« zu werden. Die »gnädige Frau« erhängt sich, und Anne Marie zeigt später dem gehaßten Kind das schöne Haus, wo dessen »Schicksal vorübergegangen ist«. Anne Marie tut nicht »das Richtige«, sie gibt ihr Kind nicht in diese »strahlende Zukunft«. Nicht weil eine Bindung zu dem Kind sie davon abhielte, sondern weil die Möglichkeit zu dieser Verweigerung ihr Triumph ist.

Alle sieben Erzählungen zeigen Menschen, an denen ein Schicksal vorübergegangen ist. Sie leben, wenn von Leben gesprochen werden kann, in dieser negativen Möglichkeitsform: im Stand der ausgebliebenen Erlösung und im Bewußtsein, daß sie dergleichen auch nie zu erwarten haben. Sie zeugen von den Vergeblichkeiten, von den Verhinderungen, von den Verfehlungen, vom Verfall. Dabei ist nicht ausgemacht, daß das, was sie verfehlen, mehr wäre als nur ein erdbeerfarbenes Versprechen. Und es ist nicht zu sehen, wie sie es, so wie sie verfaßt sind, anders, besser machen könnten. Die Verfehlung ist immer schon geschehen. Sie geht allem voran und hat offensichtlich etwas mit der hier nicht mehr nur gebrechlichen, sondern ausgesprochen verderblichen Einrichtung der Welt zu tun.

Die Figuren teilen das Schicksal der Blumen in bestimmten »Alpenregionen«, von denen gesagt wird, daß sie »wie rasend wachsen«, um dann unvermittelt »langsam und träge dahinzuwelken«.

Wer in solchen Sätzen ein aufdringliches Allegoriesignal vermutet, liegt falsch. Hier geht es nicht um eine Andersrede, sondern um die unverhüllte eindringliche Beschreibung eines Gesetzes, das alles beherrscht, Pflanzen, Mensch und Vieh. Eine Ontologie des Verfalls.

Die Protagonisten in Jaeggys Erzählungen begehren nicht wirklich gegen dieses Gesetz auf, aber einige stören den Stirb-und-Werde-Kreislauf, indem sie sich zum Beispiel nicht fortpflanzen, die ersehnten Söhne nicht gebären, die Regeln der gegengeschlechtlichen Attraktion nicht achten, Genealogien nicht respektieren, Fremde ins Familiengrab legen oder die Dinge durch einen beiläufigen Mord unzulässig beschleunigen.

In ihrer Mehrheit zehren die Figuren in diesen Erzählungen von einer Mißgunst und einer Rachsucht, deren Anlaß ihnen längst entrückt, allenfalls noch dunkel bewußt ist. Eine ungute Gier koordiniert ihr Tun, gibt ihrer Existenz Kontur, treibt sie mit kraftvoller Bosheit durch ihr genormtes Leben. Ihre Lust besteht darin, das Verderben zu steigern. Jaeggys Personal ist auf eine verderbte Weise vital: Diese Energie, gespeist aus frühen, halbvergessenen Träumen, aus dem Versäumten, dem Unerfüllten, dem Verfehlten, wird, kaum daß sie entsteht, umgeleitet ins Gemeine. »Nichts hat soviel Macht und Kraft, wie das, was vergeblich ist«, heißt es an einer Stelle.

Die Gegenmaßnahmen gegen die Unausweichlichkeit gipfeln in der Farbe Rosa. Rosa ist die Farbe, die am weitesten von der Fäulnis entfernt zu sein scheint. Der allgemeine zivilisatorische Verputz. Rosa ist das Kinderzimmer, rosa der Anstrich des Hauses, in dem eine Ansammlung Depravierter, »Schützlinge ohne Bürgerrechte«, auf Grund eines bedrohlichen Gnadenaktes »umsonst« wohnen dürfen, rosa ist der Morgenmantel eines reichen Mädchens, dem die Eltern sterben: »Jetzt gehört alles ihr, die Toten, das Vermögen und ein gehöriger Anteil, dachte sie, vom Nichts.«

Gelegentlich schließen die Protagonisten Jaeggys ein Bündnis mit den Toten, indem sie auch deren böse Pläne und unausgesprochenen Racheaufträge noch zu Ende führen. Zumeist aber gönnen sie auch den Toten nichts, nicht einmal den Tod. Weil sie nicht das Leben achten, achten sie auch nicht den Tod, bestehlen die tote Mutter auf dem Totenbett, treten noch den toten Hund.

Dieses Inferno der Mißgunst hat Komik. Das ist ungewöhnlich: Erwarten wir doch von einer Literatur der Endlichkeit und der Vergeblichkeit eher einen dräuenden Ton. Jaeggys Sprache dagegen ist zugleich bilderreich und kühl, aber sie ist nie schwer oder sentimental. Es geht in dieser Prosa nicht um das Spektakel der großen Gefühle: Ebensowenig wie es sich bei dem Verfehlten, bei dem also, worum die Figuren sich betrogen glauben, um das große Glück handeln kann, kann in dem, was ihnen bleibt, ein heroisches Scheitern gesehen werden. Ihre Not ist nicht tragisch, sie ist banal, gemein im alten Sinne. Ein fauliges Sein.

Diese Banalität, eine entsetzliche Normalität und Leere, wird anschaulich in der Geschichte von der »eitlen Greisin«. Es ist die Erzählung von einer pensionierten Existenz, vom gleichförmigen Leben eines alten Ehepaars in einer Wohnanlage für »schlaflose Greise« (»Wohnung und Grabplatz und Staub«). Schleichend kommt Bewegung in diese Monotonie. Der »wohlerzogene und freundliche Mann« glaubt zu unrecht, Anzeichen einer Krankheit an seiner Frau zu erkennen. Vorahnungen suchen ihn heim. Er stellt sich, um die Leere zu bekämpfen, den Tod seiner Frau vor. Er belebt sich mit dem »Traum von der Zeit nach ihrer Beerdigung«. Die Frau, ihr Leben war der Ordnung und der Staubbekämpfung gewidmet, erkennt diesen bösen gedanklichen Vorgriff an seinen »schmutzigen Augen«, sie erkennt, daß er sich eine »Depression als Zeitvertreib« leistet, einen Zeitvertreib, der auf das Konto ihrer Lebenszeit geht. Daraufhin stellt sich die Frau vor, daß ihr Mann aus dem Fenster stürzt. Der Mann stürzt mit ihrer Hilfe aus dem Fenster. Nach seiner Beerdigung »will sie in aller Ruhe sühnen. So gefällt es ihr.« Mehr ist wohl nicht zu haben in der Welt dieser Literatur. In einer anderen Geschichte wird ein solcher Zustand als »Unglück ohne Schmerz« bezeichnet.

Fleur Jaeggys Prosa ist, der Metaphorik der Fäulnis zum Trotz, nicht morbide. Die Morbidezza beschwört und feiert ja immerhin den Reiz weicher Hinfälligkeit, sie schwelgt in der Sehnsucht nach dem Stillstand aller Zeit, dem Ende aller Umtriebe. Das gibt es nicht in dieser Literatur. Kein Dekadenz-Klischee, keine schwarze Romantik. Man könnte auch sagen: Nicht einmal den Trost solcher Reize läßt uns die Autorin.

In den Erzählungen Jaeggys sind die Versatzstücke unserer Zivilisation abgeräumt, bis auf weniges – mal ein Radio, mal ein Urlaub im Hotel ›Vier Jahreszeiten‹. Nicht die sprachlichen, aber die szenischen Arrangements sind außerordentlich sparsam. Aber diese Verkargung schafft nicht den Luxus einer edlen Einfachheit, diese Schlichtheit drängt nicht zur Kostbarkeit, wie wir es aus anderer Literatur kennen. Jaeggy macht nur die Räume leer, so daß die Sprache bedrohlich in ihnen hallt. Kein soziologisches oder psychologisches Polsterwerk dämpft den Ton. Die, die in ihr agieren, brauchen diese Ausstattungen nicht. Es sind Untote. Die Angebote der Zivilisation liegen hinter, nicht vor ihnen. Sie zehren von Erfahrungen, die sie nie gemacht haben. Sie spielen Hochzeitsnächte und Erinnerungen. Sie sind Mediengestalten ohne Medien. Die atavistische Energie eines alten Hasses fügt sich übergangslos in ein Leben aus zweiter Hand. Das Grau dieses Lebens ist von Fleur Jaeggy so ›farbig‹ beschrieben, daß die Farbigkeit an den Stellen, wo sie direkt aufgerufen wird (das Rosa der Kleidung, das Gelb verwesender Rosen), völlig deplaziert wirkt, so als wären diese Details grell in einen Schwarzweißfilm hineinkopiert worden.

Aber das ist nur das sichtbarste Zeichen für Jaeggys Hang zum Paradoxen. So, wie die Verfehlungen, die die Figuren von innen zerfressen, sie zugleich zur ungut wuchernden Handlung treiben, so wird durch die Absage an die Maßgabe einer realistischen Angemessenheit die Sprache wieder frei für das Spiel mit einer fast ornamentalen Bildlichkeit.

Daß Fleur Jaeggys absurde Legenden bei einigen auf Unverständnis stoßen, muß nicht verwundern. Es liegt an diesem Spiel mit den gängigen Form-Inhalt-Koordinaten: ein Spiel, in dem die Verkargung des Beschriebenen einhergeht mit einer sprachlichen Opulenz der Beschreibung. Aber warum sollte das nicht sein: eine gegen die Norm gerichtete Literatur über die Norm als Hölle?

Nachträge aus den Jahren
1997 bis 2008

Kleidung

Kleiderfragen

Nur Menschen haben Kleider. Für die Kostümhistorikerin Erika Thiel liegt darin ein bemerkenswertes anthropologisches Datum: »Die Geschichte der Kleidung ist so alt wie die Geschichte der menschlichen Kultur. Als durch den Arbeitsprozeß der entscheidende Schritt vom Tierzustand zur Menschwerdung vollzogen war, als der Mensch einfache Geräte herzustellen und Feuer zu entfachen verstand, ging er schon dazu über, sich Kleidung zu schaffen. Er unterschied sich auch dadurch vom Tier.« (Thiel 1980, Vorwort)

Kleidung, das ist, so mag es scheinen, eine Hülle, die den menschlichen Körper schützt (etwa vor den Unbilden der Witterung, dem schamlosen Blick), eine zweite (gewissermaßen »uneigentliche«) Haut, die das Innen vom Außen trennt, eine materiale Grenze zwischen Leib und Raum, zwischen Organischem und Anorganischem, zwischen Ich und Welt. Mit der Reklamation solcher Aspekte ist ein argloser, aber auch naiver Versuch der thematischen Annäherung beschrieben. Nun ist der Hinweis auf die Schutzfunktion der Kleidung ja nicht ganz von der Hand zu weisen und auch nicht die gestalterische Orientierung auf den menschlichen Körper. Aber diese schnellen zur Definition drängenden Funktionszuweisungen provozieren sogleich eine Reihe von Einwänden, die ihre »Frag-würdigkeit« entlarven: Zu fragen wäre beispielsweise, ob die grenzziehende Kleidung mehr zum Ich oder mehr zur Welt gehöre; ob der Körper (letzte Bastion des Essenzialismus?) tatsächlich als konstante Gegebenheit genommen werden dürfe (gewissermaßen als eine Körpernatur, die historisch und individuell nur immer wieder vestemisch umdekoriert wurde); ob denn der Streit um die (vermeintliche) Ursprünglichkeit der Scham (Elias vs. Duerr) wirklich schon entschieden sei; und schließlich die Frage, wie das Phänomen Kleidung herauszuhalten wäre aus den turbulenten Beziehungen, die zwischen den Vorstellungen vom Ich (subjektive Selbsteinschätzung) und den Vorstellungen von der Welt (Wirklichkeitskonzeption) bestehen.

Wie auch immer die Antworten auf diese Fragen ausfallen mögen, soviel läßt sich vorgreifend sagen: Das Phänomen Kleidung in seiner historischen Variationsbreite ist wohl kaum auf utilitaristische Aspekte reduzierbar. Ein Blick auf die zuweilen bizarre Geschichte der abendländischen Kleiderformierung – etwa auf die Absurdität eines überdimensionierten Schnabelschuhs, einer ballongroßen *Braguette,* einer spanischen Heerpauke, eines gewaltigen *Cul de Paris,* einer sperrigen *Krinoline,* eines peinigenden Schnürleibs oder einer riskanten Plateausandalette – hat auch Kostümhistoriker, die nicht im Verdacht eines wilden oder subversiven Denkens stehen, dazu veranlaßt, andere Gesichtspunkte für die Erklärung des Kleiderwechsels heranzuziehen. Sie konzedieren beispielsweise eine fließende Grenze zwischen Schmuck und Kleidung und manche Forscher gehen sogar davon aus, daß sich Kleidung aus Schmuck entwickelt habe (Fetischattribute) (Thiel 1980, Vorwort). Aufs Ganze gesehen scheint man übereingekommen zu sein, die verschiedenen Kleidercodes als eine Kulmination sozialer, kultureller, religiöser (kultischer), ästhetischer und nicht zuletzt erotischer Ausdrucksformen zu lesen.

Es ist daher naheliegend, daß sich die Diskursivierung der Kleidung, vor allem in der Eignung, die sie unter dem Stichwort »Mode« neuzeitlich angenommen hat, nicht in die gängigen akademischen Rubrizierungen einpaßt. Die synchronischen und diachronischen Forschungsanstrengungen sind angesiedelt in den segmenthaften Überschneidungen heterogener wissenschaftlicher Disziplinen: Kulturgeschichte – Sittengeschichte (Fuchs, Elias), Kulturtheorie

– Kulturphilosophie (Benjamin), Zivilisationskritik – Ökonomie und Wirtschaftsgeschichte (Sombart), Soziologie (Simmel, König, Matthiesen), (Sozial-)Psychologie – empirische Sozialforschung (Richardson/Kroeber), Psychoanalyse (Flügel), Kulturanthropologie und Ethnologie (Steinmetz), Ästhetik (Vischer), Stilanalytik – Semiologie (Barthes), Kommunikationstheorie (Schwarz).

Körper – Bild – Kleidung

Zwar hat man auch auf der Basis archäologischer Funde (z.B. Werkzeuge zur Kleiderherstellung aus der Altsteinzeit und Stoffreste aus der Jungsteinzeit) auf vergangene Bekleidungsweisen und -formen geschlossen, aber es sind vor allem Abbildungen (von frühen Felszeichnungen und Höhlenmalereien bis zu späteren Gemälden und Photographien), die den Historikern Auskunft gegeben haben über die Geschichte der Bekleidungen. Die Kostümgeschichte ist im wesentlichen eine Bildergeschichte. Diese Bilder bebildern das kleiderästhetisch konstituierte Körperbild. Die *Kostümgeschichte* ist, so gesehen, die Geschichte einer doppelten Bebilderung.

Bilder generieren Bilder. Wir bilden mit Hilfe dieser Bilder Vorstellungen vom jagenden und sammelnden Neandertaler, von Alexander dem Großen in seiner Kampfausrüstung, vom in die Toga gehüllten Cäsar während seiner Reden vor dem Senat, vom Habit des vor dem Papst auf die Knie sinkenden Heinrich IV., und davon, wie Jeanne d'Arc »wirklich« aussah, als sie vor dem Dauphin stand etc. Da es aber bekanntlich die Unschuld des Auges nicht gibt, ist es doch sehr fraglich, ob auf diese Weise ein »authentisches« Bild dieser vergangenen Gestalten entsteht. Ermöglicht diese Bilderaneignung nur die Kostümgeschichte oder führt sie nicht vielmehr zur Kostümierung dessen, was wir Geschichte nennen? Die Sehnsucht nach Authentizität hat es nicht immer gegeben. Die Künstler des Mittelalters und der Renaissance sahen kein Problem darin, die biblischen Gestalten in die Gewänder ihrer eigenen Zeit zu hüllen, und die Nazarener steckten sie wiederum in die Kostüme der Renaissance.

Neben der Sehnsucht nach Authentizität scheint die Kleiderdiskussion über weite Strecken von einer Sehnsucht nach einem externen Fluchtpunkt, einer Entität geprägt, die ihr Bezug, Stabilität und Bestimmtheit verschaffen soll. Diese Entität glaubte man zeitweise im menschlichen (Natur-)Körper gefunden zu haben. Auf den Bildern, die sich die Menschen von den Menschen gemacht haben, sind sie meist bekleidet – und sei es nur mit einem Feigenblatt. Jedenfalls gilt dies für das Abbild des Menschen in christlich-abendländischen Bildarchiven.

Gleichwohl konstituiert sich diese Sicht der Kleidung immer auch in der Differenz zu potentieller (vermeintlich primärer) Nacktheit, die im christlichen Kontext ihrerseits ambivalent konnotiert ist: sowohl im Verweis auf ursprüngliche Reinheit als auch auf verschuldete Sündhaftigkeit. In diesem Traditionszusammenhang haben die Menschen die Kleidung dem Verlust ihrer Unschuld und der Distanzierung von der sie umgebenden (paradiesischen) Welt (Erkenntnis) zu verdanken. So kamen nach biblischem Zeugnis Erkenntnis, Kälte und Scham und mit ihnen die Kleidung in die außerparadiesische Welt.

Dort aber, wo die Abgebildeten nicht bekleidet sind (etwa in der Aktdarstellung oder in der Pornographie), sind sie dies so ausdrücklich nicht, daß die Betrachter gezwungen sind, die abwesende Kleidung zu imaginieren. Das Nackte wird betrachtet als das, was es nicht ist. Nacktheit erscheint dann als Bekleidung ohne Kleidung. Zudem ist die Ostentation der Nacktheit, der ersten Haut, in dieser Bildgeschichte von den gleichen allgemeinen Formveränderungen (Stil- und Epochennormen) diktiert, denen auch die visuellen Konzeptionen des kostümierten Körpers unterworfen sind. Der unbekleidete Körper kann in der Weise, wie er imaginiert wurde und wird, keineswegs als das invariante natürliche Substrat gelten.

Eher ließe sich persiflierend behaupten, daß sich der Faltenwurf der ersten Haut dem der zweiten anschmiegt, daß die Konzeption des Nackten die eines Hautgewandes sei. (Die Anstrengungen des Bodystylings unserer Tage stehen in der Konsequenz einer langen Entwicklung.) Die Überlegungen zum Stichwort Kleidung sollten daher der Versuchung widerstehen, Kleidung (zweite Ordnung, Signifikant) vor der Folie einer primären Blöße (erste Ordnung, Signifikat) zu denken; diese Blöße ist vielleicht nichts anderes als eine Wirkung der Entblößung – der mehr oder weniger kleidsamen Entkleidung. Die Bedeutungen, die wir der Kleidung jeweils zuschreiben, wären, so verstanden, sowohl Konstituens als auch Effekt der jeweiligen Körper und Geschlechtskonstruktionen.

Gleichwohl kann es bei diesen Überlegungen nicht um die Figur einer bloßen Verkehrung gehen. Das Denken bleibt auf das alte Ordnungsmuster, die alte Opposition und Temporisation von Primärem und Sekundärem, bezogen – auch und gerade dann, wenn der Bezug auf ein Absolutes, der Bezug auf die Wahrheit des Nackten, auf die nackte Wahrheit, nicht mehr möglich ist.

Sprachregelungen

Was ist gemeint mit dem Wort »Kleidung«? Gehört beispielsweise die Bemalung des Körpers, wie sie schon von den Neandertalern vorgenommen wurde, zur Kleidung? Gehören Tätowierungen, körperverändernde Einschnürungen zur Kleidung? Sicher nicht, wenn man darauf besteht, daß Kleidung einer beliebigen Austauschbarkeit bzw. Wiederverwendbarkeit unterliegen muß; sicher doch, wenn das Referenzkriterium darin liegt, daß dem Körper ein fremdes Material hinzugefügt wird.

Was nun dieses Material betrifft, so scheint es keine Einschränkungen zu geben Am Anfang standen wohl natürliche Materialien, Pflanzenfasern, Blattwerk, Tierhäute und -felle, die schließlich me-

thodisch bearbeitet wurden (man weiß von paläolithischen Flecht-
methoden und neolithischen Webstühlen). Später wurden Metalle
(Panzerungen) und zunehmend auch synthetische Materialien her-
angezogen.

Zur Herkunft des Wortes »Kleid« (Kleidung, Kleider) meldet das Deutsche Wörterbuch von Hermann Paul, daß es erst seit
dem 12. Jahrhundert nachweisbar sei (in der Grundbedeutung von
»Zeug«): »Dann ist es zur Bezeichnung für ein daraus gefertigtes
Gewandstück geworden, zunächst ganz allgemein, wie noch im Plu-
ral... Jetzt wird der Singular in Norddeutschland gewöhnlich nur
für das weibliche Oberkleid gebraucht, in Süddeutschland noch wie
früher für den Rock des Mannes. Die allgemeinere Bedeutung liegt
auch dem Verb *kleiden* (ank., ausk., bek., verk.) zugrunde.« (Paul
1935, S. 228)

Kleid bzw. Kleidung wäre demzufolge eine vergleichsweise allgemeine Bezeichnung, die für das Phänomen der Körperverhüllung
und -schmückung gefunden werden kann. Ihrem Bedeutungsspek-
trum entspricht heute sowohl das Phänomen des Lendenschurzes
wie auch das der Abendgarderobe, während die ältere Bezeichnung
»Gewand« im gegenwärtigen Sprachgebrauch semantische Einschränkungen (Bühnenkleidung, feierliche Kleidung, Amtskleidun-
gen) aufweist und allenfalls noch in seiner mundartlichen Verwendung auf Alltagsbekleidungen bezogen ist. Auch das Wort »Tracht«
ist reduziert auf spezifische Varianten (regionale, volkstümliche Bekleidungen, Berufskleidungen).

Interessanter ist das Verhältnis der Bezeichnungen Kleidung und
Mode. Der Begriff *Mode* kommt im 15. Jahrhundert in Frankreich
auf, abgeleitet von *modus,* und setzt sich im 17. Jahrhundert auch
in den germanischen Ländern durch – zu einer Zeit also, in der die
ständischen Kleiderprivilegien (Kleiderordnungen) zunehmend
unterlaufen und abgebaut wurden.

»Gab es in der Antike Moden? Oder hat die ›Gewalt des Rahmens‹ sie untersagt?«, fragt Walter Benjamin (1982, S. 114).

Es gibt in der Literatur eine Diskussion darüber, unter welchen historischen Bedingungen Kleidung unter den Einfluß der Mode kam. Oder ob sie nicht sogar immer schon eine Variante der Modegeschichte war. So betitelte Max von Boehn seine achtbändige kulturhistorische Arbeit, die der Geschichte der Kleidung großen Raum gibt, als »Geschichte der Mode« (Boehn 1923). Mode ist hier der Oberbegriff, Kleidung das wichtigste Exponat für die Demonstration des alltagsästhetischen Formenwechsels. Teilweise wurden und werden die Begriffe auch synonym gebraucht, ohne daß die Einschränkung des Modischen auf den Kleideraspekt problematisiert würde.

Für den Soziologen René König ist Mode ein elementares und universales Phänomen (König 1967, S. 38; 1985). Kleidung stand demzufolge immer schon unter ihrem Gesetz. Er formuliert die Überzeugung, daß »Mode auf seelischen und sozialen Grundverhältnissen ›aufsitzt‹: Der scheinbare Widerspruch zwischen Wandel und Beharrung löst sich nämlich in dem Moment auf, in dem wir begreifen, daß die Mode zugleich in einer Tiefen- und einer Oberflächenschicht der menschlichen Natur gründet.« (König 1967, S. 39)

Modisches Verhalten korreliert demzufolge mit konstanten Elementen in der menschlichen Triebstruktur, ja mehr noch: »Sogar bei den Spielen der Tiere« (Neugier- und Nachahmungsverhalten) könne man »von eigentlichen Moden sprechen« (König 1967, S. 39). König gehört mit dieser anthropogenetischen Fixierung des Modephänomens allerdings zu einer Minderheit unter den Modetheoretikern. Auch der Sittenhistoriker Eduard Fuchs hatte in seiner Arbeit über *Die Frau in der Karikatur. Sozialgeschichte der Frau* aus dem Jahre 1906 den modischen Kleiderwechsel aus einem »angeborenen biologischen Verlangen nach Verstärkung und Verschönerung des

Geschlechtsreizes« erklärt, hatte sich dabei allerdings im Versuch, diese biologistische Grundlegung mit marxistisch entfremdungskritischen Theorieelementen zu versöhnen, in methodologische Schwierigkeiten gebracht (Fuchs 1906; Gorsen 1986). Der »Erklärungswert« solcher Ansätze wurde von Udo H. A. Schwarz in seiner Untersuchung über *Das Modische* erst kürzlich wieder bezweifelt: »Die Mode nur als Derivat der Anthropogenese zu begreifen, verstellt eher die Möglichkeit ihrer soziologischen Deutung als Kulturprogramm einer bestimmten Gesellschaft. Was die Affekt- und die Triebstruktur der Menschen angeht, so ist zu vermuten, daß der Prozeß der Beeinflussung in umgekehrter Richtung verläuft: Auch sie werden den ›Bedürfnissen‹ der Mode unterworfen, werden dann allerdings die ›Macht‹ modischen Verhaltens potenzieren.« (Schwarz 1982, S. 11)

In seiner Untersuchung zum Verhältnis von *Wirtschaft und Mode*, die er 1902 veröffentlichte, beantwortet Werner Sombart die Frage, »ob denn wirklich erst die Gegenwart es sei, die die ›Mode‹ in die Geschichte eingeführt habe« mit der Unterscheidung zwischen Mode und »moderner Mode«. Zwar habe es schon in den italienischen Städten des 15. Jahrhunderts so etwas wie Mode gegeben, welche sich dann in den darauffolgenden Jahrhunderten auch in nördlicheren Gegenden ausgebreitet habe, aber von einer Mode im modernen Sinne könne erst im Zuge bestimmter aktueller wirtschaftlicher Entwicklungen gesprochen werden. Die »moderne Mode«, die durch »absolute Allgemeinheit« und das »rasende Tempo des Modewechsels« charakterisiert sei, könne allein »aus dem Wesen der kapitalistischen Wirtschaftsverfassung« erklärt werden (Sombart 1902, S. 18).

Auch Erika Thiel führt in ihrer *Geschichte des Kostüms* aus, daß der Begriff »Mode« historisch allenfalls für die Beschreibung der Kostümgewohnheiten der »privilegierten Schichten« angemessen sei, da bis zur Zeit der Französischen Revolution die Bekleidungen der unteren Schichten sich über weite Strecken nur sehr langsam und vergleichsweise undramatisch veränderten. Im strengen Sinne könne erst im Zuge der »Demokratisierungen« im 19. und 20. Jahrhundert eine Ausweitung des modischen Verhaltens auf alle Bevölkerungsschichten festgestellt und von Kleidermode gesprochen werden (Thiel 1980). Dieser Befund wird weitgehend geteilt. Er findet sich bereits in den Schriften zu Anthropologie von Immanuel Kant, der davon spricht, daß »alle Moden ... schon ihrem Begriff nach veränderliche Lebensweisen« seien, daß sie »zum Ton der Hofleute, vornehmlich der Damen« gehörten und daß sich »die niedrigen Stände noch lange damit schleppen, wenn jene sie schon abgelegt haben«. Aber er sieht zugleich eine Tendenz zur Verallgemeinerung der Mode, das heißt, er vermerkt etwas unwillig, daß es vor dem »Law of Fashion« (Locke), das »unter dem Titel der Eitelkeit« auftrete, auch für jene, die weder zu den Hofleuten noch zu den Damen gehörten, kaum noch ein Entrinnen gibt: »*In der Mode* sein ist eine Sache des Geschmacks; der *außer* der Mode einem vorigen Gebrauch anhängt, heißt *altväterisch*; der gar einen Wert darin setzt, außer der Mode zu sein, ist ein *Sonderling*. Besser ist es aber doch immer, ein Narr in der Mode als ein Narr außer der Mode zu sein.« (Kant 1964, S. 572)

Waren die Kleidergewohnheiten über lange Zeit Gegenstand gesetzlicher Erlasse und Regelwerke *(Kleiderordnungen)* sowie moralpädagogischer Einsprüche (Weiberschelte, Schelte der Putzsucht, der Verschwendung, der Unbeständigkeit, der Oberflächlichkeit), so können die kurzen Ausführungen Kants, ungeachtet der deutlichen Skepsis, die in ihnen nachhallt, verstanden werden als Ausdruck eines neuen Verständnisses der Bekleidungsmodi. Das, was schließlich ein mehr oder weniger anerkanntes Thema kulturphilosophischer und soziologischer Untersuchungen zur Mode werden sollte: Kleidung als *Zeichensystem,* als Modus sozialer Differenzierungsprozesse und individueller Selbstdarstellungen, klingt hier schon an. Das Verhältnis von Mode und Moderne, das nun in den Blick kommt, erzwingt neue Redeweisen. Der Modediskurs war eröffnet.

Der Modediskurs

Am Anfang des Modediskurses aber stand ein scharfer moralischer Einspruch. In seiner Schrift *Mode und Zynismus* (1879) eröffnet Friedrich Theodor Vischer den neuen Diskurs mit alten (moralischen) Einwänden. Noch einmal wird der Gegensatz von flatterhafter Mode und beständiger Tracht reklamiert, noch einmal wird die Mode dem Verdacht des Unechten, Unwahren, bloß Äußerlichen unterstellt. Vischer, der das später von Sombart konstatierte Vordringen der Mode in alle Bereiche des gesellschaftlichen Lebens und in alle Schichten der Bevölkerung unmutig vorausahnte, wollte mit Hilfe einer normativen Ästhetik das alte Ordnungsverhältnis von innerer Wahrheit und äußerem Schein, von Essenzialität und Akzidentialität, von Notwendigkeit und Zufälligkeit restituieren. »Die Mode«, so lautete sein Schuldspruch, »ist nivellierend, Völker wie Individuen eingleichend.« (Vischer 1879, S. 30)

Aber in seinen verbalen Kampf gegen das Nivellement der Mode, gegen die Kontingenz des Äußerlichen, die den auf das Verweisungsverhältnis von Innen und Außen angewiesenen physiognomischen Blick an einer von Außen bestimmten Oberfläche erkenntnisarm abgleiten läßt, mischen sich schon resignative Töne: »Wir können aus der Mode, nachdem sie die Stelle der Tracht eingenommen, nicht heraus; sie repräsentiert ja ... durch und durch den scharf geweckten Geist der modernen Bildung, freilich mit allen seinen Unarten.« (Vischer 1879, S. 30)

Sehr viel gelassener hatte Hegel reagiert auf diesen »Geist der Moderne«, in dessen Zeichen die Entkoppelung von innerer Verfaßtheit und äußerer Erscheinung stand: »Besondere Persönlichkeit überhaupt sowie Äußerlichkeit in der Tracht und dergleichen sind in neueren Zeiten nicht mehr so wichtig. Man läßt sich durch die allgemeine Gewohnheit (Mode) bestimmen, weil es an und für sich äußerlich gleichgültig ist, hierin nicht eigenen Willen zu haben, sondern gibt dies Zufällige der Zufälligkeit preis und folgt nur

dieser äußeren Erscheinung der Vernünftigkeit als im Äußeren«
(Hegel 1971, S. 227). Ihm schien »die Abhängigkeit von der Mode
... immer noch besser als die von der Natur« (Hegel 1971, S. 557),
aber er schränkte deren Geltungsbereich in seiner Polemik gegen
»die Modephilosophie« doch energisch ein.

Diese Grenze wollte auch Georg Simmel gewahrt wissen. Das
Wirken der Mode schien ihm unerträglich in Bereichen, in denen
»nur sachliche Entscheidungen gelten sollten« (Simmel 1911),
etwa in Philosophie, Religion und Politik. Gleichzeitig aber erkennt er in der Mode ein allgemeines Strukturmerkmal der Moderne. In seiner 1911 erschienenen grundlegenden Arbeit *Die
Mode*, in der er sich in den veranschaulichenden Passagen fast ausschließlich auf die Kleidermode bezieht, heißt es: »Deshalb gehört
zu den Gründen, aus denen die Mode heute so stark das Bewußtsein beherrscht, auch der, daß die großen dauernden, unfraglichen
Überzeugungen mehr und mehr an Kraft verlieren ... Der Bruch
mit der Vergangenheit, den zu vollziehen die Kulturmenschheit
seit mehr als hundert Jahren sich unablässig bemüht, spitzt das
Bewußtsein mehr und mehr auf die Gegenwart zu. Die Betonung
der Gegenwart ist ersichtlich zugleich Betonung des Wechsels.«
(Simmel 1911, S. 42)

Mode aber bezeichnet die Permanenz des Wechsels. Und so ist sie
nicht nur die Indikation einer Krise (Traditionserosion, Beschleunigung des Wechsels), sondern sie ist krisenhaft in sich selbst. Simmel
hat auf den »logischen Widerspruch«, der schon im Begriff der Mode
angelegt ist, hingewiesen: Eine neue Mode kommt auf, drängt auf
Verbreitung, sobald sie aber zur Verallgemeinerung tendiert, hört
sie auf, eine neue Mode zu sein und wird von einer neuen neuen
Mode verdrängt: »Sie gehört somit dem Typus von Erscheinungen
an, deren Intention auf immer schrankenlosere Verbreitung, immer
vollkommenere Realisierung geht – aber mit der Erreichung dieses
absoluten Zieles in Selbstwiderspruch und Vernichtung fallen würden.« (Simmel 1911, S. 34)

In dieser permanenten Krisenhaftigkeit sieht Simmel ihre problemgeschichtliche Verwandtschaft mit der Moderne. Aber Simmel hat nicht nur das Phänomen einer Art Selbstmord der Mode (das Paradoxon, daß sie im Moment ihrer Verallgemeinerung »an dem logischen Widerspruch gegen ihr eigenes Wesen sterben« müsse) thematisiert (Simmel 1911, S. 40), er hat zugleich einen weiteren Widerspruch der Mode herausgearbeitet, der die Modetheoretiker noch lange beschäftigen sollte, den Widerspruch nämlich, daß Mode über lange Zeitstrecken sowohl für Distinktion wie für Assimilation, sowohl für Differenz als auch für Egalität stand.

Gleichwohl sah Simmel noch die Möglichkeit, in der Mode außer der Mode zu sein. Da diese doch »nie den ganzen Menschen« ergreife und sich an der »Peripherie der Persönlichkeit« ablagere, gebe es die Möglichkeit, sich ihrer als »einer Art Maske« zu bedienen und sich in das »verhüllende Nivellement« der Mode zu flüchten zum Zwecke der Rettung der »inneren Freiheit« (Simmel 1911, S. 42). Damit ist die (physiognomische) Semiotik der unmittelbaren Innen-Außen-Korrelation zwar erschwert, aber der Geltungsanspruch des Innen-Außen-Schemas selbst nicht in Frage gestellt. Es sei zeitlich vorgreifend vermerkt, daß dessen Infragestellung erst sehr viel später durch die linguistisch orientierte Semiologie Roland Barthes' erfolgte.

Barthes' Arbeit *Système de la mode* (Barthes 1967; Goebel 1986) ist als eine Grundlegung im doppelten Sinne zu verstehen: Er hat nicht nur am Beispiel der Mode seine semiologische Methode ausdifferenziert, sondern im Zuge dessen auch eine Semiologie der Mode vorgetragen. Er kennzeichnet das, was Kleidung genannt wird, als die Herausbildung eines Systems von Zeichen, dessen Bedeutungen nicht dauerhaft sind. Mode ist eine geregelte *Kombinatorik* und verfügt als solche über einen unendlichen Vorrat an Elementen. Barthes geht aus von der »beschriebenen« Kleidung, das heißt, von jener Kleidung, die in Modemagazinen behandelt wird: Kleidung wird, so Barthes, nur dadurch wirklich bedeutsam, daß sie in den Bereich der gesprochenen und geschriebenen Sprache eindringt.

Die Kunst, Kleidermode zu lesen bzw. zu »dechiffrieren«, hatte schon Walter Benjamin in seinem zwischen 1927 und 1940 entstandenen *Passagen-Werk* fasziniert. Ihn interessierte allerdings weniger das physiognomische Rückschlußverfahren, er attestiert der Mode antizipatorische Qualitäten: »Das brennende Interesse der Mode liegt für den Philosophen in ihren außerordentlichen Antizipationen … Jede Saison bringt in ihren neuesten Kreationen irgendwelche geheimnisvollen Flaggensignale der kommenden Dinge. Wer sie zu lesen verstünde, der wüßte im voraus nicht nur um neue Strömungen der Kunst, sondern um neue Gesetzbücher, Kriege und Revolutionen. – Zweifellos liegt hierin der größte Reiz der Mode, aber auch die Schwierigkeit, ihn fruchtbar zu machen.« (Benjamin 1982, S. 112)

Die Lesbarkeit der Kleidermode scheint vor allem in unserem Jahrhundert zunehmend erschwert, während die Kostümhistoriker und Modetheoretiker für die retrospektive Deutung der Kleidermoden vergangener Epochen großräumige klassifikatorische Ordnungsangebote bereitstellen. Mit einigem Mut zur Pauschalisierung lassen sich die *Kleiderordnungen* feudaler Gesellschaften als Ausdruck eines ständestaatlichen Repräsentationswillens (Ausdruck einer in letzter Instanz theologisch beglaubigten Hierarchisierung) interpretieren und die Modeerscheinungen des bürgerlichen Zeitalters vor allem als kompliziertes Regelsystem im Bemühen um *Distinktion* (Mode als Indikator von Klassenunterscheidungen bzw. von Prozessen sozialer Differenzierungen) erklären.

Allerdings hatte sich das Repräsentationselement auch in bürgerlicher Zeit im Zuge einer merkwürdigen Verschiebung weiterhin erhalten. Der amerikanische Soziologe Thorstein Veblen machte bereits im Jahre 1899 in seiner *Theorie der feinen Leute* darauf aufmerksam, daß das Bürgertum die Akte des *demonstrativen Konsums* – die Ausstellung von Luxus und Müßiggang – auf das weibliche Geschlecht übertragen hatte. Den Frauen der bürgerlichen Schichten kam in dieser Übertragung eine Art von Stellvertretung zu. Das ökonomisch weitgehend machtlose Geschlecht repräsentierte eine ökonomische Macht, von der es gerade infolge dieser Geschlechtszugehörigkeit eigentlich ausgeschlossen war. Auf sie, diese repräsentierenden Frauen, waren fortan die Bemühungen der Modeindustrie, der Modezeitschriften und der großen Modehäuser gerichtet. (Einer der ersten, der die Notwendigkeit dieser systematischen »Zielgruppenorientierung« Mitte des 19. Jahrhunderts erkannte, war der Couturier Charles Frederic Worth.) In den Entwürfen weiblicher Kleidung wurde Weiblichkeit immer wieder aufs neue entworfen. Dem korrespondiert die Beobachtung, daß sich die Männer (gerade sie waren in den Feudalzeiten durch besondere Kleiderpracht und Kleiderinnovation auffällig) im 19. Jahrhundert gewissermaßen aus der Mode verabschiedeten; eine Beobachtung, die René König wohl als erster herausstellte. Seit dieser Zeit hat sich die nur mehr in zahmen Grenzen modifizierte Trias von Jacke, Hose und Weste als Grundelement der bürgerlichen Männerkleidung bis heute (trotz einiger Aufweichungen dieser Bekleidungsform in den Subkulturen und im Sport- und Freizeitbereich) erhalten.

Mit solchen Beobachtungen werden die Oppositionen, in denen der Modediskurs sich bewegt (Unten/Oben, Innen/Außen, Neu/Alt), von der Opposition Männlich/Weiblich überlagert. Selbstverständlich hat dieser Aspekt der geschlechtlichen Differenz in den Überlegungen zu Kleiderfragen immer eine Rolle gespielt. Schließlich war gerade auch die vestemische Herausstellung erotischer Reize ein ständiger Gegenstand moralisierender Kleiderschelte.

Diesen Beziehungen zwischen den geschlechtlichen Attraktionen und den kleidertechnischen Strategien des Enthüllens und Verbergens ist der Psychoanalytiker J. C. Flügel in seiner *Psychologie der Kleidung* nachgegangen. »Wer sich ernsthaft mit dem Problem der Kleidung auseinandersetzt, wird unschwer erkennen, daß unter allen Motiven, Kleidung zu tragen, die mit der Sexualität in Verbindung stehenden vorherrschen.« (Flügel 1966, S. 16)

Allerdings bewegt sich Flügel im Kontext seiner kleiderbezogenen Ausführungen zu Phänomenen wie Narzißmus und Fetischismus wiederum in sehr traditionellen Fahrwassern, wenn er betont, daß es gerade für die Frauen darauf ankomme, eine Balance zwischen Natur und Kultur, zwischen Natürlichem und Artifiziellem herzustellen. Seine Argumentation gilt, wie gezeigt wurde (García Düttmann 1986), der Abwehr eines modischen *l'art pour l'art,* eines Ästhetizismus der Mode. Flügel beschwört die »Gefahr«, daß die Frauen mit Hilfe von Kleidung und Schminke sich von der »Wirklichkeit entfernen« und ein »künstliches Ideal pflegen« (Flügel 1966, S. 188): »nehmen jedoch die Lippen eine so intensive Rotfärbung an, wie sie die Natur nicht einmal ihren liebenswertesten und gesündesten Töchtern vorbehalten hat, ist der Schritt in die Barbarei ein kleiner und endgültiger« (Flügel 1966, S. 188). Dieser Schritt in die angebliche Barbarei ist der Schritt in den Ästhetizismus.

Gerade um diesen Schritt, um den Verlust dieser Balance, ging es Baudelaire, der an die Versöhnung von Kultur und Natur nicht glauben mochte. Ihm, der alle Barbarei, alle Bestialität und alle Häßlichkeit in der Natur begründet sah, konnten, wie er in seiner *Lobrede auf die Schminke* ausführte (Baudelaire 1989), die Lippen nicht rot genug sein (am besten so rot und so künstlich, daß gerade jede Assoziation auf eine Körpernatur davon getilgt wird): »Wer mich recht verstanden hat, wird sich daher hüten, das Gesicht mit der gemeinen, verborgenen Absicht zu bemalen, die schöne Natur nachzuahmen und mit der Jugend zu wetteifern ... Wer möchte es wagen, der Kunst die leere Aufgabe zuzuerkennen, die Natur nachzuahmen?« (Baudelaire 1989, S. 250)

Damit war der Mode eine Art »Autonomie« zugesprochen, die sie in die Nähe der Kunst rückte. Künstler wie Baudelaire, Proust und Mallarmé – er gab über einige Zeit eine Modezeitschrift heraus – wandten sich diesem Phänomen zu. In dem Moment aber, in dem

Kleidung und Schminke dem freien Spiel der ästhetischen Maskeraden überantwortet werden, gerät auch das Repräsentationsprinzip etwas ins Wanken.

Mode vornehmlich unter dem Gesichtspunkt von Repräsentation bzw. Distinktion zu sehen, hatte so lange Plausibilität, wie der Adel bzw. ihn ablösend das Bürgertum den Modeton vorgab, den dann die jeweils unteren Schichten der Bevölkerung nachzuahmen bemüht waren. Aber schon Simmel, der diese Spirale von »Abscheidung« und »Nachahmung« als ein Movens der Modeentwicklung gedeutet hatte, sah doch andererseits das Schema einer Entwicklung von oben nach unten durchbrochen. Er hat darauf hingewiesen, daß die »moderne« Mode nicht mehr so sehr von oben nach unten diktiert werde, sondern zunehmend an den Rändern der Gesellschaft, in der »*demi-monde*« ihren Ursprung habe. Er führt schlüssig aus, daß der Lebensstil dieser Schichten jene Merkmale des Flüchtigen, Transitorischen aufweise, die dem Wesen der Mode entsprechen. Figuren des modernen Großstadtlebens, etwa die Kurtisane, abgelöst durch den Dandy, die Homosexuellen, die Bohemiens, die Schauspieler etc. galten nun als Protagonisten des Kleiderspiels (Figuren zudem, deren geschlechtliche Identität nicht eben als gefestigt gilt). Diese Mode aber steht nicht mehr so sehr im Dienst der Unterscheidungen, sie hat ihren Nährboden auch in der Lust an der Verwirrung (Ausbruch aus den sozialen Stratifizierungen und geschlechtsdifferentiellen Zuweisungen).

Die Annahme, daß die Mode nicht nur eine von Modeschöpfern willkürlich diktierte, durch gezielte Verwertungsinteressen manipulierte und von klassenspezifischen Unterscheidungs- und Ordnungsvorstellungen bestimmte Erscheinung sei, sondern vielmehr ihren eigenen immanenten (ästhetischen?) Gesetzen folge, erhielt ganz unerwartet von seiten der empirischen Sozialforschung Unterstützung.

In ihrer kulturanthropologischen Studie *Drei Jahrhunderte Frauenkleidung. Eine quantitative Analyse* untersuchten A. L. Kroeber und J. Richardson im Jahre 1940 zum Beispiel die Proportionen der weiblichen Abendgarderobe in den vorhergehenden 150 Jahren. Das heißt, sie haben die Weite und Länge der Röcke, den Umfang der Taillen, die Breite und Tiefe der Dekolletagen vermessen und zueinander in Beziehung gesetzt, und sie sind dabei zu dem Befund gekommen, daß auf größere Distanzen gesehen, die Rhythmen des Modewechsels (veranschaulicht als Schwingungsperioden in graphischen Darstellungen), die »Grundproportionen und Eigenschaften« dieser Bekleidung erstaunlich gleichmäßig waren (etwa in der Relation des jeweiligen Taillenumfangs zur jeweiligen Rockweite). Die großen historischen Brüche und Einschnitte (Kriege, Revolutionen, technische Innovationsschübe etc.) haben, dieser Studie zufolge, nur bis zu einem gewissen Grade und vorübergehend (im Sinne kurzfristiger Stagnationen bzw. Beschleunigungen und »Verzerrungen«) Einfluß auf das »bereits existierende Stilmuster« (Richardson/Kroeber 1952).

Gerade diese Verselbständigung der Mode, ihre Eigengesetzlichkeit, die auch vor der »Sitte nicht halt macht« (Benjamin 1982, S. 121), ihr Formalismus, der ihre »exzentrischen, revolutionären und surrealistischen Möglichkeiten« eröffnet, und ihre Frivolität, mit der sie sich und die Welt und in sich die Welt und das »Neueste im Medium des Ältesten« eigenmächtig zitiert, mit der sie in ihrem »undurchdringliche(n) lautlose(n) Nebelreich« die »Traumenergie einer Gesellschaft« (Benjamin 1982, S. 113) bindet, gerade diese Momente, vor deren Hypostasierung die konservativen Modetheoretiker zu warnen nicht müde wurden, waren es, die Walter Benjamin im Anschluß an Baudelaires Ausführungen zu Mode und Moderne faszinierten. Die Mode, so behauptet er, schreibe »das Ritual vor, nach dem der Fetisch Ware bedient sein« wolle. Sie bewege sich stets in Extremen, ihre »äußersten Extreme« aber seien »die Frivolität und der Tod« (Benjamin 1982, S. 119): »Jede (Mode) steht im Widerstreit mit dem Organischen: Jede verkuppelt den lebendigen Leib der anorganischen Welt. An den Lebenden nimmt die Mode das Recht der Leiche wahr. Der Fetischismus, der dem sex-appeal des Anorganischen unterliegt, ist ihr Lebensnerv.«

Wenn aber im Mode-Fetischismus die »Schranken zwischen organischer und anorganischer Welt« fallen, wenn in ihm das Prinzip des Lebens, der »Sexus«, in die Welt des Toten, des »Anorganischen«, in die »Stoffwelt« gelockt wird (Benjamin 1982, S. 118), wenn Kleidung dem Körper einverleibt bzw. der Körper dem fetischisierten Kleidungsstück anverwandelt werden soll, dann entfällt auch jene – eingangs erwähnte – Funktion der Kleidung als Grenzmarkierung zwischen dem organischen Leib und anorganischem Material. Die Herrschaft der Mode kann, nach Benjamin, nur mehr durch die großen Grenzstationen des Lebens »Geburt und Tod« eingeschränkt werden. Der Tod, so heißt es, sei »die dialektische Zentralstation, die *Mode* das Zeitmaß«. Wenn etwas, so repräsentiere die Mode diese Pole des Daseins: sei doch die Geburt als »die Neuschöpfung des Lebens« in der modischen »Nouveautät« ›aufgehoben‹ und der Tod im modischen »sex appeal des Anorganischen« (Fetischismus) (Benjamin 1982, S. 130).

Mit solchen Überlegungen hatte das Thema Mode gerade jenes Terrain erobert, aus dem es doch nach Meinung beispielsweise Kants, Hegels und Simmels herausgehalten werden sollte. Mit Benjamin hielt der Modediskurs Einzug nicht nur in die Theorien der geschlechtlichen Differenz und der Ästhetik, er drang auch ein in philosophische, ja theologische Argumentationszusammenhänge.

Modefragen

Das Modekarussell dreht sich weiter. Etwas schneller vielleicht. Sombarts These von der Allgemeinheit der Mode hat sich bestätigt; auch Simmels Behauptung, daß die Mode ihre Entstehungsimpulse weniger aus den oberen Schichten, sondern eher aus der »demi-monde« oder, wie man heute sagen würde, aus den Subkulturen erhält. Die Formveränderungen in der Männerkleidung sind immer noch unspektakulär. (Hin und wieder gibt es erfolglose Versuche, den Rock für Männer zu lancieren, während sich die Anleihen der Frauenbekleidung bei der Männermode problemlos vollziehen.) Dabei scheinen sich Souveränitätsgewinne abzuzeichnen. Die Frauen bauen, wenn es gutgeht, die vergangenen vestemischen Weiblichkeitskonzepte in ihre Bekleidungen als verspielte Zitationen ein (wie dies immer schon die Transvestiten taten). Die Modelandschaft ist durch die Zitier- und Collagetechniken, die die Kleidungsgewohnheiten vor allem der Jugendlichen auszeichnen, etwas unübersichtlicher geworden (es gibt inzwischen den Beruf des Trendaufspürers).

Es bleibt indes abzuwarten, ob der augenfällige Gegensatz zwischen den (verzweifelten) Bemühungen um kleiderstilistische Selbstprofilierungen (Originalitätskult) einerseits und der entschlossenen Anpassung an die (von der Kleidung auf den Körper übergreifenden) allgemeinen Body- und Outfit-Vorgaben (nicht die Kleidung – das ganze Mannequin – ist die Botschaft) andererseits tatsächlich aufgelöst wird in den (vermeintlich) kreativen Akten einer individuellen Kombinatorik massenindustriell vorgefertigter Bekleidungsmuster. Ob also, wie Ulf Matthiesen in seinem Aufsatz *Outfit & Ichfinish* vermutet, die neuen »Collagierstile gewissermaßen eine *ironisch gefederte Physiognomik*« beleben, »die sich bei ihrem Verweisungsspiel allerdings selbst noch über die Schulter zu schauen versucht« (Matthiesen 1988, S. 445), oder ob dieses selbstreferentielle Moment weniger die Intention heutiger Akteure auszeichnet, sondern eine Spielart der Kleiderästhetik betrifft, die sich retrospektiv auch schon an älteren Stilphasen ablesen läßt (Zitat des Zitats, Überbietungs-, Ironie- und Parodie-Elemente; vgl. etwa die Geschichte der *Braguette*).

Auch der Modediskurs geht weiter. Er kristallisiert sich allerdings noch immer in den beiden Positionen, in denen Matthiesen die »gängigen Fehler des Modediskurses« sieht: »die informierte kritiklose Daueremphase« und »den ahnungsärmeren moralisierend-kritischen Dauerton« (Matthiesen 1988, S. 444). In letzter Zeit sind die moralpolitischen Bedenken gegen den modischen Kleiderwechsel nur noch selten zu hören (zu Zeiten der Studentenbewegung hatte das Theorem von der profitorientierten Marktmanipulation große Anhängerschaft). Diese etwas morosen entfremdungstheoretischen und konsumkritischen Einwände (sie ruhen auf den alten Modellen: Sein vs. Schein, Wahrheit vs. Lüge, Innerlichkeit vs. Äußerlichkeit etc.) werden zur Zeit übertönt von jenen Stimmen, die jetzt der Mode (oder der Mode nach der Mode: Vinken 1993) jene subversiven Aufgaben zuschreiben wollen, die man vordem einmal der Kunst und der Politik abforderte. Walter Benjamin hatte mit dem Blick auf die Russische Revolution die Vermutung formuliert, daß die Geschichte einmal die Mode einholen, daß die Mode also an der Geschichte sterben könnte. Darin lag eine Unterschätzung der Mode (oder eine Überschätzung der Geschichte). Aber die Geschichte ist auch nicht an der Mode gestorben. Es sieht so aus, als oszillierte der Modediskurs in den Figuren der Unter- und Überschätzung seines Gegenstandes.

Literatur

Barthes, Roland: *Die Sprache der Mode.* Frankfurt am Main 1985
Baudelaire, Charles: *Lobrede auf das Schminken.* In: Charles Baudelaire, Schriften zur Kunst. Sämtliche Werke, Bd. 5. Hrsg. v. Friedhelm Kemp und Claude Pichois. München 1989
Benjamin, Walter: *Das Passagen-Werk.* Schriften V. 1. Frankfurt am Main 1982
Boehn, Max von: *Die Mode.* München 1923
Bovenschen, Silvia (Hrsg.): *Die Listen der Mode.* Frankfurt am Main 1986
Brunkhorst, Hauke: *So etwas angenehm frisch Geköpftes.* In: Silvia Bovenschen (Hrsg.), Die Listen der Mode, a.a.O.
Flügel, John Carl: *The Psychology of Clothes.* London 1966
Fuchs, Eduard: *Die Frau in der Karikatur.* München 1906
García Düttmann, Alexander: *Die Ehrfurcht vor der Maske.* Mode. Erotik. Geschlecht. In: Silvia Bovenschen (Hrsg.), Die Listen der Mode, a.a.O.

Goebel, Gerhard: *Roland Barthes' »System der Mode«.* In: Ästhetik und Kommunikation 21, Jg. 6

Goebel, Gerhard: *Notizen zur Semiotik der Mode.* In: Silvia Bovenschen (Hrsg.), Die Listen der Mode, a.a.O.

Gorsen, Peter: *Mode u. Erotik bei Eduard Fuchs.* In: Silvia Bovenschen (Hrsg.), *Die Listen der Mode,* a.a.O.

Hegel, Georg Willhelm Friedrich: *Vorlesungen über die Geschichte der Philosophie I.* Werke Bd. 18. Frankfurt am Main 1971

Kant, Immanuel: *Anthropologie in pragmatischer Hinsicht.* Werke Bd. XII. Hrsg. v. Willhelm Weischedel. Frankfurt am Main 1964

König, René: *Kleider und Leute.* Frankfurt am Main 1967

Ders.: *Menschheit auf dem Laufsteg.* Die Mode im Zivilisationsprozeß. München 1985

Matthiesen, Ulf: *Outfit & Ichfinish.* Zur beschleunigten Wandlungstypik der gegenwärtigen Bekleidungsmoden. In: Soziale Welt, Sonderband 6, Kultur und Alltag. Hrsg. v. Hans-Georg Soeffner. Göttingen 1988

Paul, Hermann: *Deutsches Wörterbuch.* Stichwort »Kleid«, 4. Aufl. Halle 1935

Richardson, Jane u. Kroeber, Alfred L.: *The Nature of Culture.* Chicago 1952

Schwarz, Udo H. A.: *Das Modische.* Zur Struktur sozialen Wandels in der Moderne. Soziologische Schriften, Bd. 38. Berlin 1982

Simmel, Georg: *Die Mode.* In: Georg Simmel, Philosophische Kultur. Leipzig 1911

Sombart, Werner: *Wirtschaft und Mode.* Wiesbaden 1902

Thiel, Erika: *Geschichte des Kostüms.* Wilhelmshaven 1980

Veblen, Thorstein: *Theorie der feinen Leute.* Köln 1958

Vinken, Barbara: *Mode nach der Mode.* Frankfurt am Main 1993

Vischer, Friedrich Theodor: *Mode und Zynismus.* Stuttgart 1879.

Eine Sache der Vorläufigkeit

Dankrede

Ein älterer Herr ist immer jünger als ein alter Herr. Der Verlust von Lebenszeit blamiert die Grammatik. Was heißt Verlust? Von Verlust könnte doch die Rede nur sein, wenn es ein bestimmtes Kontingent Zeit gebe, auf das man ein Anrecht hätte, mit dem man wuchern könnte. Hier sind aber, das lehrt die Erfahrung, Überraschungen möglich. Man stirbt nicht vor der Zeit, sondern nur zu einer Zeit. Der Rest ist Statistik und Interpretation. Besser ist es, man wird ein wenig älter.

Wenn man älter wird und ist nicht Luis Trenker oder Jean Améry, wird man die Verunmöglichung eines alpinen Gipfelsturms verschmerzen, weil er niemals, nicht einmal jemals, im Horizont der Möglichkeit stand.

Wenn man älter wird und hat dies und jenes verpaßt, aber auch dies und jenes getan, zum Beispiel einige Essays geschrieben, dann kann es passieren, daß man einen Preis erhält, und dann muß man eine Dankrede halten. Das hat man dann davon.

Und so kommt man auf die Idee, ein paar Worte über den Essay und das Älterwerden zusammenzufügen.

Der Essay gilt als Gattungsbastard. Sowohl seine Liebhaber als auch seine Verächter sehen in ihm eine Mischform – Mischung von Begriff und Anschauung, Mischung von Persönlichem und Allgemeinem, von sprachlicher Strenge und poetischem Umweg, von Tradition und Überraschung. Und auch dies betonen die Gattungswächter übereinstimmend: Er gründet in der Erfahrung. Der Lebenserfahrung. Ein Wort, das mir noch aus Jugendtagen unangenehm in den Ohren klingt. Da sollte der leere Hinweis auf die Fülle alter Erfahrung die Möglichkeit eigener, junger Erfahrung ersticken. Das ist aber nicht gemeint. Gemeint ist eine virtuos zur Sprache gebrachte »offene geistige Erfahrung«, von der zum Beispiel Theodor W. Adorno in seinem Essay über den Essay spricht, und auch Odo Marquard – eine Stimme aus einer anderen Richtung – betont, daß die »essayistische Philosophie Lebenserfahrung – also Empirie verarbeiten« müsse. Diese Erfahrung, die die Essayistik adelt, soll sprunghaft Evidenzen schaffen und so das einsträngig Abgeleitete auf kurzem Wege einholen, ja in der Kombinatorik expressiver Akte über es hinausgehen. Im Glücksfall, versteht sich. »Glück und Spiel«, so schreibt Adorno, »seien ihm«, dem Essay, »wesentlich«. Aber nicht immer ist Glück in diesem Spiel mit gemischten Karten. Nicht immer, nur bestenfalls, wird der Essay zu jenem »Kraftfeld«, von dem der Philosoph spricht; und nur bestenfalls kann der Essayist darauf hoffen, daß er selbst zum »Schauplatz« eines sprachlichen und gedanklichen Geschehens wird, auf dem sich die einzelnen Momente »teppichhaft« miteinander verknüpfen. Bestenfalls, wie gesagt. Die Sache kann gewaltig schiefgehen. Wir können uns verlieren. Der Vertrauensschwund in tradierte Routen und schützende Nischen eignet dem Essay von Anbeginn.

Diejenigen Philosophen, sagt Marquard, die Fachhocker und Fachflüchter zugleich sind, seien am besten disponiert für die Essayistik. Aber wie kommt man, zumal auf der Flucht, wieder auf den heimischen Hocker?

Wie kann ein Gebilde, das vom Spiel der Begriffe, von Aphorismen und Pointen lebt, dem die Korsettstangen der logischen Operationen, der richtunggebenden Diskursivierungen, der strengen Deduktionen gezogen sind, zusammengehalten werden? Ich spreche nicht von Einheit und Geschlossenheit, nur von Halt und Kontur. Wie wahrscheinlich sind Ankunft oder Rückkunft? Und auch diese schöne Hoffnung kam ins Wanken: daß nämlich der dialektisch geschulte Blick aufs je Einzelne, Besondere das Allgemeine, Verbindliche verläßlich zum Vorschein zaubern werde. Schon bei

Adorno, bei dem diese gedankliche Bewegung vermutet werden kann, wenn auch nicht so automatenhaft wie hier skizziert, überwiegen die Hinweise auf das Risiko: Der »Essay als Form« sei »dem Irrtum« ausgesetzt: »für seine Affinität zur offenen geistigen Erfahrung« habe »er mit dem Mangel an jener Sicherheit zu zahlen, welche die Norm des etablierten Denkens wie den Tod« fürchte. Wäre in der etwas unzulässigen Überspitzung dessen der Essay eine Sache der Todesmutigen, so ist er nach Marquard eher geeignet, die Todesangst zu mildern, menschliche »Endlichkeitsdefizite« zu kompensieren: In den aphoristischen Verknappungen des Essays würden »komplizierte und lange Gedanken der Kürze des Lebens« angepaßt.

»Das Leben als Sein zum Tode ist schwer; Essays pflegen die Leichtigkeit als Form, die die Menschen brauchen, um sich selbst auszuhalten.«

Ich möchte das gerne auch lesen als eine Aufforderung zur Höflichkeit den Älteren gegenüber. Bitte machen Sie es kurz und pointiert, mein Leben dauert nicht mehr lang. Bitte machen Sie es auch recht leicht, meine Sterblichkeit ruht schon schwer genug auf mir.

Kurzum: Auf die Dauer seines schon längeren Lebens und in der Sorge um dessen Endlichkeit braucht der ältere Mensch mehr gekürzte Leichtigkeit als der jüngere.

Um einem Einwand vorzubeugen: Natürlich gibt es sie, die glatten, munteren, zukunftsfrohen Alten, bei denen man allerdings immer den Eindruck hat, daß sie ihre enervierende Robustheit der Ignoranz verdanken, mit der sie die Erfahrungen, vor allem die schmerzlichen, von sich fernzuhalten wußten. Und ebenso gibt es die Jungen, vor der Zeit gebeugt von der Last zeitlich gestauter Erfahrungsintensität, denen man die Jugend und einen etwas längeren Atem gerne befehlen möchte.

Da beide Typen aber nicht der Regelfall sind, nehmen wir die anthropologische Beglaubigung der Essayistik im Rekurs auf Erfahrung und Hinfälligkeit und Erfahrung der Hinfälligkeit ins essayistische Kalkül.

Wie aber sieht es mit dieser endlichkeitsbewußten Bestätigung aus, wenn wir, wie dieser Tage, die ja auch noch unsere sind, zunehmend die Unvermeidbarkeit und Willkür des Todes selbst in Frage gestellt sehen. Schon wollen sich Leute nach ihrem Tod einfrieren lassen mit dem Ziel einer zukünftigen Wiederherstellung, träumen von geklonten Ersatzteillagern und lebensverlängernden Eingriffen in die menschliche Keimbahn.

Ich habe gelernt, daß es einmal eine Zeit gab im mittleren Alter unserer dokumentierten Geschichte, in der man den Anfang und das Ende der menschlichen Tage genau zu kennen glaubte. Beides: paradiesischer Beginn und Jüngster Tag schienen biblisch verbürgt. Und ich habe auch gelernt, daß diese eschatologischen Vorstellungen von anderen geschichtsphilosophischen und naturwissenschaftlichen Konstrukten, die eine Aufweichung der Eckdaten beinhalteten, verdrängt wurden. Mir scheint, eine ähnliche Korrosion widerfährt im Moment unseren Vorstellungen vom individualgeschichtlichen Gang der Dinge. Der Anfang wird gelegentlich schon aus dem Leib ins Reagenzglas verlegt und die Vermeidbarkeit des Endes ernsthaft diskutiert. Ist das einfach nur starker Tobak? Ein Wahnwitz? Ich weiß es nicht. Ich kann mir als Konsumentin phantastischer Literatur mit Not noch vorstellen, daß man dereinst bei fortgeschrittenem Wissensstand den todeserstarrten Körper verlebendigt. Wie man aber jenes Konglomerat aus Wissen und Intuition, gelebter Erfahrung und gedanklicher Kombinatorik, das uns unter anderem in die Lage versetzt, einen Essay zu schreiben, über die manipulierte Eiszeit auf die Festplatte bringen will, dazu reicht nicht einmal mehr meine Phantasie — und für wissenschaftliche Aussagen in dieser Sache fehlt mir jedwede Kompetenz.

Darauf kommt es mir aber auch gar nicht an. Allein, *daß es* gedacht und im Ansatz schon gemacht und in seriösen Wissenschaftsmagazinen erörtert wird, allein, *daß* es nicht länger mehr eine Angelegenheit nur der Götter und der Science-fiction ist, allein schon dadurch, *daß* es als mögliche Möglichkeit in Erscheinung tritt, verwirbelt es unsere tradierten Vorstellungen von Lebenszeit, Lebensfrist und Lebenserfahrung – völlig unabhängig davon, ob diese Visionen von einer sich öffnenden Zukünftigkeit für den Einzelnen einzig Horror oder doch auch Hoffnung bedeuten. So, wie mit der Möglichkeit, den Körper zu klonen, ihm organische, mechanische, elektronische Antriebs- und Funktionsteile zu implantieren und ihn biochemisch zu stimulieren und zu steuern, die schönen Illusionen von der Ganzheit und Abgeschlossenheit und Natürlichkeit des menschlichen Leibes einmal schwanden, so sind wir jetzt auch in unseren gewohnten Vorstellungen von den zeitlichen Dimensionen unseres Daseins zusätzlich irritiert. Wir sind dem nicht in allen Teilen gewachsen, das aber ist eine Formulierung aus der Vergangenheit, aus einer Zeit, in der der Körper noch Schicksal war und man Wachstum nicht erzwingen konnte. Ein Blick auf unsere Sportler belehrt uns eines anderen.

Ein bißchen Mühe muß auch für die Älteren schon noch sein. Nichts läßt uns so alt aussehen wie die willentliche Nichtachtung der gewaltigen biotechnologischen Umbrüche, während sie längst schon unser Dasein überwölben.

Es wäre interessant, lange genug zu leben, um noch zu sehen, was diese Irritation mit unseren Texten macht. Welche Auswirkungen wird all das auf die Erzählungen der Wissenschaft, der Kunst und der Essayistik haben? Wird es diese Sortierungen weiterhin in der gewohnten Weise geben?

Vorläufig aber ist der Essay fein raus. Mir war immer der Gedanke lieb, daß er eine Sache der Vorläufigkeit ist. Und zwar im doppelten Sinn, in dem, daß er sich forsch vorauslaufend spielerisch einmischt ins Ungewisse, in Angelegenheiten, die noch nicht so recht ausgemacht sind, aber auch in dem Verständnis, daß er sich, auf Deckung bedacht, im Vorläufigen bewegt, das heißt, die Wahrheits- und Geltungsansprüche von Kunst und Wissenschaft gar nicht erst für sich bemüht. So gesehen ist der Essay zugleich eine Sache der Mutigen, die sich den Risiken, von denen Adorno spricht, aussetzen, *und* der

Feigen. Geht es schief, so war es eben immerhin ein Versuch; geht es gut, so war es ein kleiner Gewinn; geht es aber einmal ganz daneben, so war der Mut der Dummen im glücklosen Spiel.

Und läßt sich nicht auch sagen, daß die Vorläufigkeit das Lebensgefühl der Älteren fermentiert? Vielleicht nicht immer im ausdrücklichen Bewußtsein eines ›Vorlaufen(s) zum Tode‹, sondern eher im alltäglichen Trotz des ›Vorläufig müßt ihr noch mit mir rechnen‹.

Jean Améry gab seiner Schrift *Über das Altern* – einem Traktat, der aber durchaus als Essay durchgehen kann – den Untertitel »Revolte und Resignation«. Er beschreibt die unausweichlich schlechten Alternativen, in die der Alterungsprozeß uns treibt: sich entweder lächerlich zu machen im Versuch, den Ausformungen des Neuen mit fliegenden Rockschößen hinterherzuhasten, oder – ebenso untauglich — sich gegen diese zu immunisieren, etwa durch die Flucht in Schutzbehauptungen wie jenen: Man halte sich an das Bewährte: Schließlich sei alles schon einmal dagewesen und es gebe nichts wirklich Neues hienieden. In der Nacht sind alle Katzen grau.

Jean Améry bringt das Dilemma des Alterns auf die Formulierung, »daß man nicht gegen die Zeit stehen« könne, ihr aber auch nicht »nachjagen« dürfe, »daß man aber auch nicht den Ausweg« habe, »sich aus dem Zeitablauf herauszunehmen«.

Die alten Trostformeln helfen nicht: Man ist nicht so alt, wie man sich fühlt. Wir fühlen uns so alt, wie die anderen uns sehen. Ihr Blick ist die Negation unseres Selbstbetruges; und der Berg, den der alternde Alpinist Améry nicht mehr »zu ersteigen vermag«, ist, wie er schreibt, die »Negation seiner Person«. Die schwindenden Vermögen und der Blick der anderen signalisieren unser soziales und kulturelles Alter. Da helfen weder »Jugendmaske« noch »lügenschweres Altersidyll«, Améry zieht daraus die Konsequenz. »Er macht die Negation durch den Blick der anderen zu seiner Sache und erhebt sich gegen sie. Er läßt sich auf ein unableistbares Unternehmen ein. Das ist seine Chance und ist, vielleicht, die einzige Möglichkeit, in Würde zu altern.«

Eine Artistik des Paradoxen! Irgendwann werden wir auch darin scheitern, denn es bedarf einiger Kraft, die Gegenläufigkeit von Fatalismus und Aufbegehren schon beim Brötchenholen aufzubauen und auszuhalten. Irgendwann brechen auch diese lebensweltlichen Kraftfelder zusammen.

Etwas einfacher ist es, vor dem Hintergrund dieser Erfahrungen einen vorläufigen Essay abzuschließen, sich in gebotener Kürze durch das Unterholz solcher Widersprüche zu schlagen. Die Verwandtschaft des Essays mit dem Spiel liegt wohl auch darin, daß man im Unterschied zum Leben immer wieder aufs neue beginnen kann, im Zeichen von Revolte und Resignation, Mut und Feigheit, Vorläufigkeit und Nachdenklichkeit.

Reparaturbetrieb

Der Held der frühen Jahre

Im Andenken an Karl Markus Michel, der in seinem Essay »Heldendämmerung« schon alles über die kulturgeschichtlichen Auf- und Abschwünge des Heroischen gesagt hat.

Kursbuch 108, 1992

Unsere Zeit ist dem Helden nicht günstig. Das weiß jeder. Ein schwerer Schatten lastet auf dem Heldentum. Er reicht herüber noch aus der Mitte des gerade vergangenen Jahrhunderts. Die Redlichen verdächtigen das Heroische. Zu Recht. Und es gibt auch – wie bei allen schweren Lasten – flugs eine Sprachregelung. Befragt nach dem Heldischen ist korrekterweise zu antworten: Die wahren heroischen Vorbilder unserer Zeit, das seien nicht die Helden alter Façon, sondern die schlecht bezahlten Krankenschwestern und die ledigen Mütter (wahlweise: Feuerwehrmänner und Entwicklungshelfer). Das ist gut gesprochen; etwas zu gut vielleicht. Geschieht nicht die Aufwertung des einen (Mütter) allein im Interesse der Abwertung des anderen (Helden)? Aber mit solch simplen Verabredungen ist dem Heldischen nicht beizukommen und auch mit besseren nicht. Das weiß insgeheim auch jeder. Das Heldentum überlebt alles: die guten Argumente und die desaströsen Fakten. Mag man auch in schuldschwerer Zeit von seiner öffentlichen Proklamation Abstand genommen haben, der Held kriecht aus jeder Ruine, aus jeder Absage wieder hervor. Das muß nicht wundern: Liegt sein zähes Überleben doch darin begründet, daß es sich beim Heldentum keinesfalls um eine Realität, nur zu Teilen um eine Idee, im wesentlichen aber um einen Gemütszustand handelt. Schopenhauer notiert die

Überlieferung, daß man nicht das Hirn, sondern immer das Herz der Helden einbalsamiert habe.[1] Früh schon, jedem Begriff, jeder Lektüre, jedem Bild vorgängig nistet das Heldengespenst in uns, schleicht in unsere Tag- und Nachtträume. Es erwacht zum vollen Leben, erhält Kontur und Kraft mit der ersten Kränkung. (Vielleicht ist ja unsere eigene Geburt schon eine Kränkung, das nicht erfüllte Säuglingssehnen – aber davon können wir nicht berichten, daran können wir uns nicht erinnern.) Die erste als solche erfahrene Kränkung, die erste Demütigung, die erste als Schmach erlebte Niederlage zeugt kompensatorische Phantasieaktionen. Sie schreit nach szenischen Imaginationen eigener stolzer Siege. Triumphe werden erträumt und in einem weiteren Schritt Heimzahlungen, Rachen werden phantastisch bebildert. Die Demütigung des Demütigers. Die Phantasien Gedemütigter sind immer furchtbar. Im Dreck soll der andere liegen, sein Dreirad, sein Roller sollen mit ihm zerschellen, verbiegen, verrotten; seine Sandburg wird geschliffen. Wir aber lachen oder schauen über ihn hinweg in die Ferne. Das ist das mindeste. Noch keine schimmernde Rüstung. Noch keine Accessoires. Noch kein Begriff. Noch keine Heldenidee. Noch kein kulturelles Vor-Bild. Wir sind noch allein, ohne Kostüm, ohne Kulisse. Wenn sich diese Rache tatsächlich tun läßt, wird sie getan werden; wenn es an Kraft, Mut und Möglichkeit mangelt, muß sie in die Phantasie. Immerhin geht es um Heilung, um die Wiederherstellung des kleinen Ichs, das wir uns gerade erst spiegelbildlich gebastelt haben (wie illusionär auch immer). Da wird es dann in unserem Traum wieder ganz und etwas größer noch als zuvor; das Ich, von dem Freud (oder war es Lacan?) behauptete, daß es aus einer Wunde entstünde. Der innere Held ist ein seelischer Schadenschnelldienst. Nur Fron und Hohn – ich komme schon. Wenn uns im Leben wenig mehr bleibt als solche Phantasien, wenn sie schließlich alles überwölben, uns ganz beherrschen, werden wir wirklich zu furchtbaren Leuten. In diesem Fall tut sich eine ungute Alternative auf: Entweder wir »werfen den Helden in unserer Seele«[2] weg und werden zu schlaffen Kriechern und erbärmlichen »Lüstlingen« (wie Nietzsche es beschreibt), oder der Rachestau in der Realität und mit ihm der Überhang der zur Verwirklichung drängenden Schreckensphantasien wird so groß (irgendwann ersticke ich an den nicht gegebenen Antworten, sagte einmal eine Freundin), daß sich die Wut vom demütigenden Anlaß abkoppelt und der Gedemütigte sich an der Demütigung Schwächerer schadlos hält. Das sind dann die, die auf Asylanten, Schwarze, Schwule, Alte einprügeln. Aber das sind die unguten Resultate des inneren Heldentums. Zumeist verläuft die Sache ja glimpflicher. Im besseren Fall sorgt der innere Held für Balance und Linderung.

Er bleibt nicht lange so schemenhaft, wie er es im Dreiradalter noch ist. Bald schon wird er ausgestattet. Mit den ersten Lektüren, mit den ersten Filmen, all den Bildern und Begriffen, die wir im Laufe des Kinderlebens und der Jugendzeit zur Kenntnis nehmen, reichert er sich an, wird vielgestaltig.[3] Bald hat er Helm und Schwert, bald Feder und Pfeil, bald Rennwagen und Raumschiff; Kraft und Mut und Treue hat er allemal. Wir sind nicht mehr allein. Wir sind viele. Unser kleines Ich kann sich jetzt multiplen Vorbildern anverwandeln: Ein ganzes Heldenpanorama öffnet sich. Diese innere Heldenschar ist allerdings zeit- und altersgebunden. Bekanntlich schafft sich jede Generation neue Helden, jedes lebensgeschichtliche Stadium hat seine Heldenfavoriten. Wir müssen von uns selbst sprechen. Von unseren Helden.

Exkurs: Hansi Schmitz

Wir sind eine kleine Kindergruppe. Die meisten von uns sind neun Jahre alt, wenige sogar schon zehn. Zehn Jahre sind auch vergangen seit dem Ende des letzten großen Kriegs, von dem wir fast nichts wissen. Wir wurden knapp in den Frieden hineingeboren. Aber auch von dieser Gnade wissen wir nichts. Wir nennen uns Bande. Wir haben schon ein bißchen Karl May gelesen und sahen auch schon einige

Filme, in denen Römer, Indianer und Ritter vorkamen. Wir spielen in den immer noch vorhandenen, halb abgetragenen Kriegsruinen und auf den Baustellen der neu entstehenden Häuser. Beides ist uns streng verboten. Unser Anführer heißt Hansi Schmitz. Er kennt das Leben, er ist stark und mutig, er ist unser Held, fast ein Gott. (Seine exponierte Stellung beruhte auf dem, was ihn massiv von uns Bürgerkindern unterschied. Er war der Sohn eines Hausmeisters. Das Leben seiner Familie spielte sich in der überheizten Küche ab. Es gab Dampfnudeln und Schlagermusik aus dem Radio. Das kannten wir nicht, das gefiel uns. Entscheidender aber war, daß Hansi Schmitz uns im Alter mindestens drei Jahre voraus war. Drei Jahre älter! Das gab ihm eine ungesunde Macht über uns. Man sollte Kinder, die bevorzugt mit Jüngeren spielen, scharf im Auge behalten.) *Eines Tages versammeln wir uns wieder auf einer Baustelle. In einer plötzlichen hybriden Anwandlung steige ich auf einen Sandhaufen, um zu verkünden, daß ich selbst in Zukunft Anführerin der Bande sein wolle.* (Es sprach wirklich alles dagegen: mein Alter, meine eher mickrige körperliche Konstitution, mein Geschlecht.) *Hansi Schmitz lacht, dann spitzt er die Lippen und pfeift in den Himmel und in meine Rede hinein. Die anderen Kinder lachen jetzt auch. Mich überfällt eine maßlose Wut. Irgendwie schaffe ich es, ein herumliegendes schweres Brett aufzunehmen und es mit Schwung Hansi Schmitz in den Rücken zu hebeln. Hansi Schmitz fällt um und bleibt liegen. Ich bin eine Heldin. In bin keine Heldin. Kein Jubel. Die anderen Kinder sagen sehr sachlich:* »Jetzt ist Hansi Schmitz tot.« *Ich bin eine Mörderin. Ich gehe nach Hause. Ich versuche, die Tragweite des Geschehenen in meinen Kopf zu kriegen. Es gelingt mir nicht. Lange Zeit sitze ich apathisch in meinem Zimmer.* (Wahrscheinlich vergingen nur wenige Minuten.) *Vom Fenster meines Zimmers aus sehe ich, wie die Bande* (ohne Hansi Schmitz) *auf unser Haus zugeht. Es klingelt an der Türe, und ich höre die Kinder mit meiner Mutter reden, ohne die Worte zu verstehen. Mir ist schon alles egal. Dann betritt meine Mutter mein Zimmer mit den erlösenden Worten:* »Das hättest du nicht tun dürfen.« (Diese

Worte, das begriff ich sofort, waren von erleichternder Unangemessenheit. Das sagt keine Mutter zu einem Mörderkind. Das sagt man allerdings auch nicht zu einem Helden.) Kurzum: *Hansi Schmitz tat der Rücken ein wenig weh, und meine Mutter zwang mich zu einer Entschuldigung bei dem, der mein Held nicht mehr war.*

Diese Geschichte ist wahr, in dem Maße, in dem Erinnerungen eben wahr sein können. Sie gefällt mir aber nicht besonders gut. Sie ist zu moralisch. (Meine Mutter sagte einmal, ich sei nach diesem Vorfall nicht mehr so jähzornig gewesen.) Wie auch immer. Die Sache hat mich doch ein wenig beeindruckt. Hätte ich damals schon Hegel lesen und verstehen können, hätte ich eine große weltgeschichtliche Erklärung für mein kleines Kinderdilemma, eine geschichtsphilosophische Kanone für meinen Episodenspatz konstruieren können. Nach dieser Konstruktion wäre ich jäh aus der »Heroenzeit« in die zivilisierte Welt, vom Sandhügel meiner angemaßten heldischen Selbständigkeit in die Abhängigkeit der Tugend- und Regelwirklichkeit meines bürgerlichen Elternhauses gefallen:

»Heroen dagegen sind Individuen, welche aus der Selbständigkeit ihres Charakters und ihrer Willkür heraus das Ganze einer Handlung auf sich nehmen und vollbringen (…) Diese unmittelbare Einheit von Substanziellem und Individualität der Neigung, der Triebe, des Wollens liegt in der Griechischen Tugend, so daß die Individualität sich selbst das Gesetz ist, ohne einem für sich bestehenden Gesetz, Urteil und Gericht unterworfen zu sein.«[4]

Diese heroische Individualität gehört – wenn es sie realiter je gab – einer lange versunkenen Zeit an. Es hat mir aber gut gefallen – und darin liegt auch der Grund, warum ich die Hansi-Schmitz-Geschichte doch erzählt habe –, daß auch für Hegel das Heroische durch den Fortgang der Weltgeschichte keineswegs ganz erledigt ist. Das Interesse daran – psychologisch wäre es wohl eher eine Sehnsucht danach – bleibt untergründig bestehen:

»Das Interesse nun aber und Bedürfnis solch einer wirklichen, individuellen Totalität und lebendigen Selbständigkeit wird und kann uns nie verlassen, wir mögen die Wesentlichkeit und Entwicklung der Zustände in dem ausgebildeten bürgerlichen und politischen Leben als noch so ersprießlich und vernünftig anerkennen.«[5]

Auch für mein inneres Heldentum war – wenn wir noch für einen Moment in dieser etwas prekären Analogie phylo- und ontologischer Abläufe bleiben – das Heldische durch den Hansi-Schmitz-Vorfall keineswegs erledigt. Im Gegenteil: Jetzt im anschließenden Leselebensalter kam die Sache erst richtig in Schwung.

Über die elterlich stark befürwortete Lektüre von Gustav Schwabs *Schönsten Sagen des klassischen Altertums* trat die griechische Götter- und Heldenwelt auf meine innere Bühne. (Etwas ähnliches besaß ich auch noch für die germanische Sagenwelt – Titel und Autor sind mir entfallen —, ich weiß nur noch, daß mir die Auftritte des düsteren Odins mit den Raben Hugin und Mumin auf seinen Schultern und den Wölfen Geri und Freki im Gefolge Eindruck machten.) Auch die Lektüre von James Fenimore Coopers *Lederstrumpf-Geschichten* war noch vom Wohlwollen meiner Erzieher begleitet. Das Lesen ungezählter Karl-May-Romane wurde ironisiert, aber durch weihnachtliche Büchergeschenke letztlich doch ermöglicht. Etwas schwieriger war es mit der Erreichbarkeit väterlich stark beargwöhnter einschlägiger Comics. (Ein reiches Heldenfeld, ich erinnere mich an: Tarzan, Akim, Sigurd, Prinz Eisenherz, hieß er Tom Mix – oder hieß er Tom Prox – oder gab es beide – oder beide nicht –, aber dafür viele andere mehr?) An der Comic-Front war keine Unterstützung zu erwarten. Es gab ernste Beschaffungsprobleme. Diese Helden-Dröhnung musste durch einen schrägen Tauschhandel (in einigen Fällen war auch Erpressung im Spiel) ermöglicht werden. Die moralische Seite solcher Beschaffungen machte keine besonderen Probleme, denn längst schon hatte der negative Held die Szene betreten und die eherne Karl-May-Ethik etwas aufgeweicht. In irgendeinem Bücherschrank war ich auf Felix Dahns *Ein Kampf um Rom* gestoßen, eine dicke Schwarte aus dem 19. Jahrhundert, in der der Kampf der Ostgoten gegen Rom und Byzanz breit und reißerisch ausgemalt wird. Ein Buch von sehr zweifelhafter literarischer Qualität und überdies wegen seiner nationalistischen Tendenzen ein gefundenes Fressen für jeden Ideologiekritiker. Dessen Einwände hätten mich damals allein schon deshalb kalt gelassen, weil ich es ganz gegen das unverkennbare Wollen des Autors nicht mit den edlen Gotenkönigen hielt, sondern begeistert war von der Verschlagenheit des römischen Intriganten Cethegus und vor allem von der Schläue des byzantinischen Heerführers Narses. Man möge mir glauben, daß ich seit dieser Zeit bessere Bücher gelesen habe, aber vermutlich wird mir eine Szene aus gerade diesem bis in meine letzten Tage vor Augen stehen. Die nämlich, in der Gothlindis genüßlich über viele Seiten die Gotenkönigin Amalaswintha in einem römischen Dampfbad ersäuft (oder war es umgekehrt?). Endlich einmal unzimperliche Frauen, das hatte es in meinen bisherigen Lektüren nicht gegeben. Und auch der gebrochene Held, der liebenswerte Verlierer war zu dieser Zeit schon in meinem Blickfeld. Mit dem Helden-Quartett Donald Duck, Tick, Trick und Track (und Erika Fuchs) kam der Witz in meine literarische Welt. Man konnte also ohnmächtig gegen Stärkere (Onkel Dagobert, die Panzer-Knacker-Bande u. v. m.) aufbegehren, dabei lächerlich von Sandhaufenhöhen fallen und schließlich doch irgendwie obsiegen. Eine meiner Lieblingsgestalten (nach Donald, versteht sich) war der Glückspilz Franz Gans: »Holla, ein Taler!«; und mein Lieblingsspruch war: »Dem Ingenieur ist nichts zu schwör«, weil ich meinem Vater, der diesem Berufsstand angehörte, damit gründlich auf die Nerven gehen konnte. Das pomadisierte Haupt von Franz Gans erinnerte mich verschwommen an das des Heldenschönlings Paris (s. o. Schwabs *Griechische Sagen*). Noch heute heitert sich mein Gemüt um mehrere Grade auf, wenn ich eine dieser Bildgeschichten in die Finger bekomme.

Meine Eltern versuchten, die Comic-Flut durch das Angebot sogenannter wertvoller Kinder- und Jugendbuchliteratur einzudämmen. Damit waren sie in den fünfziger Jahren zum Scheitern verurteilt. Sie mußten einräumen, daß die betulichen, speziell für Mädchen vorgesehenen Bücher in der *Nesthäkchen*- und *Heidi*-Tradition für jedes Kind, das seine Sinne halbwegs beisammen hatte, indiskutabel waren. Für einen Lesestoff indes, den sie mir im Rückgriff auf die Vorkriegszeit beschafften, war ich ihnen doch sehr dankbar. *Der Kampf der Tertia* (wie sich die Lieblingstitel doch glichen) von Wilhelm Speyer. Eine Erzählung aus der Jugendbewegung der zwanziger Jahre. Hier geht es um eine kleine Bande von Schülern der Tertia eines Reformgymnasiums, die gegen die üblen Machenschaften eines geldgierigen Fellhändlers kämpfen. Der hat der Bevölkerung eines nahegelegenen Städtchens fälschlich eingeredet, daß wegen Tollwutgefahr alle Katzen der Umgebung getötet werden müßten. Der einzigen Schülerin namens Daniela (!) hatten die anderen Tertianer, weil sie ein Mädchen ist, die Anführerschaft streitig gemacht – so sagt jedenfalls meine Erinnerung. Als es zur entscheidenden Schlacht zwischen den Kindern des Ortes und der Tertia kommt – eine Schlacht, die der Autor dem Erzählablauf der großen Ilias-Schlacht nachbildete (s. Schwab), greift Daniela, die sich schmollend von der Gruppe entfernt hatte, doch wieder ins Geschehen ein. Durch ihren Mut und den Einsatz ihrer ebenfalls mutigen Hunde (s. Odin) kann der endgültige Sieg errungen werden. Es ist leicht zu sehen, daß in dieser Lektüre für mich eine späte Genugtuung für die Hansi-Schmitz-Schmach lag.

Von den Jugendbüchern, die mir von Onkeln und Tanten zuweilen geschenkt wurden, ließ ich nur Enid Blytons *Fünf-Freunde-Geschichten* gelten. Hier war die Hauptfigur immerhin ein beherztes Mädchen, Georgina, das aber kein Mädchen sein wollte und das einen großen Hund besaß. Es reichte jedoch an Daniela nicht heran.

An dieser Stelle muß von einem entscheidenden Problem in meinem damaligen Lektüreverständnis berichtet werden. Ein Übersetzungsproblem tat sich auf, das ich mit vielen Mädchen meiner Generation teilte. Um das identifikatorische Lesen, das altersangemessen die innere Heldenausstattung ermöglichte, zu gewährleisten, mußten wir uns von unserer Geschlechtszugehörigkeit distanzieren. Das Heroische wurde in aller Regel männlich imaginiert. Es waren Knaben und Männer, die in die Welt, in die Ferne ausgriffen, sie eroberten. Diese Männer-Helden segelten auf Piratenschiffen, gewannen Kämpfe bei Turnieren, ritten auf feurigen Pferden durch den Wilden Westen und besiegten allüberall das Böse. Oder sie waren das Böse selbst. Wo aber waren die Heldinnen? Mädchen und Frauen vegetierten in meinem damaligen Literaturkosmos (von den erwähnten Beispielen einmal abgesehen) als jämmerliche, ängstliche, hilflose, häusliche Geschöpfe, die allenfalls einmal verbotenerweise aus dem Marmeladetopf schleckten; erzähltechnisch gesehen waren sie handlungsirrelevante Randfiguren. Und sie waren nicht einmal komisch. (Bis auf Daisy Duck, die aber im Avunkulat von Entenhausen keine sehr große Rolle spielt; Gundel Gaukeley war nach meiner Zeit.) Um die ganze Trostlosigkeit zu erfassen, denke man nur an die Schwester Winnetous, an ihre armselige Blässe und Bedeutungslosigkeit. Wer wollte so etwas schon sein? Eine Heldin war das jedenfalls nicht. Heldinnen werden literarische Frauenfiguren erst als große Liebende (Madame Bovary und Anna Karenina sind hier immer zu nennen). Das aber ist eine andere Geschichte. Diese Form des Heldischen, wenn es denn eine ist, war in der Lebensspanne, von der ich hier rede, noch nicht so relevant. Da wir als Kinder die Szenen aus den Büchern, die wir gerade lasen, nachspielten: »Also, ich wäre jetzt einmal Winnetou und du Old Shatterhand« (sehr wichtig für die Einübung des Konjunktivs!), und die Jungens uns gelegentlich diese männlichen Heldenrollen streitig machen wollten, hatten wir durchaus ein Bewußtsein für die Artistik von gleichzeitiger Identifikation und Distanzierung. Ich erinnere mich daran, daß mich die Comic-Figur »Prinz Eisenherz« etwas irritierte, weil dieser ansonsten markige Held mit einer in meinen Augen lächerlichen Pagenfrisur ausgestattet war, die man zu dieser Zeit uns Mädchen so gerne verpassen wollte (frühe gender-troubles!).

Seit dem 18. Jahrhundert lesen, das sagen einschlägige Statistiken, die Frauen die Romane. Die Anzahl der männlichen Leser fiktionaler Literatur ist gering. Vielleicht lag einer der Gründe für diese Asymmetrie darin, daß die Frauen am Beginn ihrer Laufbahn als Romanleserinnen, noch bevor sie sich auf die Liebesromane stürzten, spezielle Leseartistiken ausbilden mußten, daß sie auf die unterschiedlichen Spielarten des Fiktionalen besser vorbereitet waren.

Das ist aber nur eine Vermutung. Sie ist auch nicht besonders wichtig, weil die Sache sich erledigt hat. Die Lesetravestie ist nicht mehr vonnöten. Das Lektüreangebot für junge Mädchen hat sich in den letzten drei Jahrzehnten einschlägig erweitert. (Wenn allerdings an dieser Vermutung auch nur irgend etwas dran wäre, kämen in Zukunft harte Zeiten auf unsere Romanciers zu.) Längst hat sich Superwoman zu Superman gesellt. Für die Vorbildsehnsüchte junger Mädchen nach starken Frauen in Schrift und Bild herrscht kein Mangel mehr. Gerade dieser Tage hat sogar eine virtuelle Frau vom Computerspiel auf die Kinoleinwand wechselnd in einem ziemlich schwachsinnigen Spielfilm die Welt vor dem Bösen gerettet. Na also, es geht doch.

Habe ich noch etwas vergessen? Ach ja, die Schullektüren. Völlig unerheblich. Bis zur Mittelstufe des Gymnasiums lasen uns Referendare in Schulstunden, die zu füllen sie gezwungen waren, Geschichten von Hans Carossa oder Werner Bergengruen vor. Nun ja. (Erst in der Quarta – oder war es die Untertertia? – bekamen wir eine gute Deutschlehrerin, und alles wurde anders.)

Der Beginn der Pubertät leitete ein neues Leseverhalten ein und veränderte die innere Heldenannexion erheblich. Meinungen, Launen, Sehnsüchte, Selbstdarstellungswünsche ganz anderer Art komplizierten die Dinge. Das Heroische kam mit dem Erotischen in eine undurchsichtige Gemengelage. Der Vorbildcharakter dessen, was wir zu dieser Zeit lasen, blieb jedoch erhalten. Wir hatten Romane gelesen, wir wußten, was Liebe ist. Über solche Codierungen des Erotischen hat Niklas Luhmann ein wichtiges Buch geschrieben. (»Die Dame hat Romane gelesen und kennt den Code.«)[6] Die Geschichte der inneren Helden der mittleren Jahre wäre ein eigenes Kapitel. Nur so viel dazu: Noch funktionierte der Reparaturbetrieb. Auch Niederlagen der Liebe können tagträumerisch bis zu einem gewissen Grad kompensiert werden.

Und zum Schluß noch ein Wort zum inneren Helden der späten Jahre. Auch wenn wir den Helden in uns auf Nietzsches Geheiß nicht weggeworfen haben, er siecht mit uns, zuweilen auch vor uns. In der Literatur stirbt der Held jäh. Er fällt wie eine Eiche. In der Schlacht zum Beispiel. Dann steht er wieder auf und beginnt einen neuen Kampf.

Das unterscheidet das Spiel vom Leben, daß es eben immer wieder aufs neue beginnt. Und so elastisch waren auch die inneren Helden unserer frühen Jahre. Dann aber werden sie immer spröder und anfälliger. Der innere Held stirbt langsam, schleichend. Die Imagination unseres heldischen Selbstes ist, je älter wir werden, an Wahrscheinlichkeitsgrade gebunden. Im Alter von 60 Jahren erträumt man sich nicht mehr in Gestalt einer Olympiasiegerin im Kugelstoßen. Wenn wir Kinder sind, ist immer noch alles möglich. Die Welt ist noch so neu und phantastisch, daß uns der Wechsel in andere Jahrhunderte, andere Weltteile, andere Identitäten keine Mühe macht. Ein strahlender Ritter zu werden, ist nicht unwahrscheinlicher, als einmal 20 Jahre alt zu werden. Alles steht noch in der Möglichkeitsform. Mit der Einsicht in die abnehmenden Möglichkeiten aber beschleicht die meisten von uns eine lächerliche Angst, vor sich selbst lächerlich zu werden. Ich kenne nur einen einzigen Menschen, dem es auch in fortgeschrittenem Alter noch gelingt, sich bei einer aufziehenden Niedergeschlagenheit tagträumerisch als brillanten Konzertpianisten oder umjubelten Wimbledon-Sieger zu phantasieren und auf diese autodynamische Art die eigene Laune wieder aufzuhellen. Den meisten aber verdirbt die Wiederbegegnung mit der schlecht bezahlten Krankenschwester die heroischen Träume. Helden sterben nicht auf Intensivstationen. Der Heldentod ist sauber. Ein wenig Blut vielleicht, aber keine Schläuche, keine Kanülen, keine Drainagen, kein Schleim, kein Dreck, keine Fäulnis bei lebendigem Leibe.

Für das Älter- und Schwächerwerden gibt es keine Rachemöglichkeit. Der Reparaturbetrieb kann nicht mehr aufgenommen werden. Es gibt nichts mehr zu reparieren, es gibt keine wirklichen oder imaginären Schuldigen. Das Leben selbst, das Altwerden ist die Kränkung, und daran ist vorläufig trotz Gentechnologie nicht zu rütteln. Diesen Kampf haben bislang alle, Helden und Feiglinge, verloren.

Anmerkungen

1 Arthur Schopenhauer, *Die Manuskriptbücher*. 1. Teil, Reisebuch. In: Ders., Der handschriftliche Nachlaß Bd. 3. München 1985, S. 42
2 Den letzten Teil dieses Zitats stellte Karl Markus Michel seinem Aufsatz als Motto voran. Vollständig lautet es:
»Einst dachten sie Helden zu werden: Lüstlinge sind es jetzt. Ein Gram und ein Grauen ist ihnen der Held.
Aber bei meiner Liebe und Hoffnung beschwöre ich dich: wirf den Helden in deiner Seele nicht weg! Halte heilig deine höchste Hoffnung.«
Friedrich Nietzsche, *Also sprach Zarathustra*. In: Ders., Werke II. München 1955, S. 309
3 Vgl. Karl Markus Michel, *Heldendämmerung*

4 Georg Wilhelm Friedrich Hegel, *Vorlesungen über die Ästhetik*. In: Ders.,
   Werke Bd. 13. Redaktion Eva Moldenhauer und Karl Markus Michel,
   Frankfurt am Main 1970, S. 243 f.
5 Ebd., S. 255
6 Niklas Luhmann, *Liebe als Passion*. Frankfurt am Main 1982, S. 37

Der Umbau am Menschen

Als Shulamith Firestone, an die sich Jeremy Rifkin erinnert, 1970 ihr Manifest *The Dialectic of Sex* verfaßte, waren ihre Hoffnungen auf eine feministische Revolution verknüpft mit einem Pädoyer für die künstliche asexuelle Fortpflanzung. Da die traditionell zugeordneten Zuständigkeiten in Sachen Liebe und Menschheitserhaltung alle Energien der Frauen völlig absorbierten und sie für geschichtsmächtige Aktivitäten untauglich machten, sei, so argumentierte sie, jede geburtstechnische Verkünstlichung wünschenswert.

Firestone wurde mit diesen Thesen vielerseits, selbst in den eigenen Reihen, belächelt, schien doch ihre Vision vor dreißig Jahren allein aus medizintechnologischer Sicht reiner Wahnwitz. Nun taucht das Modell einer Auslagerung des Gebärens wieder auf als (Danaer?)-Geschenk der Naturwissenschaften. Es ist allerdings zu vermuten, daß es nicht gerade feministische Impulse waren, die den Forscherdrang dazu inspirierten.

So oder so, sie rückt näher: Die Freisetzung (im doppelten Sinn) der Frauen, ihre Entlassung aus der Biokompetenz für die (wie es immer so scheußlich heißt) menschliche Reproduktion. Ihre Befreiung von organischen Determinationen.

Und es wird kommen: Das Kind aus der Retorte. Die geschlechtsungebundene Geburt. Die Exmittierung der Schwangerschaft (wird man das dann weiterhin so nennen?). Das Ende der biologischen Mutterschaft. Der Auftritt der Homunculi. Die Überwindung des Gebärneids. Vater und Mutter (wird es sie nach alter Weise noch geben?) als Gleichzuständige im Prozeß einer Menschenherstellungstechnologie. Und vieles mehr.

Wäre diese Entwicklung wenigstens aus der Firestone-Perspektive ein Gewinn? Da klingt es wieder an, das alte Lied von der Doppelbelastung. Viel bejammert, nie behoben. Machen wir uns nichts vor: Babyjahr, Mutterschutz, Ganztagsschule, Tagesmutter und guter männlicher Wille können nicht darüber täuschen, daß das Austragen und Gebären von Menschen die Lebensläufe vieler Frauen bis heute einschlägig festlegen. Daß die Fähigkeit, neues Leben hervorzubringen, sie stets erhob *und* hinderte. Daß die »Aufzucht« der Kinder, deren Ernährung und Hege und Pflege in den ersten Monaten, ja zuweilen über viele Jahre, die Lebensplanungen präformiert haben.

Mutterschaft war lange Schicksal, zumeist Glück und zugleich (gern in Kauf genommenes) Handicap. Ungewollte Mutterschaft war Fron, gewollte Mutterschaft letzte Bastion. Mutterschaft war die (wie es schien) gattungsnotwendige, sexualpolitische Trumpfkarte des Weiblichen und zugleich erste Ursache für vieles, was als Unterdrückung der Frau beklagt wurde.

Die Sorge ums Kind hat die Frauen gebunden und geadelt. Wenn wir den Dichtern glauben, war da immer beides: sakrale Ehrfurcht vor dem Wunder der Neuerschaffung und profane Abscheu vor so viel Kreatürlichkeit. Der Gang zu den Müttern war das Erste und Letzte. Das Höchste und Geringste. Anfang und Ende. Gaja und Inge Meisel.

Und nun wird damit aufgeräumt.

So zweischneidig, wie die Sache immer war, so ambivalent werden die Reaktionen auf die Nachricht sein, so ambivalent ist auch die Rifkins in der Rolle des Berichterstatters, so ambivalent ist die der Verfasserin. Rifkin skizziert redlich das Für und Wider, er markiert die ideologischen Polarisierungen, in die diese Diskussion mit schlechter Notwendigkeit driften wird. Naiver Fortschrittsoptimismus (brave new world) versus biologistische Romantik (Mutterschaftsmythifikation). Er skizziert den langen irreversiblen Weg, der uns, angefangen bei den tellurischen Machbarkeitsphantasien eines

Francis Bacon, über viele Stationen – zum Beispiel über »die Pille« und die In-vitro-Fertilisation – schließlich vor die Plastikwanne mit der künstlichen Gebärmutter geführt hat.

Wer in reflexhafter Abwehr mit dem Gebot der Rückkehr zu einer normgebenden Natürlichkeit in die Diskussion einrückt, der muß wohl einräumen, daß mit diesen von Rifkin benannten, jetzt schon praktizierten »Errungenschaften«, der – wie die Theoretiker des achtzehnten Jahrhunderts gesagt hätten – »Naturzwang« längst gebrochen war. Wer Judith Butler nicht glauben will, daß die »natürliche Weiblichkeit« selbst ein kulturelles Konstrukt sei, der möge sich wenigstens die elende Natürlichkeit von weiblichen Existenzen noch im neunzehnten Jahrhundert vergegenwärtigen: Frauen, die Geburten in zweistelliger Zahl durchstanden; Kinder, von denen kaum die Hälfte die ersten Jahre überlebten; schnell alternde, verbrauchte Mütter; der frühe, erbärmliche Tod im Kindbett. Auch das schien einmal eine Norm natürlicher Mütterlichkeit.

Zudem (um noch bei den Rifkinschen Pro-Argumenten zu bleiben): Wer sich um die Würde von befruchteten Eizellen sorgt, wird auch Föten in fortgeschrittenen Entwicklungsstadien nicht ihrer einzigen Überlebenschance in der künstlichen Gebärmutter berauben wollen.

Andererseits: Selbst denen, die in der menschlichen »Natur« nicht eine statische Entität sehen, sondern sie als ein prozessuales Geschehen in Wechselwirkung mit den permanenten Umbauten und Eingriffen, die die Menschheit am eigenen Leibe vornahm, verstehen, müssen mit Rifkin einige Fragen gestattet sein: etwa die, ob die Vorstellung von zwei Menschen (warum nicht drei oder fünf), die nach einer gewissen Wartezeit ein in der Petrischale gezeugtes und im Gebärtank herangewachsenes Geschöpf im Labor abholen, nicht etwas gruselig ist? Oder die, was von einer Frau zu halten ist, die sich zukünftig deshalb für ein Kind entscheidet, weil der externe Austragungsmodus ihrer Figur nicht schadet. Oder (eine wichtige Frage), in welcher leibseelischen Verfassung sich die Säuglinge be-

finden werden, wenn man sie, frei von allen pränatalen Mutterleib-
erfahrungen herangewachsen, aus dem außentemperierten Frucht-
wasserbecken schöpfen wird.

Was gedacht werden kann, was gemacht werden kann, wird auch
gemacht werden, schlecht oder recht, früher oder später, hier oder
dort. Der Umbau am Menschen hat sich enorm beschleunigt. Wir
sind überfordert. Wir wollen uns heraushalten, aber das können
wir nicht, weil es das betrifft, was wir sind. Überfordert und verlegen hoffen wir auf Verschonung oder Aufschub. Rifkin verbaut
auch diese Schlupflöcher: die Hoffnung, daß sie, die Leute in den
Laboratorien, mit dem Projekt einer künstlichen Gebärmutter an
ihre Grenzen kommen sollen, daß sie es vielleicht nicht hinkriegen könnten oder daß es noch recht lange dauern möchte, bis sie es
hinkriegen. Mit Recht verweist er darauf, daß man diese mentalen
Hoffnungswälle bis vor kurzem auch zum Beispiel vor dem Klonen
aufschüttete, und darauf, wie schnell sie in sich zusammenfielen.

Verwunderlich, daß Rifkin nicht die amerikanische Biologin und
Wissenschaftshistorikerin Donna Haraway erwähnt, die schon seit
den achtziger Jahren des zwanzigsten Jahrhunderts von der Unauf-
haltsamkeit solcher biotechnologischen Entwicklungen ausgeht und
sie ins feministische Kalkül nimmt. Ausgestattet mit künstlichen
Hüften, transplantierten Lebern, Herzschrittmachern, laseropti-
mierten Augen, plaziert in Überschallgeschossen, durchcompu-
terisiert und informationstechnologisch gesteuert sind wir, nach
Haraway, längst schon eingerückt ins Zeitalter der Transgressionen,
sind selbst schon hybride Mischwesen, Cyborgs, kybernetische Organismen, halb Fleisch, halb Maschine. Für Haraway sind die alten
Grenzen zwischen Natur, Technik und Kultur aufgeweicht. Unsere
Körper sind biotische Komponenten einer Technokultur, Topogra-
phien biopolitischer Macht. Haraway ist nicht arglos, sie weiß, daß
Ermöglichungen wie die der künstlichen Gebärmutter zur endgülti-
gen Kolonialisierung der Körper führen können. Aber es führt kein
Weg zurück. Daher setzt sie auf die »Entwicklung einer feministi-

schen Wissenschafts- und Technologiepolitik«, auf den Kampf der Cyberfeministinnen, die das Gruseln längst überwanden, die sich – die sexuellen – wie auch alle anderen – Binärsysteme weit hinter sich lassend – in einem technoscientifischen Befreiungsfeldzug aller Grenzen, aller Erdenschwere entledigen werden. Wahnwitz? Das Firestone-Beispiel lehrt, daß man sich mit dem Belächeln zurückhalten sollte.

Uns aber, die wir uns vielleicht noch nicht so recht im Cyberuniversum eingelebt haben, lehren die menschlichen Monster, die wir schon kennen, das Fürchten vor den menschlichen Monstern, die wir erst noch machen.

Welten-Wechsel

Sie ist nicht neu, die Idee des Weltenwechsels. Blinde Spiegel, unsichtbare Türen, grundlose Wässer, lodernde Feuerwände, gewittrige Aufladungen galten der menschlichen Einbildungskraft zuweilen als Möglichkeit eines Transits in eine parallele Welt, ins ganz Andere, ins Reich des Guten oder des Schönen, oder des Undenkbaren.

Raumzeitliche Risse – ein bißchen Romantik – ein bißchen Science-fiction – und dies und das –, wie schnell ist es ausgedacht und doch führt es an die Grenzen dessen, was dem menschlichen Geist zugänglich ist: eine bessere aller möglichen Welten zu veranschaulichen, eine, in der alle Kreatur versöhnt ist, und ist, was sie ist.

Solchen Phantasmagorien sind die Wölfe und ihre parallel existierenden Nachfahren, die Hunde, auf Sarah Schumanns Bildern nicht verpflichtet, aber ein bißchen spielen wollen sie schon noch mit deren Stoffen und Formen.

Unsere Geschichte, die Geschichte unserer Ideen, unserer Bilder, ist nicht ihre Geschichte – oder doch nur zum kleinsten Teil, dort, wo wir sie hineingezwungen haben in unsere Zivilisationen, als wir den Hund machten. Daher sind sie erprobt im Grenzübertritt, artistisch im Wechsel etwa dem zwischen Natur und Kultur: *Dort! zwischen 2 Gestirnen das Trapez* (Bildtitel).

Wolf und Hund, Isegrimm und Lumpi – das, was sie wurden – das, was sie immer noch sind: naturbelassener Wolf, vom Menschen geformter Hund. Naturgeschichte und Kulturgeschichte. (Auf diesen Bildern werden sie wieder eins, orbital aufgehoben.) Die Hunde haben es sich nicht gewünscht, sie wurden zugerichtet von uns und haben gelernt von uns und gingen mit uns eine lange Strecke.

Jetzt aber, da sie mit ihren Vorvätern, den Wölfen, zu dem Schluß kamen, daß uns und ihnen hienieden nicht mehr zu helfen ist, kommen sie unserer Welt abhanden.

Jetzt gehen sie ihrer Wege.

Das künden die Bilder: Wir sehen sie, Wolf und Hund, auf einem weiten Weg:

Aufbruch – Ausbruch – Auszug –

Wir sehen sie bei ihrem Ausgang aus einer von uns verschuldeten Vorstellungsenge – vielleicht – die Bilder legen es nahe – in das, was die Menschen sich Schönheit zu nennen gewöhnt haben.

Sie sind nicht frivol, die Grenzgänger. Der Abschied fällt ihnen nicht leicht. Es ist auch eine Wehmut, fast schon ein Schmerz in den Bildern.

Vielleicht aber – wir befinden uns im Reich der Vermutungen – gründet der Eindruck des Schmerzes auch darin, daß die Besten unter uns Menschen die Schönheit mit dem Schmerz verbunden wußten. Die Heiligengraber: so haben sie sich bezeichnet. Sie haben sich, im Bemühen, uns verständlich zu sein, benannt nach jenen Frommen, die vormals auch auszogen, um einen Ort des Heils zu finden, *Die Heiligengraber auf dem Weg zum Glück,* so lautet ein Bildtitel. Damit die Sache nicht zu heilig wird, zeigt sie uns die Künstlerin, wie sie ganz irdisch noch am Futter interessiert sind. Aber dem Allzuheiligen haben sie selbst schon vorgebeugt – mit einem anderen Bildtitel bezeichnen sie sich etwas halbstark als *Giganten.*

Vielleicht haben sie etwas Gutes von uns eingepackt: Empathie, das Erbarmen mit dem Leiden der Kreatur, unser Schaudern, unsere Trauer, die Poesie und die Idee der Schönheit. Uns, den Zurückbleibenden, ist der schlichte Zugang zu ihr verstellt, wir müssen dieses Gepäck ins Katastrophenbewußtsein heben.

Ja, sie blicken zurück auf unser Glück und unser Leid und haben beides hineingenommen in die Formen und die Linien.

In die Linien, die ihnen noch einmal, ein letztes Mal, eine für das menschliche Auge und Hirn sinnfällige Gestalt geben – eine blasse Kontur nur, zum Verschwinden bestimmt.

Viele von ihnen sind nur mehr Schemen, weisen schon eine beängstigende Durchlässigkeit auf.

Verschmelzung – Auflösung – Auslöschung

Sie scheinen sich aufzulösen in die Farben und Formen ihrer Umgebung.

Nach Maßgabe des gewohnten Sehens handelt es sich bei dieser Umgebung wohl um Landschaften – ein wenig gemahnen sie an die scheinbar von jedem historischen Einschlag verschonten Gebiete unseres Planeten, an die Wüsten und arktischen Eisfelder, ein wenig erinnern sie auch an die Aufnahmen von anderen Planeten, wie sie die Raumfahrt lieferte – und sind dann doch ganz anders: sehr viel schwebender, sehr viel zarter und auch sehr viel gefährlicher.

Und so ziehen die Tiere durch Orbitstürme hindurch, alten Schönheitslinien folgend, vorbei an erhabenen Formationen, vorbei an weltlichen Blumen und Baumsilhouetten (tellurischen Zitaten gleich), vorbei an Monden und Sonnen hinein ins reine verflüssigte Pigment.

Eine unnatürliche Natur sehen wir, eine, nach deren Gesetz Aufbruch und Ankunft zeitgleich sind. Der Zug der Tiere scheint nicht mehr gebunden an das Kontinuum der von uns gekannten Zeit. Ein Paar, *Cecilia und Markie*, plant eine gemeinsame Zukunft in unterschiedlicher Richtung.

Was könnte das für eine Natur sein? Eine ohne das Elend des Werdens und Vergehens, des Fressens und Gefressenwerdens? Es ist zu vermuten, daß solche Vorstellungen einer befriedeten Natur noch zu nahe am Gekannten siedeln. Sie sind nur deren bloße Negation. Sarah Schumanns Bilder fordern hier größere Anstrengungen. Das ist nicht Arkadien, was hier aufscheint, im Gegenteil, es ist Milchstraßen entfernt von unseren Idyllen. Unser Sehen muß auskommen ohne das Netz der bekannten Verknüpfungen, muß akzeptieren, daß das Dichte durchlässig ist und das Transparente keine Durchblicke gewährt.

Freundlicherweise klären die Bildtitel ein wenig über die Route auf. Das Sehnen der Wölfe und Hunde kennt offensichtlich Endstationen: *Und im Morgenrot werden wir einziehen in leuchtende Städte*, und es kennt auch profane Zwischenstationen: *Hallo, da lang zur Eisrevue* und im Vorübergehen bleibt noch Zeit für eine archaische *Mäusejagd.*

Und so folgt ihnen die malende Phantasie an die Grenze zu einem unbekannten Universum der Farben, Formen und Linien, um noch einmal an das zu rühren, was einst die genuine Aufgabe der Kunst sein sollte: die Evokation von Schönheit, und um noch einmal, vor dem endgültigen Übertritt, alle Reizungen und Rührungen – Schrecken und Liebe – hervorzurufen, die der Wirkmöglichkeit von Kunst zugesprochen worden waren.

Während aber dieser Übertritt den Tieren anscheinend mühelos gelingt, ist er der Kunst gefährlich. Im Rekurs auf diese Gefahr, die die Bilder auch ausstellen, blamieren sie sowohl die, die geschichtsblind glauben, Schönheit auf kurzem Weg erschleichen zu können, als auch jene, die hyperkritisch selbst noch die Sehnsucht nach der vollkommensten Zusammenstimmung, wie man Schönheit einmal definierte, denunzieren wollen.

Richard Hughes, *Sturmwind auf Jamaika*

Nie las ich ein besseres Buch über die Welt der Kinder. Ich lese es intellektuell beeindruckt von der Klugheit des Autors, und ich lese es begeistert, versunken in eine Seeräubergeschichte.

Der englische Erzähler Richard Hughes (1900–1976) ist ein Meister des doppelten Bodens. *Sturmwind auf Jamaika* (*A High Wind in Jamaica*), 1929 erstmals erschienen, kann als ein englischer See- und Abenteuerroman gelten und ist doch sehr viel mehr als das. Alle Lockstoffe, wie wir sie noch aus den Tagen unserer Kinderlektüren kennen, sind vorhanden: Piraten, gekaperte Schiffe, ein Mord, Kolonialherren, Sturmwinde und die karibische See. Allerdings: Die Piraten sind keine blutrünstigen Seeräuber mehr, sie sind es nur noch, weil sie nichts anderes können; die Kolonialherren sind machtlos und verarmt; der Mord ist Resultat einer kindlichen Panikhandlung; allein die Südsee und die Sturmwinde sind noch, was sie immer schon waren. Das Buch führt uns in die zweite Hälfte des 19. Jahrhunderts, ins postkoloniale Jamaika. Eine Atmosphäre der Überwucherung und Auflösung, eine müde naturrhythmische Gelassenheit liegt über allem, auch über dem Leben eines englischen Ehepaars, das seine besseren Tage hinter sich hat. Dessen Kinder wachsen leicht verwildert heran. Sie werden, nachdem ein Hurrikan das marode Wohnhaus zerstört hat, aus Sorge um ihr leibliches, seelisches und geistiges Wohl von den Eltern auf ein Schiff gebracht, das sie für ihre weitere Erziehung nach England bringen soll. Dieses Schiff wird von halbherzigen Piraten gekapert, die nun, neben ihrer kargen Beute, die Kinder am Hals haben.

Da sich die ratlosen Freibeuter freundlich verhalten, haben die Kinder kein Bewußtsein einer Gefährdung. Eroberungsfreudig und anpassungselastisch fügen sie sich in das neue Schiffsleben ein. Im Mittelpunkt des Geschehens steht die zehnjährige Emily. Zu der Zeit, da sie auf das Schiff kommt, sieht sie sich geadelt durch das Erlebnis eines Erdbebens. Das Erdbeben war geringfügig, ohne Gefahr für Leib und Leben. Da aber Emily zuvor schon eine Idee von der Macht dieses Naturereignisses hatte, gibt es dafür einen Raum in ihrer Phantasie. Weit weniger beseelt ist sie hingegen von dem wahrhaft lebensbedrohenden Hurrikan. Allein der Tod des geliebten Katers, der in dieser Sturmnacht zugrunde geht, beeindruckt sie. (Weit mehr als der eines Menschen, den das gleiche Schicksal ereilt.) Mit der Beschreibung dieser vernunftfernen und moralfreien Bewertung von Gefahr und Schrecken, die die Erlebnisse in Emilys innerer Welt finden, präludiert Hughes sein großes Thema: das unausweichliche Unverständnis zwischen Kindern und Erwachsenen. Durchgängig beibehalten ist eine doppelte Perspektive. Und eine doppelte Plausibilität. Die Wertungen, die die Kinder ihren vielfältigen Erlebnissen mit Dingen, Tieren und Menschen einräumen, werden plausibel, weil Hughes uns die kindlichen Phantasie-Logiken diskret und sprachmächtig nahebringt. (Jene wild aufgeladenen Verknüpfungen, die die kindliche Einbildungskraft bei den frühen Weltaneignungen vornimmt.) Und auch die Interpretationen, die die Erwachsenen für das kindliche Tun finden, sind plausibel – aber falsch. Wir verstehen die Kinder, wir verstehen die Erwachsenen, und wir verstehen, warum diese die Kinder nicht verstehen.

Als die Kinder schließlich von den Piraten an die »Zivilisation« eines englischen Schiffes übergeben werden, passen sie sich wiederum begeistert der neuen Erlebniswelt an. Sie schmiegen sich ins unverdiente Mitleid und bedienen die stereotypen Erwartungen mit unzutreffenden Erzählungen über die Schrecknisse auf dem Piratenschiff. Die Kinder »verraten« die zuvor geliebten Seeräuber, weil sie in ihren Aussagen den neuen Suggestionen folgen, die ihnen bald wirklicher scheinen als die vergangenen Wirklichkeiten. Und die Erwachsenen verurteilen die an den Todesfällen unschuldigen Piraten zum Tod, weil sie es nicht besser wissen und weil ihre eingeschliffene Vorstellungskraft keinen anderen Weg weist. An einer Stelle vergleicht Hughes die Unzugänglichkeit einer Kinderseele mit dem Innenleben eines exotischen Tieres, von dem wir nichts wissen können. Emily, die als einzige die ganze Wahrheit kennt, schweigt undurchdringlich. Der Roman blamiert unsere sentimentalen und psychologisierenden Vorstellungen von dem, was ein Kind sei. Der Vater Emilys kommt einmal näher an die Wahrheit, als ihn für einen kurzen Moment ein unerklärliches Grauen beim Anblick seiner Tochter befällt. Um etwas mehr über Kinder zu lernen und um zu erfahren, warum das väterliche Grauen seine Berechtigung hat, muss man das Buch lesen. Unbedingt.

Schon vergessen?

Ekelfleisch und Fleischekel

Die schnellste Verbindung vom Menschen zum Tier ist das Steak. Aber diese Verbindung wird hin und wieder gestört. Durch ein böses Wort zum Beispiel. Wie jetzt gerade wieder: Gammelfleisch! Das reine Entsetzen. Und niemand ist darauf vorbereitet: Endlos gelagerte, halb verweste Teile vom toten Tier kommen aus der Frischetheke direkt auf den Tisch. Wer wollte sich da nicht ekeln. Da heißt es schnell vergessen. So wie der letzte Fleischskandal schon wieder ganz vergessen war. Er ist erst ein paar Jahre her und niemand war darauf vorbereitet. Auch damals hatten wenige böse Worte wie Rinderwahn und Creutzfeldt-Jakob dem Fleisch und unserem Genußbegehren die Unschuld genommen. Ganz plötzlich war er da: der große Ekel. Das Grauen vor dem Fleisch. Eine riesige Spaßverderberei. Nichts war mehr mit dem »großen Fressen« und auch das kleine, feine Speisen schien versalzen: Schluß mit kannibalischem Wohlsein und kulinarischem Yuppieglück. Plötzlich, über Nacht, hatten sich die Speisekarten in Spelunke und Bistro verändert: kaum noch Fleisch, schon gar nicht vom Rind, allenfalls ein wenig Fisch, viel Vegetarisches. Von Borstenvieh und Schweinespeck als idealem Lebenszweck mochte keiner mehr singen. Statt dessen war der Tierwahn und die Maul- und Klauenseuche über die Länder gekommen. Seriöser ausgedrückt BSE und MKS. Seriöser? Kürzer nur und formelhaft, wie es den Formeln aus den Giftküchen für geheime Ingredienzen entspricht: geschmackbringende, farbgebende, bindende und auffüllende Zusätze, die dem Tierfutter und dem Menschenessen beigemischt sind. Und mit den Formeln, auf die das Tierleid gebracht war, kam eine Berichterstattung, die veranschaulichte, wie wir die Tiere über die Vermehlung ihrer Kadaver zum Kannibalismus gezwungen hatten, um sie solchermaßen turbogenährt und hoch angereichert mit Hormonen und Antibiotika zum eigenen Verzehr vorzubereiten. Schon vergessen? Plötzlich sahen wir täglich taumelnd verendende Kühe und Leichenberge frisch »gekeulter« Tiere auf den Fernsehschirmen. Ekel!

Die Würste, über deren suspekte Inhaltsstoffe man nun auch noch Schauriges erfuhr, blieben in den Hälsen stecken. Und noch etwas rückte diese Berichterstattung ins Licht. Den Verbraucher. Nicht den mehr oder weniger freiwilligen Verbraucher – den Porschefahrer oder Hosenträgerträger –, nein, den Nahrungsverbraucher. Und das ist jeder, der ißt, also wirklich jeder. Und da der Satz Ludwig Feuerbachs: »Der Mensch ist, was er ißt« längst Gemeingut wurde, wurde der Verbraucher nachdenklich. Und er lernte ein neues Wort: Prionen. Und das Wort meldet Gefahr.

Kurzum: Für den Esser tat sich plötzlich ein Fenster auf, und was er sah, war ein Ekelpanorama; für kurze Zeit gab es einen grausigen Ausblick frei auf eine martialische Nahrungsverwertungsindustrie. Jetzt, da das Gammelfleisch zum Himmel stinkt, wird uns beschwichtigend mitgeteilt, daß es sich immer nur um unbotmäßige Einzeltäter handele, die uns den Speisespaß verderben. Der vergeßliche Verzehrer will das gerne glauben. Die Leser unter den Essern waren und sind vermutlich schon ein wenig abgehärtet, zum Beispiel durch Sinclairs und Brechts Schlachthofszenerien, die sich allerdings gemessen am aktuellen fleischindustriellen Horror geradezu idyllisch ausnehmen. Damals in den Schlachthöfen Chicagos war es um grausame Tiertötungen am Fließband und um die Profitgier, die am Fleische hängt, gegangen. Im Zusammenhang mit dem Rinderwahn aber kam zu Schlachtbank und Börse noch das Laboratorium; zu Blut und Geld noch die Chemie. In einem unguten Verwertungskreislauf war etwas schiefgelaufen und es war zu befürchten, daß die Prionen vom Lande stracks in den menschlichen Leib kämen. Wir alle, die Esser, erhielten zudem Informationen über eine weltumspannende Lebensmittelvermarktung, deren Züchtungs-, Tötungs-, Transport-, Futter- und Verpanschungsoperationen unsere schlimmsten Befürchtungen weit übertrafen.

Schon vergessen? Ja, ja, die Berichterstattung hatte sich anderen Themen schnell wieder zugewandt. Und auch die kleine Gammelfleischirritation, die wir aktuell erleben, wird nicht lange anhalten. Verdrängung tut not. Schließlich muß der Mensch essen und so genau wollten es die Esser vielleicht gar nicht wissen. Die Speisekarten und Eßgewohnheiten haben sich »normalisiert«. Aber das alles war wahr, gerade eben erst, und ist es noch, und dauert an! Ein bißchen unheimlich war die Sache von Anbeginn. Schon bei Plutarch, Hesiod und Empedokles finden sich unterschiedlich akzentuierte Zweifel an der Zuträglichkeit und Statthaftigkeit des Fleischverzehrs. Seit alters hatte es vom Grauen berührte Einsprüche gegeben gegen das Töten und Essen von Tieren, deren Leidensfähigkeit wir erkennen können. Hier waren immer schon Beschwichtigungen nötig. Allzumal seit neuzeitlich der cartesianische Versuch, den Tieren die Beseelung und Leidensfähigkeit kurzerhand abzusprechen, wegen mangelnder Evidenz fehlgeschlagen war. In unseren Tagen gehörte Elias Canetti zu denen, die unsere Verdrängungen und Beschwichtigungen immer wieder störten: »O der Ekel greift um sich, und der Ekel entstammt dem Fraß. Es ist alles vom Fraß angesteckt, es ist alles dem Fraß verfallen.« Da der zivilisierte Mensch aber nicht nur essen muß, sondern auch gerne essen will, bleibt nur die Immunisierung gegen diese Zweifel und Ekelanfälle.

Mit der Verfeinerung der Eßgewohnheiten war die Zerteilung, Portionierung und Überdeckung der Speisen: die Unkenntlichmachung ihrer Herkunft einhergegangen. Wahrscheinlich gibt es in vielen Kindheiten den Moment blanken Entsetzens, wenn das Stadtkind gewahr wird, was da auf dem Teller liegt. Zumeist wird dieser Moment wieder vergessen. Die Kultur des Essens ist eine Vergessenskultur. Und wahrscheinlich gab es in den frühen Tagen unserer Spezies einmal eine Zeit, da die menschliche Hand in die blutigen

Eingeweide eines erlegten Tieres fuhr und sich eßbare Brocken herausriß. Der Mensch tat es anderen Raubtieren gleich: eine Sache des Überlebens. Im Laufe der kurzen Menschheitsgeschichte aber, als der Mensch sich nicht mehr als Raubtier sehen wollte, setzte ein Abstraktionsprozeß ein: In der Regel nehmen wir unsere fleischliche Nahrung zerhackt ohne Kopf, Fuß, Haut und Feder zu uns. Charlotte Mutsaers benennt den Grund dafür: »Die meisten Menschen haben öfter ein Stück Tier im Mund als ein ganzes Tier auf dem Schoß gehabt. Dennoch mag es im allgemeinen niemand besonders, wenn aus den Teilen noch das ganze Tier durchschimmert. Am Osso Buco muß nur versehentlich ein kleines Stück Huf hängen, und der leidenschaftlichste Fleischfresser wird dankend ablehnen. (…) Das winzigste Stück Fell, Horn, Huf, Schnurrhaar oder andere erkennbare Körperteile zaubern uns in Null Komma nichts den ganzen Körper vor Augen und damit unsere eigene Schlachtbank.«

Der Ekel gründet demzufolge nicht nur – und in vielen Fällen gar nicht – im Erbarmen mit dem Tier, sondern in der plötzlichen Einsicht in die »Schlachtbarkeit« jedweder Kreatur. Wer mag sich schon – wie Canetti – die Welt als riesiges Verdauungsorgan vorstellen. Canetti fragt: »Warum muß unaufhörlich Fleisch durch die Eingeweide eines anderen Fleisches gehen?« Es gibt da keine befriedigenden Antworten. Ein vegetarischer Löwe bleibt ein Kindertraum. Jedenfalls kommen wir aus dem Kreislauf von Nahrungsaufnahme und -abgabe nicht heraus, es sei denn, wir hörten auf zu essen, verzehrten uns selber, würden so, wie Feuerbach es beschreibt, zu »Selbstfressern«. Brecht variiert in *Aufstieg und Fall der Stadt Mahagonny* dieses Extrem: Nachdem Herr Jakob Schmidt, ein Fanatiker der maßlosen Völlerei, in einem Anlauf zwei Kälber gegessen hat, äußert er kurz vor seinem, dem darauf folgenden Tod noch den merkwürdigen Wunsch: »Ich äße mich gerne selber.« Und auch das Motiv des Vergessens taucht in der kurzen Sequenz über das Essen in der Stadt Mahagonny auf. Herr Schmidt will, daß man ihm beim Essen zusieht: »Seht mir zu, wie ich eß. / Ist es weg, dann hab ich

Ruh / Weil ich es vergeß.« Verdauen wird zu Vergessen. Nur der jeweilige Eintritt ins energetische Stoffwechselgeschehen, das Essen, wurde kulturell überformt, das hingegen, was man an einem Ort, der früher einmal Abtritt genannt wurde, erledigt, tabuiert. Luis Buñuel hat sich daraus einen Spaß gemacht. In seinem Film *Das Gespenst der Freiheit* sieht man eine Tischgesellschaft, die auf Kloschüsseln sitzt und während der Ausscheidungsvorgänge munter miteinander plaudert. Das Essen hingegen wird einzeln in verborgenen Kammern zu sich genommen und gilt als eklig. Aber es bedarf gar nicht solcher Drastik, um unsere grundsätzliche Irritierbarkeit im Essensgenuß anzuzeigen. In vielen Filmen wird eine Figur den Zuschauern dadurch verekelt, daß man ihre Nahrungszufuhr in Großaufnahme zeigt: die fettriefenden Lippen, der Speisebrei, wie er im Mund bewegt wird und wie er sich durch die Spalten zwischen den Zähnen wieder nach vorne drückt. Auch die Geräusche, die während dieses Vorgangs entstehen können: Schmatzen, Schlürfen, Rülpsen sind zumindest im Kontext unserer kulturellen Verabredungen ekelerregend. Canetti fordert: »Jeder müßte sich selbst beim Essen zusehen.« Wenn es keinen anderen Grund gäbe, schon darum müßte Kunst sein: weil sie uns immer wieder erinnert an den bestialischen Kreislauf des Fressens und Gefressenwerdens.

Ganz können wir ihm nicht entrinnen. Das müssen wohl auch die einsehen, die sich die Welt gerne ökologisch schön denken und sich so billig aus den möglichen Schuldzusammenhängen herausholen wollen. Das ist aber in dieser metabolischen Welt nicht zu haben. Der Übergang vom Reich der Tiere zu dem der Pflanzen ist fließend. Ein säuerlicher Vorwurfsvegetarismus verdirbt nur zusätzlich den Appetit. Und ist auch nicht ganz schlüssig. Vielleicht wimmert auch das geerntete Gemüse, und wir können es bloß nicht hören mit unseren mageren Sinnesorganen. Ist auch besser so. Das soll aber nicht als Alibi für einen grausamen Umgang mit den Tieren herhalten. Denn es gibt im Anblick von Massenkeulung und »Konzentrationsställen« (Sloterdijk) ehrbare Gründe, auf den Verzehr von toten Tieren zu verzichten. Oder den lebenden wenigstens eine halbwegs leidfreie Existenz zu gönnen, bevor ihr Fleisch auf die Teller kommt. Jedenfalls wäre schon einiges gewonnen mit der Verringerung des wahrnehmbaren Leidens von Ochs und Kuh und Schwein und Huhn. Wenn wir nicht nur erpicht darauf wären, uns selbst die Krankheiten vom Leibe zu halten, sondern auch an die von uns krank gemachten Nachbarn, die Tiere, dächten. Auch dann bleiben noch viele Wünsche offen. Zum Beispiel der, sich vom Ekel ganz zu befreien in einer anderen Welt. Einer Canetti-Welt: »Eine Gesellschaft, in der Menschen lachen, statt zu essen.« Vorerst aber werden wir noch essen und wollen es auch mit Genuß tun. Glücklich ißt, wer vergißt.

Schon mal abgestürzt?

Ein befreundeter Schriftsteller erzählt mir von einer Flugreise. Er steigt in die Maschine, findet im Gedränge des engen Gangs seinen numerierten Platz und stellt, während er den Sicherheitsgurt anlegt, fest, daß der Zufall eine andere Schriftstellerin auf den Nebensitz lenkte. Sie begrüßt ihn munter mit den Worten: »Schon mal abgestürzt?«

»Nein«, sagt er verwundert. Er hält die Frage zunächst für den makaberen Scherz einer Flugängstlichen. Dann stellt sich aber heraus, dass die Kollegin tatsächlich schon einmal mit einem Flugzeug abgestürzt war...

Das interessiert mich. Ich recherchiere.

Im Internet finden sich Berichte von Menschen, die Stürze aus unglaublichen Höhen überlebt haben. Das Guinness-Buch der Rekorde nennt allen voran die Stewardeß Vesna Vulkovic, deren Maschine 1972 von einer Bombe zerrissen aus einer Höhe von zehntausend Metern abstürzte und in Teilen auf einen schneebedeckten Abhang schlug. Sie überlebte schwerverletzt und hat keine Erinnerung an den Sturz. Glückwünsche wehrt sie ab mit den Worten: »Hätte ich wirklich Glück gehabt, wäre ich nicht abgestürzt.«

Das verstehe ich.

Hingegen: Man schätzt, dass bislang 1300 Menschen sich in selbstmörderischer Absicht von der 67 Meter hohen Golden Gate Bridge bei San Francisco gestürzt haben. 26 der Lebensmüden haben überlebt. Die meisten von ihnen gaben an, es sich während des Sturzes »anders überlegt« zu haben.

Das verstehe ich nicht.

Immer stürzt etwas ab. Menschen, Flugzeuge, Meteoriten, Titanen, Engel, Weltraumschrott, Computer. Computer zum Beispiel stürzen ab. Immer wieder. Und immer im ungünstigsten Moment. Dann, wenn man zum Beispiel eine Dankesrede fertigstellen muß. Diese Ausrede war mir eine kurze Überlegung wert. Aber auch im Undank stürzt man ab. Moralisch. Das schien mir nach einer kurzen Abwägung das größere Unglück.

Höhenangst. Ich leide unter Höhenangst. Nicht dramatisch. Ich habe mich erkundigt. Noch im Normbereich. Nicht pathologisch. Nicht therapiebedürftig. Man kann, so lautet der Bescheid, meinen Angstgrad gutwillig als eine natürliche Schutzreaktion interpretieren. Ich könnte, wenn es sich nicht vermeiden ließe, im zehnten Stock aus dem Fenster schauen. Sogar das Fliegen in Maschinen und die Höhenüberwindungen in gläsernen Aufzügen ertrage ich, ungern, aber ich ertrage sie.

Der Sog der Tiefe: Einmal in der Oper klangselig im dritten Rang sitzend auf der Schallwelle des höchstmöglichen Tones eines dramatischen Koloratursoprans hätte er mich beinahe zu sich gerissen. Es war, als griffe eine Hand nach mir und zöge mich in den Orchestergraben. Oder ist das nur so eine Geschichte, die ich gern erzähle?

Der Sog, den die Tiefe ausübt, der nach mir greift. Der ist in mir. Der Schwindel, den er erzeugt. Der ist in mir. Eine Lockung. Eine Gefahr. Sie sind in mir. Die Sirenen der Tiefe.

Hitchcocks Film *Vertigo* ist mein Lieblingsfilm. Aber hallo, das gibt doch zu denken. Eine Angstlust. Aber doch mehr Angst als Lust. Noch.

Einmal vor sehr langer Zeit war ich fein bei wichtigen Leuten zum Tee eingeladen. Professoren meistenteils und die Gattinnen. Ich war jung, eine Studentin. Ich habe vergessen, welchem Umstand ich diese statusunangemessene einschüchternde Ehre verdankte. Dort im Geplauder der illustren Teegesellschaft erzählte eine der außerordentlich feinen alten Damen, eine Gräfin, daß sie die depressive Witwe eines berühmten Philosophen am Vortage besucht habe. Diese habe sie gebeten, ihr dabei zu helfen, dem Leben ein Ende zu machen. Dieses Ansinnen der Leidenden habe sie, die feine Dame, empört zurückgewiesen und zwar mit den Worten: »Du kannst ja jederzeit aus dem Fenster deiner Wohnung im vierten Stock springen.« Die alte Dame war jetzt in meinen Augen nicht mehr fein. Eine selbstgerechte Kuh ohne jede Einfühlung, ohne jede Vorstellung dafür, daß für manche die Tiefe grauenerregender ist als der Tod. Wie gesagt, ich war noch jung und zu schüchtern, um einen Einspruch zu wagen. Das nehme ich mir bis heute übel. Wenigstens das hauchdünne Porzellantäßchen hätte ich abstürzen lassen sollen.

Einige unter Ihnen werden sie kennen: die Albträume vom Stürzen. Vom langen Fall ins Bodenlose. Dieser Alb hat auch immer wieder in meine Träume gefunden. Einige unter Ihnen werden wissen, daß man in der Regel vor dem Aufprall aufwacht. So gesehen, ein schonender Traum.

Jetzt aber in meinen aktuellen Nächten sind sie seltener geworden, die Sturzträume. Ich überlege, ob die Fallhöhe im Alter abnimmt, weil die Gefahr eines endgültigen Falls zunimmt. Oder ob in meinem Fall, im Fall einer Rollstuhlfahrerin, im Fall des Falls die Fallhöhe nicht mehr so einschüchternd ist.

Auf Pieter Brueghels Gemälde *Der Sturz des Ikarus* ist Ikarus schon im Wasser, hat das Element gewechselt. Man muß genau hinschauen, um die Beinchen – die Diminuation ist hier berechtigt –, die da noch lächerlich strampelnd aus den Wellen ragen, zu bemerken. Ein fast verschwindendes Detail. Auf dem Bild (es gibt davon zwei Versionen und es ist auch nicht gesichert, daß es wirklich von Brueghel erschaffen wurde, aber das spielt hier keine Rolle), also auf dem Bild, das ich vor Augen habe, gibt es ansonsten viel zu sehen: eine reich gestaltete niederländische Landschaft, Felsen, Gewässer, ein stolzes Schiff, Boote, eine Insel. Und ganz getreu der Ovidschen

Schilderung: Ein Bauer, ein Fischer und ein Hirte gehen ihrem Tagwerk nach. Dieses Personal war schon dort aufgerufen worden. Aber ganz im Gegensatz zu der althergebrachten Szene: Keine der Bildgestalten beachtet den Sturz, keiner schaut hin.

In Ovids Erzählung bestaunen die Figuren die Flugkünste von Daedalus und Ikarus, halten die beiden für Götter gar, auf Brueghels Bild ist Daedalus überhaupt nicht mehr zu sehen und Ikarus nur mit kleinem Bein.

Ganz beiläufig.

Kein Hinweis auf die Hybris des Jungen und den Jammer des Vaters. Ein Mythos versetzt in die Beiläufigkeit.

Die Marginalisierung eines Sturzdramas.

Das gefällt mir.

Ikarus war nicht zu helfen. Denn der Aufprall aufs Wasser ist bei Flugabstürzen der schlimmste Fall. Die höchste überlebbare Aufprallgeschwindigkeit auf Wasser liegt leicht über jenen 120 km/h, die der fallende Körper beim Sprung von der Golden Gate Bridge erreicht.

Für den neuzeitlichen Blick könnte im Wegsehen der Personen ein Akt der Diskretion liegen.

Der unfreiwillige Sturz. In der Regel eine hilflose Bewegung nach unten. Wenn ein erwachsener Mensch auf alltäglichen Gehwegen plötzlich zu Boden fällt, so hat dies immer etwas Bestürzendes. Jedenfalls ich empfinde das so. Ich kenne die Peinlichkeit aus der Sicht der bestürzten Betrachterin und ich kenne sie, als meine Gangunsicherheiten einsetzten, auch aus der Erfahrung einer gelegentlich Gestürzten. Plötzlicher Würdeverlust. Plötzlicher Ehrverlust. Der Schreck reicht nahe an den Schock. Von einer Sekunde zur anderen, so empfand ich es, wird ein vertikal organisierter Mensch, der aufrecht, sorgfältig gesäubert und ordentlich gekleidet mit soliden Absichten das städtische Haus verlassen hatte, im Staub zum Wurm.

Wenn man die Würde, wie Schiller es wollte, als Ausdruck einer erhabenen Gesinnung feiert, dann muß nicht wundern, daß der plötzliche Fall aus der Sphäre des Sublimen in die Welt der Würmer auch immer die Lachlust provozierte und ein Mittel der derberen Komik war.

Solange keine ernste Versehrung eine aktive Hilfe erfordert, ist das diskrete Wegsehen wohl der beste Fall. Akrobaten auf dem hohen Seil, die mit Netz arbeiten, sehe ich gerne zu. Ich habe gelegentlich überlegt, was man von Menschen halten soll, die bevorzugt jenen zusehen, die ohne Netz arbeiten.

In der Schule lasen wir Thomas Manns Novelle *Tonio Kröger.* Dort bildet der Protagonist eine Liebe zu den lebenstüchtigen Blonden aus. Ihn aber liebt, von ihm unbeachtet, ein Mädchen, das ein affines Verhältnis zur Lyrik hat und das in der Tanzstunde immer hinfällt. Das gab mir zu denken, das war mir nicht sympathisch, obgleich ich zu dieser Zeit noch fest auf meinen Beinen stand und von kommenden Fallstricken nichts ahnte. Dramenpoetisch hingegen sind es bekanntlich die vom Schicksal und der Standeszugehörigkeit Begünstigten, die Mächtigen, Edlen und Schönen, deren Fall die große Höhe aufweist.

Sie werden sich vielleicht seit längerem besorgt fragen, ob meine abgestürzten Ausführungen irgend etwas mit dem Namensgeber des Preises Ernst Robert Curtius zu tun haben könnten. Ich werde Sie möglicherweise beruhigen können mit der Versicherung, daß es zwar einen Zusammenhang gibt, daß dieser aber ganz privater und wahrhaft beiläufiger Natur ist.

Ich war sechzehn oder siebzehn Jahre alt, als ich zufällig – na ja ich hatte das wohl auch etwas gesucht – in die intellektuellen Kreise meiner Stadt geriet. Alle waren älter, erheblich, alle waren klüger, erheblich. Uneinholbar, dachte ich.

Das brachte Not. Das versetzte mich nicht nur in die Lage einer notorischen Überforderung, sondern auch in die einer permanenten intellektuellen Absturzgefahr. Kurz gesagt, diese Zeit brachte mir die Angst davor, mich bildungsarm zu blamieren. Diese Angst, die ich nicht mehr habe oder nur noch in angemessenem Umfang, hat mir, so schien es mir zuweilen, das halbe Leben versaut.

Da Hochstapelei keine Sache ist, die Leute mit Höhenangst ins Auge fassen sollten, schlug ich damals den entgegengesetzten Weg ein. Ich stapelte tief. Bevor eine Überführung mich hätte zu Fall bringen können, bekannte ich mich offensiv und oft auch ohne Not zum Ausmaß meines Nichtwissens. Auch eine narzißtische Überlebenstechnik.

Die einschüchternste Figur in diesem Umfeld war der damalige Cheflektor des Suhrkamp Verlages Walter Boehlich. Ihn, den scharfen Kritiker, hatte Peter Suhrkamp ins Haus geholt, mit den Worten: »Den können wir uns außen nicht leisten.« Das erzählte mir Walter Boehlich viele Jahre später. Zu dem, was zu dieser frühen Zeit meiner extremen Fallangst geraunt wurde, wenn man über ihn sprach, gehörte der Hinweis darauf, daß er ein Curtius-Schüler, ja sogar einst dessen Assistent gewesen sei, und daß diese Leute aus speziell dieser Schule tiefgründend auf altphilologischen Fundamenten über eine unermeßliche Bildung verfügten. Zwischen der Höhe solcher Belesenheit und meinem niederen Kenntnisstand klaffte ein tiefer Graben, eine unüberwindbare Kluft.

Diese Not sieht nicht einmal das bürgerliche Trauerspiel vor: die Sturzangst der Geringen im Kreise der Bedeutenden, der Schwindel, der die Fluglahmen noch am Boden befällt, wenn sie sich unter die Helden schmuggeln.

Nun will ich mich, die sehr junge Frau, die ich nach Auskunft meines unsoliden Gedächtnisses einmal war, nicht ganz und gar ins Niedrige und Nichtige bringen, mich übertrieben bescheiden zur

Lumpin machen. Ich blieb geistig nicht Wurm. Ich wurde älter und studierte. Meine Kenntnisse und Fertigkeiten nahmen mit der Zeit etwas zu, es ließ sich gar nicht vermeiden. Und obwohl die Arbeiten des Ernst Robert Curtius nicht gerade auf der akademischen Wegstrecke lagen, in die ein Frankfurter Philosophiestudium zu dieser Zeit wies, las ich irgendwann doch das Buch über die *Europäische Literatur und das lateinische Mittelalter*. Ich kann mir dessen Wirkung auf mich nicht mehr genau vergegenwärtigen. Sicher war ich beeindruckt von der Virtuosität, mit der darin die Güter der Gelehrsamkeit gehandelt werden, hätte aber vielleicht doch mit diesem oder jenem wissenschaftstheoretischen Einwand meinerseits gesprächsstrategisch punkten können. Aber dazu kam es nie.

Noch später: In den letzten beiden Jahrzehnten seines Lebens war mir Walter Boehlich ein enger liebevoller Freund. Bildungssättigungen schüchterten mich zu dieser Zeit nicht mehr ein. Ich hatte zwischenzeitlich zur Kenntnis nehmen müssen, daß es auf anderen Gebieten des Lebens gravierendere Fallgruben gibt, die ein wesentlich höheres Maß an Einschüchterung gebieten. Ich glaube, es gefiel Walter Boehlich, daß seine Versuche der gelehrsamen Intimidation – und er war ein Meister darin – nun wirkungslos an mir abprallten.

Wir sprachen nie über Ernst Robert Curtius. *Er* sprach oft über Ernst Robert Curtius. Soll heißen: Wir tauschten nie Meinungen über den Wissenschaftler Curtius aus. Er aber, Walter Boehlich, der mich in diesem Fall nie zu einem Urteil provozierte, erzählte oft und gern von dem privaten Umgang mit seinem Lehrer, ja, er liebte es, das war zu spüren, sich in dieser Weise an seinen Lehrer zu erinnern. Die Sache war wie verabredet. Er wollte erzählen und ich fand es unterhaltsam. Das aber heißt: Ich habe Curtius kennengelernt in einer merkwürdigen Verzerrung – aus »nächster Ferne«. Diese Formulierung habe ich gestohlen. Sie ist Titel einer Aufsatzsammlung aus der Feder von François Bondy. Auch ein Träger dieses Preises. Auch einer, der Curtius noch kannte. Auch mir ein später Freund.

Und mir auch zumindest in seiner kosmpolitischen Kenntnis abgelegenerer Literaturen überlegen. Sie sehen, ich hatte es wirklich nicht ganz leicht im Leben.

In seinem Büchertagebuch erzählt Curtius, wie er anläßlich eines Aufenthaltes in Paris seinen alten Freund André Gide besuchte, der seinerseits gerade von einem Besuch bei ihrem gemeinsamen todkranken Freund Paul Valéry zurückgekehrt war. Valéry sei es wichtig gewesen, so Gide, noch eine letzte Mitteilung an ihn, den Freund, zu richten. Gide habe ihn aber nicht mehr verstehen können wegen dessen undeutlicher Artikulation. Curtius fügt dem hinzu, daß Valéry schon in gesunden Zeiten sehr verwaschen gesprochen habe und daß dies doch bei einem Autor, »der in Prosa und Theorie die äußerste Präzision erstrebte und erreichte«, wundere.

Mich hat diese Passage, so traurig sie ist, etwas belustigt, weil mein durch Walter Boehlich übermittelter Eindruck von Ernst Robert Curtius nicht wissenschaftlicher, sondern klanglicher Natur ist. Sein Schüler pflegte nämlich, sobald die Rede auf Curtius kam, und er lenkte sie, wie gesagt, gern selbst dorthin, immer dessen sprachliche Intonation zu imitieren.

Das meine ich mit »nächster Ferne«. Eine mimetische Nähe und eine epistemologische Ferne. Boehlich, der selbst etwas näselte, sprach, wenn er ihn, seinen Lehrer, nachmachte, wie jemand, der mit einer dauerhaft komplett verstopften Nase geschlagen ist, und er hob dabei den Kopf und hielt ihn dort in nobler Höhe, wie es jemand tut, der nur das höher Gelegene in den Blick nehmen muß. In dem *wie* er nachahmte lag gleichwohl eine große Zärtlichkeit und Liebe, die mich immer rührte. Boehlich hat es vermocht, den Geistesaristokratismus seiner akademischen Herkunft in einem einzigartigen Zusammenspiel mit scharfer gesellschaftskritischer Streitbarkeit zu verbinden. Das muß man können. Es hätte seinem Lehrer vermutlich nicht in allen Teilen gefallen. Aber die emotionale Treue hat Walter Boehlich immer gewahrt.

Das, *was* er mir in seiner Bücherhöhle erzählte, schien mir allerdings wie aus einer versunkenen Welt, wie aus einer Novelle von Stefan Zweig. Allein schon die Tatsache, daß der Assistent im Hause des Professors wohnte…

Jedenfalls, und für diesen Fall speziell interessant, beschworen Boehlichs Nachrichten vom zeitfernen Bonner Seminaralltag die Gewißheit, daß auch den Schülern des berühmten Romanisten die Furcht vor dem tiefen Fall in akademische Schamgruben nicht ganz fremd gewesen sein konnte. Bitte, ein Eindruck nur.

Es mir wichtig, an dieser Stelle zu betonen: Ich habe das alles ja nur aus zweiter Hand, und diejenigen unter Ihnen, die den Namengeber dieses Preises noch persönlich kannten, mögen mir nicht grollen, wenn diese doppelt übermittelte Schilderung nicht mit der Wahrheit ihrer primären Erfahrung übereinstimmt.

Und, das frage ich Sie, die Kenner unter Ihnen, ließe sich nicht die »Offenbarung«, die Curtius an einem »langen Frühlingsnachmittag auf dem Forum in Rom« widerfuhr – er beschreibt sie, wie Sie wissen, in einem Brief an Gundolf –, auch sehen als Sturz, als ein Sturz durch die Zeiten. Dieses plötzliche Gefühl der Unmittelbarkeit, der Nähe zur Größe der römischen Antike, durch alle Niederungen und Wechselfälle der Geschichte hindurch. Auch ich hatte einmal dieses starke geschichtsenthobene Nähe-Gefühl, das Gefühl einer überzeitlichen Konstanz. Ich besuchte die freigelegte Villa Oblontis in der Nähe von Pompeji. Ein Anwesen, das, so die archäologische Vermutung, einst von der Poppaea Sabina, der zweiten Frau Neros, bewohnt worden war.

Alles dort gefiel mir, die Raumproportionen, die Wandmalereien, die Farben, und, ich will es nicht verleugnen, auch der große Swimmingpool vor dem Haus. Der Einbau einer Zentralheizung und man könnte hier sofort einziehen, dachte ich, und eigentlich hat sich in der Zwischenzeit architektonisch nicht besonders viel getan.

Auch im folgenden Unterschied könnten Sie einen kleinen Absturz sehen: Ernst Robert Curtius war mit einem transhistorischen Ruck bei Vergil, ein erhabener Fall, mein profaner Fall hat mich nur beiläufig zu einer wie es im unschönen Neudeutsch heißt »Life-Style-Überlegung« gebracht.

Und jetzt erhalte ich den Ernst Robert Curtius-Preis. Sie sollten das noch einmal überdenken. Ich werde ihn nicht selbst in Empfang nehmen können. Sollte ich peinlich straucheln mit dieser Rede, ich werde es aktuell nicht ausbaden müssen, sitze ich doch sicher auf niedrigem Gestühl.

Andererseits: Die hohe Ehre, die dieser Preis beinhaltet, wird mich auf diesem Gestühl nicht so besonnen können – wie sie es vielleicht, ohne das Flügelwachs zu schmelzen, täte, stünde ich jetzt vor Ihnen. Das habe ich früher auch nicht gewußt, daß die Empfindung von Ruhm und Ehre weitgehend gebunden ist an körperliche Präsenz. Man muß, um sie wahrnehmen zu können, von Balkonen winken, Treppen hinunterschreiten oder an einem Pult stehen und Dankesreden halten. Das ist mir nicht mehr möglich. Trotzdem, glauben Sie mir, ich freue mich sehr über diese Ehrung und ich danke von Herzen der Jury und allen, die mir diesen Preis zusprachen.

Verkündete Landschaften

Es muß irgendwann Anfang des Jahres 2006 gewesen sein, als Sarah Schumann meinen Arbeitsraum betrat, gemessenen Schrittes auf mich zukam und verkündete: »*Ich werde mich zukünftig mit der Landschaft beschäftigen.*«

Ich habe während der über dreißig Jahre, die wir uns kennen, schon etliche Verkündigungen dieser Art erlebt. Sie fanden statt an großen Schaltstellen ihres Schaffens. Und abermals war ich beeindruckt. Nicht nur weil mich Verkündigungen immer beeindrucken – man hat das in unserer glaubenskalten Zeit nicht mehr so oft –, sondern auch durch die beseelte Entschlossenheit, mit der Sarah Schumann immer wieder zur Entdeckung neuer künstlerischer Kontinente aufbricht. Gleichzeitig aber beschlich mich eine leise Unruhe. Bei den Bildern, die fortan unter dem Dach dieser Verkündigung und dem unserer gemeinsamen Wohnung entstünden, würde sie immer mal, während einer meiner Atelierbesuche, eine Meinung einfordern, wissen wollen, was ich von den jeweils neuen Bildern hielte.

Am besten ich gestehe ihr gleich, so dachte ich, daß ich von der künstlerischen Landschaftsaneignung nichts verstehe. Von Landschaft generell nicht. Nicht theoretisch. Nicht akademisch, nicht einmal in der trivialen Form touristischer Schaulust. Das Ah und Oh beim Durchschreiten von Tälern und Höhen war meine Sache nie. Manchmal fand ich einen Ausblick, den ich liebte, ich verharrte dann für eine Weile auf der Stelle. »*Ich verstehe nichts von Landschaften*«, sagte ich auf Absolution hoffend.

»*Das ist nicht in Ordnung*«, sagte sie und ging ihrer Wege.

Landschaft, der Begriff ist ja dehnbar, so suchte ich mich zu beruhigen, das kann ja vieles sein. Man spricht auch von Stadtlandschaften, von imaginären Landschaften – nimmt man zum Beispiel die Vorstellung von inneren Landschaften hinzu, so meint das Wort beinahe alles. Man würde sehen.

Eine erneute Ansage der Künstlerin machte meine Hoffnung auf »beinahe alles« schnell wieder zunichte. Sie werde vor Ort reisen, studienhalber, sagte sie. Es schien sich bei der geplanten Serie also doch in irgendeiner Weise um die Arbeit an erschauter Natur zu handeln.

»*Vor welchen Ort?*«, fragte ich.

Eine Fahrt zur Ostsee stand an. Sie war im letzten Jahr schon ein- oder zweimal dort gewesen. Auffällig gerne. Ortsnamen wie Dierhagen, Greifswald, Swinemünde waren an mein Ohr gedrungen – und dann ein etwas geläufigerer Ortsnamen: Rügen. Aber selbst Rügen kenne ich nur von Gemälden. Kreidefelsen und so. Demütig hatte ich mir erklären lassen müssen, was es mit Worten wie Bodden und Darß und Fischland auf sich hat. (Auch im Westen gab es Täler der Ahnungslosigkeit.) – Das stand jetzt fest: Sarah Schumanns künftige Landschaftsmalerei betraf eine Gegend, die ich nicht kenne und vermutlich – wie man so sagt: in natura – auch nicht kennenlernen würde. Das grämte mich nicht, ich kenne unendlich viele reizvolle Gegenden nicht, aber in diesem Falle hätte Kenntnis geholfen. Ich erleichterte mich ein wenig mit innerem Hohn: Ha ha, sie wird doch nicht zur Vedutenmalerin mutieren.

Von ihrer Studienreise zurückgekehrt nach Berlin wirkte sie erinnerungssatt. Gedächtnisbilder im Kopfgepäck.

»*Hast du dir Skizzen gemacht?*«, fragte ich.

»*Nein*«, sagte sie.

»*Hast du photographiert?*«, fragte ich.

»*Kaum*«, sagte sie, »*nur wenige Details. Ich habe alles hier.*« Sie deutete auf ihre Stirn.

Dann der erste Atelierbesuch zusammen mit unserem Freund Franz, der zu Besuch gekommen war und zur Bilderschau eingeladen wurde. Es existierten bereits vier Bilder. Die Sache fing harmlos an, wir spielten das Spiel, wem welches Bild am besten gefällt. Franz wußte es sofort. Ich falle durch eine gewisse Unentschlossenheit auf.

»Sie gefallen mir, aber ich kann mich nicht entscheiden«, sage ich *»und ich weiß auch noch nicht, warum sie mir gefallen.«*

Franz war sowieso im Vorteil, denn Franz konnte wiedererkennen.

»Ja, der Bodden, genau, und auf dieser Landzunge da war ich auch«, sagte Franz.

Und schon fiel ich zurück in meine theoretische und geographische Unzuständigkeit. Sie überboten sich in begeisterten Sichterinnerungen.

»Hast du die Kreidefelsen auch vom Wasser aus gesehen?«

Ja, hatte sie. Stralsund, auch da waren sie sich einig, ja Stralsund ist eine besonders schöne Stadt. Und auch da ging man ins Detail, obwohl das mit den Bildern überhaupt nichts zu tun hatte.

Ich wollte gern auch mal was sagen und rettete mich ins Technische. *»Du malst jetzt auf Holz, ja?«,* fragte ich.

»Ja«, sagte sie.

»Und dann mischst du Gips in die Farben?«

»Ja«, sagte sie.

»Warum?«, fragte ich.

»Die Farbe steht dann besser auf der Grundierung«, sagte sie karg.

Ich aber blieb beharrlich und wurde kühner:

»Könnte es sein«, fragte ich, *»daß es diese Technik ist, die bei mir den Eindruck einer Gleichzeitigkeit von Glut und Kälte bewirkt?«*

»Ja«, sagte sie.

»War es dein Wunsch, diesen Eindruck zu evozieren?«, fragte ich.

»Das ist gut möglich«, sagte sie mild.

Ich hatte das Gefühl, wie man im Reitsport sagt, Boden gut gemacht zu haben.

Als Franz sich verabschiedet hatte, überlegte ich, ob ich nicht doch noch theoretisch etwas anspecken, diesen oder jenen schlauen Artikel zur Landschaftsmalerei haranziehen sollte. Ich verlor dieses Vorhaben wieder aus dem Auge, was sich aber schnell rächte, weil nur kurze Zeit später Hermine, eine flüchtige Bekannte, unangemeldet auftauchte mit ihrem Freund Rudolf im Schlepptau. Auch sie wurden ins Atelier gebeten. Und gleich nach dem ersten Blick auf die Bilder legten sie schon los.

»Ja, ja, die Landschaftsmalerei, eine wahrhaft große Tradition. Man bedenke, was es da nicht alles gebe, zum Beispiel die heroische oder die idyllisch-arkadische Landschaft…« –

Ich zündete mir eine Zigarette an.

»Schon bei den Griechen. Tafel und Fresco…« – Das wisse man allerdings nur durch Textzeugnisse…

»Aha«, sagte die Malerin.

»Auch zur römischen Zeit … Fresken in Pompeji und Herkulaneum.«

»Da war ich mal«, warf ich ein. Kurzes peinliches Schweigen, doch dann ging's gleich weiter.

– Man solle die Bedeutung der Kulissenmalerei nicht unbeachtet lassen –

»Keinesfalls«, sagte ich.

Aber zu einer uns noch geläufigen Vorstellung von Landschaft habe man doch erst in der Renaissance gefunden –

»Soso«, sagte Sarah Schumann.

»Petrarca«, sagte ich, um nicht die Dümmste zu sein, *»die Besteigung des Mont Ventoux: ›Und es gehen die Menschen hin zu besteigen die Höhen der Berge‹«.*

Aber auch das verpuffte. Ich zündete mir eine neue Zigarette an.

»Die Donauschule«, sagte Hermine irgendwann. –

»Aha«, sagte die Künstlerin.

Als ich wieder hinhörte, nachdem ich mir in der Küche einen Kaffee geholt hatte, waren sie schon ein oder zwei Jahrhunderte weiter.

»*Du musst wissen*«, sagte Rudolf gerade, »*die Landschaft als ei- genständiges Sujet, das gibt es eigentlich erst seit dem 17. Jahrhundert, vorher war sie mehr oder weniger nur Hintergrund*« –

»*Soso*«, sagte Sarah Schumann

»*Die Italiener und die Niederländer*« –

hörte ich Hermine noch sagen, als ich aufs Klo ging. Als ich zurückkam, sagte Rudolf

»*Wir wollen aber auch Elsheimer nicht vergessen.*« –

»*Nein*«, sagte ich, »*das wollen wir nicht.*«

Ich schaute aus dem Fenster, fixierte mordlustig eine Krähe, die von einem Ast aus gleichermaßen bösartig auf mich herabschaute, und verlor den Faden, bis das Wort Romantik an mein Ohr drang, und ich hörte wieder zu, als Sarah Schumann die beiden fragte, ob ihnen vielleicht aufgefallen sei, daß es ebendiese Landschaft ihrer Bilder sei, in der auch die Maler der Romantik vielfach ihre Motive gefunden hätten.

Doch, doch, das habe man gleich erkannt, auf den ersten Blick

Ja. Ja. Und ob. Und gleich nahmen sie wieder Fahrt auf und begannen die betreffenden Maler aufzuzählen. Aber Sarah Schumann unterbrach sie, ob sie denn nicht irgend etwas zu ihren Bildern sagen wollten.

Ja. Wollten sie.

»*Interessante Formen*«, sagt Rudolf –

»*Ja und die außergewöhnliche Farbgebung, wirklich ganz außergewöhnlich*«, sagte Hermine

Das war schlapp. Wirklich arm. Ich sah meine Chance, und wie das dann oft so ist, wenn man seine Chance wittert, prompt fiel mir etwas ein:

»*Hat nicht jemand mal behauptet, daß Caspar David Friedrich der Erfinder der ›Tragödie in der Landschaft‹ gewesen sei?*«

»*Mag sein*«, sagte Sarah Schumann.

»*Zeigen deine neuen Bilder nicht so etwas wie die ›Landschaft als Tragödie‹?*«, frage ich altklug.

Die Malerin lachte. Aber dann sagte sie:
»*Na, vielleicht ist da was dran.*«

Kurze Zeit darauf brach Sarah Schumann erneut zu einer Reise auf, diesmal sollte sie der Weg für eine Woche auf die Insel Vilm führen. Weiß der Teufel, wie sie das geschafft hatte. Diese Insel ist nämlich Besuchern kaum zugänglich, jedenfalls nicht für einen längeren Aufenthalt. Sie ist Forschern vorbehalten. Eine Station des Bundesamtes für Naturschutz ist dort angesiedelt. Vorsichtshalber ziehe ich während ihrer Abwesenheit einige Informationen ein: Von einem Naturparadies steht geschrieben, von einem Kleinod der Ostsee und daß die Insel sich vor etwa 10 000 Jahren aus eiszeitlichen Moränen gebildet hat. Sie war schon zur Steinzeit besiedelt. Vor 3000 Jahren trennte sich Vilm von der Insel Rügen. Sie ist heute noch einer ständigen Veränderung unterworfen, es finden sich dort zahlreiche seltene Pflanzen und Bäume. Ich las, daß sie alle Küstenformen der südlichen Ostsee auf sich vereinigt, daß sich auf ihr eine Art Urwald befindet, ein Wald, in dessen Werden und Vergehen seit Jahrzehnten menschlicherseits nicht eingegriffen wurde. Den Sorben galt die Insel einst als ein heiliger Ort.

Nach ihrer Rückkehr freut sich Sarah Schumann über meine Kenntnisse und erzählt von ihren Eindrücken. »Sie züchten dort auch Schafe, die andernfalls ausgestorben wären«, sagt sie. Sie geben eine sehr kratzige Wolle. Ich kann irgendwie verstehen, daß man sie anderenorts nicht mehr züchtet, aber das sage ich lieber nicht. Als hätte sie meinen Gedanken erraten, sagt sie: »Aber sie sehen schön aus.«

Ein wenig später.
Jetzt kam es darauf an. Sarah Schumann hatte ihren Zyklus weitgehend fertiggestellt und wollte hören, was ich von den Bildern halte.

Wir gingen in ihr Atelier.

»Es gibt auf diesen Bildern so etwas wie eine Gefährdung«, sagte ich, *»hat das irgend etwas mit der realen Landschaft zu tun?«*

»Auch wenn ich dein Wortspiel von der ›Landschaft als Tragödie‹ etwas zu geschmäcklerisch fand«, sagte sie, *»so liegst du doch nicht ganz falsch. Weil es sich vielfach um eine geschändete, missbrauchte Landschaft handelt. Diese Gebiete waren zu großen Teilen militärisches Sperrgebiet schon unter den Nationalsozialisten und auch später zur Existenzzeit der DDR.«*

»Aber es ist doch auch schön dort?«, frage ich.

»Ja sicher«, sagt sie, *»ich liebe diese Landschaft. Sie hat eine Magie. Ich bin Malerin, keine Umweltreporterin.«*

Ich weiß nicht mehr, was ich im einzelnen zu den Bildern sagte, jedenfalls versuchte ich mir allmählich über die Ursache meiner Faszination Aufschluß zu geben. Ich verspürte eine Lockung und eine Gefährdung.

Aber Lockelemente, wie man sie von Naturerlebnissen kennt, schienen mir allenfalls noch als Nachhall, als Zitat vorhanden, als kippten sie sogleich wieder ins Unwägbare.

Einmal erkannte ich eine Jahreszeit, Winter, entlaubtes aggressiv spitziges Gehölz im kälteerstarrten Bodden. Ich sah viele gleichsam kartographische Aufsichten, wie man sie braucht, um eine Landschaft aus der Höhe zu erkunden oder um sie zu zerstören. Ich sah ein violettes Meer. Überhaupt viel Gewässer und darin die Spiegelung bizarrer Wolken und Landschaften, ein Land, begrenzt und durchzogen von vibrierenden Linien, Linien der Strände, der Horizonte, Linien der Straßen, Linien wie Leuchtpfeile, Linien wie Farbblitze, Linien wie Fäden, Linien, die wie Schnitte im Fleisch dieser Landschaften wirken. Ich sah eine grüne Form – eine Waldinsel oder ein Geschwür, ich sah Schlacken, Lichtbündelungen und Lichtsprengungen und immer wieder dramatische Wolkenfronten über zackigen Felsformationen.

»*Was ist das?*«, fragte ich und deutete auf so etwas wie einen tiefen Riß.

»*Eine Baustelle, durch den Bau künstlicher Kanäle schafft man Sand heran, um die Deiche zu erhöhen*«, sagte Sarah Schumann, über diesem Riß sah ich einen Himmel, diesmal in ein kaltes Rosa getönt, tröstlich, nein, doch eher giftig.

Und dann die Bilder von der Insel Vilm, die künstlich erhaltene Natürlichkeit des dortigen Urwalds war in ein neues Wechselspiel zwischen Naturzitat und Artefakt hineingemalt worden. Meine frischen Kenntnisse erlaubten es mir, in der Vielfalt der Formen eine Baumruine zu identifizieren, ein natürlich verendetes in die Knie gebrochenes Gehölz, eine Zerstörung, die die Natur an sich selbst anrichtet, von dort gibt das Bild den Blick frei auf einen roten See und eine Wolke im schönen Abendglühen oder ist sie über der beschützten Insel schwebend eingefärbt vom Widerschein einer fernen Katastrophe? Ein anderes Bild – auch aus der Perspektive eines auf Vilm stehenden Betrachters, man sieht auf die Insel Rügen.

»*Dort*«, sagte die Künstlerin, »*dort*«, und sie zeigte auf einen winzigen weißen Fleck, »*dort sind die Kreidefelsen*«. Jetzt lachte sie.

Was meinst du zu den Bildern?, fragte sie dann.

»*Deine Bilder stehen unter Strom*«, sagte ich.

»*Im Zusammenspiel der vibrierenden Linien mit den Glutfeldern deiner Farben, die sich jeder Idee einer befriedeten Natürlichkeit widersetzen und sie doch noch einmal aufrufen, glaube ich das Unternehmen einer Rettung zu erkennen.*

Du rettest etwas, du rettest nicht die alten Motive unmittelbarer Anrührung oder die Möglichkeit metaphysischer Sinnbezüge, auch nicht die Möglichkeit, innere Dramatiken in die Natur zu projizieren, aber du rettest die Sehnsucht, die seit alters mit all dem verbunden war«, sagte ich.

Als sie nicht reagierte, stammelte ich noch ein bisschen weiter herum und fand dann ins Fragen.

»Eis und Feuer, Erstarrung und Glutkern«, sagte ich, »und es gibt eine Oberflächenspannung. Wie stellst du den Eindruck her, daß da ein Vibrieren, ein Beben ist, eine Aufladung?

»Deine Bilder stehen unter Strom«, wiederholte ich und versuchte so, meinen Eindruck endlich auf den Punkt zu bringen.

Statt einer Antwort sagte sie:

»Ich werde diese Bilder ausstellen und du hältst da eine kleine Rede.«

Das hatte ich nun von meiner eifersüchtigen Auftrumpferei. Sie hatte das nicht gefragt, sie hatte das gesagt. Gewissermaßen verkündet.

»Ich verstehe nichts von Landschaften«, wiederholte ich matt.

»Es wird schon gehen«, sagte sie.

Da war sie, die Bestätigung meiner unguten Vorahnung.

»Aber«, so fragte ich, »wird denn irgend jemand ein einziges Bild kaufen wollen, wenn ich meine Idee von der gefährlichen Landschaft, die zugleich glüht und erstarrt, der Landschaft unter Strom entwickle?«

»Das müssen wir riskieren«, sagte sie.

Dann aber sagte ich zu mir selbst und ich sage das jetzt auch zu Ihnen: Ist die Liebe zum Bild nicht vergleichbar mit der zu einem Menschen und zwar in der Weise, daß mit das beste ist, was man über ihn sagen kann: Ich habe mich keinen Moment mit diesem Menschen gelangweilt? Mit diesen Bildern, das weiß ich, wird man sich keinen Moment langweilen.

Und nicht wahr, wenn ich, die ich wirklich nichts von der Landschaft verstehe und die die gemeinte Landschaft niemals sah, wenn also eine Ignorantin wie ich diese Bilder mögen kann, wie wird es erst Ihnen ergehen, die Sie zweifellos alle Kenner sind.

Wann war 68

»In die Kneipe kannst du nicht gehen«, sagt mein junger Freund
Heinz, »da hängen die ganzen Alt-68er ab.«

Blitzartig habe ich ein Bild vor Augen: depressive alte bärtige
Männer, mit schütteren Pferdeschwänzen, und aus dem Leim ge-
gangenen Hippiefrauen in selbstgefärbten Wallekleidern. – Ein
wirklich dummes Klischee. »Ich bin auch eine Achtundsechzige-
rin«, sage ich trotzig, vermeide aber das Präfix »Alt«. »Du siehst gar
nicht mehr so aus«, sagt mein junger Freund in galanter Absicht.
Diese vorurteilsgelenkte Galanterie gibt mir den Rest. »Ich sah nie
›so‹ aus und hatte auch keine Chance so auszusehen wie eine 68erin,
weil 68 für mich im wesentlichen 1967 stattfand und 1968 eigentlich
fast schon wieder vorbei war. Aber auch 1968 sahen die 68er nicht
aus wie 68er.« Ich zeige meinem Freund ein Photo von mir aus dem
Jahr 68, auf dem ich wirke, als wollte ich mich um den Posten einer
Chefsekretärin bei einer Firma für Wäschestärke verdingen. Mein
junger Freund ist amüsiert. Ich sage: »Jetzt im Rückblick kann ich
kaum noch unterscheiden zwischen eigenem Erinnerungsbild und
fremder Bilderaufnötigung.«

So ein Leben als Zahlenlabel nervt. Und alle zehn Jahre findet je
nach Windrichtung ein Paradigmenwechsel in der Bewertung dieses
Labels statt. Es muß ungefähr 20 Jahre her sein, da wollten plötzlich
alle 68er gewesen sein. Hartgesottene CDU-Mitglieder verbuchten
rückblickend noch die albernsten ihrer jugendlichen Aufsässigkeiten auf dieses Konto. Jetzt aber sind Aufsässigkeiten nicht mehr
gefragt, irgendwie uncool, man ist hart angepaßt oder gleich ganz
kriminell oder nur so ein armes Loserschwein. Jetzt sind die 68er

an allem schuld. Am Sittenverfall, Werteverlust, Disziplinmangel, Bildungsnotstand und Kinderschwund. Das Ende von Tugend und Seriosität. Aber damit nicht genug. Ein 68-Flagellant überbietet. Er zeichnet gerade Linien. Von 33 zu 68. Die Rebellion gegen die Naziväter – ein Vorwand nur: in Wahrheit war 68 durchtränkt vom Nazi-Ungeist. Auf deutschem Boden wächst stets das Schlimmste nur, und wenigstens im Schlimmsten wollen wir immer die besten sein, und wo ein forschender Wille ist, da sind auch Wegweiser. So eine Schuldwonne.

Vielleicht hat solch ein Zeitgeistanschmieger den neuen französischen Präsidenten vor dessen Wahl beraten, als dieser versprach, den Geist von 68 endgültig auszutreiben. Da wird er nicht mehr sehr viel Mühe haben, dieser hochseriöse Tugendwächter. »Was fällt dir spontan ein, wenn du die Zahl 68 hörst«, frage ich meinen jungen Freund. »Zwei Namen, mit Medienpräsenz: Uschi Obermeier und Holger Meins«, sagt er. »Ja, genau, Schwachsinn und Mord und dazwischen nichts«, sage ich. Ich könnte auch noch sagen, daß ich, wie vermutlich die meisten 68er, mit dem, wofür diese Namen stehen, weiland nichts zu tun hatte. Ich sage das aber nicht, weil ich solche Einsprüche inzwischen für völlig sinnlos halte. Ich sage statt dessen: »Erst wenn da Zukünftige ans Werk gehen, Leute, die in dieser Sache keine Rechnungen mehr offen haben, nicht mit ihren Vätern oder Großvätern, und vor allem nicht mit sich selbst, wird es vielleicht mal eine gelassene Beurteilung frei von Selbstbespiegelungen und Geltungsanstrengungen geben können. Ist mir aber nicht sonderlich wichtig. Ich habe andere Sorgen. Und eine Hoffnung. Hoffnung auf eine Zahlenunschuld. Ich bin jetzt 62 Jahre alt. Mal sehen, ob ich in sechs Jahren nicht wirklich noch eine 68erin werde. Das wäre fein.«

Nasaler Vorwitz

Mimi: Ich langweile mich etwas. Laß uns verduften oder eine DVD einlegen.

Jakob: Gibt es einen Film, den du sehen möchtest?

Mimi: Ja, *Das Parfum*. Ich sah die DVD hier auf deinem Tisch liegen.[1]

Jakob: Nein, das kommt nicht in Frage, den kenne ich schon, und, verzeih den Kalauer, der stinkt mir gewaltig. Aber hallo, das bringt mich auf eine Idee. Laß uns deine Langeweile bekämpfen, indem wir uns erzählen, was wir von der Nase halten.

Mimi: Nase? Gurke? Riecher? Gummel? Zinken?

Jakob: Ja genau. Über die Nase sollten wir sprechen.

Mimi: Warum sollten wir das tun?

Jakob: Aus Gründen der Gerechtigkeit. Ein völlig unterbewertetes Organ! In dieser Mißachtung liegt etwas Demütigendes.

Mimi: Ich muß dir leider sagen: Dieses Unrecht ist mir völlig schnuppe.

Jakob: Siehst du, da hast du's doch schon, Stichworte wie Nase oder Geruch treiben auch dich sofort in den Kalauer. Aber ich meine es ernst. Ich werde dir Beispiele liefern, die unseren armen Unernst blamieren.

Mimi: Also?

Jakob: Also, ich könnte sagen: Ich liebe deine Stimme.

Ich könnte sagen: Ich liebe deine Augen.

Ich könnte auch sagen: Ich liebe deinen Gang, deine Hände, deine Haare…

Aber sagte ich: Ich liebe deine Nase, so wäre das doch – zumindest als eine gesprächseinleitende Faszinationsbegründung – etwas seltsam.

Mimi: Zugegeben, als »Anmache« seltsam. Auch schon anrüchig?

Jakob: Nein, seltsam nur. Vielleicht irritierend. (Allerdings, verhielte es sich so, daß wenn du, als Frau, dergleichen zu einem Mann sagtest, die Sache doch einen bedenklichen Ruch hätte. Aber davon später.) Stell dir vor: Eine schöne Frau tritt auf den Plan.

Man sagt: Sie hat wunderschöne Augen.

Mimi: Ja, das sagt man oft.

Jakob: Man sagt: Sie hat einen hinreißenden Mund.

Mimi: Ja, das sagt man oft.

Jakob: Man sagt: Sie hat eine makellose Stirn.

Mimi: Ja, das sagt man zuweilen.

Jacob: Aber sagt man: Sie hat eine unwiderstehliche Nase?

Mimi: Eher nicht.

Jakob: Siehst du, die rhetorische Hervorhebung des hervorgehobensten Gesichtsteils steht meist nicht an herausragender Stelle.

Sagte man: Ich habe mich auf der Stelle in ihre Nase verliebt oder ich hatte sofort nur noch Augen für ihre Nase, so würde das doch auf eine möglicherweise problematische Spezialisierung hindeuten.

Mimi: Ja, du hast recht, die Beschwörung schöner Augen würde genügen, eine plötzliche Verliebtheit plausibel zu machen, auch die einer reizvollen Mundform, hier schon erotisch vereindeutigt (ich will gar nicht von den sexuell einschlägigen Körperteilen sprechen), aber die isolierte Nasenliebe ist und bleibt ein Sonderfall.

Jakob: Denk doch nur einmal an die Liebeslyrik des Barock, dort werden alle möglichen weiblichen Körperteilvorzüge aufwendig bebildert, der weibliche Körper wird zerteilt und so in der Sensation des einzelnen poetisch durchdekliniert, für das virile Begehren aufbereitet – aber an eine Nasenhymne kann ich mich nicht erinnern.[2]

Mimi: Deine Beunruhigung über die Nasengeringschätzung wäre demzufolge ja wohl eher meine Sache. Mir scheint, daß speziell die weibliche Nase, eine gewissermaßen ausgelassene, übergangene Körperform ist, in der Bedeutungslosigkeit gehalten, ganz im Unterschied zu der Prominenz, die dem männlichen Riechkolben in Kunst und Literatur zugestanden wurde. Ich erinnere dich daran, daß ein Dichter sehr viel später gerade diesen Körperteil für die Beschreibung einer absurden Eigenständigkeit ins literarische Feld schickte.[3]

Jakob: Aber führen solche grotesken Verselbständigungen der Nase, ihr autonomer Ausgang in die Welt, zu ihrer höheren Anerkennung? Nein! Jetzt ein anderes Beispiel: Natürlich wäre eine kleine Holzfigur denkbar, deren Augen oder Ohren sich jedes Mal, wenn sie lügt, vergrößern, aber das ungehörige Wachstum der Nase ist auch fürs unschuldige Kindergemüt wesentlich brauchbarer, weil sinnfälliger.[4]

Mimi: Ein unschöner moralischer Defektanzeiger…

Jakob: Ja. Darauf will ich hinaus: Nicht für die Beschwörung einer besonderen moralischen oder optischen Schönheit, wohl aber um eine plötzliche Entstellung oder gar groteske Verhäßlichung plausibel zu machen, ist die Nasenexposition außerordentlich naheliegend. Das ist nicht gerecht.

Mimi: Das Unrecht hat sich zuweilen sogar ins Schändlichste gesteigert. Ich denke da an die phrenologischen Stigmatisierungen. Die Ausstellung und Schmähung einer jüdischen Nasenform durch die Antisemiten.

Jakob: Jetzt folgst du meiner Ekelfährte.

Lies einmal die nasologischen Ausführungen Lavaters, da kriegst du schon eine erste Witterung und kommst auf die Spur, die zu den fauligen publizistischen Auswürfen des 19. und 20. Jahrhunderts führt. In der Physiognomik läuft viel über die Nase.

Nicht nur im Desinteresse, sondern auch im Mißbrauch, etwa der rassistischen Funktionalisierung dieses Antlitzteils liegt ein böses Nasenunrecht.

Und spielt die Nasenübertreibung nicht auch eine große Rolle in allen Szenerien des Lächerlichen? Ich erinnere an den armen Cyrano de Bergerac, die schönsten Wortkompositionen konnten das optische Nasenmanko nicht wettmachen, oder denke an die doofe Pappnase des Karnevals. Selbst wenn Kostümzwang besteht, mit dieser simplen Entstellung kommst du unerkannt durch jede Schunkelhölle.

Mimi: Ich glaube, die Deformation einer Nase ist der schnellste Weg, ein Gesicht in toto zu versauen. Das lernen schon die Kinder aus einem Märchen am Beispiel eines kleinwüchsigen Kochkünstlers mit einem riesigen Zinken. Der dünne Hals und der Buckel sind dann nur noch steigernde Beigaben.[5]

Jakob: Ja, gegen die Nasenverunstaltung war lange Zeit kein Kräutlein gewachsen.

Mimi: Hier hilft, gottlob, in unseren Tagen die plastische Chirurgie.

Jakob: Wollen wir uns auch beschäftigen mit der einschlägigen Frage des Gargantua, »Warum hat Bruder Johann eine so stattliche Nase«,[6] also mit der Analogisierung von Nase und Phallus, die seit alters nicht nur in der derberen Komik eine – soll ich sagen? – herausspringende Rolle spielt?

Mimi: Ich denke, das können wir schnell hinter uns bringen. Der Grund dürfte tatsächlich in der herausspringenden Beschaffenheit beider Körperteile liegen. Na ja, in dem einen Fall trifft das wohl nur gelegentlich und, wenn's gutgeht, zu.[7]

Jakob: Siehst du, bereits die Erwähnung dieser Ähnlichkeitsbehauptung zieht auch dich in ihren zotigen Mief. Du rufst sofort die zentrale Nasenkrise auf. Ich will ja nicht hoffen, daß du speziell mir mit diesem verbalen Ausfall etwas unter die Nase reiben wolltest, und möchte von deiner nicht gerade sachdienlichen Anmerkung etwas ablenken[8] mit dem Hinweis darauf, daß die Nase ja nicht wesentlich ein Zier- und Zeigeteil und Anlaß metaphorischer Überstrapazierungen ist.

Sie hat eine Funktion: nämlich *das Riechen*!

Mimi: Ich rieche nicht besonders gut.

Jakob: Das kannst du so nicht stehen lassen. In der wohl berechtigten Annahme, daß es nicht dein Geruch, sondern allein dein Geruchssinn ist, der etwas zu wünschen übrigläßt, empfehle ich dir, ein modales Hilfsverb heranzuziehen. Du solltest sagen: Ich kann nicht gut riechen.

Mimi: Dieser Bumerang-Effekt bei sorglosem Sprachgebrauch fällt mir jetzt erst auf. Lassen sich derartige Verfänglichkeiten auch bei anderen Verben der Sinneswahrnehmung finden?

Jakob: Vielleicht noch im Gespräch kannibalischer Gourmets. Denen solltest du sagen: Ich schmecke nicht gut.

Wobei physiologisch gesehen das Schmecken und das Riechen in einem engen Zusammenspiel stehen. Schon ein harmloser Schnupfen legt dich kulinarisch lahm.

Mimi: Aber das erschütterte Riechvermögen, die Hyposmie, der partielle Verlust des Riechsinns oder die Anosmie, dessen totaler Ausfall,[9] sind gemessen an anderen Defiziten – ich denke an den Verlust des Hörvermögens oder den des Sehvermögens – vielleicht das geringste, ganz sicher im gesellschaftlichen Verkehr das unauffälligste sensuelle Unvermögen. Vielleicht rührt daher die Geringschätzung.

Jakob: Ja, du kommst mit diesem Schaden noch vergleichsweise glatt durchs Leben, du kannst die anderen sehen, du kannst hören, was sie sagen, aber du kannst sie nicht riechen. Hoppla, schon wieder so eine Sprachfalle. Allerdings, da man ja nicht wegriechen kann, lassen der Körpergeruch bei manchem und die übertriebene Parfumzugabe bei mancher zuweilen den Wunsch nach einer nasalen Verstopfung aufkommen.

Mimi: Aber sie ist doch auch verbunden mit einer erheblichen Einschränkung der Lebensfreude. Und bedenke die Warnfunktion des Riechens, die alarmierte Wahrnehmung von Bränden und schädlichen Gasen. Ob die ganz frühen Menschen sich einst wechselseitig beschnüffelten wie die Hunde?

Jakob: Jedenfalls beschnüffelten sie ihre Nahrung auf der Suche nach Anzeichen von Fäulnis und anderen Bedrohungen ihrer Gesundheit. Sie hatten vermutlich gut ausgebildete Schutzinstinkte.

Mimi: Die sollten wir unter dem Eindruck der Gammelfleischskandale auch wieder entwickeln.

Geruchssensationen – wir sehen in ihnen gern stabile, ursprüngliche und elementare Wahrnehmungen – zeitigen doch sehr wechselnde Reaktionen und Beurteilungen. Zum Beispiel (das ist so ein Frauenwissen): »Skatol«, der Duftstoff des menschlichen Kotes, ist in geringer Konzentration in viele Parfums gemischt. Das Ekeligste im Angenehmsten. Ja, da staunst du. Afrikaner empfinden (das habe ich einmal irgendwo gelesen) den Geruch von Zimt, das Aroma unserer Weihnachtsidyllen, als abstoßend, und der Geruch der Johannisbeere hat die Menschen früherer Jahrhunderte unangenehm berührt, weil er sie an den Gestank von Bettwanzen erinnerte. – Verweht, vergangen, verschnüffelt.

Jakob: Ich glaube mich zu erinnern, bei einem Philosophen einmal die Vermutung gelesen zu haben, daß der Ekel in dem Moment in die Welt kam, als die Menschen sich aufrichteten, ihre Körper in die Vertikale brachten und die Nasen weit vom Boden entfernten.[10]

Mimi: Wollen wir uns beschäftigen mit den olfaktorischen Gedächtnisevokationen?

Jakob: Für den Zusammenhang von Riechwahrnehmung und Erinnerungsbild steht uneinholbar so genial in die Sprache gebracht die Proustsche Zitation eines Gebäcks, daß sich jede weitere Anstrengung erübrigt.

Mimi: Danke für die Belehrung. Aber die bescheidene Erwähnung eigener Schnüffelsensationen wird trotzdem noch erlaubt sein.

Jakob: Nur zu.

Mimi: Sei bitte nicht so hochnäsig. Als ich neulich bei einem Trödler herumstöberte, stieß ich auf einen alten räudigen Muff. Aus ihm drang ein gleichfalls altgewordener muffiger Geruch. Das ist lustig, daß dieses Kleidungsstück seinen offensichtlich gleichbleibenden Geruchscharakter schon im Namen hat. (Oder verhält es sich umgekehrt?) Die Aromakombination – altes Persianerfell und modrig abgetöntes Kölnisch Wasser –, die mir steil in die Nase drang, ließ mich für einen kurzen Moment wieder fünf Jahre alt sein. Das war übrigens nicht nur schön.

Jakob: Ich stelle mit Erstaunen die Vielfalt der Lektüreerinnerung fest, die mir allein schon das Gespräch über Gerüche ins Bewußtsein bringt. Kannst du dich erinnern an das Buch eines sprachbegabten Forschers der Mentalitätsgeschichte, der vor ein oder zwei Jahrzehnten seinen Lesern die ekelhafte Geruchswelt veranschaulichte, in der die Stadtmenschen des achtzehnten und neunzehnten Jahrhunderts lebten? Verpestete Städte, die zum Himmel stanken.[11]

Mimi: Ja, das Buch kenne ich. Es beschreibt die große Angst vor den »Miasmen«. Die Leute dieser Zeit glaubten an jene krankmachenden Partikel im schlechten Lufthauch, Stoffe, die sich durch die Nasenöffnungen ins Körperinnere arbeiteten, um dort Verheerungen anzurichten. Auch solche, heute obsoleten Vorstellungen haben die Nase verdächtig gemacht.

Jakob: Diese Angst hat den Siegeszug der Hygiene bedingt und die zunehmende Sehnsucht nach gesunder Luft, wohltuenden Düften und appetitlichen Menschen. Aber auch die Verwechslung von Hygiene mit Ästhetik.

Mimi: Um die Kenntnisprotzerei nicht dir allein zu überlassen, will ich mit einer anderen Lektüreerinnerung aufwarten. Einst las ich einen Text von einem deutschen Außenseitersoziologen, der zu Beginn des vergangenen Jahrhunderts über das Parfum als Geruchkleidung nachdachte. Er beschrieb, wenn ich mich recht erinnere, den Weg, der von der empfindlichen Überwindung starker persönlicher Ausdünstungen zum vorfabrizierten Geruch eines Parfums führte, eines allgemeinen künstlichen Duftstoffes, der dann wieder eine besondere Individualität ausstellen und auszeichnen soll.[12]

Jakob: Ich will jetzt ablassen von der Klage über das Nasenunrecht. Laß uns lieber überlegen, ob es nicht auch wohlwollende Anstrengungen gibt, so etwas wie eine Nasennobilitierung.

Mimi: Ich finde die Art, in der du dieses Gespräch choreographierst, langsam etwas anstrengend. Ich mag dafür auch keine Nasenmetapher mehr suchen.

Aber gut, ich liefere dir noch ein Beispiel für eine positive Bewertung: Ich kannte mal eine Frau, die das gelingende Niesen als kleinen Orgasmus bezeichnete.

Jakob: Niesmitlust.

Mimi: Wie meinen?

Jakob: Niesmitlust. So heißt im Märchen das Kräutlein, das einem Zwerg wieder zu hohem Wuchs und wohlproportionierter Nase verhalf.

Aber ich denke, deine Bekannte ist ein Sonderfall und ihr Beispiel taugt allenfalls für die Schnupftabakwerbung.

Mimi: Jetzt fällt mir noch eine ausgesprochen liebenswürdige Nase, genannt »Nos« ein – warum bin ich nicht gleich auf sie gekommen? Deine Schmähsammlung muß mich abgelenkt haben – »Nos« findet sich in gezeichneter Form in einer Nachrichten-, Ideen- und Gefühlskorrespondenz zwischen Ingo Schulze und seinem todkranken Freund Helmar Penndorf.[13] Auch diese Nase folgt einer Tradition, verselbständigt sich, geht ihrer Wege, Wege, die ihr Erfinder nicht mehr gehen konnte. Nos ist freundlich, neugierig, unternehmungslustig, forschend und steckt in allerlei Dingen, die sie etwas angehen.

Jakob: Auch ich hatte schon ein wenig nachgeforscht, ob es nicht ernstzunehmende Versuche gab, so etwas wie eine Geruchskunst zu etablieren.

Mimi: Soso, du Heuchler. Du hast also »schon ein wenig geforscht«. Und ich habe seit einiger Zeit »schon« den Braten gerochen, die Vielzahl deiner thematischen Duftmarken ließ mich zunehmend argwöhnen, daß du dich zielgenau auf dieses Gespräch vorbereitet, dich mit allerlei Kenntnis munitioniert hast und hier nur den lockeren Plauderer vortäuschst. Du tanzt mir auf der Nase herum. Es war kein Zufall, daß die DVD da so gekonnt unauffällig in der Gegend lag. Und ich Idiotin lasse mich auch noch auf dieses Assoziationswettrennen ein. Ich bin jetzt doch ein wenig verschnupft.

Jakob: Ich gestehe. Gnade!

Mimi: Und wozu das Ganze? Zu welchem Zweck werde ich hier kommunikativ missbraucht?

Jakob: Ich sammele Material für einen kleinen Text über das Riechen, den ich zu einer Festschrift beisteuern will.

Darf ich ungeachtet deiner verschnupften Empörung noch dieses oder jenes positive Nasenereignis ins Feld führen? Das Thema brennt mir auf der Nase.

Mimi: Das sagt man nicht. Aber meinetwegen, lade ab, was da so brennt. Tu, was du nicht lassen kannst, obwohl ich langsam die Nase voll habe von diesem Gespräch.

Jakob: Nur noch einige Beispiele, die für eine Nasenehrung zeugen. Ich könnte Huysmans' Roman *Gegen den Strich* erwähnen, dessen Held Esseintes eine Geruchskunst etablieren will, oder man könnte an Kurd Laßwitz denken, der in seiner Novelle *Bis zum Nullpunkt der Eins* ein »Ododion«, ein Geruchsklavier mit einer Tastatur für hellere und dunklere Duftnoten erdachte, oder an Aldous Huxley, der in seinem Roman *Brave New World* ein Fühlkino vorstellte, das alle Sinne, auch den des Riechens, ansprechen sollte. Auch realiter gab es immer wieder Experimente mit dem Geruchskino, ja sogar speziell für diesen Effekt erarbeitete Filme, im Bemühen, den akustischen und optischen Reizen des Kinos noch den olfaktorischen hinzuzufügen.

Mimi: Nicht gerade mit durchdringendem Erfolg, wie mir scheint. Ich muß dir sagen: Auf mich wirkst du etwas verkrampft und überanstrengt und ich möchte fast hinzufügen, naseweis in deinen Bemühungen um dieses Thema. Lockere dich und begib dich dann erneut auf das Feld der Sprachbilder. Aber reiß dich diesmal bitte los von der aufdringlichen Sexualmetaphorik und bedenke, daß die Nase und das Riechen für alles stehen, was dir wichtig ist. Ist die Nase, unsere Brillenträgerin, insbesondere die Spürnase, nicht zuständig für all unsere Idiosynkrasien und Intuitionen, für seismographische Impulse, deren Bedeutung auf den Feldern von Kunst und Wissenschaft gar nicht hoch genug eingeschätzt werden kann? Mußt du als Autor und Übersetzer nicht die Nase im Wind haben, nicht einen Riecher für das Aroma der Wörter, als Wissenschaftler nicht eine Witterung für die wichtigen Themen haben? Und hast sie ja auch. Darin liegt die erstrebte Nasenaufwertung.

So, jetzt stinkt's mir aber endgültig. Ich verdufte. Oder hast du noch andere Filmkonserven im Angebot?

Jakob: Ja, *Der Spion mit der kalten Nase* und *Der Schnüffler mit der goldenen Nase.*

Mimi: Nein, vielen Dank. Da gehe ich lieber ins Kino.

Jakob: In welchen Film willst du denn gehen?

Mimi: In *Das Auge.*

Anmerkungen

1 Na, so ein Zufall!
2 In der Tendenz hat er wohl recht, aber genauere Informationen würde ihm die Lektüre eines Aufsatzes von Hartmut Böhme (*Erotische Anatomie.* Körperfragmentierung als ästhetisches Verfahren in Renaissance und Barock In: Körperteile, hrsg. v. Claudia Benthien und Christoph Wulf, Reinbek 2001) bieten. Hier fände er eine Analyse der anatomischen Preisgedichte der Renaissance und der lyrischen Körperwünsche des Barock.
3 Sie spielt hier mit grober Deutlichkeit zweifellos auf Nikolai Gogols Erzählung *Die Nase* an.
4 Naseweiser Fingerzeig auf Carlo Collodis Figur des Pinocchio.
5 Selbstverständlich ist hier Wilhelm Hauffs *Zwerg Nase* gemeint.

6 Jakob zitiert hier aus *Gargantua und Pantagruel* (Romanzyklus von François Rabelais). Jakob kann diesen Satz aus dem Gedächtnis wiedergeben. Das gibt doch zu denken!

7 Sie sollte sich nicht so auffallend eilig von der priapistischen Thematik verabschieden, schließlich spielt die Sexualmetapher schon in der Physiognomik des Giambattista della Porta aus dem 16. Jahrhundert eine zentrale Rolle. Es ist doch stark zu vermuten, daß es die Sexualmetapher ist, die hinter den Nasenfaszinationen lauert. Mimi würde dahingehend klüger, läse sie den Aufsatz von Kay Himberg *Phantasmen der Nase,* in: Körperteile, a.a.O.

8 Hier kommt der Verdacht auf, daß seine Gesprächsinszenierung in toto ein Ablenkungsmanöver sein könnte.

9 Woher hat sie so plötzlich die Kenntnis dieser medizinischen Fachterminologie?

10 Diese Anspielung war nicht genau zu ermitteln. Es könnte sich um eine Textstelle im Werk von Theodor W. Adorno handeln.

11 Jakob hat ganz sicher Alain Corbin (*Pesthauch und Blütenduft,* Berlin 1984) gelesen.

12 Mimi hat vermutlich Georg Simmel gelesen. Um ihre Kenntnisse aufzufrischen und gegebenenfalls zu korrigieren, sollte sie ihre Nase in einen Aufsatz von Gert Mattenklott stecken (Gert Mattenklott, *Nase.* In: Vom Menschen, hrsg. v. Christoph Wulf, Weinheim/Basel 1997).

13 Vgl. Helmar Penndorf und Ingo Schulze, *Von Nasen, Faxen und Ariadnefäden.* Berlin 2000

Nachweise

Vom Tanz der Gedanken und Gefühle. In: Frankfurter Allgemeine Zeitung, Beilage vom 25. 1. 1986

Die Bewegungen der Freundschaft. Versuch einer Annäherung. In: Neue Rundschau. Frankfurt am Main: S. Fischer Verlag, 1986, Heft 4, S. 89–111

Reise ins gelobte Land. Nachwort zu: Simone de Beauvoir, Das andere Geschlecht. Klassiker des modernen Denkens. Hrsg. v. Joachim Fest und Wolf Jobst Siedler. Gütersloh: Bertelsmann, o. J.

Krieg und Schneiderkunst oder Wie sich die Männer von gestern die Frau von morgen vorstellten. In: Die Frau von morgen wie wir sie wünschen. Hrsg. v. Friedrich Markus Hübner. Neuausgabe. Frankfurt am Main: Insel Verlag, 1990

Die Gartenlaube der Wollust. In: Die Zeit, Nr. 9, 26. 2. 1993

Alice im Newton-Land. In: Der Spiegel, Nr. 30, 25. 7. 1994

Das Ewig-Weibliche zieht uns hinan. In: Pflasterstrand, Nr. 262, 1987

Soviel Körper war nie. In: Die Zeit, Nr. 47, 14. 11. 1997

Auf falsche Fragen gibt es keine richtigen Antworten. Anmerkungen zur Pornographie-Kampagne. Ungekürzt in: Die nackte Wahrheit. Hrsg. v. Barbara Vinken. München: dtv, 1997

Der Tod ist die Auferstehung. Über die Listen der Mode. In: Neue Rundschau. Frankfurt am Main: S. Fischer Verlag, Heft 1/2, 1984, S. 87–109

Über eine Wissenschaft, die aus der Mode kam. Vorwort zu: Werner Sombart, Liebe, Luxus und Kapitalismus. Über die Entstehung der modernen Welt aus dem Geist der Verschwendung. Berlin: Verlag Klaus Wagenbach, 1983

Hundstage. In: Frankfurter Adorno-Blätter IV. München, 1995

Tierfreunde gehen in den Zoo. Unveröffentlichtes Manuskript, 1998

Tierische Spekulationen. Bemerkungen zu den kulturellen Mustern der Tier-Projektionen. In: Neue Rundschau. Frankfurt am Main: S. Fischer Verlag, Heft 1, 1983, S. 5–28

Warum ist Gründgens so typisch? In: Freibeuter, Heft 4, 1982

Progressive Offenbarung. Unveröffentlichtes Manuskript, 1991

Achtundsechzig: Das bewachte Ereignis. In: Frankfurter Allgemeine Zeitung, Beilage vom 3. 12. 1988

Multikulti oder Wo die Barbarei beginnt. In: Für eine zivile Republik. Hrsg. v. Wilhelm von Sternburg. Frankfurt am Main: Fischer Taschenbuch Verlag, 1992

Bibliomanie oder Wer wird schon schlauer auf die Dauer? In: Der Autor, der nicht schreibt. Versuche über den Büchermacher und das Buch. Hrsg. v. Rebekka Habermas und Walter H. Pehle. Frankfurt am Main: Fischer Taschenbuch Verlag, 1989

Über die Einsamkeit einer Echse. Unter dem Titel: Die Abgründigkeit des Herzens in: Die Zeit, Nr. 47, 18. 11. 1988

Die Norm als Hölle. In: Die Zeit, Nr. 13, 21. 3. 1997

Kleidung. In: Vom Menschen. Handbuch Historische Anthropologie. Hrsg. v. Christoph Wulf. Weinheim/Basel: Beltz, 1997, S. 231–242

Eine Sache der Vorläufigkeit. Dankrede zum Johann-Heinrich-Merck-Preis 2000. In: Jahrbuch der Deutschen Akademie für Sprache und Dichtung 2000. Göttingen: Wallstein Verlag, 2001, S. 113–117

Reparaturbetrieb. Der Held der frühen Jahre. In: Kursbuch 146: Vorbilder. Berlin: Rowohlt Berlin Verlag, 2001, S. 43–51

Der Umbau am Menschen. In: Frankfurter Allgemeine Zeitung, Nr. 74, 28. 3. 2002

Welten-Wechsel. In: Sarah Schumann, Expedition Heiligengrabe. Hunde und Wölfe. Hamburg: Galerie Levy, 2006

Richard Hughes, Sturmwind auf Jamaika. In: Literaturen. Berlin: Friedrich Berlin Verlag, Heft 07/08, 2006, S. 142

Schon vergessen? Ekelfleisch und Fleischekel. In: Neue Rundschau. Frankfurt am Main: S. Fischer Verlag, Heft 4, 2006, S. 69–73

Schon mal abgestürzt? In: Frankfurter Allgemeine Zeitung, Nr. 149, 30. 6. 2007

Verkündete Landschaften. Unveröffentlichtes Manuskript, 2007

Wann war 68. Unter dem Titel *Zahlenunschuld* in: Neue Zürcher Zeitung, Nr. 57, 8. 3. 2008

Nasaler Vorwitz. In: Die fünf Sinne. Von unserer Wahrnehmung der Welt. Hrsg. v. Anne Hamilton und Peter Sillem. Frankfurt am Main: Fischer Taschenbuch Verlag, 2008, S. 79–91

Silvia Bovenschen
Älter werden
Notizen
160 Seiten. Gebunden

Silvia Bovenschen spitzt Ereignisse und Erlebnisse aus Kindheit, Jugend und späteren Zeiten zu, die ihr das Altern ins Bewußtsein brachten. Sie ruft die prägenden und auch komischen Begegnungen mit Vergänglichkeit, Tod und Teufel, mit Zuversicht, Glück und Sehnsucht auf und mißtraut doch zugleich der Erinnerung, die mit goldenem Pinsel malt.

»Es gibt Bücher, bei denen möchte man alle paar Seiten ein Buchzeichen einlegen, jede zweite Seite oben einknicken und fast jeden dritten Satz am Rand markieren, so sehr fühlt man sich von ihnen angesprochen.«
NZZ am Sonntag

»Ein sensationelles Buch.«
Denis Scheck, ARD Druckfrisch

»Lesen Sie alle ›Älter werden‹
von Silvia Bovenschen!«
Katharina Hacker

S. Fischer

fi 1-003512 / 1

Silvia Bovenschen
Verschwunden
176 Seiten. Gebunden

Was nicht alles verschwindet: Manuskripte, Handtaschen,
Amulette, das Vertrauen in die Welt. Nach ihrem Bestseller
»Älter werden« erzählt Silvia Bovenschen Geschichten vom
Verschwinden: dem Vergessen, dem Verlieren, dem böswilli-
gen Verbergen, bis zur letzten Konsequenz, dem endgültigen
Verschwinden aus dieser Welt.

»ein exquisites Lesevergnügen«
Gunhild Kübler, Neue Zürcher Zeitung

S. Fischer

fi 1-003513 / 1

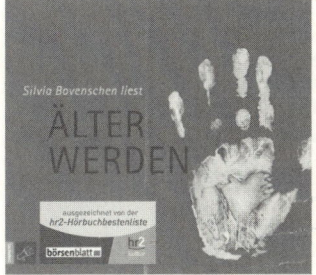